南京航空航天大学管理预测、决策与优化研究丛书

效率视角下资源配置理论方法与应用研究

朱庆缘　李　峰　吴　杰　宋马林　潘应浩/著

科学出版社

北　京

内 容 简 介

本书是作者近年来研究资源最优化配置的系统总结，围绕固定资源配置理论方法、固定成本分摊理论方法、固定资源约束效率评价理论方法三个主要部分，系统性地开展资源合理配置理论方法的研究。在理论上，本书基于效率视角下所提出的资源配置优化模型丰富了数据包络分析方法的理论体系。在应用上，本书的研究结论为各行业或组织提高其资源配置效率提供重要的借鉴意义。

本书适合资源最优化配置、效率评价等领域的政府公务人员、企业管理人员、高等院校师生、科研院所人员及相关工作者阅读。

图书在版编目（CIP）数据

效率视角下资源配置理论方法与应用研究 / 朱庆缘等著. —北京：科学出版社，2023.12

（南京航空航天大学管理预测、决策与优化研究丛书）

ISBN 978-7-03-071545-6

Ⅰ. ①效⋯ Ⅱ. ①朱⋯ Ⅲ. ①资源配置-研究 Ⅳ. ①F205

中国版本图书馆 CIP 数据核字（2022）第 028185 号

责任编辑：郝 悦 / 责任校对：姜丽策
责任印制：张 伟 / 封面设计：无极书装

科学出版社 出版
北京东黄城根北街 16 号
邮政编码：100717
http://www.sciencep.com

北京中科印刷有限公司 印刷
科学出版社发行 各地新华书店经销

*

2023 年 12 月第 一 版　开本：720×1000　1/16
2023 年 12 月第一次印刷　印张：18 1/2
字数：367000
定价：206.00 元
（如有印装质量问题，我社负责调换）

作者简介

朱庆缘，1989年11月生，安徽滁州人，管理学博士。现任南京航空航天大学经济与管理学院教授、博士生导师。长期从事评价理论与方法的理论和应用研究，主持国家自然科学基金青年科学基金项目、中国博士后科学基金特别资助项目、江苏省自然科学基金青年基金项目、江苏省社会科学基金青年基金项目等重要课题近十项，"江苏社科优青"入选者、江苏省高层次创新创业人才引进计划（"双创计划"）入选者。在 European Journal of Operational Research、Omega、Annals of Operations Research、Journal of the Operational Research Society、International Journal of Production Research、《中国管理科学》等国内外高水平学术期刊上发表论文八十余篇，多篇论文入选ESI高被引学术论文。

李峰，1990年9月生，四川广安人，管理学博士。现任西南财经大学工商管理学院教授、博士生导师，供应链管理系主任，兼任四川省现代物流协会理事、教育部高等学校物流管理与工程类专业教学指导委员会供应链管理专业工作组成员。长期从事评价理论与方法的理论和应用研究，主持和参与国家自然科学基金、四川省哲学社会科学基金等重要课题近十项，在 European Journal of Operational Research、Omega、Annals of Operations Research、Journal of the Operational Research Society、《中国管理科学》等国内外高水平学术期刊上发表论文三十余篇，多篇论文入选ESI高被引学术论文。

吴杰，1981年6月生，安徽庐江人，管理学博士。现任中国科学技术大学管理学院副院长，教授，博士生导师。兼任中国系统工程学会理事、中国管理科学与工程学会理事、*International Journal of Information and Decision Sciences* 和 *International Journal of Operations and Logistics Management* 等国际学术期刊编委。长期从事评价理论与方法的理论和应用研究，主持国家自然科学基金优秀青年科学基金项目、中央宣传部文化名家暨"四个一批"人才工程项目、中央组织部青年拔尖人才支持计划项目等，国家"万人计划"哲学社会科学领军人才，享受国务院政府特殊津贴专家。获得全国优秀博士学位论文奖、教育部高等学校科学研究优秀成果奖（人文社会科学）一等奖、安徽省科学技术奖（自然科学）一等奖等。在 *Operations Research*、*European Journal of Operational Research*、《中国管理科学》等国内外重要学术刊物发表论文一百余篇，研究成果被同行引用三千余次。

宋马林，1972年10月生，安徽蚌埠人，管理学博士。现任安徽财经大学副校长，教授、博士生导师，安徽财经大学"生态经济与管理协同创新中心"负责人、"环境与可持续发展统计"学术特区负责人。*Management of Environmental Quality*、*Journal of Cleaner Production* 等期刊编辑；中国研究与发展中心（英国）兼职研究员；韩国仁荷大学等国外大学客座教授。长期从事数据包络分析、环境经济统计方面的研究，主持国家社会科学基金重大项目、教育部哲学社会科学研究重大课题攻关项目等课题，以第一作者、通讯作者身份在国际 SSCI/SCI 检索期刊发表论文130余篇，以第一作者身份在国内《经济研究》等 CSSCI 期刊发表论文20篇。排名第一的科研成果获中华人民共和国商务部部级一等奖、二等奖、三等奖及第七届高等学校科学研究优秀成果奖（人文社会科学）三等奖，国家统计局二等奖，安徽省自然科学优秀学术论文奖二等奖和三等奖等共计26项政府奖励。

潘应浩，1997年7月生，安徽马鞍山人，中国科学技术大学管理学院博士。长期从事数据包络分析、环境与能源效率评价、碳减排与绿色供应链等研究，先后主持或参与安徽省新时代育人质量工程（研究生教育）项目、安徽省高等学校省级质量工程项目。撰写的关于科技创新、数字经济、供应链、资源配置的资政报告多次获得省部级领导批示，在 *European Journal of Operational Research*、*Computers & Industrial Engineering*、*International Journal of Environment and Pollution* 等国外重要学术刊物发表论文多篇。

前　　言

资源配置问题是现代经济社会中常见且价值重大、影响深远的现实问题。随着社会经济的进一步发展，"资源"也显得相对稀缺。资源的稀缺性决定了任何一个社会都必须通过一定的方式把有限的资源合理分配到社会的各个领域中去，以实现资源的最佳利用，即用最少的资源耗费，生产出最适用的商品和劳务，获取最佳的效益。通过资源的合理配置，企业可以利用有限的资源创造出更多、更好的产品和服务；为实现商品的供求平衡，保证生产资源在不同商品之间、同类商品不同品种之间及同种商品不同生产者之间合理利用提供了重要支撑。例如，固定成本的分摊主要考虑因果原则，即根据决策单元（decision making unit，DMU）对固定成本对应的公共平台使用情况与受益情况，使用多少则分摊多少，或受益多少则付出多少。但固定成本对应的公共平台使用情况与受益情况难以准确度量。在这种情况下，我们不得不基于 DMUs 的生产行为或活动水平来对固定成本进行分摊。在许多管理实践中，存在着一组受同一个决策者领导和管理的生产组织，这类决策者通常需要对生产进行计划和管理，以便通过固定总额的资源消耗实现特定的生产目标或满足特定的规制。因此，如何设计一个公平、合理、有效的机制，以便向所有 DMUs 分配固定总额的资源并完成固定总和的产出计划就显得尤为重要且价值巨大。

目前，很多企业或组织主要基于一系列财务指标或各子部门之间相对协调来完成企业内部资源分配问题，但其缺乏严格的数学理论支撑，且往往达不到资源的最优配置。数据包络分析（data envelopment analysis，DEA）方法是一种非参数分析方法，主要用以评价具有多投入和多产出的同质 DMUs 相对效率（relative efficiency），同时它也可以根据生产可能集（production possibility set，PSS）的实际特征估计生产技术，为资源分配提供合理的理论依据。此外，在现实生活中，经常会遇到一类 DMUs，它们的某个或某些资源的总和是固定的。例如，在某类产出总和固定的情况下，某个 DMU 产出的增加就必须牺牲其他 DMUs 该类产出以补给其增量。传统 DEA 方法在评价 DMUs 效率时往往忽略了这一特点，且目前关于这方面的研究刚刚起步，因此本书将进一步致力于固定资源情况下 DMUs 效率评价方法研究。

本书应用管理学、经济学等有关理论与方法，从系统的角度进行资源配置理论方法的研究。具体地，本书围绕固定资源配置理论方法、固定成本分摊理论方法、固定资源约束效应评价理论方法三个主要部分，系统性地开展资源合理配置理论方法的研究。本书的研究结论能够为各组织提高资源配置效率提供很好的理论支撑，可同时拓展 DEA 方法的应用领域，丰富 DEA 方法的理论体系。

本书分为基础知识篇、固定资源配置篇、固定成本分摊篇、固定资源约束效率评价理论与应用篇四部分，共 14 章。

在基础知识篇中，我们对研究背景、研究现状、研究内容、研究框架进行详细阐述和回顾梳理，并对 DEA 方法的基本理论进行全面的介绍。

在固定资源配置篇中，通过构建基于情景的 DEA 理论模型、基于合作博弈的 DEA 理论模型、基于无偿分配的 DEA 理论模型和兼顾公共权重约束原则与效率不变性原则的 DEA 理论模型来研究固定资源配置系列问题。

在固定成本分摊篇中，从吸纳竞争对手意见、保障竞争对手效用、两阶段组织生产结构和考虑效率排名等视角出发，利用 DEA 方法构建固定成本分摊模型来研究不同视角下的固定成本分摊问题。

在固定资源约束效率评价理论与应用篇中，通过考虑 DMUs 的不同偏好权重、最终效率值、能源消耗和环境污染的产出固定和及固定能耗约束来寻求均衡有效前沿面的构建等系列问题。

本书得到国家自然科学基金项目（71904084，72271121，72371232，71901178，71971203，71571173，71921001）、国家社会科学基金重大项目（20ZDA084）、中国博士后科学基金特别资助项目（2020TQ0145）、江苏省自然科学基金项目（BK20190427）、江苏省社会科学基金项目（19GLC017）、中央宣传部文化名家暨"四个一批"人才工程项目、"江苏社科优青"、江苏省高层次创新人才引进计划（"双创计划"）等支持。本书由朱庆缘、李峰、吴杰、宋马林、潘应浩负责总体设计、策划、组织交流、撰写与统稿，吴东隆、徐树奇、胡范帅等参与并完成了本书中部分章节的撰写。在出版过程中，科学出版社的李嘉编辑为本书付出了辛勤劳动，在此表示诚挚谢意。

朱庆缘
2023 年 2 月

目　　录

第一篇　基础知识篇

第1章　导论 3
1.1　研究背景 3
1.2　研究现状 4
1.3　研究内容 9
1.4　研究框架 10
参考文献 11

第2章　DEA方法的基本理论 17
2.1　DEA方法简介 17
2.2　DEA方法的基本概念 18
2.3　DEA方法的基本模型 21
参考文献 27

第二篇　固定资源配置篇

第3章　基于情境DEA理论的固定资源配置方法研究 31
3.1　引言 31
3.2　基于情境DEA理论的固定资源配置模型构建 32
3.3　模型应用与分析 38
3.4　本章小结 44
参考文献 45

第4章　资源重新配置下最优合作伙伴选择研究 47
4.1　引言 47
4.2　资源重新配置模型构建 48
4.3　港口间最优合作伙伴选择应用研究 58
4.4　本章小结 60

参考文献 ·· 61

第5章 基于历史数据和DEA理论的排污权分配研究 ···································· 63
5.1 引言 ·· 63
5.2 排污权分配模型构建 ·· 65
5.3 本章小结 ·· 71
参考文献 ·· 71

第6章 公共权重和效率不变性模式下资源配置与目标设定方法研究 ········ 74
6.1 引言 ·· 74
6.2 资源配置与目标设定模型构建 ·· 77
6.3 公交公司资源配置应用研究 ·· 84
6.4 本章小结 ·· 88
参考文献 ·· 89

第三篇 固定成本分摊篇

第7章 交叉效率博弈的固定成本分摊方法研究 ·· 93
7.1 引言 ·· 93
7.2 交叉效率模式下固定成本分摊模型构建 ·· 97
7.3 应用研究 ·· 107
7.4 本章小结 ·· 114
参考文献 ·· 115
本章附录 ·· 119

第8章 非自利原则下固定成本分摊方法研究 ·· 122
8.1 引言 ·· 122
8.2 非自利原则下固定成本分摊模型构建 ·· 123
8.3 交通领域固定成本分析应用研究 ·· 133
8.4 本章小结 ·· 140
参考文献 ·· 141

第9章 两阶段结构下固定成本分摊方法研究 ·· 143
9.1 引言 ·· 143
9.2 两阶段固定成本分摊模型构建 ·· 145
9.3 实例研究 ·· 156
9.4 本章小结 ·· 169
参考文献 ·· 170
本章附录 ·· 173

第 10 章 考虑效率和排名的固定成本分摊 ··· 178
10.1 引言 ··· 178
10.2 考虑效率和排名的固定成本分摊模型构建 ··· 182
10.3 实证分析 ··· 191
10.4 本章小结 ··· 200
参考文献 ··· 201
本章附录 ··· 204

第四篇 固定资源约束效率评价理论与应用篇

第 11 章 基于不同权重的 DEA 理论固定产出效率研究 ··· 211
11.1 引言 ··· 211
11.2 模型回顾 ··· 212
11.3 一般均衡有效前沿面唯一性确定 ··· 215
11.4 基于不同权重的 GEEFDEA 模型 ··· 220
11.5 模型应用与分析 ··· 223
11.6 本章小结 ··· 227
参考文献 ··· 227

第 12 章 基于第二目标的 DEA 理论固定产出效率研究 ··· 229
12.1 引言 ··· 229
12.2 第二目标的 DEA 理论固定产出效率模型构建 ··· 231
12.3 实证分析 ··· 239
12.4 本章小结 ··· 241
参考文献 ··· 242

第 13 章 考虑固定能源消耗和污染物排放的交通部门能源环境效率研究 ··· 245
13.1 引言 ··· 245
13.2 固定能源消耗和污染物排放的交通部门能源环境效率模型构建 ··· 247
13.3 本章小结 ··· 256
参考文献 ··· 256
本章附录 ··· 259

第 14 章 考虑固定能源消耗和污染物排放的工业部门效率研究 ··· 262
14.1 引言 ··· 262
14.2 固定能源消耗和污染物排放的工业部门效率模型构建 ··· 264
14.3 区域工业部门能源环境效率实证分析 ··· 272
14.4 本章小结 ··· 278
参考文献 ··· 279

第一篇

基础知识篇

第1章 导 论

1.1 研究背景

何谓资源?《辞海》对资源的解释是:"资财的来源,一般指天然的财源。"联合国环境规划署对资源的定义是:"所谓资源,特别是自然资源,是指在一定时期、地点条件下能够产生经济价值,以提高人类当前和将来福利的自然因素和条件。"但上述两种定义只限于对自然资源的解释。马克思和恩格斯也认为自然资源是客观存在的财富,但他们把人(包括劳动力和技术)的因素也视为财富的另一不可或缺的来源。因此,资源的来源和组成不仅仅指自然资源,还包括人类劳动的社会、经济、技术等因素,以及人力、财力等资源。据此,资源指的是一切可被人类开发和利用的物质、能量和信息的总称,它广泛地存在于自然界和人类社会中,是一种自然存在物或能够给人类带来财富的财富。

综上所述,可以将资源(包括自然资源和社会资源)概括为:"一国或一定地区内拥有的物力、财力、人力等各种物质要素的总称。"其中,自然资源包括阳光、空气、水、土地、森林、草原、动物、矿藏等;社会资源则包括人力资源、信息资源及经过劳动创造的各种物质财富等。

随着经济一体化的迅猛发展,全球范围内的竞争日益加剧,各组织(如银行、高校、医院等)亟待与其他组织通过相互联盟的方式来共享资源。然而资源是有限的,为了满足多方面需求就必须将有限的资源进行合理的配置,以发挥资源的最大效用。资源合理配置问题作为管理学和经济学领域的经典问题,小到企业的日常生产管理,大到国家层面的战略布局,都会涉及各种各样的资源分配问题。在企业层面上,企业的管理层对企业发展提出战略目标后,就需要做出具体的决策与计划,包括资源的分配与使用,生产结构的调整与修正,产出计划的制订、执行与完成等。在国家层面上,为了完成各种各样的经济目标、社会目标等,需要权衡各部门各地区优先发展、均衡发展与全面发展的因素,这就要求对各种公共资源与社会资源进行合理的调配与利用。

综上所述，本书将资源配置做如下定义：资源的稀缺性决定了任何一个社会都必须通过一定的方式把有限的资源合理分配到社会的各个领域中去，以实现资源的最佳利用，即用最少的资源耗费，生产出最适用的商品和劳务，获取最佳的效益。通过资源的合理配置，企业可以利用有限的资源创造出更多、更好的产品和服务；合理配置资源能够为实现商品的供求平衡和保证生产资源在不同商品之间、同类商品不同品种之间及同种商品不同生产者之间合理利用提供重要的支撑。

资源配置是通过一定的经济机制实现的。例如，动力机制，资源配置的目标是实现最佳效益，而不同层次的经济主体是实现资源配置的重要载体，因此实现不同经济主体的利益，就成为它们配置资源的动力，从而形成资源配置的动力机制。又如，信息机制，为了选择合理配置资源的方案，需要及时、全面地获取相关的信息作为依据，而信息的收集、传递、分析和利用是通过一定的渠道和机制实现的，如信息的传递可以是横向的也可以是纵向的。再如，决策机制，资源配置的决策权可以是集中的也可以是分散的，集中的权力体系和分散的权力体系有着不同的权力制约关系，因而形成不同的资源配置决策机制。资源的分配实质上是对未来发展权的分配，如何设计公平合理的资源分配机制，既具有重大的现实意义与应用价值，也蕴含着丰富的科学精神与学术价值。

基于上述背景，本书从相对效率评价的基本视角出发，运用经典的 DEA 理论，围绕固定资源配置、固定成本分摊及固定资源约束效率评价三个主要部分展开，系统性地开展资源合理配置理论方法的研究。本书的研究结论能够为各组织提高资源配置效率提供很好的理论支撑，可同时拓展 DEA 方法的应用领域，丰富 DEA 方法的理论体系。

1.2　研究现状

资源配置一直是管理学中的重要难题之一，因此也引起了很多学者的关注。已有的基于 DEA 理论的资源分配方法主要分为资源分配与目标设定（Mandell，1991；Golany et al., 1993；Bi et al., 2011；Lotfi et al., 2013；Li et al., 2017；Sarah and Khalili-Damghani, 2019）、资源重新分配（Athanassopoulos, 1998；Pachkova, 2009；Färe et al., 2011；Yu and Hsiao, 2018）、排污权分配（Gomes and Lins, 2008；Lozano et al., 2009；Wang et al., 2013；Wu et al., 2013a；Sun et al., 2014；Feng et al., 2014; Sun et al., 2017)及其他类别(Korhonen and Syrjänen, 2004; Lozano and Villa, 2004; Fang, 2013; Wu et al., 2013b; Du et al., 2014; Fang and Li, 2015; Hatami-Marbini et al., 2015)。其中,大量研究深入探讨了集中式决策下的资源分配方法,它们更多地追求集体目标最大化,而对个体的考虑较少。例如,Lozano 等（2004）研究了一个产出导向的产出水平设定问题,在不增加投入的情况下测算了最大可能的总体产出。随后,Lozano 和 Villa(2004)将 Lozano 等(2004)的工作扩展到更一般的情形,包括各种径向或非径向模型,而 Asmild 等（2009）则将其扩展到可变规模报酬情形。Fang 和 Zhang（2008）在进行集中式资源分配时,不仅试图极大化总体效率,还试图极大化各个 DMU 的效率。Lotfi 等（2010, 2012）则使用增广 Russell 模型进行了集中式决策下的资源分配。Lozano 等（2011）将资本预算约束这一因素考虑在内,建立了一系列产出目标设定、资源再配置等模型。Fang（2013）结合 Lozano 和 Villa（2004）、Asmild 等（2009）的方法,建立了更一般化的模型。Lozano（2014）根据最小投入的比例关系,得到了集中式资源配置的单位不变性和效率不变性方法。Fang（2016）基于收益效率进行了集中式的资源分配,并通过极大化利润效率得到最终的资源分配方案。类似的研究工作还可参见 Lozano 等（2009）、Fang（2016）、Hatami-Marbini 等（2015）、Fang 和 Li（2015）等。

另外,已有的文献对于固定资源分配后各个 DMU 的生产主要基于两种假设:一是假设 DMUs 在资源分配后效率保持不变进行生产;另一种则假设各个 DMU 在资源分配后效率可变（安庆贤,2014; 李峰, 2018）。可以看出,已有的基于 DEA 理论的资源配置方法的假设过于牵强。例如,在资源分配后,各个 DMU 很难维持原有的效率进行生产。关于效率可变的假设大多基于资源分配后各个 DMU 可以达到有效生产前沿面（efficient production frontier）上生产,往往设定的生产目标在短期内并不能实现。还有,当所有 DMUs 的总资源固定不变时,也带来另一个重要问题,即如何合理地评价每个 DMU 效率。传统的 DEA 方法在评价 DMUs 效率时,假设每个 DMU 之间相互独立,即单个 DMU 的资源增加并不会影响其他 DMUs,而在 DMUs 资源固定情况下,某个 DMU 资源的增减势必影响其他 DMUs。目前,关于 DMUs 总资源固定（如固定投入或固定产出）的效率评价问题也开始引起了学者的关注（Gomes and Lins, 2008; Yang et al., 2011, 2014, 2015; Fang, 2016）。已有的研究主要基于均衡有效前沿面,重点放在如何保证该有效生产前沿面唯一性问题上。在保证有效生产前沿面唯一性问题上还存在一定的问题,如唯一性并不能总是得到保证,并且有效生产前沿面的构建方式也不能得到统一。

基于 DEA 理论的固定成本分摊问题的研究是考虑应如何公平公正地将公共平台产生的总的固定或共同成本分配给多个相互独立的单位或组织（Cook and Kress, 1999; Beasley, 2003; Lin, 2011b; Li et al., 2013; Du et al., 2014; Zhu et al., 2017; Li et al., 2018a, 2018b）。Cook 和 Kress（1999）首次运用 DEA 方法研究了固定成本分摊问题，他们主要使用两种准则（效率不变性和输入帕累托最小性）来得到固定成本分摊方案。同时，Cook 和 Kress（1999）也隐含使用了比例分摊原则，即 DMUs 分摊到的成本额与其投入资源的消耗量成比例，但他们的方法更多地用来验证一个给定的分摊方案是否满足效率不变性和输入帕累托最小性两个原则，却难以直接用于确定分摊方案。Cook 和 Zhu（2005）随后也指出，Cook 和 Kress（1999）的方法并不必然满足效率不变性原则，却可以用于验证给定的分摊方案是否满足效率不变性原则。在此基础上，Cook 和 Zhu（2005）把 Cook 和 Kress（1999）的工作扩展到输出导向性模型，并引入一系列等式约束以保证得到的分摊方案满足效率不变性原则。但 Cook 和 Zhu（2005）与 Cook 和 Kress（1999）一样，为了获得唯一的固定成本分摊方案，通常需要引入一些额外的约束条件，如锥比率约束（Charnes et al., 1989, 1990）。Lin（2011a）发现，当引入一些额外约束后，Cook 和 Zhu（2005）的方法可能得不到可行解。同样地，Lin（2011a）修正了 Cook 和 Zhu（2005）的约束条件以保证方法可行性，并最终通过极小化最大与最小分摊成本之差来得到固定成本分摊方案。Jahanshahloo 等（2004）提出了一系列不等式约束条件，而当这些不等式约束在 DEA 模型里冗余时即可保障效率不变性原则。进一步地，Jahanshahloo 等（2004）也按照投入资源消耗的比例进行固定成本的等比例分摊。Lin（2011b）同时考虑了效率不变性和规模报酬性质，并在此基础上分摊固定成本。Mostafaee（2013）在固定成本分摊问题中同时考虑了效率不变性和规模报酬不变性，并通过极小化各 DMU 之间的成本差额来得到最终的分摊方案。Amirteimoori 和 Kordrostami（2005）在公共权重约束情境下研究了效率不变性的固定成本分摊方法，但不幸的是，Jahanshahloo 等（2017）通过数值分析发现，Amirteimoori 和 Kordrostami（2005）的研究只是在某些情形下才能保持 DMUs 分摊前后的效率不变性。值得注意的是，Amirteimoori 和 Kordrostami（2005）和 Lin（2011b）都运用了一个规模参数，其被用来保证分摊的固定成本额与各 DMU 的资源消耗和产出量比例一致。Lin 等（2016）提出了一种新的比例分摊方法，其同时要求效率不变性与松弛变量为零。Lin 和 Chen（2016）则将传统的效率不变性假设拓展到超效率（super efficiency）方法。Jahanshahloo 等（2017）同时运用公共权重约束和效率不变性原则来得到固定成本分摊方案。进一步地，值得注意的是，Beasley（2003）和 Li 等（2013）发现，基于效率不变性原则的固定成本分摊方法可能完全取决于 DMUs 的输入集，而不受输出差异的影响或影响甚小。

与上述研究不同，Beasley（2003）提出了应对固定成本分摊问题的另外一种思路，即通过分摊固定成本来极大化 DMUs 的效率值。注意到，Beasley（2003）提出了一系列非线性模型来极大化所有 DMUs 的平均效率，而最终的固定成本分摊方案则是通过极小化最大与最小分摊成本的变异得到的。Amirteimoori 和 Kordrostami（2005）通过一些数值应用发现，Beasley（2003）方法在许多情况下得不到可行解，但 Jahanshahloo 等（2017）通过数学证明认为，Beasley（2003）的方法总是可行的。Beasley（2003）、Amirteimoori 和 Tabar（2010）都认为，所有 DMUs 都可以在一组公共权重和相同的可行分摊方案下同时达到有效状态，而 Li 等（2013）和 Si 等（2013）则在数学上证明了这一观点。Li 等（2013）发现，所有 DMUs 都可以在一组公共权重约束下同时有效，于是 Beasley（2003）的非线性模型可以转化为公共权重约束下的线性模型，并由一组线性等式给出。进一步地，Si 等（2013）发现，在一维情形下，这一组线性等式与传统的等比例分摊方法完全相同。由于存在多种能使所有 DMUs 同时达到有效的分摊方案，Li 等（2013）首次提出了一个满意度概念，并通过极大化所有 DMUs 对分摊方案的满意度来得到唯一的分摊方案。Amirteimoori 和 Tabar（2010）、Lotfi 等（2013）也进行了类似的工作，他们都是使用一组公共权重来使所有 DMUs 同时达到 100%的有效状态。Lotfi 等（2013）使用公共权重和目标规划方法解决固定成本分摊问题，其设定的目标即每个 DMU 都在分摊后达到 1 的效率水平。Du 等（2014）提出了一种交叉效率迭代算法，用来解决固定成本和资源分配问题，而最终的分配方案则是在所有 DMUs 的分配后交叉效率都达到最大时得到。值得注意的是，Du 等（2014）的方法就是考虑了固定成本和分摊资源的 Liang 等（2008）的博弈交叉效率方法，且其分摊结果并不唯一，并与 Li 等（2013）的有效分摊方案集给出了完全一致的分摊结果（Li et al.，2018c）。

除了上述两类常规的基于 DEA 理论的固定成本分摊方法研究外，还有一些特别的非常规视角的研究，如 Lotfi 等（2007）研究了模糊情境下的固定成本分摊问题，包括模糊的投入、模糊的产出及模糊的固定成本总额。Khodabakhshi 和 Aryavash（2014）根据与固定成本的关系将所有的投入产出变量分为三类，即正相关量、负相关量及无关量，而得到的分摊方案也体现了与所有变量之间的相关关系。Pendharkar（2017）建立了基于 DEA 理论的混合遗传算法，并通过极小化无效 DMUs 的效率水平与分摊额之间的相关性来得到最终的分摊方案。宋美英（2015）考虑了决策者对投入产出指标的偏好，并在此基础上建立了含公平偏好约束集的固定成本分摊模型。冯锋和吴勋波（2012）将熵理论与 DEA 方法结合，并根据影响成本分摊的主要因子，通过极大熵原理来计算成本分摊解。

上述文献都把分摊的固定成本作为一种新投入，而 Li 等（2009）则考虑了另外一种情形，即分摊的固定成本是现有成本指标的一个补充，并通过效率极大原则和超效率模型研究了固定成本分摊方案对于效率评价的影响，并在此基础上建立了固定成本分摊模型。Lin 和 Chen（2017）考虑了与 Li 等（2009）一样的问题，即分摊的固定成本将作为其他投入的补充，但他们研究了效率不变性假设下的固定成本分摊方法。进一步地，Lin 和 Chen（2017）考虑了所有 DMUs 的产出水平，并得到了可行的固定成本分摊模型。曾庆铎和孙玉华（2014）则把分摊的固定成本看作负收益，并将其与其他收益指标相结合。在此基础上，曾庆铎和孙玉华（2014）通过在一组公共权重约束下使得 DMUs 的效率变化最小来得到最终的分摊方案集。

此外，Yu 和 Chen（2016）、Zhu 等（2017）将固定成本分摊问题扩展到两阶段的网络情境下。虽然 Yu 和 Chen（2016）、Zhu 等（2017）都试图最大限度地提高固定成本分摊后的效率水平，但结果表明，并不是所有 DMUs 都能在承担固定成本之后达到或保持有效状态。孙玉华和曾庆铎（2013）运用纳什讨价还价模型研究了同样的问题，即在考虑了两个子阶段效率博弈的基础上进行固定成本分摊。

在国外的文献里，少数学者在固定成本分摊问题里考虑了 DMUs 之间的博弈关系。例如，Nakabayashi 和 Tone（2006）构建了一系列的 DEA 博弈，以解决多属性评价分配问题中面临的自利者困境（egoist's dilemma）问题，他们的基本思想可以用于固定成本与成本收益分析的相关研究。Yang 和 Zhang（2015）将一个修正的 Shapley 值方法和基尼系数用于固定成本分摊问题，其中，各个 DMU 的相对效率得分被当作该 DMU 对于联盟的贡献。Li 等（2018c）证明了 Du 等（2014）的交叉效率迭代方法与 Li 等（2013）的扩展比例分摊方法能够得到相同的有效分摊方案集，但这样的有效分摊方案并不唯一。随后，Li 等（2018c）结合合作博弈理论与 DEA 方法来得到唯一的分摊方案，并以核仁解为例给出了基于博弈解的分摊方案求解方法。值得注意的是，国内文献关于这一问题进行了较丰富的研究。例如，李勇军和梁樑（2008a）发现，当待分摊的固定成本被当作额外投入时，可以通过固定成本分摊方案设计使得所有 DMUs 同时达到有效，并随后运用纳什讨价还价模型给出了所有 DMUs 满意度最大的固定成本分摊方案。与此类似，李勇军和梁樑（2008b）则建立了基于合作博弈 Shapley 值的固定成本分摊方法。进一步地，李勇军等（2009，2010）还提出了基于核仁解的固定成本分摊方法与三种核心解的固定成本分摊模型。鲍新中等（2011）提出了一种合作博弈 DEA 方法，并用以解决多供应商集成供应问题里的联合库存成本分摊。丁乐群等（2011）提出了投入产出指标相对权重受限的联盟博弈 Shapley 值方法，并运用到直购电用户转运费用分摊的实际问题中。

戴前智（2014）研究了跨国公司共同成本分摊问题，发现子公司所在地税收最大化分摊方法与子公司利润最大化分摊方法具有内在一致性，并在此基础上结合非合作博弈理论建立了子公司所在地税收最大化和子公司利润最大化分摊的共同成本分摊模型。张启平等（2014）在固定成本分摊问题里考虑了DMUs的受益性，并运用纳什讨价还价模型建立了同时考虑DMUs受益性和有效性的固定成本分摊方法。

上述都是基于非参数DEA方法的固定成本分摊研究，与此不同的还有参数DEA方法研究。此时，"参数"指的是生产前沿面具有给定要求的形状。例如，de Avellar等（2007）利用球形生产前沿面进行了新投入资源的分配，此时，各DMU分到的资源可以直接通过一个数学表达式得到，且可以使得所有DMUs都有效，即使得所有DMUs都位于球形生产前沿面上。de Avellar等（2010）也运用相同的方法进行了现有投入资源的分配。进一步地，Milioni等（2011b）利用球形生产前沿面方法进行了现有产出和新产出的设定。Milioni等（2011a）则考虑了另外一种生产前沿面方法，即椭圆形生产前沿面。Silva和Milioni（2012）通过改变球形生产前沿面的偏心率将权重约束考虑在内。考虑到资源配置问题里的维度不一致问题，Guedes等（2012）建立了修正的球形生产前沿面模型。特别地，该方法的结果具有较高的稳定性，即投入产出变量的细微改变不会导致分配结果的巨大改变。Silva等（2017）将现有的参数DEA方法进行一般化，并在集中决策情境下研究了新产出的任务分配问题。值得注意的是，参数DEA方法的分摊结果严重依赖于给定的生产前沿面，且当给定生产前沿面时，参数DEA方法能够比非参数DEA方法更容易地解决投入资源分配和产出目标设定问题。

1.3 研究内容

从以上的国内外研究状况可知，关于资源配置理论方法的研究已经获得了国内外学者的广泛关注，但是仍存在一些不足之处。例如，资源分配后各个DMU很难维持原有的效率进行生产；设定的生产目标在短期内并不能实现；当总资源固定不变时如何合理地评价DMUs的效率；如何构建有效生产前沿面并保证其唯一性；如何解决基于参数DEA方法分配结果过度依赖生产前沿面；等等。针对这些问题及相关的现实背景，本书主要分为四个部分对资源配置理论方法进行系统性的分析和总结，概述如下。

（1）第一部分对研究背景和理论知识进行介绍。该部分主要包含两章内容：

首先，对研究背景及相关的研究状况进行详细阐述和回顾梳理；其次，对DEA方法的基本理论进行全面的介绍。

（2）第二部分系统性地研究固定资源配置理论方法。该部分主要包含四章内容：首先，构建了基于情景DEA理论同时考虑生产、资源等因素的固定资源配置模型；其次，基于合作博弈DEA理论，提出资源重新分配下考虑资源共享合作和技术共享合作两种合作模式的最优合作伙伴选择模型；再次，在无偿分配的基础上建立了基于DEA理论的污染物减排任务分配模型；最后，基于DEA理论建立了兼顾公共权重约束和效率不变性原则的资源配置与目标设定模型。

（3）第三部分系统性地研究固定成本分摊理论方法。该部分主要包含四章内容：首先，从吸纳竞争对手意见的DMUs交互模式角度提出了一种基于DEA交叉效率博弈的固定成本分摊方法；其次，从保障竞争对手效用的角度构建了非自利原则下的固定成本分摊模型；再次，将固定成本分摊和两阶段结构联系起来研究了具有两阶段生产结构的组织内部固定成本分摊问题；最后，构建了考虑效率排名而非效率得分的固定成本分摊模型。

（4）第四部分系统性地研究固定资源约束效率评价理论方法。该部分主要包含四章内容：首先，根据不同DMUs的不同偏好权重构建了唯一均衡有效前沿面（equilibrium effective frontier，EEF）；其次，提出了一个考虑DMU最终效率值的第二目标法来确定唯一的共同均衡有效前沿面；再次，提出了一种考虑能源消耗和环境污染的产出固定和的新的广义均衡有效前沿面的DEA（equilibrium effective frontier DEA，EEFDEA）方法来评价能源环境效率；最后，提出了一个考虑固定能耗约束的共同均衡有效前沿面的DEA（common equilibrium effective frontier DEA，CEEFDEA）模型来分析中国工业部门的绿色增长和可持续发展。

1.4 研究框架

本书的研究对象主要为固定资源配置理论方法、固定成本分摊理论方法及固定资源约束效率评价理论方法。根据研究的不同系统结构及应用背景，本书的研究框架如图1.1所示。

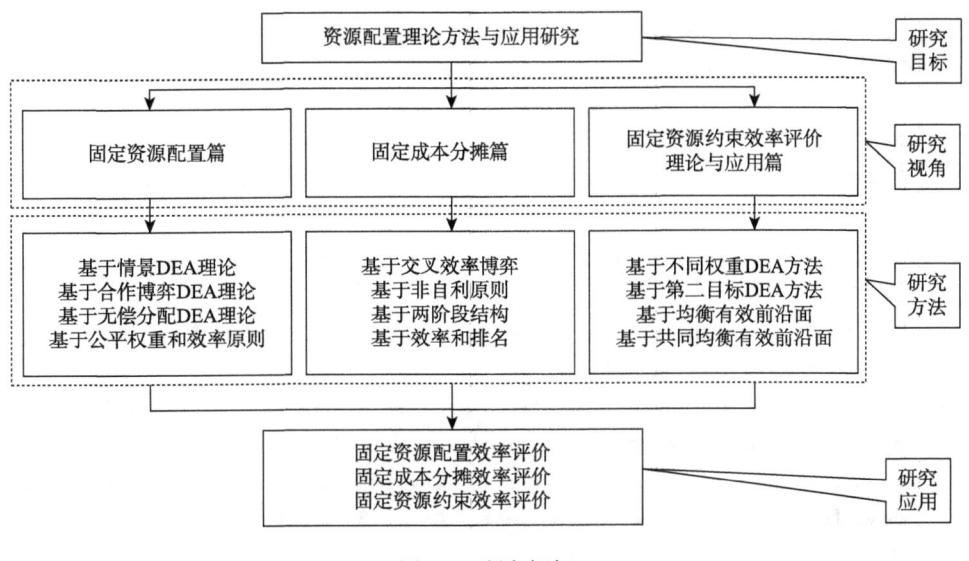

图 1.1 研究框架

参 考 文 献

安庆贤. 2014. 效率视角下的资源配置问题研究[D]. 中国科学技术大学博士学位论文.
鲍新中,刘小军,王宁. 2011. 基于合作博弈和 DEA 的联合库存成本分摊[J]. 工业工程,14(4): 23-27,45.
戴前智. 2014. 基于利润与效率视角的跨国公司共同成本分摊方法研究[D]. 中国科学技术大学博士学位论文.
丁乐群,徐越,董术涛,等. 2011. 基于 AR-DEA 联盟博弈的直购电用户转运费用中固定成本综合分摊法[J]. 华北电力大学学报,38(1):60-65.
冯锋,吴勋波. 2012. 产学研中基于熵的固定成本分摊及实证研究[J]. 科技管理研究,32(10):217-220.
李峰. 2018. 决策单元不同交互模式下的固定成本与资源分配方法研究[D]. 中国科学技术大学博士学位论文.
李勇军,戴前智,毕功兵,等. 2010. 基于 DEA 和核心解的固定成本分摊方法研究[J]. 系统工程学报,25(5):675-680.
李勇军,梁樑. 2008a. 基于 DEA 与联盟博弈的固定成本分摊方法[J]. 系统工程理论与实践,28(11):80-84.
李勇军,梁樑. 2008b. 一种基于 DEA 与 Nash 讨价还价博弈的固定成本分摊方法[J]. 系统工程,26(6):73-77.

李勇军，梁樑，凌六一. 2009. 基于 DEA 联盟博弈核仁解的固定成本分摊方法研究[J]. 中国管理科学，17（1）：58-63.

宋美英. 2015. 基于含公平偏好约束集的 DEA 固定成本分摊方法[J]. 重庆文理学院学报，34（2）：52-55.

孙玉华，曾庆铎. 2013. 基于 DEA 的二阶段网络系统的固定成本分摊方法[J]. 经济数学，20（1）：33-36.

曾庆铎，孙玉华. 2014. 基于 DEA 的输出包含收益的固定成本分摊方法[J]. 系统工程，32（10）：154-158.

张启平，刘业政，李勇军. 2014. 考虑受益性的固定成本分摊 DEA 纳什讨价还价模型[J]. 系统工程理论与实践，34（3）：756-768.

Amirteimoori A, Kordrostami S. 2005. Allocating fixed costs and target setting: a DEA-based approach[J]. Applied Mathematics and Computation, 171（1）: 136-151.

Amirteimoori A, Tabar M M. 2010. Resource allocation and target setting in data envelopment analysis[J]. Expert Systems with Applications, 37（4）: 3036-3039.

Asmild M, Paradi J C, Pastor J T. 2009. Centralized resource allocation BCC models[J]. Omega, 37（1）: 40-49.

Athanassopoulos A D. 1998. Decision support for target-based resource allocation of public services in multiunit and multilevel systems[J]. Management Science, 44（2）: 173-187.

Beasley J E. 2003. Allocating fixed costs and resources via data envelopment analysis[J]. European Journal of Operational Research, 147（1）: 198-216.

Bi G B, Ding J J, Luo Y, et al. 2011. Resource allocation and target setting for parallel production system based on DEA[J]. Applied Mathematical Modelling, 35（9）: 4270-4280.

Charnes A, Cooper W W, Huang Z M, et al. 1990. Polyhedral cone-ratio DEA models with an illustrative application to large commercial banks[J]. Journal of Econometrics, 46（1）: 73-91.

Charnes A, Cooper W W, Wei Q L, et al. 1989. Cone ratio data envelopment analysis and multi-objective programming[J]. International Journal of Systems Science, 20（7）: 1099-1118.

Cook W D, Kress M. 1999. Characterizing an equitable allocation of shared costs: a DEA approach[J]. European Journal of Operational Research, 119（3）: 652-661.

Cook W D, Zhu J. 2005. Allocation of shared costs among decision making units: a DEA approach[J]. Computers & Operations Research, 32（8）: 2171-2178.

de Avellar J V G, Milioni A Z, Rabello T N. 2007. Spherical frontier DEA model based on a constant sum of inputs[J]. Journal of the Operational Research Society, 58（9）: 1246-1251.

de Avellar J V G, Milioni A Z, Rabello T N, et al. 2010. On the redistribution of existing inputs using the spherical frontier DEA model[J]. Pesquisa Operacional, 30（1）: 1-14.

Du J, Cook W D, Liang L, et al. 2014. Fixed cost and resource allocation based on DEA cross-efficiency[J]. European Journal of Operational Research, 235（1）: 206-214.

Fang L. 2013. A generalized DEA model for centralized resource allocation[J]. European Journal of Operational Research, 228（2）: 405-412.

Fang L. 2016. A new approach for achievement of the equilibrium efficient frontier with fixed-sum outputs[J]. Journal of the Operational Research Society, 67 (3): 412-420.

Fang L, Li H C. 2015. Centralized resource allocation based on the cost–revenue analysis[J]. Computers & Industrial Engineering, 85: 395-401.

Fang L, Zhang C Q. 2008. Resource allocation based on the DEA model[J]. Journal of the Operational Research Society, 59 (8): 1136-1141.

Färe R, Grosskopf S, Margaritis D. 2011. Coalition formation and data envelopment analysis[J]. Journal of Centrum Cathedra, 4 (2): 216-223.

Feng C P, Chu F, Ding J J, et al. 2014. Carbon emissions abatement (CEA) allocation and compensation schemes based on DEA[J]. Omega, 12 (5): 78-89.

Golany B, Phillips F Y, Rousseau J J. 1993. Models for improved effectiveness based on DEA efficiency results[J]. IIE Transactions, 25 (6): 2-10.

Gomes E G, Lins M E. 2008. Modelling undesirable outputs with zero sum gains data envelopment analysis models[J]. Journal of the Operational Research Society, 59 (5): 616-623.

Guedes E C C, Milioni A Z, de Avellar J V G, et al. 2012. Adjusted spherical frontier model: allocating input via parametric DEA[J]. Journal of the Operational Research Society, 63 (3): 406-417.

Hatami-Marbini A, Tavana M, Agrell P J, et al. 2015. A common-weights DEA model for centralized resource reduction and target setting[J]. Computers & Industrial Engineering, 79: 195-203.

Jahanshahloo G R, Lotfi F H, Shoja N, et al. 2004. An alternative approach for equitable allocation of shared costs by using DEA[J]. Applied Mathematics and Computation, 153 (1): 267-274.

Jahanshahloo G R, Sadeghi J, Khodabakhshi M. 2017. Proposing a method for fixed cost allocation using DEA based on the efficiency invariance and common set of weights principles[J]. Mathematical Methods of Operations Research, 85 (2): 223-240.

Khodabakhshi M, Aryavash K. 2014. The fair allocation of common fixed cost or revenue using DEA concept[J]. Annals of Operations Research, 214 (1): 187-194.

Korhonen P, Syrjänen M. 2004. Resource allocation based on efficiency analysis[J]. Management Science, 50 (8): 1134-1144.

Li F, Song J, Dolgui A, et al. 2017. Using common weights and efficiency invariance principles for resource allocation and target setting[J]. International Journal of Production Research, 55 (17): 4982-4997.

Li F, Zhu Q Y, Chen Z. 2018a. Allocating a fixed cost across the decision making units with two-stage network structures[J]. Omega, 83:139-154.

Li F, Zhu Q Y, Liang L. 2018b. Allocating a fixed cost based on a DEA-game cross efficiency approach[J]. Expert Systems with Applications, 96: 196-207.

Li Y J, Li F, Emrouznejad A, et al. 2018c. Allocating the fixed cost: an approach based on data envelopment analysis and cooperative game[J]. Annals of Operations Research, 274: 373-394.

Li Y J, Yang F, Liang L, et al. 2009. Allocating the fixed cost as a complement of other cost inputs: A DEA approach[J]. European Journal of Operational Research, 197 (1): 389-401.

Li Y J, Yang M, Chen Y, et al. 2013. Allocating a fixed cost based on data envelopment analysis and

satisfaction degree[J]. Omega, 41（1）: 55-60.
Liang L, Wu J, Cook W D, et al. 2008. The DEA game cross-efficiency model and its Nash equilibrium[J]. Operations Research, 56（5）: 1278-1288.
Lin R Y. 2011a. Allocating fixed costs or resources and setting targets via data envelopment analysis[J]. Applied Mathematics and Computation, 217（13）: 6349-6358.
Lin R Y. 2011b. Allocating fixed costs and common revenue via data envelopment analysis[J]. Applied Mathematics and Computation, 218（7）: 3680-3688.
Lin R Y, Chen Z P. 2016. Fixed input allocation methods based on super CCR efficiency invariance and practical feasibility[J]. Applied Mathematical Modelling, 40（9）: 5377-5392.
Lin R Y, Chen Z P. 2017. A DEA-based method of allocating the fixed cost as a complement to the original input[J]. International Transactions in Operational Research, 27（4）: 2230-2250.
Lin R Y, Chen Z P, Li Z X. 2016. A new approach for allocating fixed costs among decision making units[J]. Journal of Industrial and Management Optimization, 12（1）: 211-228.
Lins M P E, Gomes E G, Mello J C C S, et al. 2003. Olympic ranking based on a zero sum gains DEA model[J]. European Journal of Operational Research, 148（2）: 312-322.
Lotfi F H, Hatami-Marbini A, Agrell P J, et al. 2013. Allocating fixed resources and setting targets using a common-weights DEA approach[J]. Computers & Industrial Engineering, 64（2）: 631-640.
Lotfi F H, Jahanshahloo G R, Allahviranloo T, et al. 2007. Equitable allocation of shared costs on fuzzy environment[J]. International Mathematical Forum, 2（65）: 3199-3210.
Lotfi F H, Nematollahi N, Behzadi M H, et al. 2012. Centralized resource allocation with stochastic data[J]. Journal of Computational and Applied Mathematics, 236（7）: 1783-1788.
Lotfi F H, Noora A A, Jahanshahloo G R, et al. 2010. Centralized resource allocation for enhanced Russell models[J]. Journal of Computational and Applied Mathematics, 235（1）: 1-10.
Lozano S. 2014. Nonradial approach to allocating fixed costs and common revenue using centralized DEA[J]. International Journal of Information Technology & Decision Making, 13（1）: 29-46.
Lozano S, Villa G. 2004. Centralized resource allocation using data envelopment analysis[J]. Journal of Productivity Analysis, 22（1/2）: 143-161.
Lozano S, Villa G, Adenso-Diaz B. 2004. Centralised target setting for regional recycling operations using DEA[J]. Omega, 32（2）: 101-110.
Lozano S, Villa G, Brännlund R. 2009. Centralised reallocation of emission permits using DEA[J]. European Journal of Operational Research, 193（3）: 752-760.
Lozano S, Villa G, Canca D. 2011. Application of centralised DEA approach to capital budgeting in Spanish ports[J]. Computers & Industrial Engineering, 60（3）: 455-465.
Mandell M B. 1991. Modelling effectiveness-equity trade-offs in public service delivery systems[J]. Management Science, 37（4）: 467-482.
Milioni A Z, de Avellar J V G, Gomes E G. 2011a. An ellipsoidal frontier model: Allocating input via parametric DEA[J]. European Journal of Operational Research, 209（2）: 113-121.
Milioni A Z, de Avellar J V G, Rabello T N, et al. 2011b. Hyperbolic frontier model: A parametric

DEA approach for the distribution of a total fixed output[J]. Journal of the Operational Research Society, 62（6）: 1029-1037.

Mostafaee A. 2013. An equitable method for allocating fixed costs by using data envelopment analysis[J]. Journal of the Operational Research Society, 64（3）: 326-335.

Nakabayashi K, Tone K. 2006. Egoist's dilemma: a DEA game[J]. Omega, 34（2）: 135-148.

Pachkova E V. 2009. Restricted reallocation of resources[J]. European Journal of Operational Research, 196（3）: 1049-1057.

Pendharkar P C. 2017. A hybrid genetic algorithm and DEA approach for multi-criteria fixed cost allocation[J]. Soft Computing, 22: 7315-7324.

Sarah J, Khalili-Damghani K. 2019. Fuzzy type-Ⅱ De-Novo programming for resource allocation and target setting in network data envelopment analysis: a natural gas supply chain[J]. Expert Systems with Applications, 117: 312-329.

Si X L, Liang L, Jia G Z, et al. 2013. Proportional sharing and DEA in allocating the fixed cost[J]. Applied Mathematics and Computation, 219（11）: 6580-6590.

Silva R C, Milioni A Z. 2012. The adjusted spherical frontier model with weight restrictions[J]. European Journal of Operational Research, 220（3）: 729-735.

Silva R C, Milioni A Z, Teixeira J E. 2017. The general hyperbolic frontier model: establishing fair output levels via parametric DEA[J]. Journal of the Operational Research Society, 69（6）: 1-13.

Sun J S, Fu Y L, Ji X, et al. 2017. Allocation of emission permits using DEA-game-theoretic model[J]. Operational Research, 17（3）: 867-884.

Sun J S, Wu J, Liang L, et al. 2014. Allocation of emission permits using DEA: centralised and individual points of view[J]. International Journal of Production Research, 52（2）: 419-435.

Wang K, Zhang X, We Y M, et al. 2013. Regional allocation of CO_2 emissions allowance over provinces in China by 2020[J]. Energy Policy, 54: 214-229.

Wu H Q, Du S F, Liang L, et al. 2013a. A DEA-based approach for fair reduction and reallocation of emission permits[J]. Mathematical and Computer Modelling, 58（5）: 1095-1101.

Wu J, An Q X, Ali S, et al. 2013b. DEA based resource allocation considering environmental factors[J]. Mathematical and Computer Modelling, 58（5）: 1128-1137.

Yang F, Wu D D, Liang L, et al. 2011. Competition strategy and efficiency evaluation for decision making units with fixed-sum outputs[J]. European Journal of Operational Research, 212（3）: 560-569.

Yang M, Li Y J, Chen Y, et al. 2014. An equilibrium efficiency frontier data envelopment analysis approach for evaluating decision-making units with fixed-sum outputs[J]. European Journal of Operational Research, 239（2）: 479-489.

Yang M, Li Y J, Liang L. 2015. A generalized equilibrium efficient frontier data envelopment analysis approach for evaluating DMUs with fixed-sum outputs[J]. European Journal of Operational Research, 246（1）: 209-217.

Yang Z H, Zhang Q W. 2015. Resource allocation based on DEA and modified Shapley value[J]. Applied Mathematics and Computation, 263: 280-286.

Yu M M, Chen L H. 2016. Centralized resource allocation with emission resistance in a two-stage production system: evidence from a Taiwan's container shipping company[J]. Transportation Research Part A: Policy and Practice, 94: 650-671.

Yu M M, Hsiao B. 2018. Single-phase slack-based centralized DEA for resource reallocation[J]. International Transactions in Operational Research, 25 (2): 737-751.

Zhu W W, Zhang Q, Wang H Q. 2017. Fixed costs and shared resources allocation in two-stage network DEA[J]. Annals of Operations Research, 278: 177-194.

第 2 章　DEA 方法的基本理论

第 1 章主要对本书的研究背景、研究现状及所涉及的研究内容进行概括，本章主要介绍资源配置理论的相关基础知识，具体包括 DEA 的基本概念及其基本模型。

2.1　DEA 方法简介

DEA 方法是一种非参数分析方法，利用线性规划方法评价具有多投入和多产出的同质 DMUs 的相对效率，同时也可以有效地估计生产前沿面。1978 年，Charnes 等（1978）在国际期刊 European Journal of Operational Research 发表 Measuring the efficiency of decision making units 一文，标志着 DEA 方法的正式诞生。

DEA 方法诞生的 40 多年里，持续吸引了国内外诸多学者的关注，使得 DEA 方法在理论和应用上都得到长足的发展。其中，具有代表性的研究成果包括：交叉效率模型（Sexton et al., 1986; Liang et al., 2008），即运用同类 DMUs 的最优相对权重评价其他 DMUs，而最终的交叉效率值就是所有 DMUs 最优相对权重评价结果的平均值，交叉效率模型用同行相互评价替代了传统 DEA 方法中的自评价模式；超效率模型（Andersen and Petersen, 1993）则在构建生产前沿面时将被评价 DMUs 剔除在外而计算相对效率值；网络 DEA 模型（Färe and Grosskopf, 1996）则是打开 DMUs 效率评价的"黑箱子"，将 DMUs 的内部生产结构考虑在内。经典的 DEA 方法讲究投入产出指标在当前水平上的等比例增加或减少，而方向距离函数模型（Chung et al., 1997）和松弛变量（slack-based measure, SBM）模型（Tone, 2001, 2010）则放松了这一假设。特别地，方向距离函数模型要求 DMUs 的投入产出按照一个特定的比例（即方向向量）进行调整，而松弛变量模型则直接计算非径向变化的松弛变量，并通过极大化全部松弛变量（即无效性因子）来计算 DMUs 的相对效率。

DEA 方法作为效率评估的一种工具，之所以得到如此广泛的推广和应用，主要是因为 DEA 方法和其他方法相比，有着明显的优势。首先，DEA 方法是一种多属性决策方法，可以很好地处理具有多输入和多输出指标的 DMUs 的效率评价问题，而与此相比，其他类似的决策评估方法则略显困难（孙加森，2014）。其次，DEA 方法是一种非参数的数学规划方法，不需要预先设定生产函数的形式，也不需要决策者预先给出先验信息，得到的结果仅依赖于观测值数据本身，因而十分客观并具有极高的现实意义。与此相反，专家打分法、贝叶斯决策等参数决策方法则严重依赖于主观经验或客观先验信息，当这些经验信息失真或具有谬误时必然会导致与实际情况不符甚至严重背离的评价结果。最后，DEA 方法不仅仅局限于效率评价本身，还可以根据生产前沿面的投影情况及评估结果发现被评估 DMUs 的局限与不足之处，并因此找到改进的方向和需要调整的量（孙加森，2014）。

2.2 DEA 方法的基本概念

2.2.1 DMUs 的含义

在现实生产和服务活动中经常遇到这样的管理问题：一段时间后需要对同类部门或人员进行排序或绩效评价，其中被评估的每个部门或人员称为 DMU。盛昭翰等（1996）在《DEA 理论、方法与应用》中将 DMUs 定义为：将一定"输入"转化为一定"输出"的实体简称，其涵盖范围十分广泛，可以是医院、学校等公共服务组织，也可以是银行、篮球队等营利性机构，还可以是地区与主权国家等。

在 DEA 方法的研究与应用中，要求 DMUs 具有同质性，同质性主要具有以下特征。

（1）具有共同的目标和任务。

（2）具有共同的外部环境。

（3）具有共同的输入和输出指标。

近年来，DMUs 间存在非同质性的问题也开始引起学者的关注，具体相关研究可以参考 Cook 等（2013）和 Imanirad 等（2013）。

2.2.2 投入和产出指标

"投入"（input）常被称为"输入"，而"产出"（output）常被称为"输出"。从决策科学角度，投入和产出都可以称为被评价对象的指标。举例来说，对于一个企业来说，其总资产和员工数量可以看作企业的投入指标，而企业获取的利润及市场占有率则可视为该企业的产出指标。DMUs 的投入产出指标并不是绝对的，如在网络 DEA 中，同一个 DMU 在某一阶段的产出可能会成为另一阶段的投入指标。因此，DMUs 的相对投入产出指标也只是相对的概念（魏权龄，1996）。

2.2.3 PPS

假设有 n 个 DMUs，每个 DMU 使用 m 个投入，并生产出 s 个产出。定义 $x_j = (x_{1j}, x_{2j}, \cdots, x_{mj})^T$ 和 $y_j = (y_{1j}, y_{2j}, \cdots, y_{sj})^T$ 为相应的投入和产出向量[①]。那么，可以用如下集合表示所有 DMUs 生产活动构成的 PPS（production possiblity set，生产可能集）（盛昭翰等，1996；魏权龄，2000）：

$$T = \{(x, y) \mid 产出 y 能用投入 x 生产出来\}$$

此外，PPS 被要求满足如下公理假设。

（1）凸性假设：如果 $(x', y') \in T$ 和 $(x'', y'') \in T$，对任意的 $\lambda \in [0,1]$，则有 $\lambda \times (x', y') + (1-\lambda) \times (x'', y'') \in T$。

（2）锥性假设：如果 $(x', y') \in T$，对任意的 $k \geq 0$，则有 $k \times (x', y') \in T$。

（3）无效性假设：如果 $(x', y') \in T$，对任意的 $x'' \geq x'$，$y'' \leq y'$，则有 $(x'', y'') \in T$。

（4）最小性假设：PPS T 则是满足上述三个假设的所有集合的交集。

满足以上四个公理假设的 CCR 模型[②]（Charnes et al., 1978）PPS 可以表示为

$$T_{CCR} = \left\{ (x, y) \mid \sum_{j=1}^{n} \lambda_j x_{ij} \leq x, \sum_{j=1}^{n} \lambda_j y_{rj} \geq y, \lambda_j \geq 0 \right\} \tag{2.1}$$

式（2.1）表示 CCR-PPS 基于规模收益不变。如果 PPS 不满足上述公理中的锥性假设，则对应的 BCC 模型[③]（Banker et al., 1984）PPS 为

[①] 本书所有向量、矩阵等字母均用白体表示。
[②] CCR 模型由 Charnes、Cooper 和 Rhodes 三位学者于 1978 年提出。
[③] BCC 模型由 Banker、Charnes 和 Cooper 三位学者于 1984 年提出。

$$T_{\text{BCC}} = \left\{ (x,y) \mid \sum_{j=1}^{n} \lambda_j x_{ij} \leqslant x, \sum_{j=1}^{n} \lambda_j y_{rj} \geqslant y, \sum_{j=1}^{n} \lambda_j = 1, \lambda_j \geqslant 0 \right\} \quad (2.2)$$

式（2.2）表示的 BCC-PPS 基于规模收益可变。此外，Färe 和 Grosskopf（1985）则假设 DMUs 的规模收益是非增的，即 FG-PPS，表示为

$$T_{\text{FG}} = \left\{ (x,y) \mid \sum_{j=1}^{n} \lambda_j x_{ij} \leqslant x, \sum_{j=1}^{n} \lambda_j y_{rj} \geqslant y, \sum_{j=1}^{n} \lambda_j \leqslant 1, \lambda_j \geqslant 0 \right\} \quad (2.3)$$

相应地，基于规模收益非递减的（Seiford and Thrall，1990）PPS 的形式可以表示为

$$T_{\text{ST}} = \left\{ (x,y) \mid \sum_{j=1}^{n} \lambda_j x_{ij} \leqslant x, \sum_{j=1}^{n} \lambda_j y_{rj} \geqslant y, \sum_{j=1}^{n} \lambda_j \geqslant 1, \lambda_j \geqslant 0 \right\} \quad (2.4)$$

上述四种 PPS 反映了一定的经济含义，也代表了不同的生产活动。在效率评价时，根据不同的需求，即 DMUs 不同的规模收益，进行不同的 PPS 选择。

2.2.4 有效生产前沿面

有效生产前沿面是由 PPS 中所有有效点构成的曲面，即在给定 PPS 的情况下，有效生产前沿面可以是保持现有投入水平的最小化，也可以是现有产出水平可能得到的最大化的边界。因此，有效生产前沿面上所有 DMUs 的投入和产出指标处于最优水平。根据盛昭瀚等（1996）和魏权龄（2004）等，有效生产前沿面可以定义如下。

定义 2.1 假设 $u \geqslant 0$，$v \geqslant 0$，且 $u \in R_s^+$，$v \in R_m^+$，于是，给定 PPST 的边界可以表示为 $L = \{(X,Y) \mid vX - uY = 0, u \geqslant 0, v \geqslant 0\}$。

定义 2.2 L 是 PPST 的弱有效生产前沿面，则 $L \cap T \neq \varnothing$ 是 PPST 的弱有效生产前沿面。

当特定 DMU 的投入和产出落在有效生产前沿面上，则称该 DMU 为有效 DMU；否则，该 DMU 落在 PPS 内部，称之为无效 DMU。

2.2.5 相对效率

DEA 理论中所说的相对效率主要是指"技术效率"，即利用 DEA 模型计算求解得到的被评价 DMU 相对于所有 DMUs 及它所构成的 PPS 的效率值。其有两层含义：第一，在 DMUs 的输入水平保持不变的前提下，其真实输出水平与有效生

产前沿面上该输入水平对应的理想输出水平的比值;第二,在 DMUs 的输出水平保持不变的前提下,其在有效生产前沿面上对应的理想输入水平与真实输入水平的比值。Debreu(1951)对资源利用系数进行了研究。同期,Shephard(1953)提出了测度效率距离函数。在此基础上,Farrell(1957)定义了考虑多投入的企业效率评价概念,即效率等于实际产出水平/前沿产出水平。最后,Charnes 等(1978)创造性地将 Farrell 距离函数引入 DEA 理论。理论上,技术效率大于 0 且小于等于 1。如果某个 DMU 的技术效率值等于 1,则称该 DMU 为技术有效,此时其输入和输出指标恰好位于有效生产前沿面上。如果某个 DMU 的技术效率值小于 1,那么称该 DMU 为技术无效,且说明该 DMU 的实际产出水平超过了理想中的有效生产前沿面上的产出水平。

此外,DEA 理论中"相对效率"主要包括:DMUs 的实际效率值是比较实际值与理想值之间的差距得出的,因此应该理解为是一种"相对"于理想状态的一种效率值。理想的投入产出数值则往往由有效生产前沿面决定,而有效生产前沿面则依赖于所有 DMUs(包括无效和有效 DMUs,主要由有效 DMUs 最终确定),所以说是一种"相对"于特定 DMUs 观测值的效率。

2.3 DEA 方法的基本模型

2.2 节对 DEA 方法的基本概念做了简要介绍和阐释,本节主要介绍 DEA 方法中几个具有代表性的模型,具体如下。

2.3.1 CCR-DEA 模型

CCR 模型由著名的运筹学家 Charnes、Cooper 和 Rhodes 等于 1978 年提出,是最早的 DEA 模型。假设有 n 个被评估的 DMUs,每个 DMU 使用同种类型的投入产生同种类型的产出。$X_j = (x_{1j}, x_{2j}, \cdots, x_{mj})^\mathrm{T}$ 和 $Y_j = (y_{1j}, y_{2j}, \cdots, y_{sj})^\mathrm{T}$ 分别为 DMU_j 的投入向量和产出向量。每个 DMU 的绩效(效率)为加权产出值与加权投入值的比值,被评估 DMU 记为 DMU_0。CCR 模型表示如下:

$$\text{Max} \quad \frac{\sum_{r=1}^{s} u_r y_{r0}}{\sum_{i=1}^{m} v_i x_{i0}}$$

$$\text{s.t.} \quad \frac{\sum_{r=1}^{s} u_r y_{rj}}{\sum_{i=1}^{m} v_i x_{ij}} \leq 1, \quad j = 1, 2, \cdots, n \quad (2.5)$$

$$u_r \geq 0, \quad r = 1, 2, \cdots, s$$
$$v_i \geq 0, \quad i = 1, 2, \cdots, m$$

模型（2.5）中，u_r 和 v_i 分别表示产出和投入相应的权重。模型（2.5）为非线性规划模型，可以通过 Charnes-Cooper 转换（Charnes and Cooper，1962）为线性规划，具体如下：

$$\text{Max} \quad \sum_{r=1}^{s} u_r y_{r0}$$

$$\text{s.t.} \quad \sum_{r=1}^{s} u_r y_{rj} - \sum_{i=1}^{m} v_i x_{ij} \leq 0, \quad j = 1, 2, \cdots, n$$

$$\sum_{i=1}^{m} v_i x_{i0} = 1, \quad (2.6)$$

$$u_r \geq 0, \quad r = 1, 2, \cdots, s$$
$$v_i \geq 0, \quad i = 1, 2, \cdots, m$$

模型（2.6）的对偶问题可以表示如下：

$$\text{Min} \quad \theta_0$$

$$\text{s.t.} \quad \sum_{j=1}^{n} \lambda_j x_{ij} \leq \theta_0 x_{i0}, \quad i = 1, 2, \cdots, m$$

$$\sum_{j=1}^{n} \lambda_j y_{rj} \geq y_{r0}, \quad r = 1, 2, \cdots, s \quad (2.7)$$

$$\lambda_j \geq 0, \quad j = 1, 2, \cdots, n$$

模型（2.7）中，λ_j 为投入产出的权重系数；θ_0 为 DMU_0 的评价效率。关于效率，有如下定义。

定义 2.3 若模型（2.7）中的最优解 $\theta_0^* = 1$，则 DMU_0 称为（弱）有效 DMU；若模型（2.7）中的最优解 $\theta_0^* < 1$，则 DMU_0 称为无效 DMU。

模型（2.5）~模型（2.7）基于投入导向（input-oriented），与之相对应的产出导向（output-oriented）模型则为

$$\text{Min} \quad \frac{\sum_{i=1}^{m} v_i x_{i0}}{\sum_{r=1}^{s} u_r y_{r0}}$$

$$\text{s.t.} \quad \frac{\sum_{i=1}^{m} v_i x_{ij}}{\sum_{r=1}^{s} u_r y_{rj}} \geq 1, \quad j=1,2,\cdots,n \quad (2.8)$$

$$u_r \geq 0, \quad r=1,2,\cdots,s$$

$$v_i \geq 0, \quad i=1,2,\cdots,m$$

$$\text{Max} \quad \rho_0$$

$$\text{s.t.} \quad \sum_{j=1}^{n} \lambda_j x_{ij} \leq x_{i0}, \quad i=1,2,\cdots,m$$

$$\sum_{j=1}^{n} \lambda_j y_{rj} \geq \rho_0 y_{r0}, \quad r=1,2,\cdots,s \quad (2.9)$$

$$\lambda_j \geq 0, \quad j=1,2,\cdots,n$$

2.3.2 BCC-DEA 模型

Banker 等（1984）在 CCR 模型的基础上，提出了改进的 BCC 模型，该模型基于规模收益可变，具体模型如下：

$$\text{Max} \quad \frac{\sum_{r=1}^{s} u_r y_{r0} + u_0}{\sum_{i=1}^{m} v_i x_{i0}} \quad (2.10)$$

$$\text{s.t.} \quad \frac{\sum_{r=1}^{s} u_r y_{rk} + u_0}{\sum_{i=1}^{m} v_i x_{ik}} \leq 1, \quad k=1,2,\cdots,n$$

$$u_r \geq 0, \quad r=1,2,\cdots,s$$

$$v_i \geq 0, \quad i=1,2,\cdots,m$$

$$u_0 \text{ 为自由变量}$$

模型（2.10）对应的线性规划问题的对偶问题如下：

$$\text{Min} \quad \theta_0$$

$$\text{s.t.} \quad \sum_{j=1}^{n} \lambda_j x_{ij} \leq \theta_0 x_{i0}, \quad i=1,2,\cdots,m$$

$$\sum_{j=1}^{n} \lambda_j y_{rj} \geq y_{r0}, \quad r=1,2,\cdots,s \qquad (2.11)$$

$$\sum_{j=1}^{n} \lambda_j = 1,$$

$$\lambda_j \geq 0, \quad j=1,2,\cdots,n$$

模型（2.11）基于投入导向，与之对应的产出导向模型如下：

$$\text{Max} \quad \rho_0$$

$$\text{s.t.} \quad \sum_{j=1}^{n} \lambda_j x_{ij} \leq x_{i0}, \quad i=1,2,\cdots,m$$

$$\sum_{j=1}^{n} \lambda_j y_{rj} \geq \rho_0 y_{r0}, \quad r=1,2,\cdots,s \qquad (2.12)$$

$$\sum_{j=1}^{n} \lambda_j = 1,$$

$$\lambda_j \geq 0, \quad j=1,2,\cdots,n$$

相比 CCR 模型，BCC 模型多了约束 $\sum_{j=1}^{n} \lambda_j y_{rj} = 1$，该约束放松了 CCR 模型中的锥性公理假设。BCC 模型计算得到的效率是 DMUs 的技术效率，而 CCR 模型计算所得的效率不仅包含了技术效率，而且涵盖了规模效率（盛昭翰等，1996）。

2.3.3 SBM-DEA 模型

上述 CCR 模型和 BCC 模型均为径向模型，即指同一 DMU 所有投入或者产出按照同一比例减少或增加并投影到有效生产前沿面上。随后，Tone（2001）提出改进的非径向 DEA 模型，即松弛变量 DEA（SBM-DEA）模型，具体模型如下：

$$\text{Min} \quad \frac{1 - \frac{1}{m} \sum_{j=1}^{n} \frac{s_i^-}{x_{i0}}}{1 + \frac{1}{s} \sum_{j=1}^{n} \frac{s_r^+}{y_{r0}}}$$

$$\text{s.t.} \quad \sum_{j=1}^{n} \lambda_j x_{ij} + s_i^- = x_{i0}, \quad i = 1, 2, \cdots, m$$

$$\sum_{j=1}^{n} \lambda_j y_{rj} - s_r^+ = y_{r0}, \quad r = 1, 2, \cdots, s$$

$$\sum_{j=1}^{n} \lambda_j = 1,$$

$$\lambda_j \geq 0, \quad j = 1, 2, \cdots, n$$

(2.13)

模型（2.13）中，s_i^- 和 s_r^+ 分别为投入和产出的松弛变量。模型（2.13）通过线性转换可变换为如下线性规划模型（2.14）。

$$\text{Min} \quad t - \frac{1}{m} \sum_{j=1}^{n} \frac{s_i^-}{x_{i0}}$$

$$\text{s.t.} \quad \sum_{j=1}^{n} \lambda_j x_{ij} + s_i^- = t x_{i0}, \quad i = 1, 2, \cdots, m$$

$$\sum_{j=1}^{n} \lambda_j y_{rj} - s_r^+ = t y_{r0}, \quad r = 1, 2, \cdots, s$$

$$t + \frac{1}{s} \sum_{j=1}^{n} \frac{s_r^+}{y_{r0}} = 1,$$

$$\sum_{j=1}^{n} \lambda_j = 1,$$

$$\lambda_j \geq 0, \quad j = 1, 2, \cdots, n$$

(2.14)

2.3.4 超效率 DEA 模型

以上 DEA 模型只能把所有 DMUs 区分为有效和无效两类，即效率为 1 的为有效，效率小于 1 的为无效，并不能对所有 DMUs 进行完全排序。为了解决这一问题，Andersen 和 Petersen（1993）提出超效率模型以解决该问题，具体模型如下：

$$\text{Min} \quad \theta_0$$

$$\text{s.t.} \quad \sum_{j=1, j \neq 0}^{n} \lambda_j x_{ij} \leq \theta_0 x_{i0}, \quad i = 1, 2, \cdots, m$$

$$\sum_{j=1, j \neq 0}^{n} \lambda_j y_{rj} \geq y_{r0}, \quad r = 1, 2, \cdots, s$$

$$\sum_{j=1,j\neq 0}^{n}\lambda_j = 1,$$
$$\lambda_j \geqslant 0, \quad j=1,2,\cdots,n$$

(2.15)

注意，超效率模型（2.15）与传统的 CCR/BCC-DEA 模型相似，只是超效率模型在构建有效生产前沿面的时候排除了当前被评价 DMUs，从而使得原先有效的 DMUs 在用超效率模型评价时产生的效率值大于或等于 1，从而可以更好地对有效 DMUs 进行排序。

2.3.5 交叉效率 DEA 模型

以上所有 DEA 模型都以 DMUs 的自我评价为主，忽略了 DMUs 之间的互评过程。因此，Sexton 等（1986）、Doyle 和 Green（1994）提出交叉效率 DEA 模型。该模型首先决定每个 DMU 的最优权重如下：

$$E_{kk} = \text{Max} \sum_{r=1}^{s} u_r^k y_{rk}$$
$$\text{s.t.} \quad \sum_{r=1}^{s} u_r^k y_{rj} - \sum_{i=1}^{m} v_i^k x_{ij} \leqslant 0, \quad j=1,2,\cdots,n$$
$$\sum_{i=1}^{m} v_i^k x_{ik} = 1,$$
$$u_r^k \geqslant 0, \quad r=1,2,\cdots,s$$
$$v_i^k \geqslant 0, \quad i=1,2,\cdots,m$$

(2.16)

模型（2.16）中首先确定 DMU_k（$k=1,2,\cdots,n$）的最优权重 u_r^{k*} 和 v_i^{k*}，从而以确定其最优效率 E_{kk}^*。则 DMU_k（$k=1,2,\cdots,n$）对 DMU_j（$j=1,2,\cdots,n, j\neq k$）的交叉效率定义为

$$E_{kj} = \frac{\sum_{r=1}^{s} u_r^{k*} y_{rj}}{\sum_{i=1}^{m} v_i^{k*} x_{ij}}, \quad k,j=1,2,\cdots,n$$

(2.17)

那么，对于 DMU_j（$j=1,2,\cdots,n$），所有 E_{kj} 的平均值则被定义为其交叉效率：

$$E_j = \frac{1}{n}\sum_{k=1}^{n} E_{kj}$$

(2.18)

参 考 文 献

盛昭翰, 朱乔, 吴广谋. 1996. DEA 理论、方法与应用[M]. 北京: 科学出版社.
孙加森. 2014. 数据包络分析(DEA)的交叉效率理论方法与应用研究[D]. 中国科学技术大学博士学位论文.
魏权龄. 1996. 数据包络分析[M]. 北京: 科学出版社.
魏权龄. 2000. 数据包络分析(DEA)[J]. 科学通报, (17): 1793-1807.
魏权龄. 2004. 数据包络分析[M]. 北京: 科学出版社.
Andersen P, Petersen N C. 1993. A procedure for ranking efficient units in data envelopment analysis[J]. Management Science, 39 (10): 1261-1264.
Banker R D, Charnes A, Cooper W W. 1984. Some models for estimating technical and scale inefficiencies in data envelopment analysis[J]. Management Science, 30 (9): 1078-1092.
Charnes A, Cooper W W. 1962. Programming with linear fractional functionals[J]. Naval Research Logistics Quarterly, 9 (3/4): 181-186.
Charnes A, Cooper W W, Rhodes E. 1978. Measuring the efficiency of decision making units[J]. European Journal of Operational Research, 2 (6): 429-444.
Chung Y H, Färe R, Grosskopf S. 1997. Productivity and undesirable outputs: a directional distance function approach[J]. Journal of Environmental Management, 51 (3): 229-240.
Cook W D, Harrison J, Imanirad R, et al. 2013. Data envelopment analysis with nonhomogeneous DMUs[J]. Operations Research, 61 (3): 666-676.
Debreu G. 1951. The coefficient of resource utilization[J]. Econometrica, 19 (3): 273-292.
Doyle J, Green R. 1994. Efficiency and cross-efficiency in DEA: derivations, meanings and uses[J]. Journal of the Operational Research Society, 45 (5): 567-578.
Färe R, Grosskopf S. 1985. A nonparametric cost approach to scale efficiency[J]. The Scandinavian Journal of Economics, 87 (4): 594-604.
Färe R, Grosskopf S. 1996. Productivity and intermediate products: a frontier approach[J]. Economics Letters, 50: 65-70.
Farrell M J. 1957. The measurement of productive efficiency[J]. Journal of the Royal Statistical Society, 120 (3): 253-290.
Imanirad R, Cook W D, Zhu J. 2013. Partial input to output impacts in DEA: production considerations and resource sharing among business subunits[J]. Naval Research Logistics (NRL), 60 (3): 190-207.
Liang L, Wu J, Cook W D, et al. 2008. The DEA game cross-efficiency model and its Nash equilibrium[J]. Operations Research, 56 (5): 1278-1288.

Seiford L M, Thrall R M. 1990. Recent developments in DEA: the mathematical programming approach to frontier analysis[J]. Journal of Econometrics, 46 (1/2): 7-38.

Sexton T R, Silkman R H, Hogan A J. 1986. Data envelopment analysis: critique and extension[M]//Silkman R H. Measuring Efficiency: An Assessment of Data Envelopment Analysis. San Francisco, CA: Jossey-Bass: 71-89.

Shephard R W. 1953. Cost and Production Functions[M]. New Jersey: Princeton University Press.

Tone K. 2001. A slacks-based measure of efficiency in data envelopment analysis[J]. European Journal of Operational Research, 130 (3): 498-509.

Tone K. 2010. Variations on the theme of slacks-based measure of efficiency in DEA[J]. European Journal of Operational Research, 200 (3): 901-907.

第二篇
固定资源配置篇

第3章 基于情境DEA理论的固定资源配置方法研究

第一篇主要是针对本书的研究背景及基础理论知识等的介绍，旨在为各部分研究的展开打下坚实基础，从本章开始进入本书的第二篇"固定资源配置篇"。本章拟建立一种基于情景 DEA 理论的资源配置模型以求合理有效地分配资源。

3.1 引　　言

资源配置是指企业或组织需要将有限资源合理分配给不同组织或部门。资源往往是有限或珍贵的，因此如何合理有效地分配资源对企业发展有着重要的作用（Amirteimoori and Shafiei，2006；Wu et al.，2013）。同样，如何合理地配置资源也会影响企业各个部门和组织的绩效（Golany，1988；Golany and Tamir，1995）。资源配置问题作为管理科学领域热门和经典的问题之一（Korhonen and Syrjänen，2004），众多学者将 DEA 理论广泛地应用在资源配置问题上。已有的基于 DEA 理论的资源配置模型可以分为几大类：资源分配与目标设定（Bi et al.，2011）、中心资源分配（Lozano and Villa，2004）、其他类别（Korhonen and Syrjänen，2004；Du et al.，2014）。

已有的基于 DEA 理论的资源配置方法主要基于两种假设：一种是资源分配以后，各个 DMU 效率变化（如都达到有效生产前沿面上生产）；另一种是资源分配以后，各个 DMU 效率不变。主要缺点可以概括为：第一，基于 DEA 理论的效率不变资源配置模型往往更改了原有 PPS；第二，基于 DEA 理论的效率可变资源配置模型往往假设资源分配后各个 DMU 在有效生产前沿面上生产。该假设明显没有考虑 DMUs 的实际生产能力，给每个 DMU 设定的生产往往在短期内实现不了。此外，之前基于 DEA 理论的资源配置方法很少考虑投入资源的本身特性。例如，一些资源往往比较不"灵活"，投入之后不易改变；而一些资源则会相对"灵活"。同时，一些资源会相对比较"稀有"，而一些资源则会相对比较易得。因此，在资源分配的同时，考虑资源类别显得尤为重要。

本章的主要目的是设计一套合理有效的资源配置方法，以同时考虑生产、资源等因素。和以往文献对比，本章所提资源配置模型的贡献如下。首先，本章将投入资源分为三类：第一类属于不可分配不变投入资源；第二类属于可分配不变投入资源；第三类属于可分配可变投入资源。不可分配不变投入资源对于每个 DMU 来说一经投入往往保持不变，如土地、房屋等。可分配不变投入资源往往在生产中也会保持不变，但是通常会在生产中增加并需要分配，如汽车和冰箱等机器设备。可分配可变投入资源则往往在生产中会被消耗，如水和煤资源等，故下阶段的这类资源总和即为下阶段分配总量。其次，本章所提的模型考虑多目标规划问题，在用已有的资源同时达到最大产出的同时，也考虑最小化投入资源及企业有效性。企业有效性在本书中定义为各个 DMU 产出增长率总和。再次，本章利用情境 DEA 理论构建相应的生产函数模型，打破了传统的效率不变和效率可变模型的假设。最后，该模型保证被分配资源的 DMUs 的生产处于最大生产规模，使资源利用得更加有效。

3.2 基于情境 DEA 理论的固定资源配置模型构建

3.2.1 情境 DEA 模型

由第 2 章可知传统的基于 BCC-DEA 模型的 PPS 为

$$T_{\text{BCC}} = \left\{ (x,y) \mid \sum_{j=1}^{n} \lambda_j x_{ij} \leqslant x, \sum_{j=1}^{n} \lambda_j y_{rj} \geqslant y, \sum_{j=1}^{n} \lambda_j = 1, \lambda_j \geqslant 0 \right\} \quad (3.1)$$

其中，$x_j = (x_{1j}, x_{2j}, \cdots, x_{mj})^{\text{T}}$ 和 $y_j = (y_{1j}, y_{2j}, \cdots, y_{sj})^{\text{T}}$ 分别表示 DMU$_j$ 的投入和产出向量。

情境 DEA 理论最先由 Seiford 和 Zhu（2003）提出，主要用于测量某个 DMU 的相对吸引程度。它是将传统 DEA 方法中的唯一有效生产前沿面分为若干层级，每个层级代表特定的生产技术，因此用不同层级的生产技术来刻画每个 DMU 配置资源之后的新生产过程会更合理和有效。下面给出具体的算法用以区分各个层级上的 DMUs。

算法 3.1

第一步：令 $k=1$ 为第一层级。使用传统的 BCC-DEA 模型评价所有 DMUs（记为集合 E_1）效率，并得出有效 DMUs，并记为集合 L_1，即第一层有效生产前沿面。

第二步：去除第一层级中所有 DMUs，并记 $E_{k+1}=E_k-L_k$。如果 $E_{k+1}=\varnothing$，算法停止；否则进行第三步。

第三步：重新对剩下集合 E_{k+1} 中的所有 DMUs 进行效率评估，并得到一个新的集合 L_{k+1}，记为第 $(k+1)$ 层有效生产前沿面。

第四步：令 $k=k+1$ 并返回第二步。

处于同一层级上的 DMUs 在生产中将会拥有相似的生产技术，因此随着投入的增加或者减少，它们将表现出相似的生产。因此，基于第 k 层级的改变 PPS 可表示为

$$T_{\text{CPPS}}=\left\{(x,y)\in L(k)\,\Big|\,\sum_{j\in L(k)}\lambda_j x_{ij}\leqslant x,\ \sum_{j\in L(k)}\lambda_j y_{rj}\geqslant y,\ \sum_{j\in L(k)}\lambda_j=1,\ \lambda_j\geqslant 0\right\} \tag{3.2}$$

3.2.2 基于情境 DEA 理论的资源配置模型

假设一个企业有 n 个 DMUs，DMU_j 使用 w 个不可分配不变投入[记为 $G_j=(g_{1j},g_{2j},\cdots,g_{wj})^{\text{T}}$]、$m$ 个可分配不变投入[记为 $D_j=(d_{1j},d_{2j},\cdots,d_{mj})^{\text{T}}$]、$t$ 个可分配可变投入[记为 $F_j=(f_{1j},f_{2j},\cdots,f_{tj})^{\text{T}}$]生产 s 个产出[记为 $Y_j=(y_{1j},y_{2j},\cdots,y_{sj})^{\text{T}}$]。假设企业拥有额外投入资源（可分配不变投入 R_i，$i=1,2,\cdots,m$ 和可分配可变投入 E_i，$i=1,2,\cdots,t$）并计划分配给 n 个 DMUs。和之前文献相似（Lozano and Villa, 2004; Korhonen and Syrjänen, 2004; Wu et al., 2013），本章假设 PPS 并不会因为资源的分配而发生改变。

首先，我们提出以下基于情境 DEA 理论的双目标线性规划模型，在最大化总产出的同时最小化可分配可变投入资源。

$$\text{Max} \quad \sum_{q=1}^{n} \sum_{r=1}^{s} \Delta y_{rq} \quad (\text{I})$$

$$\text{Min} \quad \sum_{q=1}^{n} \sum_{i=1}^{t} \Delta f_{iq} \quad (\text{II})$$

$$\text{s.t.} \quad \sum_{j \in L(k)} \lambda_{jq} g_{ij} \leqslant g_{iq}, \quad i = 1, 2, \cdots, w; k = 1, 2, \cdots, p; q \in L(k) \quad (3.3.1)$$

$$\sum_{j \in L(k)} \lambda_{jq} d_{ij} \leqslant d_{iq} + \Delta d_{iq}, \quad i = 1, 2, \cdots, m; k = 1, 2, \cdots, p; q \in L(k) \quad (3.3.2)$$

$$\sum_{j \in L(k)} \lambda_{jq} f_{ij} \leqslant \Delta f_{iq}, \quad i = 1, 2, \cdots, t; k = 1, 2, \cdots, p; q \in L(k) \quad (3.3.3)$$

$$\sum_{j \in L(k)} \lambda_{jq} y_{rj} \geqslant y_{rq} + \Delta y_{rq}, \quad r = 1, 2, \cdots, s; k = 1, 2, \cdots, p; q \in L(k) \quad (3.3.4) \quad (3.3)$$

$$\Delta d_{iq} = 0, \quad \text{当 } d_{iq} \geqslant d_{iq}^{\text{mpss}}; i = 1, 2, \cdots, m; q = 1, 2, \cdots, n \quad (3.3.5)$$

$$d_{iq} + \Delta d_{iq} \leqslant d_{iq}^{\text{mpss}}, \quad \text{当 } d_{iq} \leqslant d_{iq}^{\text{mpss}}; i = 1, 2, \cdots, m; q = 1, 2, \cdots, n \quad (3.3.6)$$

$$\sum_{q=1}^{n} \Delta d_{iq} = R_i, \quad i = 1, 2, \cdots, m \quad (3.3.7)$$

$$\sum_{q=1}^{n} \Delta f_{iq} \leqslant E_i, \quad i = 1, 2, \cdots, t \quad (3.3.8)$$

$$\sum_{j \in L(k)} \lambda_{jq} = 1, \quad k = 1, 2, \cdots, p; q \in L(k) \quad (3.3.9)$$

$$\Delta d_{iq} \leqslant \beta_i d_{iq}, \quad i = 1, 2, \cdots, m; q = 1, 2, \cdots, n \quad (3.3.10)$$

$$\lambda_{jq} \geqslant 0, \quad \Delta f_{iq} \geqslant 0, \quad \forall j \in L(k); k = 1, 2, \cdots, p; i = 1, 2, \cdots, m$$

其中，$L(k)$ 表示第 k 层级中的 DMUs 集合；Δd_{iq}、Δf_{iq} 和 Δy_{rq} 分别表示不变投入、可变投入及产出的变化；d_{iq}^{mpss} 表示最大生产规模区域内的最大投入。

在模型（3.3）中，首先企业的主要目标是用已有的资源最大化产出[反映在第一目标函数（I）中]；其次，在尽量最大化产出的同时，企业应该最小化可变资源的投入[反映在第二目标函数（II）中]。约束（3.3.1）~约束（3.3.4）保证每个DMU 在资源分配之后的生产在其所处的生产层级上。约束（3.3.7）和约束（3.3.8）表示被分配的所有资源不能超过给定的总资源 R_i 和 E_i。约束（3.3.9）表示规模收益可变。参考文献 Korhonen 和 Syrjänen（2004），约束（3.3.10）是为了避免所有资源分配给少数 DMUs。不变投入资源往往比较珍贵和稀有，因此我们首先假设这类资源被完全分配[约束（3.3.7）]，此外，我们用约束（3.3.5）和约束（3.3.6）去限制将该类资源分配给那些没有达到最大生产规模的 DMUs。对于每一层级，

仅有一个最大的 d_{iq}^{mpss}，且可以通过下面的算法 3.2 得出。

算法 3.2

第一步：利用 FGL 模型[①]（Färe et al., 1985, 1994）计算每一层级的 DMUs 效率。

第二步：找到每一层级中 FGL 模型下的所有有效 DMUs。

第三步：计算每一层级下有效 DMUs 的最大投入，记为 d_{iq}^{mpss}。

下面考虑一个简单的例子，相应的投入产出数据见表 3.1。

表3.1 投入产出数据

DMUs	投入	产出	层级
A	1	1	1
B	2	5	1
C	4	8	1
D	6	9	1
E	3	2	2
F	4	6	2
G	6	8	2

表 3.1 中的投入产出数据反映在图 3.1 中，包括相应的层级分布。7 个 DMUs 共分为两个层级：层级 1 中包含 4 个 DMUs（即 $L(1)=\{A,B,C,D\}$）；层级 2 中包含 3 个 DMUs（即 $L(2)=\{E,F,G\}$）。

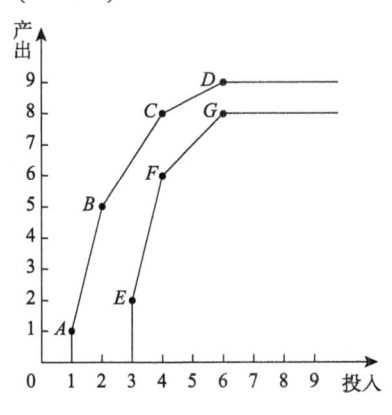

图 3.1 投入产出分布

假设有 1 单位的额外资源将要分配给这 7 个 DMUs（即 $R=1$）。显然，从图 3.1

[①] 由 Färe、Grosskopf、Lovell 提出。

中可以看出，DMU_A 和 DMU_E 分别在层级 1 和层级 2 中拥有相同的最大边际产出。因此，利用模型（3.3），DMU_A 或者 DMU_E 将会被分配 1 单位的额外资源。就是说，分配给 DMU_A 或者 DMU_E 的两种配置方案都会带来同样的最大产出（即额外 4 单位产出）。但是，两种不同的配置方案将会给 DMU_A 和 DMU_E 带来不同的产出增长率：DMU_A 增加率为 400%，而 DMU_E 增长率为 200%。考虑被分配资源的 DMUs 的增长率，1 单位的额外资源应该分配给 DMU_A。因此，在最大化产出的同时，考虑单个 DMU 的产出增长率（或满意程度）显得尤为重要。每个被分配资源的 DMU 的总的增长率可以定义为企业在分配资源上的有效性。

定义 3.1 企业分配资源的有效性定义为所有 DMUs 在分配资源后带来的增长率之和，即

$$\psi = \sum_{q=1}^{n} \sum_{r=1}^{s} \frac{\Delta y_{rq}}{y_{rq}} \tag{3.4}$$

因此，企业在分配资源的同时，不仅需要考虑最大化产出和最小化投入资源，也要考虑资源分配之后给企业每个 DMU 带来的有效性。模型（3.5）同时考虑这三个重要指标如下：

$$\text{Max} \quad \sum_{q=1}^{n} \sum_{r=1}^{s} \Delta y_{rq} \qquad (\text{I})$$

$$\text{Min} \quad \sum_{q=1}^{n} \sum_{i=1}^{t} \Delta f_{iq} \qquad (\text{II})$$

$$\text{Max} \quad \sum_{q=1}^{n} \sum_{r=1}^{s} \frac{\Delta y_{rq}}{y_{rq}} \qquad (\text{III})$$

$$\text{s.t.} \quad \sum_{j \in L(k)} \lambda_{jq} g_{ij} \leqslant g_{iq}, \quad i=1,2,\cdots,w; k=1,2,\cdots,p; q \in L(k)$$

$$\sum_{j \in L(k)} \lambda_{jq} d_{ij} \leqslant d_{iq} + \Delta d_{iq}, \quad i=1,2,\cdots,m; k=1,2,\cdots,p; q \in L(k)$$

$$\sum_{j \in L(k)} \lambda_{jq} f_{ij} \leqslant \Delta f_{iq}, \quad i=1,2,\cdots,t; k=1,2,\cdots,p; q \in L(k)$$

$$\sum_{j \in L(k)} \lambda_{jq} y_{rj} \geqslant y_{rq} + \Delta y_{rq}, \quad r=1,2,\cdots,s; k=1,2,\cdots,p; q \in L(k)$$

$$\Delta d_{iq} = 0, \quad \text{当} d_{iq} \geqslant d_{iq}^{\text{mpss}}; i=1,2,\cdots,m; q=1,2,\cdots,n$$

$$d_{iq} + \Delta d_{iq} \leqslant d_{iq}^{\text{mpss}}, \quad \text{当} d_{iq} \leqslant d_{iq}^{\text{mpss}}; i=1,2,\cdots,m; q=1,2,\cdots,n$$

$$\sum_{q=1}^{n} \Delta d_{iq} = R_i, \quad i=1,2,\cdots,m$$

$$\sum_{q=1}^{n}\Delta f_{iq}\leqslant E_i, \quad i=1,2,\cdots,t$$

$$\sum_{j\in L(k)}\lambda_{jq}=1, \quad k=1,2,\cdots,p;q\in L(k)$$

$$\Delta d_{iq}\leqslant \beta_i d_{iq}, \quad i=1,2,\cdots,m;q=1,2,\cdots,n$$

$$\lambda_{jq}\geqslant 0, \quad \Delta f_{iq}\geqslant 0 \quad \forall\, j\in L(k);k=1,2,\cdots,p;i=1,2,\cdots,m$$

(3.5)

在模型（3.5）中，最大化总产出为第一目标；最小化可变资源投入为第二目标；最大化企业有效性则为第三目标。同时，模型（3.5）是一个多目标规划模型，在之前的 DEA 文献中也经常出现（Amirteimoori and Kordrostami，2012；Amirteimoori and Emrouznejad，2012；Keshavarz and Toloo，2014，2015）。因此，参考文献 Amirteimoori 和 Kordrostami（2012），多目标规划模型（3.5）可以转化为如下单目标规划模型（3.6）：

$$\text{Max} \quad \sum_{q=1}^{n}\sum_{r=1}^{s}\Delta y_{rq} - \varepsilon_1 \sum_{q=1}^{n}\sum_{i=1}^{t}\Delta f_{iq} + \varepsilon_2 \sum_{q=1}^{n}\sum_{r=1}^{s}\frac{\Delta y_{rq}}{y_{rq}}$$

s.t.
$$\sum_{j\in L(k)}\lambda_{jq}g_{ij}\leqslant g_{iq}, \quad i=1,2,\cdots,w;k=1,2,\cdots,p;q\in L(k)$$

$$\sum_{j\in L(k)}\lambda_{jq}d_{ij}\leqslant d_{iq}+\Delta d_{iq}, \quad i=1,2,\cdots,m;k=1,2,\cdots,p;q\in L(k)$$

$$\sum_{j\in L(k)}\lambda_{jq}f_{ij}\leqslant \Delta f_{iq}, \quad i=1,2,\cdots,t;k=1,2,\cdots,p;q\in L(k)$$

$$\sum_{j\in L(k)}\lambda_{jq}y_{rj}\geqslant y_{rq}+\Delta y_{rq}, \quad r=1,2,\cdots,s;k=1,2,\cdots,p;q\in L(k)$$

$$\Delta d_{iq}=0, \quad \text{当}\, d_{iq}\geqslant d_{iq}^{\text{mpss}};i=1,2,\cdots,m;q=1,2,\cdots,n \qquad (3.6)$$

$$d_{iq}+\Delta d_{iq}\leqslant d_{iq}^{\text{mpss}}, \quad \text{当}\, d_{iq}\leqslant d_{iq}^{\text{mpss}};i=1,2,\cdots,m;q=1,2,\cdots,n$$

$$\sum_{q=1}^{n}\Delta d_{iq}=R_i, \quad i=1,2,\cdots,m$$

$$\sum_{q=1}^{n}\Delta f_{iq}\leqslant E_i, \quad i=1,2,\cdots,t$$

$$\sum_{j\in L(k)}\lambda_{jq}=1, \quad k=1,2,\cdots,p;q\in L(k)$$

$$\Delta d_{iq}\leqslant \beta_i d_{iq}, \quad i=1,2,\cdots,m;q=1,2,\cdots,n$$

$$\lambda_{jq}\geqslant 0, \quad \Delta f_{iq}\geqslant 0 \quad \forall\, j\in L(k);k=1,2,\cdots,p;i=1,2,\cdots,m$$

在模型（3.6）中，$\varepsilon_1(0<\varepsilon_1\leqslant 1)$ 和 $\varepsilon_2(0<\varepsilon_2\leqslant 1)$ 分别表示投入资源和企业有效性的权重。针对权重的选择，不同的文献提出不同的方法（如 Amirteimoori and Kordrostami，2012；Amirteimoori and Emrouznejad，2012）。本书选择 ε_1 和 ε_2 足够小（如 0.01、0.001），但保证 $\varepsilon_1>\varepsilon_2$，确保企业以最大化产出为绝对第一目标，且保证最小化投入资源的重要性比企业有效性大。

3.3 模型应用与分析

本节将提出的资源配置模型应用于一个关于造纸企业的实际例子。该造纸企业拥有 8 个部门，即 8 个 DMUs，每个 DMU 使用 4 个投入生产出 2 个产出，相应的投入产出详见表 3.2。

表3.2 投入产出变量

投入/产出	变量	单位
投入	煤	吨
	水	万吨
	工人	个
	固定投资	万元
产出	净价值	万元
	利税	万元

4 个投入可以分为 3 类：不可分配不变投入（固定投资）、可分配不变投入（工人）、可分配可变投入（如煤和水资源）。原始投入产出数据及基于 BCC 模型下的效率和层级详见表 3.3。

表3.3 原始投入产出数据及基于BBC模型下的效率和层级

DMUs	投入				产出		效率	层级
	煤/吨	水/万吨	工人/个	固定投资/万元	净价值/万元	利税/万元		
1	19 569	504	1 952	86	1 740.0	254.0	1.00	1
2	4 867	105	631	10	539.1	152.0	1.00	1
3	14 570	478	1 334	9	938.3	185.3	1.00	1
4	10 211	218	904	100	559.2	104.0	1.43	2
5	10 408	354	944	34	553.5	120.3	1.46	2

续表

DMUs	投入				产出		效率	层级
	煤/吨	水/万吨	工人/个	固定投资/万元	净价值/万元	利税/万元		
6	1 584	29	205	10	187.8	45.2	1.00	1
7	4 388	187	438	47	228.4	47.9	1.71	2
8	8 917	213	631	36	301.4	72.0	1.82	2

从表 3.3 可以看出，8 个部门中有 4 个部门是技术有效的。利用算法 3.1 可以把 8 个部门划分为两个层级，层级 1 包含 4 个部门：$L(1)=\{1,2,3,6\}$；层级 2 包含 4 个部门：$L(2)=\{4,5,7,8\}$。

假设该造纸企业又雇用了 500 个工人，即 $R=500$，并且需要将这额外的 500 个工人分配给 8 个部门。这些工人资源属于可分配不变投入资源，因此对于每个部门，其下一期生产的工人总数为当期工人加上分配的工人总和。对于煤和水可分配可变投入资源，其下一期总资源即为重新投入的资源，因为当期该部分资源已经投入并生产耗尽。该类资源往往相对比较充足，因此假设下一期这类资源在当期资源的基础上有 10%的多余量（即 $E_1=1.1\sum_{q=1}^{8}f_{1q}$ 和 $E_1=1.1\sum_{q=1}^{8}f_{2q}$），并且可用于分配给 8 个部门。对于固定投资，当期投入之后带来的影响仍会持续到下一期，因此假设下一期各个部门的固定投资不变。因此，对造纸企业来说就是如何合理地分配额外的 500 个工人及水和煤资源。

因此，可以利用 3.2 节提出的模型（3.6）分配这些额外的资源。分配之前，可以确定，$E_1=81\,965.4$，$E_2=2\,296.8$，$d_q^{\text{mpss}}=1\,952\,(q=1,2,3,6)$ 及 $d_q^{\text{mpss}}=944\,(q=4,5,7,8)$。此外，为了保证模型的可行性，进一步假设 $\Delta d_q\leqslant 0.3\times d_q\,(q=1,2,\cdots,8)$。进一步，假设 $\varepsilon_1=0.05$ 和 $\varepsilon_2=0.01$。利用模型（3.6），最优的配置方案详见表 3.4。

表3.4 资源分配之后投入产出变化量

层级	DMUs	Δf_{1q}	Δf_{2q}	Δd_{1q}	Δg_{1q}	Δy_{1q}	Δy_{2q}
1	1	19 569.0	504.0	0	0	0	0
	2	6 485.3	166.9	118	0	67.9	5.7
	3	14 570.0	478.0	0	0	0	0
	6	2 058.0	40.0	62	0	50.7	15.4
2	4	10 211.0	218.0	0	0	0	0
	5	10 408.0	354.0	0	0	0	0
	7	5 965.8	224.0	131	0	86.1	18.3
	8	9 371.7	305.8	189	0	162.7	29.9
总和		78 638.8	2 290.7	500	0	367.4	69.3

表 3.4 列出了每个投入和产出的相对变化值,最后一行列举投入产出的总改变量。第一,固定投资是不可分配资源,因此其总的变化量为 0。第二,总工人的增加数为 500 个,因此这 500 个工人将会被分别分配给部门 2、部门 6、部门 7 及部门 8,并且被分配完全。进一步,部门 2、部门 6、部门 7 及部门 8 将会分别分配到 118、62、131 及 189 个工人。第三,总的煤资源和水资源的分配量分别为 78 638.8 吨和 2 290.7 万吨,即都小于其总的投入资源量($E_1 = 81 965.4$ 和 $E_2 = 2 296.8$)。第四,有 4 个部门没有分配到新的工人,因此这 4 个部门将会维持其当期生产。如部门 1,其当期的投入产出为(19 569.0,504.0,1 952,86;1 740.0,254.0),在配置方案中没有新工人分配,因此其下一期投入产出仍然维持当期水平。

在资源分配之后,各个部门新的生产计划及效率见表 3.5。

表3.5 各个部门新的生产计划及效率

层级	DMUs	f_{1q}	f_{2q}	d_{1q}	g_{1q}	y_{1q}	y_{2q}	新效率	原始效率
1	1	19 569.0	504.0	1952	86	1 740.0	254.0	1.00	1.00
	2	6 485.3	166.9	749	10	607.0	157.7	1.00	1.00
	3	14 570.0	478.0	1 334	9	938.3	185.3	1.00	1.00
	6	2 058.0	40.0	267	10	238.5	60.6	1.00	1.00
2	4	10 211.0	218.0	904	100	559.2	104.0	1.40	1.43
	5	10 408.0	354.0	944	34	553.5	120.3	1.43	1.46
	7	5 965.8	224.0	569	47	314.5	66.2	1.57	1.71
	8	9 371.7	305.8	820	36	464.1	101.9	1.48	1.82

表 3.5 中,第 3~8 列列举了每个 DMU 的新的投入产出数据。分配后和分配前各个 DMU 的效率分别呈现在第 9 列和第 10 列。例如,对 DMU$_8$ 来说,其下一阶段总的投入资源分别为 9 371.7、305.8、820 及 36,相应变化为 454.7、92.8、189 及 0。产出目标分别为 464.1 和 101.9,相应变化为 162.7 和 29.9。另外,资源分配后其效率由原先的 1.82 上升到 1.48(注意,效率值越小表明效率越高,效率值为 1 表明有效)。更进一步,从表 3.5 中还可以看出,分配资源后每个 DMU 的效率都相对当前阶段有一定的提高。

为了反映模型(3.6)中第二和第三目标权重的不同对分配结果的影响(即不同 ε_1 和 ε_2 对分配结果的影响),表 3.6~表 3.8 展示了不同 ε_1 和 ε_2 下的分配结果。由表 3.6~表 3.8 总结如下：第一，从表 3.6 可以看出，相对于第三目标权重 ε_2，第二目标权重 ε_1 对资源分配所带来的最优总产出有着更重要的影响。就是说，如果企业对可变资源的获取更为容易的话，通过资源分配其将会得到更多的总产出；第二，ε_1 对第二目标也有着更为重要的影响，其反映在表 3.7 中，当 ε_1 很小的时候，总的投入资源也会相对很小；第三，从表 3.8 得出，ε_1 和 ε_2 对第三目标都有着重要的影响，即随着 ε_1 和 ε_2 的增加，企业有效性有着明显的增加。

表3.6 不同 ε_1 和 ε_2 下最优总产出变化（第一目标变化）

ε_2 \ ε_1	0	0.001	0.002	0.003	0.004	0.005	0.006	0.007	0.008	0.009
0.01	436.562 4	436.562 4	436.562 4	436.562 4	436.562 4	436.562 4	436.562 4	436.562 4	436.562 4	436.562 4
ε_2 \ ε_1	0	0.005	0.010	0.015	0.020	0.025	0.030	0.035	0.040	0.045
0.05	363.034 7	363.034 7	363.034 7	363.034 7	363.034 7	363.034 7	363.034 7	363.034 7	363.034 7	363.034 7
ε_2 \ ε_1	0	0.010	0.020	0.030	0.040	0.050	0.060	0.070	0.080	0.090
0.10	258.728 5	258.728 5	258.728 5	258.728 5	258.728 5	258.728 5	258.728 5	258.728 5	258.728 5	258.728 5
ε_2 \ ε_1	0	0.015	0.030	0.045	0.060	0.075	0.090	0.105	0.120	0.135
0.15	192.594 3	192.594 3	192.594 3	192.594 3	192.594 3	192.594 3	192.594 3	192.594 3	192.594 3	192.594 3
ε_2 \ ε_1	0	0.020	0.040	0.060	0.080	0.100	0.120	0.140	0.160	0.180
0.20	192.594 3	192.594 3	192.594 3	192.594 3	192.594 3	192.594 3	192.594 3	192.594 3	192.594 3	192.594 3
ε_2 \ ε_1	0	0.025	0.050	0.075	0.100	0.125	0.150	0.175	0.200	0.225
0.25	192.594 3	192.594 3	192.594 3	192.594 3	192.594 3	192.594 3	192.594 3	192.594 3	192.594 3	192.594 3
ε_2 \ ε_1	0	0.030	0.060	0.090	0.120	0.150	0.180	0.210	0.240	0.270
0.30	192.594 3	192.594 3	192.594 3	192.594 3	192.594 3	192.594 3	192.594 3	192.594 3	192.594 3	192.594 3
ε_2 \ ε_1	0	0.035	0.070	0.105	0.140	0.175	0.210	0.245	0.280	0.315
0.35	192.592 6	192.594 3	192.594 3	192.594 3	192.594 3	192.594 3	192.594 2	192.594 2	192.594 2	192.594 2

表3.7 不同 ε_1 和 ε_2 下最优可变资源投入变化（第二目标变化）

ε_1 \ ε_2	0	0.001	0.002	0.003	0.004	0.005	0.006	0.007	0.008	0.009
0.01	80 929.391 4	80 929.391 4	80 929.391 4	80 929.391 4	80 929.391 4	80 929.391 4	80 929.391 4	80 929.391 4	80 929.391 4	80 929.391 4
0.05	79 249.227 9	79 249.227 9	79 249.227 9	79 249.227 9	79 249.227 9	79 249.227 9	79 249.227 9	79 249.227 9	79 249.227 9	79 249.227 9
0.10	77 634.453 2	77 634.453 2	77 634.453 2	77 634.453 2	77 634.453 2	77 634.453 2	77 634.453 2	77 634.453 2	77 634.453 2	77 634.453 2
0.15	77 149.527 3	77 149.527 3	77 149.527 3	77 149.527 3	77 149.527 4	77 149.527 4	77 149.527 4	77 149.527 3	77 149.527 3	77 149.527 3
0.20	77 149.527 2	77 149.527 2	77 149.527 2	77 149.527 2	77 149.527 2	77 149.527 2	77 149.527 2	77 149.527 2	77 149.527 2	77 149.527 2
0.25	77 149.527 2	77 149.527 2	77 149.527 2	77 149.527 2	77 149.527 2	77 149.527 2	77 149.527 2	77 149.527 2	77 149.527 2	77 149.527 2
0.30	77 149.527 2	77 149.527 2	77 149.527 2	77 149.527 2	77 149.527 2	77 149.527 0	77 149.527 0	77 149.526 9	77 149.526 8	77 149.526 8
0.35	77 149.522 3	77 149.527 1	77 149.527 2	77 149.527 2	77 149.527 1	77 149.527 0	77 149.527 0	77 149.526 9	77 149.526 8	77 149.526 8

表3.8 不同 ε_1 和 ε_2 下最优企业有效性变化（第三目标变化）

ε_2 \ ε_1	0	0.001	0.002	0.003	0.004	0.005	0.006	0.007	0.008	0.009
0.01	0.417 0	0.834 0	1.251 0	1.668 0	2.085 0	2.502 0	2.919 0	3.336 0	3.753 0	4.170 0
ε_2 \ ε_1	0	0.005	0.010	0.015	0.020	0.025	0.030	0.035	0.040	0.045
0.05	2.074 7	4.149 5	6.224 2	8.298 9	10.373 7	12.448 4	14.523 1	16.597 9	18.672 6	20.747 3
ε_2 \ ε_1	0	0.010	0.020	0.030	0.040	0.050	0.060	0.070	0.080	0.090
0.10	3.994 7	7.989 4	11.984 0	15.978 7	19.973 4	23.968 1	27.962 8	31.957 5	35.952 1	39.946 8
ε_2 \ ε_1	0	0.015	0.030	0.045	0.060	0.075	0.090	0.105	0.120	0.135
0.15	5.950 0	11.900 0	17.850 0	23.800 1	29.750 1	35.700 1	41.650 1	47.600 1	53.550 1	59.500 2
ε_2 \ ε_1	0	0.020	0.040	0.060	0.080	0.100	0.120	0.140	0.160	0.180
0.20	7.933 4	15.866 7	23.800 1	31.733 4	39.666 8	47.600 1	55.533 5	63.466 8	71.400 2	79.333 5
ε_2 \ ε_1	0	0.025	0.050	0.075	0.100	0.125	0.150	0.175	0.200	0.225
0.25	9.916 7	19.833 4	29.750 1	39.666 8	49.583 5	59.500 2	69.416 9	79.333 5	89.250 2	99.166 9
ε_2 \ ε_1	0	0.030	0.060	0.090	0.120	0.150	0.180	0.210	0.240	0.270
0.30	11.900 0	23.800 1	35.700 1	47.600 1	59.500 2	71.400 2	83.300 2	95.200 3	107.100 3	119.000 3
ε_2 \ ε_1	0	0.035	0.070	0.105	0.140	0.175	0.210	0.245	0.280	0.315
0.35	13.883 4	27.766 7	41.650 1	55.533 5	69.416 9	83.300 2	97.183 6	111.067 0	124.950 3	138.833 7

最后，为了展现本章所提模型的有效性，下面将其与之前文献模型进行对比。本部分主要选取 Korhonen 和 Syrjänen（2004）的效率不变模型，其相应的分配结果见表3.9。

表3.9 基于Korhonen和Syrjänen（2004）方法的分配结果

层级	DMUs	Δf_{1q}	Δf_{2q}	Δd_{1q}	Δg_{1q}	Δy_{1q}	Δy_{2q}
1	1	978	25	0	0	0	0
	2	106	0	20	0	11.5	1.0
	3	729	24	0	0	0	0
	6	16.6	0	16	0	13.4	4.1

续表

层级	DMUs	Δf_{1q}	Δf_{2q}	Δd_{1q}	Δg_{1q}	Δy_{1q}	Δy_{2q}
2	4	699.1	0	173	0	101.9	26.5
	5	969.5	79.2	104	0	73.6	5.5
	7	217.3	55.8	132	0	57.2	32.0
	8	2 165.4	56.4	55	0	21.8	13.7
总和		5 880.9	240.4	500	0	279.4	82.8

结合表 3.4 和表 3.9，我们可以比较本章所提模型与 Korhonen 和 Syrjänen（简称 K&S）模型的分配结果。首先，K&S 模型中没有考虑投入资源的特点，如对于水和煤资源来说，本阶段这些资源应该耗尽，因此下一阶段这类资源应该需要重新分配和调整。其次，在 K&S 模型下，500 个工人将会分别分配给部门 2、部门 6、部门 4、部门 5、部门 7 及部门 8，并且分配个数分别为 20、16、173、104、132 及 55。剩下部门 1 和部门 3 没有分配到新的工人，但是增加了新的水和煤资源投入，而且新增加的水和煤资源并没有带来更多的产出。例如，对部门 1 来说，其分配了额外的 978 吨的煤资源及 25 万吨的水资源之后，并没有带来额外的产出。再次，同样的工人和固定投资，本章所提模型只需要 78 638.8 吨的煤和 2 290.7 万吨的水资源用于下一阶段生产，而 K&S 模型却分别需要 80 394.7 吨和 2 328.5 万吨的煤和水资源。利用更少的资源，本章所提模型却生产出 436.5 万元的产出，而 K&S 模型只有 362.2 万元的产出。最后，K&S 模型基于效率不变，而从表 3.5 可以看出，本章所提模型会提升每个 DMU 的效率。

3.4 本章小结

本章提出一种合理有效的基于情境 DEA 理论的资源配置方法用于分配额外投入资源。首先，该方法将投入资源分为三类：不可分配不变投入、可分配可变投入及可分配不变投入。其次，该方法利用情境 DEA 理论把所有 DMUs 进行分层，并限制每个 DMU 的生产在其所处相同层级上。此外，该方法利用多目标规划同时考虑资源分配后的最大化总产出、最小化可变资源投入及最大化企业有效性。最后，本章就所提新模型给出了实例分析和对比应用。

本章在实例应用部分还发现最小化可变资源投入及最大化企业有效性在多目标规划中的权重设定对资源配置方案有着重要的影响，因此未来的研究可以合理地探索最优合理权重的选择。除此之外，研究实时资源分配和更准确地预测分配后 DMUs 生产问题有待进一步探索。

参 考 文 献

Amirteimoori A, Emrouznejad A. 2012. Optimal input/output reduction in production processes[J]. Decision Support Systems, 52（3）: 742-747.

Amirteimoori A, Kordrostami S. 2012. Production planning in data envelopment analysis[J]. International Journal of Production Economics, 140（1）: 212-218.

Amirteimoori A, Shafiei M. 2006. Characterizing an equitable omission of shared resources: a DEA-based approach[J]. Applied Mathematics and Computation, 177（1）: 18-23.

Bi G B, Ding J J, Luo Y, et al. 2011. Resource allocation and target setting for parallel production system based on DEA[J]. Applied Mathematical Modelling, 35（9）: 4270-4280.

Du J, Cook W D, Liang L, et al. 2014. Fixed cost and resource allocation based on DEA cross-efficiency[J]. European Journal of Operational Research, 235（1）: 206-214.

Färe R, Grosskopf S, Lovell, C A K. 1985. The Measurement of Efficiency of Production[M]. Boston: Kluwer Nijhoff Publishing.

Färe R, Grosskopf S, Lovell C A K. 1994. Production Frontiers[M]. Cambridge: Cambridge University Press.

Golany B. 1988. An interactive MOLP procedure for the extension of DEA to effectiveness analysis[J]. Journal of the Operational Research Society, 39（8）: 725-734.

Golany B, Tamir E. 1995. Evaluating efficiency-effectiveness-equality trade-offs: a data envelopment analysis approach[J]. Management Science, 41（7）: 1172-1184.

Keshavarz E, Toloo M. 2014. Finding efficient assignments: an innovative DEA approach[J]. Measurement, 58: 448-458.

Keshavarz E, Toloo M. 2015. Efficiency status of a feasible solution in the multi-objective integer linear programming problems: a DEA methodology[J]. Applied Mathematical Modelling, 39（12）: 3236-3247.

Korhonen P, Syrjänen M. 2004. Resource allocation based on efficiency analysis[J]. Management Science, 50（8）: 1134-1144.

Lozano S, Villa G. 2004. Centralized resource allocation using data envelopment analysis[J]. Journal of Productivity Analysis, 22（1/2）: 143-161.

Seiford L M, Zhu J. 2003. Context-dependent data envelopment analysis—measuring attractiveness and progress[J]. Omega, 31（5）: 397-408.

Wu J, An Q X, Ali S, et al. 2013. DEA based resource allocation considering environmental factors[J]. Mathematical and Computer Modelling, 58（5）: 1128-1137.

第4章 资源重新配置下最优合作伙伴选择研究

第3章提出了一种基于情境DEA理论的资源配置模型,并成功地将该模型应用于选取造纸企业如何分配额外投入资源问题。本章拟采用考虑资源共享合作和技术共享合作两种合作模式的合作博弈DEA理论,从而设计一种在资源重新配置下的最优合作伙伴选择模型。

4.1 引 言

资源重新配置是指可再分配资源在组织之间重新分配的一个过程,常常出现在企业战略合作之间。合作伙伴间的资源重新配置的重要性主要包括以下几个方面:第一,资源重新配置可以使每个企业提高生产(Athanassopoulos, 1995, 1998);第二,企业可以通过学习先进的生产技术或者通过资源重新配置,来提高其总生产率(Petrin et al., 2011);第三,企业之间可以重新配置资本投入提高其整体成本效率(Mialon, 2008);第四,合理的资源重新配置对企业整体效率及单个组织间的效率有着重要的影响(Pachkova, 2009);第五,企业间的资源重新配置是提高企业利润的重要策略(Lozano, 2012; Lozano et al., 2009)。

目前,基于最优方法理论的资源重新配置方法引起很大的争论。除此之外,很少有基于效率的理论模型被提出并用来选择资源重新配置下最优合作伙伴。因此,合理的资源重新配置及最优合作伙伴选择显得尤为重要。本章主要目的是帮助一个特定的DMU(即DMU^{Leader})选择最好的合作伙伴(即$DMU^{Follower}$)来进行资源重新配置,并且决定如何把总资源合理地配置给各个合作伙伴。主要考虑研究以下三个具体问题:第一,每个合作伙伴在资源重新配置后如何进行新的生产；第二，合作伙伴进行资源重新配置后带来的总的利益如何在合作伙伴之间进行分配；第三，DMUs 在选择合作伙伴时，是以最大化合作伙伴的总产出为目标还是以自身利益为目标。

本章利用 DEA 理论设计相应的合作伙伴选择模型。具体地，首先，本章利用情境 DEA 理论，构建每个 DMU 的特定生产技术或 PPS。随着投入资源的增加或减少，每个合作伙伴将会按照各自的生产技术在特定的生产层级上生产，除非合作伙伴之间进行技术共享合作，则合作伙伴可以通过相互学习来实现使用较高的生产技术进行生产。因此，本章考虑合作伙伴的两种合作模式，即资源共享合作模式和技术共享合作模式。在资源共享合作模式下，合作伙伴仅重新配置各自的资源，并维持各自技术或层级进行生产。在技术合作模式下，合作伙伴不仅重新配置各自资源，而且共享各自生产技术，使得较低生产技术一方可以学习先进技术一方，从而实现较高层级的生产。其次，关于合作伙伴进行资源重新配置之后带来的总产出，本章进一步采用合作博弈理论中的 Shapley 值进行总资源在合作伙伴之间合理分配。最后，本章进一步考虑以最大化 Shapley 值为目标为每个 DMU 选择最优合作伙伴。

4.2 资源重新配置模型构建

4.2.1 问题陈述

已有的基于 DEA 理论的资源重新配置模型大多假设合作伙伴之间资源重新配置后达到有效生产前沿面生产，如 Färe 等（2011）、Lozano（2013）等，其目的是使合作伙伴都达到最有效的生产并实现产出最大化。该假设对于长期生产可能比较合理，因为合作伙伴之间可以相互学习借鉴以达到有效。但是，在短期内DMUs 很难通过资源重新配置达到有效生产。

因此，情境 DEA 理论被应用于识别每个 DMU 的实际生产技术。同第 3 章，算法 4.1 用于给所有 DMUs 分层，并定义其生产技术。

算法 4.1

第一步：令 $k=1$ 为第一层级。使用传统的 BCC-DEA 模型评价所有 DMUs（记为集合 E_1）效率，并得出有效 DMUs，并记为集合 L_1，即第一层有效生产前沿面。

第二步：去除第一层级中所有 DMUs，并记 $E_{k+1}=E_k-L_k$。如果 $E_{k+1}=\varnothing$，算

第4章 资源重新配置下最优合作伙伴选择研究

法停止；否则进行第三步。

第三步：重新对剩下集合 E_{k+1} 中的所有 DMUs 进行效率评估，并得到一个新的集合 L_{k+1}，记为第 $(k+1)$ 层有效生产前沿面。

第四步：令 $k = k+1$ 并返回第二步。

假设处于同一层级的 DMUs 拥有相似的生产效率和技术，并假设随着投入的变化，DMUs 在其所处的生产层级上生产。本章定义两种资源重新配置合作模式：①资源共享。合作伙伴之间仅仅进行资源共享，即资源在合作伙伴之间进行重新分配。②技术共享。合作伙伴除了资源共享之外，还共享生产技术。在资源共享合作模式下，合作伙伴进行资源重新配置后，保持各自的层级进行生产。就是说，合作伙伴可能拥有不同的生产技术，所处不同的层级，资源重新配置以后，它们仍然保持各自的生产技术，在各自的生产层级上进行生产。在技术共享合作模式中，合作伙伴将会共享先进的生产技术，即如果合作伙伴一方如果处于低层级而另一方处于高层级，在资源重新配置以后，处于低层级的一方能够和另一方一样，在相对高层级上进行生产。

假设有 n 个 DMUs，每个 DMU 使用 m 个投入，并生产出 s 个产出。每个 DMU 拥有各自的投入资源，并且投入资源可以分为可再重新配置资源和不可再重新配置资源两类。在选择合作伙伴进行资源重新配置时，假设选择者为 DMU^{Leader}，相应的被选合作伙伴记为 $DMU^{Follower}$。用于本章的符号和变量详见表 4.1。

表4.1 符号和变量

符号和变量		说明
符号	i	m 个投入指标中第 i 个投入指标
	r	s 个产出指标中第 r 个产出指标
	j	n 个 DMUs 指标中第 j 个 DMU
	t	层级数
	R	可重新配置资源集合
	NR	不可重新配置资源集合
	$D(k)$	层级 k 中所有 DMUs 集合
	x_{ij}	DMU_j 的第 i 个投入变量
	$x_{i/Leader}$	被选合作伙伴的第 i 个投入变量
	y_{rj}	DMU_j 的第 r 个产出变量
	p_r	第 r 个产出价格
变量	x_i^{Leader}	分配给 DMU^{Leader} 的第 i 个投入资源
	$x_i^{Follower}$	分配给 $DMU^{Follower}$ 的第 i 个投入资源
	y_r^{Leader}	DMU^{Leader} 的第 r 个新产出
	$y_r^{Follower}$	$DMU^{Follower}$ 的第 r 个新产出

	符号和变量	说明
变量	λ_j, λ_{jk}	DMU^{Leader}乘子变量
	η_j, η_{jk}	$DMU^{Follower}$乘子变量
	b_{qk}	二进制变量，表明层级k中的DMU_q是否被选

4.2.2 模型构建

本小节将建立基于DEA理论的资源重新配置下最优合作伙伴选择模型，模型考虑两种重新配置合作类型，即资源共享合作（Scenario Ⅰ）和技术共享合作（Scenario Ⅱ）。

1. 资源共享合作

在建立模型之前，先考虑如下例子，层级划分详见图4.1，层级1和层级2的投入产出见表4.2。

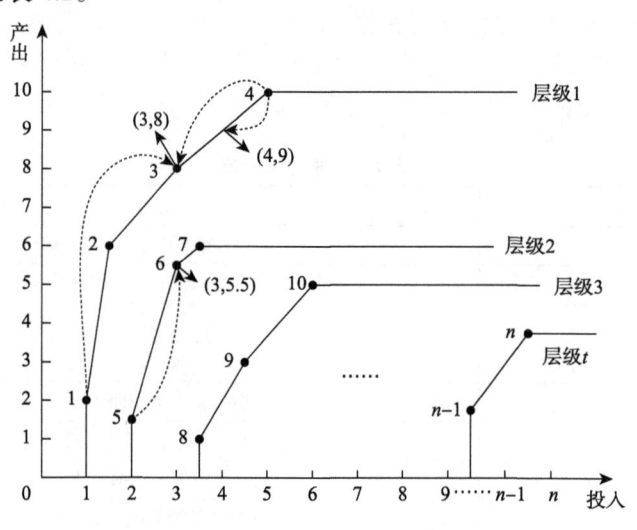

图4.1 层级划分（资源共享合作）

表4.2 层级1和层级2的投入产出

DMUs	投入	产出
1	1.0	2.0
2	1.5	6.0
3	3.0	8.0
4	5.0	10.0

续表

DMUs	投入	产出
5	2.0	1.5
6	3.0	5.5
7	3.5	6.0

如果 DMU_5（即 DMU^{Leader}）选择最好的合作伙伴进行资源重新配置，其新的生产将会维持在它所处的原层级，即层级 2，而被选合作伙伴的生产则会维持在其所处的自身层级上。

模型（4.1）用于 DMU^{Leader} 选择其最优合作伙伴以进行资源重新配置，并维持各自在其生产层级上生产。

$$\begin{aligned}
\text{Max} \quad & V_{\text{Leader+Follower}} = \sum_{r=1}^{s} p_r y_r^{\text{Leader}} + \sum_{r=1}^{s} p_r y_r^{\text{Follower}} \\
\text{s.t.} \quad & \sum_{j \in D(o)}^{n} \lambda_j x_{ij} \leqslant x_i^{\text{Leader}}, \quad \forall\, i \in R \\
& \sum_{j \in D(o)}^{n} \lambda_j x_{ij} \leqslant x_{i\text{Leader}}, \quad \forall\, i \in NR \\
& \sum_{j \in D(o)}^{n} \lambda_j y_{rj} \geqslant y_r^{\text{Leader}}, \quad \forall\, r \\
& \sum_{k=1}^{t} \sum_{j \in D(k)} \eta_{jk} x_{ij} \leqslant x_i^{\text{Follower}}, \quad \forall\, i \in R \\
& \sum_{k=1}^{t} \sum_{j \in D(k)} \eta_{jk} x_{ij} \leqslant \sum_{k=1}^{t} \sum_{q \in D(k), q \neq \text{Leader}} b_{qk} x_{iq}, \quad \forall\, i \in NR \\
& \sum_{k=1}^{t} \sum_{j \in D(k)} \eta_{jk} y_{rj} \geqslant y_r^{\text{Follower}}, \quad \forall\, r \\
& x_i^{\text{Leader}} + x_i^{\text{Follower}} \leqslant x_{i\text{Leader}} + \sum_{k=1}^{t} \sum_{q \in D(k), q \neq \text{Leader}} b_{qk} x_{iq}, \quad \forall\, i \in R \\
& \sum_{j \in D(k)} \eta_{jk} \leqslant M \times \sum_{q \in D(k), q \neq \text{Leader}} b_{qk}, \quad \forall\, k \\
& \sum_{j \in D(o)}^{n} \lambda_j = 1, \quad \sum_{k=1}^{t} \sum_{j \in D(k)} \eta_{jk} = 1 \\
& \sum_{k=1}^{t} \sum_{q \in D(k), q \neq \text{Leader}} b_{qk} = 1, \\
& \lambda_j \geqslant 0, \quad \eta_{jk} \geqslant 0, \quad \forall\, j \in D(k); k = 1, 2, \cdots, t \\
& b_{qk} \in \{0, 1\}, \quad \forall\, q \in D(k), \quad q \neq \text{Leader}
\end{aligned} \quad (4.1)$$

模型（4.1）是一个混合整数线性规划模型，用于选择最优合作伙伴进行资源重新配置。$V_{\text{Leader+Follower}}$ 表示资源重新配置后两个合作伙伴 $\text{DMU}^{\text{Leader}}$ 和 $\text{DMU}^{\text{Follower}}$ 的新的生产带来的产出利润。注意，对于一些没有明确价值的产出利润，模型（4.1）中的目标函数可以选用 4.3 节"港口间最优合作伙伴选择应用研究"中提出的目标函数代替。模型（4.1）中假设规模收益可变，表示为 $\sum_{j \in D(o)}^{n} \lambda_j = 1$ 和 $\sum_{k=1}^{t} \sum_{j \in D(k)} \eta_{jk} = 1$。资源重新配置下资源的限制表示为 $x_i^{\text{Leader}} + x_i^{\text{Follower}} \leqslant x_{i\text{Leader}} + \sum_{k=1}^{t} \sum_{q \in D(k), q \neq \text{Leader}} b_{qk} x_{iq}, i \in R$，代表合作伙伴之间新的投入资源不能超过其总投入资源。注意，x_i^{Leader} 表示资源重新配置之后，$\text{DMU}^{\text{Leader}}$ 被分配到的新的投入资源；而 $x_{i\text{Leader}}$ 表示资源重新配置之前，$\text{DMU}^{\text{Leader}}$ 原先拥有的投入资源。模型（4.1）中第 1~3 个约束表示资源重新配置后 $\text{DMU}^{\text{Leader}}$ 的新的生产，是其所处层级 $D(o)$ 中的所有 DMUs 的线性组合。此外，约束 $\sum_{j \in D(k)} \eta_{jk} \leqslant M \times \sum_{q \in D(k), q \neq \text{Leader}} b_{qk}$ 确保与被选合作伙伴 $\text{DMU}^{\text{Follower}}$ 所处同一层级的 DMUs 的乘子限制，M 定义为一个相对较大的正数。如果 $b_{qk} = 1$，则 $\eta_{qk} \geqslant 0, \forall q \in D(k)$，且由第 8 个和第 11 个约束可进一步得知 $\eta_{qk} = 0, \forall q \notin D(k)$。这些限制确保被选合作伙伴 $\text{DMU}^{\text{Follower}}$ 在其所处层级上生产。最后，约束 $\sum_{k=1}^{t} \sum_{q \in D(k), q \neq \text{Leader}} b_{qk} = 1$ 确保仅有一个最优合作伙伴被选取。

以图 4.1 为例，如果 DMU_5 为 $\text{DMU}^{\text{Leader}}$，即需要选择资源重新配置的合作伙伴，利用模型（4.1），可知 DMU_4 将会被选为其最优合作伙伴。DMU_5 和 DMU_4 总的投入资源为 7（2+5=7）单位，资源重新配置后，DMU_5 被分配 3 单位的投入资源，并在其所处层级（层级 2）上生产出 5.5 单位产出；DMU_4 则会被分配 4 单位投入资源，并在其所处层级（层级 1）上生产出 9 单位产出。因此，DMU_5 和 DMU_4 在资源重新配置后新的投入产出分别为（3, 5.5）和（4, 9），且总产出为 14.5（5.5+9=14.5）单位，即带来额外的 3 单位产出（从表 4.2 可知原先 DMU_5 和 DMU_4 的总产出为 11.5 单位）。

在上面的例子中，两个最优合作伙伴处于不同层级，因此它们最终的生产维持在它们各自的层级上。同样，如果 DMU_1 为 $\text{DMU}^{\text{Leader}}$，利用模型（4.1）可知与 DMU_1 所处同一层级的 DMU_4 仍然会被选为最优合作伙伴进行资源重新配置。此时，DMU_1 和 DMU_4 总的投入资源为 6（1+5=6）单位，而资源重新配置后，DMU_1 和 DMU_4 都被分配到 3 单位资源并都维持在层级 1 上生产出 8 单位产出。因此，DMU_1 和 DMU_4 新的总产出为 16 单位，且通过资源重新配置后带来了额外 4 单位产出。

2. 技术共享合作

不同于资源共享合作，在技术共享合作中，合作伙伴之间除了资源重新配置以外，处于低层级的 DMU 可以学习其较高层级上的合作伙伴的技术以达到较高层级上生产。例如，如果 DMU$_4$ 和 DMU$_5$ 仍然是最优合作伙伴，则处于层级 2 的 DMU$_5$ 可以达到层级 1 上进行生产。

模型（4.2）用于 DMU^{Leader} 选择其最优合作伙伴以进行资源重新配置，并保证合作伙伴都能达到较高层级上生产。

$$\text{Max} \quad V_{\text{Leader+Follower}} = \sum_{r=1}^{s} p_r y_r^{\text{Leader}} + \sum_{r=1}^{s} p_r y_r^{\text{Follower}}$$

$$\text{s.t.} \quad \sum_{j \in D(o)} \lambda_j x_{ij} + \sum_{k=1}^{t} \sum_{j \in D(k)} \lambda_{jk} x_{ij} \leqslant x_i^{\text{Leader}}, \quad \forall\, i \in R$$

$$\sum_{j \in D(o)} \lambda_j x_{ij} + \sum_{k=1}^{t} \sum_{j \in D(k)} \lambda_{jk} x_{ij} \leqslant x_{i\text{Leader}}, \quad \forall\, i \in NR$$

$$\sum_{j \in D(o)} \lambda_j y_{rj} + \sum_{k=1}^{t} \sum_{j \in D(k)} \lambda_{jk} y_{ij} \geqslant y_r^{\text{Leader}}, \quad \forall\, r$$

$$\sum_{j \in D(o)} \eta_j x_{ij} + \sum_{k=1}^{t} \sum_{j \in D(k)} \eta_{jk} x_{ij} \leqslant x_i^{\text{Follower}}, \quad \forall\, i \in R$$

$$\sum_{j \in D(o)} \eta_j x_{ij} + \sum_{k=1}^{t} \sum_{j \in D(k)} \eta_{jk} x_{ij} \leqslant \sum_{k=1}^{t} \sum_{q \in D(k), q \neq \text{Leader}} b_{qk} x_{iq}, \quad \forall\, i \in NR$$

$$\sum_{j \in D(o)} \eta_j y_{ij} + \sum_{k=1}^{t} \sum_{j \in D(k)} \eta_{jk} y_{rj} \geqslant y_r^{\text{Follower}}, \quad \forall\, r$$

$$x_i^{\text{Leader}} + x_i^{\text{Follower}} \leqslant x_{i\text{Leader}} + \sum_{k=1}^{t} \sum_{q \in D(k), q \neq \text{Leader}} b_{qk} x_{iq}, \quad \forall\, i \in R$$

$$\sum_{j \in D(k)} \lambda_{jk} \leqslant M \times \sum_{q \in D(k), q \neq \text{Leader}} b_{qk}, \quad \forall\, k$$

$$\sum_{j \in D(k)} \eta_{jk} \leqslant M \times \sum_{q \in D(k), q \neq \text{Leader}} b_{qk}, \quad \forall\, k$$

$$\sum_{j \in D(o)} \lambda_j + \sum_{k=1}^{t} \sum_{j \in D(k)} \lambda_{jk} = 1,$$

$$\sum_{j \in D(o)} \eta_j + \sum_{k=1}^{t} \sum_{j \in D(k)} \eta_{jk} = 1,$$

$$\sum_{k=1}^{t} \sum_{q \in D(k), q \neq \text{Leader}} b_{qk} = 1,$$

$$\lambda_j, \lambda_{jk} \geq 0, \quad \eta_j, \eta_{jk} \geq 0, \quad \forall j \in D(k); k = 1,2,\cdots,t$$
$$b_{qk} \in \{0,1\}, \quad \forall q \in D(k), \quad q \neq \text{Leader}$$

(4.2)

相比 Scenario I 下资源共享合作，Scenario Ⅱ下技术共享合作将会给两个合作伙伴带来更多的利润，因为该合作容许较低层级上的 DMU 增加技术以达到更好技术生产。注意，模型（4.2）和模型（4.1）区别很小，但很重要。主要区别在于两种情况下构建合作伙伴新的生产的乘子。在 Scenario I 下，DMU^{Leader} 的新的生产被限制为只能同 DMU^{Leader} 在同一层级上的 DMUs 构建的 PPS；而在 Scenario Ⅱ下，DMU^{Leader} 的新的生产则被限制为与 DMU^{Leader} 和 DMU^{Follower} 在同一层级上的所有 DMU 构建的 PPS。

模型（4.2）中前 3 个约束加上约束 $\sum_{j \in D(k)} \lambda_{jk} \leq M \times \sum_{q \in D(k), q \neq \text{Leader}} b_{qk}$ 和 $\sum_{j \in D(k)} \eta_{jk} \leq M \times \sum_{q \in D(k), q \neq \text{Leader}} b_{qk}$ 限制了 DMU^{Leader} 的新的生产在 DMU^{Leader} 和 DMU^{Follower} 之间的较高层级上。第 4~6 个约束则同样限制了 DMU^{Follower} 的新的生产在 DMU^{Leader} 和 DMU^{Follower} 之间的较高层级上。约束 $x_i^{\text{Leader}} + x_i^{\text{Follower}} \leq x_{i\text{Leader}} + \sum_{k=1}^{t} \sum_{q \in D(k), q \neq \text{Leader}} b_{qk} x_{iq}$ 限制了总的可分配投入资源不能超过两个合作伙伴的投入资源总和。

同样利用资源共享合作中的例子，模型（4.2）同样选择 DMU$_4$ 为 DMU$_1$ 的最优合作伙伴。DMU$_1$ 和 DMU$_4$ 的新的生产反映在图 4.2 中。

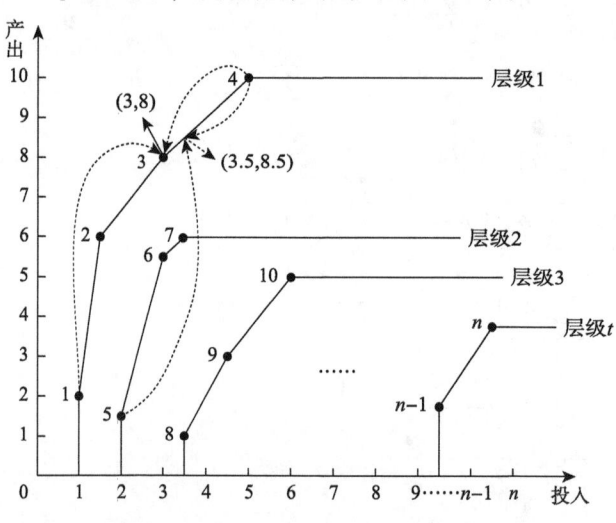

图 4.2 层级划分（技术共享合作）

第 4 章 资源重新配置下最优合作伙伴选择研究

尽管模型（4.2）同样选择 DMU₄ 为 DMU₅ 的最优合作伙伴，但是 DMU₅ 和 DMU₄ 的新的生产不再是（3，5.5）和（4，9），即资源共享合作模式下。这是因为在技术共享合作模式下，较低层级上的 DMU₅ 可以通过学习较高层级上的 DMU₄ 以达到层级 1 上生产。从图 4.2 可以看出，DMU₅ 和 DMU₄ 的新的生产都能达到（3.5，8.5），同时总产出为 17 单位，显然比资源共享合作模式下总产出要大。

在技术共享合作模式下，存在定理 4.1 和定理 4.2。

定理 4.1 如果所有投入资源都属于可重新配置资源，则合作伙伴进行资源重新配置后带来的总产出一定比合作前大，即 $V_{\text{Leader+Follower}} \geqslant V_{\text{Leader}} + V_{\text{Follower}}$。

证明：首先，将 DMU^{Leader} 和 DMU^{Follower} 都投影到其中较高层级上。由所有 DMUs 构成的 PPS 是凹的，即 $(x,y) \in T$ 和 $(x',y') \in T \Rightarrow \mu(x,y) + (1-\mu)(x',y') \in T, \forall \mu \in [0,1]$，因此每一层级仍然满足凹性假设。此外，对于任意凹函数 $f(x)$，其满足：

$$f[\mu x + (1-\mu)x'] \geqslant \mu f(x) + (1-\mu)f(x')$$
$$f[(1-\mu)x + \mu x'] \geqslant (1-\mu)f(x) + \mu f(x'), \quad \forall \mu \in [0,1]$$

结合上面不等式可得

$$f[\mu x + (1-\mu)x'] + f[(1-\mu)x + \mu x'] \geqslant f(x) + f(x')$$

又因为 $\mu x + (1-\mu)x' + (1-\mu)x + \mu x' = x + x'$，所以 $y_{\text{Leader+Follower}} \geqslant \overline{y}_{\text{Leader}} + \overline{y}_{\text{Follower}}$，其中 $\overline{y}_{\text{Leader}}$ 和 $\overline{y}_{\text{Follower}}$ 分别表示 DMU^{Leader} 和 DMU^{Follower} 投影到较高层级上的产出。同时，由于 DMU^{Leader} 和 DMU^{Follower} 都投影到同一层级上，可以得出：$\overline{y}_{\text{Leader}} + \overline{y}_{\text{Follower}} \geqslant y_{\text{Leader}} + y_{\text{Follower}}$。进一步地，$y_{\text{Leader+Follower}} \geqslant y_{\text{Leader}} + y_{\text{Follower}} \Rightarrow V_{\text{Leader+Follower}} \geqslant V_{\text{Leader}} + V_{\text{Follower}}$。证毕。

定理 4.1 表示当投入资源都是可重新配置资源时，资源重新配置对合作伙伴的总产出一定是有利的。定理 4.2 则给出模型（4.2）中一组最优解。

定理 4.2 如果所有投入资源都属于可重新配置资源，则模型（4.2）中合作伙伴的最优资源配置为 $x_i^{\text{Leader}} = x_i^{\text{Follower}} = \frac{1}{2}(x_{i\text{Leader}} + \sum_{k=1}^{t} \sum_{q \in D(k), q \neq \text{Leader}} b_{qk} x_{iq}), \forall i \in R$。

证明：由定理 4.1 可得

$$f[\mu x + (1-\mu)x'] + f[(1-\mu)x + \mu x'] \geqslant f(x) + f(x')$$

该表达式同样可以表达为

$$2\left[\frac{1}{2}f[\mu x + (1-\mu)x'] + \frac{1}{2}f[(1-\mu)x + \mu x']\right] \geqslant f(x) + f(x')$$

此外，由于 $\lambda f(x) + (1-\lambda)f(x') \leqslant f[\lambda x + (1-\lambda)x']$，再设置 $\lambda = 1/2$，并代入不等式左边，则有

$$\frac{1}{2}f[\mu x+(1-\mu)x']+\frac{1}{2}f[(1-\mu)x+\mu x']$$
$$\leqslant f\left[\frac{1}{2}[\mu x+(1-\mu)x']+\frac{1}{2}[(1-\mu)x+\mu x']\right]=f\left[\frac{1}{2}(x+x')\right]$$

因此，当 NR $=\varnothing$，$x_i^{\text{Leader}}=x_i^{\text{Follower}}=\frac{1}{2}(x_{i\text{Leader}}+\sum_{k=1}^{t}\sum_{q\in D(k),q\neq\text{Leader}}b_{qk}x_{iq})$，$\forall i\in R$ 是模型（4.2）的一个最优资源重新配置方案。证毕。

4.2.3 利益分配

4.2.2 小节已经建立了相应的资源重新配置下最优合作伙伴选择模型，下一步需要考虑如何分配共享资源之后所带来的利益。DMUs 之间合作进行资源重新配置并以整体利益为目标使其最大化，因此，本小节提出利用 Shapley 值（Shapley，1953）进行总体利益分配。该方法被广泛应用于 DEA 领域，如 Nakabayashi 和 Tone（2006）。

在 n 个合作者进行合作的博弈中，第 i 个合作者的期望 Shapley 值 $\varphi_i(v)$ 可以表示为

$$\varphi_i(v)=\sum_{T:i\in T\subseteq N}\frac{(c-1)!(n-c)!}{n!}\Delta_i(T) \quad \text{其中} \ c\equiv|T|, \Delta_i(T)\equiv v(T)-v(T-\{i\})$$

该定义详见文献 Shapley（1953）。对于本章所研究的资源重新配置下最优合作伙伴选择的问题，DMU^{Leader} 和 DMU^{Follower} 相应的 Shapley 值分别为

$$\begin{aligned}V'_{\text{Leader}}&=\frac{1}{2}\left(\sum_{r=1}^{s}p_r y_r^{\text{Leader}}+\sum_{r=1}^{s}p_r y_r^{\text{Follower}}\right)+\frac{1}{2}\left(\sum_{r=1}^{s}p_r y_{r\text{Leader}}-\sum_{r=1}^{s}p_r y_{r\text{Follower}}\right)\\ V'_{\text{Follower}}&=\frac{1}{2}\left(\sum_{r=1}^{s}p_r y_r^{\text{Leader}}+\sum_{r=1}^{s}p_r y_r^{\text{Follower}}\right)+\frac{1}{2}\left(\sum_{r=1}^{s}p_r y_{r\text{Follower}}-\sum_{r=1}^{s}p_r y_{r\text{Leader}}\right)\end{aligned} \quad (4.3)$$

表达式（4.3）同样可表示为

$$\begin{aligned}V'_{\text{Leader}}&=\frac{1}{2}V_{\text{Leader+Follower}}+\frac{1}{2}(V_{\text{Leader}}-V_{\text{Follower}})\\ V'_{\text{Follower}}&=\frac{1}{2}V_{\text{Leader+Follower}}+\frac{1}{2}(V_{\text{Follower}}-V_{\text{Leader}})\end{aligned} \quad (4.4)$$

从定理 4.1 可知，$V_{\text{Leader+Follower}}\geqslant V_{\text{Leader}}+V_{\text{Follower}}$。因此，从该约束可以得出 $V'_{\text{Leader}}\geqslant V_{\text{Leader}}$，$V'_{\text{Follower}}\geqslant V_{\text{Follower}}$，该约束又保证合作伙伴进行资源重新配置后各自分配的利益会相对提高。

4.2.4 最大化 Shapley 值

模型（4.1）和模型（4.2）都基于最大化合作伙伴的总产出。由 4.2.3 小节可知，合作之后每个合作伙伴都会按照 Shapley 值分配总利益。因此，DMU^{Leader} 在选择合作伙伴的时候，考虑其最大化 Shapley 值也很重要，尤其在领导者和跟随者（leader-follow）博弈情况下。本小节分析 DMU^{Leader} 在选择最优合作伙伴以进行资源重新配置时，主要目标是最大化其分配的 Shapley 值。leader-follower 博弈已被用于两阶段 DEA 模型中。因此，模型（4.1）和模型（4.2）中的最大化合作伙伴总产出的目标函数可以转化为目标函数（4.5），为了最大化 DMU^{Leader} 的 Shapley 值。

$$\text{Max } V'_{\text{Leader}} = \frac{1}{2}\left(\sum_{r=1}^{s} p_r y_r^{\text{Leader}} + \sum_{r=1}^{s} p_r y_r^{\text{Follower}}\right) \\ + \frac{1}{2}\left(\sum_{r=1}^{s} p_r y_{r\text{Leader}} - \sum_{k=1}^{t}\sum_{q \in D(k), q \neq \text{Leader}}\sum_{r=1}^{s} p_r b_{qk} y_{rq}\right) \quad (4.5)$$

目标函数（4.5）确保 DMU^{Leader} 在选择最优合作伙伴并进行资源重新配置时，能够最大化其自身的 Shapley 值，即资源重新配置合作后最终分配给 DMU^{Leader} 的利益最大化。需要注意的是，资源重新配置下最大化总产出比较适用于一个企业不同部门之间的合作，而最大化单个合作者的 Shapley 值，则更适用于独立企业之间的合作。

对于特定的 DMU^{Leader}，在不同准则下将会有不同的最优合作伙伴被选择。例如，表 4.2 中的例子，在技术共享合作模式下，利用模型（4.2）可知，DMU_4 会被 DMU_1 选择为最优资源重新配置的最优合作伙伴，DMU_1 和 DMU_4 的最优总产出为 16 单位，最终 DMU_1 将会分配到 4[1/2×16+1/2×（2-10）=4]单位产出，而 DMU_4 将会分配到剩下的 12[1/2×16+1/2×（10-2）=12]单位产出。但是，当 DMU_1 以最大化 Shapley 值选择其最优合作伙伴时，即最大化目标函数（4.5），DMU_7 则将会被选择为最优合作伙伴。此时，DMU_1 和 DMU_7 的总产出为 14 单位，小于 16 单位的最优总产出，但是 DMU_1 分配到的利益却是 5.25[1/2×14+1/2×（2-5.5）=5.25]单位，大于最大化总利益情形下的最终利益分配（即 4 单位）。因此，在不同情形下，应该选择不同的目标函数去选择最优合作伙伴。

4.3 港口间最优合作伙伴选择应用研究

本节将所提模型应用在西班牙港口，并帮助每一个港口选择它们的最优合作伙伴进行资源重新配置。共有 28 个港口，每个港口利用 4 个投入生产 3 个产出。具体地，4 个投入分别为占地面积（平方米）、码头长度（米）、起重机数（台）及拖船机数（艘）。其中，起重机和拖船机是可再重新配置资源，而占地面积和码头长度则为不可重新配置资源。3 个产出分别为港口总运输量（吨）、标准箱运输量（吨）及船舶运输数（次）。相应的投入产出描述性统计分析见下表 4.3。该数据来源于文献 Lozano 等（2011），在该文献中作者考虑整数变量。由于本章主要考虑资源合作伙伴选择问题，因此忽略整数规划，相关整数规划 DEA 模型可以参考相关文献 Lozano 和 Villa（2006）、Kuosmanen 和 Matin（2009）、Lozano 等（2011）等。

表4.3 投入产出描述性统计学分析

	变量	平均值	中间值	标准差	最大值	最小值
投入	占地面积/平方米	2 790 636.929	1 883 276	3 338 376.183	17 156 216	141 914
	码头长度/米	7 538.964	6 342.500	4 730.944	19 245	1 699
	起重机数/台	27.643	20.500	21.267	73	1
	拖船机数/艘	6.714	5.500	4.275	18	1
产出	港口总运输量/吨	15 974 343.464	8 375 477.000	16 262 222.627	66 324 949	810 740
	标准箱运输量/吨	430 157.750	38 508.500	849 800.456	3 256 776	0
	船舶运输数/次	4 279.250	1 653.000	5 414.979	2 2293	351

选择最优合作伙伴进行资源重新配置之前，先把 20 个港口划分为 3 个层级，详见表 4.4。层级 1、层级 2、层级 3 分别包含 10 个、15 个及 3 个港口。

表4.4 港口层级分类

层级	港口名称
1（10 个 DMUs）	ALGECIRAS, CARTAGENA, CEUTA, FERROL, HUELVA, MÁLAGA, MELILLA, MOTRIL, TENERIFE, VILAGARCÍA
2（15 个 DMUs）	A CORUÑA, ALICANTE, ALMERÍA, AVILÉS, BALEARES, BARCELONA, BILBAO, CASTELLÓN, GIJÓN, LAS PALMAS, PONTEVEDRA, PASAJES, SEVILLA, TARRAGONA, VALENCIA
3（3 个 DMUs）	CÁDIZ, SANTANDER, VIGO

这些港口属于独立个体，因此选择最大化港口最终的 Shapley 值去选择最优合作伙伴更为重要。本节仅展示最大化 Shapley 值情况下最优合作伙伴选择结果。然而，本例中的产出不能具体利益化，而且属于不同维度，因此需要把目标函数（4.5）更改为如下目标函数（4.6），且相应最优合作伙伴选择及资源重新配置结果见表 4.5。

$$\text{Max } V'_{\text{Leader}} = \frac{1}{2}\left(\sum_{r=1}^{s}\frac{y_r^{\text{Leader}} - y_{r\min}}{y_{r\max} - y_{r\min}} + \sum_{r=1}^{s}\frac{y_r^{\text{Follower}} - y_{r\min}}{y_{r\max} - y_{r\min}}\right)$$
$$+ \frac{1}{2}\left(\sum_{r=1}^{s}\frac{y_{r\text{Leader}} - y_{r\min}}{y_{r\max} - y_{r\min}} - \sum_{r=1}^{s}\frac{\sum_{k=1}^{t}\sum_{q\in D(k)}y_{rq} - y_{r\min}}{y_{r\max} - y_{r\min}}\right) \quad (4.6)$$

表4.5 资源共享合作与技术共享合作下最大化Shapley值选择结果

层级	DMUs	港口	合作前利益	资源共享合作 被选者	Shapley 值 1	起重机数/台	拖船机数/艘	技术共享合作 被选者	Shapley 值 2	起重机数/台	拖船机数/艘
1	1	ALGECIRAS	3.000	2	3.312	71.0	11.0	28	3.650	70.6	10.9
	2	CARTAGENA	0.448	5	0.967	17.0	4.9	24	1.457	27.5	4.3
	3	CEUTA	0.469	2	0.780	1.0	3.0	24	1.156	11.6	2.2
	4	FERROL	0.179	2	0.560	21.2	3.8	24	0.984	30.6	7.5
	5	HUELVA	0.375	2	0.893	22.4	4.6	24	1.356	35.0	7.0
	6	MÁLAGA	0.288	5	0.724	7.4	3.7	17	1.095	23.0	7.1
	7	MELILLA	0.044	2	0.356	3.1	1.1	28	0.694	3.0	1.0
	8	MOTRIL	0.037	2	0.348	6.0	3.0	28	0.687	6.0	3.0
	9	TENERIFE	1.206	17	1.628	35.0	6.9	17	2.053	35.7	9.9
	10	VILAGARCÍA	0.006	2	0.317	16.0	3.0	28	0.656	16.0	3.0
2	11	A CORUÑA	0.234	2	0.603	15.9	7.0	2	0.773	6.2	4.8
	12	ALICANTE	0.146	2	0.460	15.8	2.1	5	0.613	6.6	5.1
	13	ALMERÍA	0.178	2	0.490	9.0	4.0	2	0.708	7.4	3.7
	14	AVILÉS	0.111	2	0.422	21.0	4.0	2	0.507	19.4	3.7
	15	BALEARES	0.770	2	1.082	16.0	12.0	2	1.241	16.6	7.9
	16	BARCELONA	1.826	2	2.138	55.0	9.0	5	2.541	71.0	12.8
	17	BILBAO	0.868	2	1.381	64.4	13.3	2	1.796	48.1	11.3
	18	CASTELLÓN	0.256	2	0.599	22.4	3.0	2	0.808	17.9	3.6
	19	GIJÓN	0.329	2	0.799	23.4	7.0	2	1.148	25.5	6.3
	20	LAS PALMAS	1.171	2	1.494	71.4	11.0	2	1.693	43.2	8.0
	21	PONTEVEDRA	0.039	2	0.350	10.0	5.0	2	0.576	6.9	3.9
	22	PASAJES	0.125	2	0.437	17.0	5.0	2	0.570	4.6	3.7

续表

层级	DMUs	港口	合作前利益	资源共享合作 被选者	Shapley 值 1	起重机数/台	拖船机数/艘	技术共享合作 被选者	Shapley 值 2	起重机数/台	拖船机数/艘
2	23	SEVILLA	0.157	2	0.469	28.0	3.0	2	0.545	13.8	3.0
	24	TARRAGONA	0.578	2	1.056	47.8	7.0	2	1.587	50.6	7.7
	25	VALENCIA	1.817	2	2.128	60.0	15	6	2.600	71.0	11.8
3	26	CÁDIZ	0.186	2	0.498	20.0	6.0	5	1.041	35.2	9.0
	27	SANTANDER	0.131	2	0.443	21.0	6.0	2	0.940	19.4	5.4
	28	VIGO	0.219	2	0.541	32.4	6.0	2	1.193	33.0	6.5

表 4.5 中每个港口的合作前利益可以通过下面表达式计算得到：

$$V_{\text{Leader}} = \sum_{r=1}^{s} \frac{y_{r\text{Leader}} - y_{r\min}}{y_{r\max} - y_{r\min}} \quad (4.7)$$

以 CARTAGENA 港口作为 DMU^{Leader} 为例，在资源共享合作模式下，HUELVA 港口将会被选为最优合作伙伴；在技术共享合作模式下，TARRAGONA 港口将会被选为最优合作伙伴。CARTAGENA 港口在资源重新配置前利益是 0.448，在资源重新配置合作后，其 Shapley 值分别为 0.967（资源共享合作）和 1.457（技术共享合作）。资源重新配置前每个港口的原始利益、Shapley 值 1（资源共享合作）、Shapley 值 2（技术共享合作）详见图 4.3。从图 4.3 可以看出，技术共享合作模式下的 Shapley 值最大，资源共享合作模式下的 Shapley 值次之，最小的是原始利益。

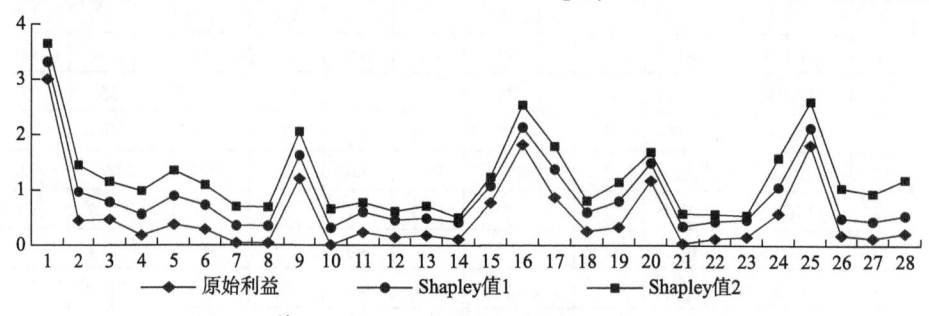

图 4.3 资源重新配置前原始利益及配置后 Shapley 值

4.4 本章小结

本章基于合作博弈 DEA 理论，提出资源重新配置下最优合作伙伴选择模型。

模型考虑两种合作模式，即资源共享合作模式和技术共享合作模式。在资源共享合作模式下，合作伙伴仅重新配置各自的投入资源，即资源重新配置后按照各自所处的层级进行生产。在技术共享合作模式下，合作伙伴除了重新配置资源以外，还共享各自的优先技术，即资源重新配置后合作伙伴都达到它们之间较高层级上生产。资源重新配置下最优合作伙伴选择模型建立之后，本章提出使用合作博弈中的 Shapley 值对合作所产生的总产出进行合理分配。进一步，本章又提出一种可选准则以选取最优合作伙伴，即使用最大化 Shapley 值。最后，本章将所提模型用于西班牙港口最优合作伙伴选择的实例研究。

随着资源重新配置、资源共享等话题变得越来越普遍与重要，研究相应的资源重新配置模型就显得越来越重要。未来的研究可以更多地考虑投入资源与产出的一些特性，如存在非期望产出等。此外，本书只考虑给特定的 DMU 选择最优合作伙伴，并没有考虑给所有 DMUs 进行配对合作，因此未来的研究可以继续挖掘。

参 考 文 献

Athanassopoulos A D. 1995. Goal programming & data envelopment analysis（GoDEA）for target-based multi-level planning: allocating central grants to the Greek local authorities[J]. European Journal of Operational Research, 87（3）: 535-550.

Athanassopoulos A D. 1998. Decision support for target-based resource allocation of public services in multiunit and multilevel systems[J]. Management Science, 44（2）: 173-187.

Färe R, Grosskopf S, Margaritis D. 2011. Coalition formation and data envelopment analysis[J]. Journal of Centrum Cathedra, 4（2）: 216-223.

Kuosmanen T, Matin R K. 2009. Theory of integer-valued data envelopment analysis[J]. European Journal of Operational Research, 192（2）: 658-667.

Lozano S. 2012. Information sharing in DEA: a cooperative game theory approach[J]. European Journal of Operational Research, 222（3）: 558-565.

Lozano S. 2013. Using DEA to find the best partner for a horizontal cooperation[J]. Computers & Industrial Engineering, 66（2）: 286-292.

Lozano S, Villa G. 2006. Data envelopment analysis of integer-valued inputs and outputs[J]. Computers & Operations Research, 33（10）: 3004-3014.

Lozano S, Villa G, Brännlund R. 2009. Centralised reallocation of emission permits using DEA[J]. European Journal of Operational Research, 193（3）: 752-760.

Lozano S, Villa G, Canca D. 2011. Application of centralised DEA approach to capital budgeting in Spanish ports[J]. Computers & Industrial Engineering, 60（3）: 455-465.

Mialon S H. 2008. Efficient horizontal mergers: the effects of internal capital reallocation and organizational form[J]. International Journal of Industrial Organization, 26 (4): 861-877.

Nakabayashi K, Tone K. 2006. Egoist's dilemma: a DEA game[J]. Omega, 34 (2): 135-148.

Pachkova E V. 2009. Restricted reallocation of resources[J]. European Journal of Operational Research, 196 (3): 1049-1057.

Petrin A, White T K, Reiter J P. 2011. The impact of plant-level resource reallocations and technical progress on US macroeconomic growth[J]. Review of Economic Dynamics, 14 (1): 3-26.

Shapley L S. 1953. Stochastic games[J]. Proceedings of the National Academy of Sciences, 39 (10): 1095-1100.

第5章 基于历史数据和DEA理论的排污权分配研究

第4章提出了基于合作博弈DEA理论的考虑资源共享和技术共享两种合作模式的资源重新配置下最优合作伙伴选择模型，使用合作博弈中的Shapley值对合作所产生的总产出进行合理分配，选取最大化Shapley值来选择最优合作伙伴，模型对于西班牙港口优化资源配置具有重要意义。本章旨在利用DEA理论设计一套既满足动态分配特点又考虑排污企业投入及产出的无偿的排污权分配机制。

5.1 引　　言

改革开放以来，中国的经济发展突飞猛进。快速的经济发展带来了环境问题，如有害物的排放，其中温室气体（greenhouse gas，GHG）、CO_2、NO_x等的排放尤为严重（Wang et al.，2013）。污染物排放等问题成为经济增长和社会可持续发展相关领域的重要研究课题（Wu et al.，2013a；Sun et al.，2014）。

为了解决污染物排放问题，一些国家和政府制定了相关政策。例如，1997年制定的《京都议定书》，主张控制全球大气污染物。2009年签订的《哥本哈根协议》则主张大幅度消减CO_2污染物排放。此外，中国政府也提出了减排任务。

排污权交易机制最早在1968年由Dales提出，主要思想是在满足环境保护要求的前提下，建立合理的污染物排放权分配准则，并且分配后的排污权是可以在市场上自由交易的。在获得相应的排放权之后，如果企业积极有效减排后，排放权还有富余，则可以拿到市场上销售。反之，如果企业减排成本较高，已严重影响到自己的生产活动，则可以从市场上购入额外的排放权来满足生产和环境管理的需求（赵文会，2006）。美国国家环保局最早使用这种机制，并且用于大气及河流污染的控制（张颖和王勇，2005）。

分配污染物排放任务等同于排污权分配，Sun 等（2014）将排污权分配定义为使用一种合理的分配机制来公平有效地分配总排污权给单个企业或部门。排污权可以视为排放不超过规定数量的某些特定污染物的授权。排污权规定了特定污染物的排放限额，而该限额是一种完全市场化的产品，即可以在市场上自由买卖交易。排污权的交易使得排放污染物少但被分配排污权多的企业可以将其多余的排污权出售给其他排放超过许可的企业（Persson et al.，2006；Wu et al.，2013a）。因此，排污权可以看作一种财富资源，也就是说，每个排污企业拥有更多的排污权就能够生产更多的产品（Sun et al.，2014；Wang et al.，2013）。

关于排污权的分配主要分为以下几类。第一类是有偿分配，主要包括拍卖机制（Jensen and Rasmussen，2000）。尽管拍卖机制有其特有的优势，如低成本，但其缺点也很明显，如操作起来比较复杂，在现实生活中应用并不广泛（Pezzey and Park，1998；Sun et al.，2014）。除此之外，有偿分配也会进一步增加企业负担（Cramton and Kerr，2002）。

第二类是无偿分配，主要包括 Grandfathering 分配法和产出分配法（Jensen and Rasmussen，2000）。Grandfathering 分配法主要基于排污企业的历史排放量（Goulder et al.，1999）。尽管 Grandfathering 分配法已经被证明是一种有效的分配机制（Burtraw et al.，2001；Requate and Unold，2003），但其属于一次性分配，不利于更新分配数据（Ahman et al.，2007）。产出分配法则基于排污企业当前绩效标准，即排污企业被分配的排污权主要根据每个企业的当前生产水平而定（Lozano et al.，2009；Takeda et al.，2014）。该方法虽然考虑动态更新排污权分配问题，但是它可能会导致实际排污企业增加污染物排放，以获得更高水平的排污权（Fischer and Fox，2004；Burtraw et al.，2001）。我国排污权分配和很多国家大体一样，处于探索和试点阶段，目前主要还是以免费分配排污权为主（韩勇和周世祥，2008；刘鹏崇，2010）。

第三类是以 DEA 理论作为分配方法的排污权分配方法，但依旧主要基于免费分配方法，即无偿分配。本章采用第三类，旨在利用 DEA 理论设计一套合理有效并且无偿的排污权分配机制，以满足动态分配的特点，同时考虑排污企业的投入及产出（Wang et al.，1997；Mehra et al.，2014；Cook and Zhu，2005；Wu and Olson，2008；Wu and Birge，2012）。

在实践中，分配排污权主要面临的问题是排污权分配后，每个排污企业如何利用已有的排污权进行新的生产。然而，目前已有的相关研究大多基于很强的假设：部分文献假设资源分配后各个企业保持效率不变生产（Korhonen and Syrjänen，2004；Du et al.，2014），部分文献则假设效率可变生产（Lozano et al.，2009；Wu et al.，2013b；Feng et al.，2014），少部分文献则不考虑排污权分配后各个排污企业生产问题（Wang et al., 2013；Wu et al., 2013a；Sun et al., 2014）。这三类假设存在明显的缺陷：第一，基于效率可变假设的文献构建各个排污企业新的生产在有效生产前沿面上，不考虑各个企业的实际生产能力，往往给各个企业设定的生产目标实现不了；第二，基于效率不变假设的文献则改变了原先的 PPS，往往给一些特定的企业设定的目标也实现不了；第三，特定的排污权或资源分配之和，企业的生产往往会随着排污权的多少而改变，因此考虑企业生产是很有必要的；第四，相关研究未考虑排污权分配和自由买卖相结合。

结合之前文献的缺陷，本章的主要贡献包括：第一，为了更好地预测各个排污企业在排污权分配后新的生产问题，本章利用每个排污企业的历史投入产出数据构建其特有的 PPS。随着排污权的增加或减少，排污企业在其特定的 PPS 中生产。第二，在无偿分配排污权的基础上，本章进一步将每个排污企业的排污权分配为两部分，一部分用于自己生产，另一部分用于市场交易；结合排污权分配与交易则是目前文献没有考虑到的。

5.2 排污权分配模型构建

5.2.1 历史 PPS 构建

假设有 n 个排污企业或组织，每个企业都利用相同类型的投入资源带来同类型的期望产出及同类型的污染物。所以假设每个排污企业利用 m 个投入，生产出 s 个不同的期望产出和 k 个非期望产出（即污染物排放），并定义 $x_j = (x_{1j}, x_{2j}, \cdots, x_{mj})^T$、$y_j = (y_{1j}, y_{2j}, \cdots, y_{sj})^T$、$b_j = (b_{1j}, b_{2j}, \cdots, b_{kj})^T$ 为相应的投入、期望产出及污染物排放向量。

排污权或污染物排放总量是企业的财富，可被认为是企业的特殊投入资源（Wu et al., 2013a；Sun et al., 2014）。因此，对于某一特定排污企业 j，其生产等价于：生产出 y_j 单位的期望产出，需要消耗 x_j 单位的投入及排放 b_j 单位的污染物。总的 PPS 可表示为

$$T = \left\{ (x,b,y) \mid \sum_{j=1}^{n} \lambda_j x_{ij} \leq x, \sum_{j=1}^{n} \lambda_j b_{tj} \leq b, \sum_{j=1}^{n} \lambda_j y_{rj} \geq y, \sum_{j=1}^{n} \lambda_j = 1, \lambda_j \geq 0 \right\}$$

构建的 PPS 可以很好地评价每个排污企业的效率，但用其构建所有排污企业的可变生产则并不合理，尤其假设经过排污权分配后各个企业都能达到有效生产

前沿面上生产的目标很难在短时间内实现。

因此，本章提出利用每个排污企业的历史投入产出数据，而非当前投入产出数据，构建每个企业特有的 PPS。假设排污企业 j 的历史投入产出的观测集合为 $D(j)$，则其自身的 PPS 可表示为

$$T_j = \left\{ (x,b,y) \mid \sum_{p \in D(j)} \lambda_p^j x_{ip}^j \leqslant x, \sum_{p \in D(j)} \lambda_p^j b_{tp}^j \leqslant b, \sum_{p \in D(j)} \lambda_p^j y_{rp}^j \geqslant y, \sum_{p \in D(j)} \lambda_p^j = 1, \lambda_p^j \geqslant 0 \right\}$$

本章用到的符号和变量详见表 5.1。

表5.1 符号和变量统计表

符号和变量		说明
符号	i	m 个投入指标中第 i 个投入指标
	t	k 个污染物指标中第 t 个污染物指标
	r	s 个期望产出指标中第 r 个产出指标
	j	n 个 DMUs 指标中第 j 个 DMU
	$D(j)$	DMU$_j$ 的历史投入产出数据集合
	B_t	固定总污染物减排量
	x_{iq}^j	DMU$_j$ 的第 q 生产时期的第 i 个投入的投入量
	b_{tq}^j	DMU$_j$ 的第 q 生产时期的第 t 个污染物的排放量
	y_{rq}^j	DMU$_j$ 的第 q 生产时期的第 r 个期望产出的产出量
	x_{ij}	DMU$_j$ 的当前第 i 个投入的投入量
	b_{tj}	DMU$_j$ 的当前第 t 个污染物的排放量
	y_{rj}	DMU$_j$ 的当前第 r 期望产出的产出量
	P_r	第 r 个期望产出的价格
变量	$\hat{x}_{ij}$	DMU$_j$ 的第 i 个投入的新的投入量
	$\hat{y}_{rj}$	DMU$_j$ 的第 r 个期望产出的新的产出量
	Δb_{tj}	DMU$_j$ 的第 t 个污染物排放的减排量
	λ_q^j	DMU$_j$ 的第 q 生产时期的生产乘子

5.2.2 排污权分配模型

在分配排污权的时候，总决策者或者政府目标往往是最大化总产出，很少考虑相关成本（Feng et al.，2014）。模型（5.1）提供了相应的排污权分配模型，目的是在减排任务分配之后，给各个排污企业带来新的最大产出。

$$\begin{aligned}
\text{Max} \quad & R = \sum_{j=1}^{n}\sum_{r=1}^{s} P_r \hat{y}_{rj} \\
\text{s.t.} \quad & \sum_{q \in D(j)} \lambda_q^j x_{iq}^j \leqslant \hat{x}_{ij}, \quad \forall j, \forall i \\
& \sum_{q \in D(j)} \lambda_q^j b_{tq}^j \leqslant b_{tj} - \Delta b_{tj}, \quad \forall j, \forall t \\
& \sum_{q \in D(j)} \lambda_q^j y_{rq}^j \geqslant \hat{y}_{rj}, \quad \forall j, \forall r \\
& \sum_{j=1}^{n} \Delta b_{tj} = B_t, \quad \forall t \\
& \sum_{q \in D(j)} \lambda_q^j = 1, \quad \forall j \\
& 0 \leqslant \Delta b_{tj} \leqslant \beta b_{tj}, \quad \forall j, \forall t \\
& \lambda_q^j \geqslant 0, \quad \forall j, \forall q \in D(j) \\
& \hat{x}_{ij} \geqslant 0, \quad \forall j, \forall i; \hat{y}_{rj} \geqslant 0, \quad \forall j, \forall r
\end{aligned} \quad (5.1)$$

在模型（5.1）中，R 表示最大总产出；B_t 表示固定总污染物减排量，往往由企业总决策者或者政府决定。模型（5.1）假设规模收益可变，用约束 $\sum_{q \in D(j)} \lambda_q^j = 1$ 限制。模型（5.1）中前 3 个约束限制每个排污企业新的生产由其历史投入产出数据线性化构成，即每个排污企业新的生产依赖于每个特定排污企业的历史生产。此外，每个排污企业被分配的减排任务限定为 $\Delta b_{tj} \leqslant \beta b_{tj}$，其中 β（$\beta \in [0,1]$）表示被分配的减排任务量不超过当前总排放量的 β 倍。合理地设定 β 可以避免减排任务被分配给少数排污企业。Δb_{tj} 表示各个排污企业被分配的减排任务，因此每个排污企业最终的排放量为 $b_{tj} - \Delta b_{tj}$（$j = 1, 2, \cdots, n$）。

5.2.3 排污权交易机制

减排任务分配之后，每个排污企业就知道各个企业被允许的总排放量。对于不同的排污企业，剩余的总排放量可能不满足其最优的生产或者多于最优生产所需的排放量，因此考虑排污权可交易特性，每个排污企业最优化总利润可用模型（5.2）得出。

$$\begin{aligned}
\text{Max} \quad & R_j = \sum_{r=1}^{s} P_r \hat{y}_{rj} + \sum_{t=1}^{k} C_t (b_{tj} - \Delta b_{tj}^* - \hat{b}_{tj}) \quad \forall j \\
\text{s.t.} \quad & \sum_{q \in D(j)} \lambda_q^j x_{iq}^j \leqslant \hat{x}_{ij}, \quad \forall i \\
& \sum_{q \in D(j)} \lambda_q^j b_{tq}^j \leqslant \hat{b}_{tj}, \quad \forall t \\
& \sum_{q \in D(j)} \lambda_q^j y_{rq}^j \geqslant \hat{y}_{rj}, \quad \forall r \\
& \sum_{q \in D(j)} \lambda_q^j = 1, \\
& \hat{b}_{tj} \leqslant \sum_{j=1}^{n} b_{tj} - B_t, \quad \forall t \\
& \lambda_q^j \geqslant 0, \quad \forall q \in D(j); \hat{b}_{tj} \geqslant 0, \quad \forall t \\
& \hat{x}_{ij} \geqslant 0, \quad \forall i; \hat{y}_{rj} \geqslant 0, \quad \forall r
\end{aligned} \quad (5.2)$$

在模型（5.2）中，C_t 表示单位排放量的价格，外生给定。此外，$b_{tj} - \Delta b_{tj}^*$ 表示每个排污企业最终拥有的总排污量，其中 * 表示模型（5.1）中的一个最优解。$\hat{b}_{tj}$ 表示排污企业 j 实现最大利益时第 t 污染物的排放量，是内生变量，由模型（5.2）决定，且必须满足小于等于总排放许可量 $\sum_{j=1}^{n} b_{tj} - B_t$。因此，模型（5.2）目标函数中的 $(b_{tj} - \Delta b_{tj}^* - \hat{b}_{tj})$ 表示排污企业最终所需的排放量，即通过交易可得。

所有排污企业可分为两类：一类是排污企业拥有 $\hat{b}_{tj}^{**} = b_{tj} - \Delta b_{tj}^*$，表示该排污企业被分配的排污权正好用于该企业最优生产；另一类则是排污企业拥有 $\hat{b}_{tj}^{**} \neq b_{tj} - \Delta b_{tj}^*$，表示该企业需要在自由市场上通过交易买卖到各自最优的生产排放量。

第二类排污企业拥有 $\hat{b}_{tj}^* \neq b_{tj} - \Delta b_{tj}^*$，记为集合 $G(f)$。集合 $G(f)$ 中的每个排污企业按照模型（5.2）选择其最优排放量。但是，如果每个企业按照其最优排放量进行交易，则交易市场可能会发生冲突，因为市场上总排放交易量是固定的。$\sum_{j \in G(f)} \hat{b}_{tj} > \sum_{j \in G(f)} (b_{tj} - \Delta b_{tj}^*)$ 表示排放需求量超过供应量；$\sum_{j \in G(f)} \hat{b}_{tj} < \sum_{j \in G(f)} (b_{tj} - \Delta b_{tj}^*)$ 则表示排放供应量超过需求量，即有 $\sum_{j \in G(f)} (b_{tj} - \Delta b_{tj}^*) - \sum_{j \in G(f)} \hat{b}_{tj}$ 单位的总排放量在市场上出售不完。

事实上，在上述两种情况下，集合 $G(f)$ 中的排污企业将会相互谈判以达到各自次优的排放量。首先，在集合 $G(f)$ 中的每个排污企业都想利用最优的排污权以达到最优利益目标 R_j^*，$j \in G(f)$。其次，每个排污企业不想维持原有的利润 $\underline{R_j^*} = \sum_{r=1}^{s} P_r \hat{y}_{rj}^*$，$j \in G(f)$。基于此，下面定义满意度，以测量每个排污企业的排放量交易程度。

定义 5.1 排污企业 j（$j \in G(f)$）的满意度定义为

$$S_j = \frac{R_j - R_j^*}{R_j^* - \underline{R_j^*}}, \quad j \in G(f)$$

排污企业 j 的满意度被限定为 $S_j \in [0,1]$，$j = 1, 2, \cdots, n$。如果 $S_j = 1$，排污企业实现其最大利润目标 R_j^*；如果 $S_j = 0$，则排污权交易机制并没有使排污企业 j 获得更多的利润。

当 $\sum_{j \in G(f)} \hat{b}_{tj} \neq \sum_{j \in G(f)} (b_{tj} - \Delta b_{tj}^*)$ 时，每个排污企业不可能都实现满意度为 1。因此，集合 $G(f)$ 中的排污企业会通过协商以尽可能实现更大的满意度。本章所提模型的目标是使得排污企业所实现的满意度之间的差距尽量地缩小。参考文献 Bi 等（2011）和 Li 等（2013），交易机制应该尽可能地最大化所有排污企业的满意度，同时缩小差距。因此，模型（5.3）用于帮助集合 $G(f)$ 中每个排污企业确定其最优的排放交易量。

Max S

s.t. $S \leqslant S_j = \dfrac{\sum_{r=1}^{s} P_r \hat{y}_{rj} + \sum_{t=1}^{k} C_t (b_{tj} - \Delta b_{tj}^* - \hat{b}_{tj}) - \underline{R_j^*}}{R_j^* - \underline{R_j^*}}, \quad \forall j \in G(f)$

$\sum_{q \in D(j)} \lambda_q^j x_{iq}^j \leqslant \hat{x}_{ij}, \quad \forall j \in G(f), \forall i$

$\sum_{q \in D(j)} \lambda_q^j b_{tq}^j \leqslant \hat{b}_{tj}, \quad \forall j \in G(f), \forall t$

$\sum_{q \in D(j)} \lambda_q^j y_{rq}^j \geqslant \hat{y}_{rj}, \quad \forall j \in G(f), \forall r$

$\sum_{q \in D(j)} \lambda_q^j = 1, \quad \forall j \in G(f)$

$\sum_{j \in G(f)} \hat{b}_{tj} = \sum_{j \in G(f)} (b_{tj} - \Delta b_{tj}^*), \quad \forall t$

$$\lambda_q^j \geqslant 0 \quad \forall j \in G(f), \forall q \in D(j)$$
$$\hat{b}_{tj} \geqslant 0 \quad \forall j \in G(f), \forall t$$
$$\hat{x}_{ij} \geqslant 0 \quad \forall j \in G(f), \forall i$$
$$\hat{y}_{rj} \geqslant 0 \quad \forall j \in G(f), \forall r$$

（5.3）

模型（5.3）是一个最大-最小化目标优化模型。其目标是尽可能地最大化拥有最小满意度的排污企业的满意度。$\hat{b}_{tj}, j \in G(f)$ 表示排污企业 j 实现最大利益时第 t 个污染物的排放量，且其总和被限制等于 $\sum_{j \in G(f)}(b_{tj} - \Delta b_{tj}^*)$，即集合 $G(f)$ 中所有排污权总量，其中 * 表示模型（5.1）中的最优解。

此外，模型（5.3）是单目标线性规划模型。$\hat{b}_{tj}^{**}, j \in G(f)$ 表示每个排污企业用于生产的最优排放量，则 $b_{tj} - \Delta b_{tj}^* - \hat{b}_{tj}^{**}, j \in G(f)$ 表示用于市场交易的最优排放量。当 $b_{tj} - \Delta b_{tj}^* - \hat{b}_{tj}^{**} \geqslant 0$ 时，排污企业 j 将出售 $b_{tj} - \Delta b_{tj}^* - \hat{b}_{tj}^{**}$ 单位的排污权以提升自身利益；当 $b_{tj} - \Delta b_{tj}^* - \hat{b}_{tj}^{**} \leqslant 0$ 时，排污企业 j 会在市场上购买 $\hat{b}_{tj}^{**} - b_{tj} - \Delta b_{tj}^*$ 单位的排污权以提高利润。

定理 5.1 记 $G_1(f)$ 和 $G_2(f)$ 分别为需要在市场上购买和出售排污权的排污企业集合。当 $\sum_{j \in G(f)} \hat{b}_{tj} > \sum_{j \in G(f)}(b_{tj} - \Delta b_{tj}^*), \forall t$ 时，集合 $G_2(f)$ 中的排污企业的满意度为 1；而当 $\sum_{j \in G(f)} \hat{b}_{tj} < \sum_{j \in G(f)}(b_{tj} - \Delta b_{tj}^*), \forall t$ 时，集合 $G_1(f)$ 中的排污企业的满意度为 1。

证明： 当 $\sum_{j \in G(f)} \hat{b}_{tj} > \sum_{j \in G(f)}(b_{tj} - \Delta b_{tj}^*), \forall t$ 时，供小于求。集合 $G_2(f)$ 中的排污企业都能出售它们多余的排污权，因此集合 $G_2(f)$ 中所有排污企业的满意度都能达到 1。但是，集合 $G_2(f)$ 中出售的排污权总量并不能满足集合 $G_1(f)$ 中排污企业的需求量，因此其满意度小于 1。

当 $\sum_{j \in G(f)} \hat{b}_{tj} < \sum_{j \in G(f)}(b_{tj} - \Delta b_{tj}^*), \forall t$ 时，供大于求。集合 $G_1(f)$ 中的排污企业都能买到它们所需的排污权，因此集合 $G_1(f)$ 中所有排污企业的满意度都能达到 1。但是，集合 $G_2(f)$ 中的排污企业并不能售完它们所有的排污权，因此其满意度会小于 1。

定理 5.2 记 $G_3(f)$ 为满意度小于 1 的排污企业集合，则有 $S_1 = S_2 = \cdots = S_j$，$j \in G_3(f)$。

证明： 首先，集合 $G_3(f)$ 中的排污企业一定不能在市场上售完或者买到它们需要的排污权。其次，假设存在排污企业 k（$k \in G_3(f)$），其满意度满足

$S_k > S^*, k \in G_3(f)(S_k \neq 1)$，则排污企业 k 一定能通过减少或增加排污权的购买，以增加其他排污企业的满意度，直到它们拥有共同的满意度水平。因此，集合 $G_3(f)$ 中的排污企业拥有相同的满意度。

5.3 本章小结

本章利用 DEA 理论构建污染物减排任务分配模型。首先，本章提出用各个排污企业的历史投入产出数据定义每个企业特有的生产技术。随着分配的排污权的减少，每个排污企业用其特有的生产技术进行新的生产。其次，在排污权分配之后，每个企业可用规定的排污权进行生产，但是考虑排污权特定的市场交易机制，本章进一步建立相应的排污权交易机制模型，为每家排污企业确定其最优的排污权分别用于生产和买卖。考虑到排污权总量的限制，即可能存在排污企业购买不到其所需的排污权，因此本章提出利用满意度概念使最小满意度企业的满意度最大化（最大-最小化模型）。

中国经济的迅猛发展给环境带来了压力。未来的研究可以考虑以下方向：首先，可以考虑企业在生产中采用先进技术以减少污染物排放；其次，为了简化模型，本章假设排污权交易中的价格是固定不变的，因此排污权交易机制中内生化排污权价格值得进行更多的研究和探讨。

参 考 文 献

韩勇，周世祥. 2008. 浅论我国排污权的初始配置[J]. 能源与环境，（5）：2-3.
刘鹏崇. 2010. 排污权初始配置国内研究综述[J]. 中南林业科技大学学报（社会科学版），（3）：14-17.
王斌. 2013. 环境污染治理与规制博弈研究[D]. 首都经济贸易大学博士学位论文.
张颖，王勇. 2005. 我国排污权初始分配的研究[J]. 生态经济，（8）：50-52.
赵文会. 2006. 初始排污权分配的若干问题研究[D]. 上海理工大学博士学位论文.
Ahman M, Burtraw D, Kruger J, et al. 2007. A Ten-Year Rule to guide the allocation of EU emission allowances[J]. Energy Policy, 35（3）：1718-1730.
Bi G B, Ding J J, Luo Y, et al. 2011. Resource allocation and target setting for parallel production

system based on DEA[J]. Applied Mathematical Modelling, 35 (9): 4270-4280.

Burtraw D, Palmer K, Bharvirkar R, et al. 2001. The effect of allowance allocation on the cost of carbon emission trading[R]. Discussion Paper from Resources for the Future.

Cook W D, Zhu J. 2005. Allocation of shared costs among decision making units: a DEA approach[J]. Computers & Operations Research, 32 (8): 2171-2178.

Cramton P, Kerr S. 2002. Tradeable carbon permit auctions: How and why to auction not grandfather[J]. Energy Policy, 30 (4): 333-345.

Du J, Cook W D, Liang L, et al. 2014. Fixed cost and resource allocation based on DEA cross-efficiency[J]. European Journal of Operational Research, 235 (1): 206-214.

Feng C P, Chu F, Ding J J, et al. 2014. Carbon emissions abatement (CEA) allocation and compensation schemes based on DEA[J]. Omega, 12 (5): 78-89.

Fischer C, Fox A. 2004. Output-based allocations of emissions permits: efficiency and distributional effects in a general equilibrium setting with taxes and trade[R]. Discussion Papar from Resources for the Future.

Goulder L H, Parry I W, Williams Iii R C, et al. 1999. The cost-effectiveness of alternative instruments for environmental protection in a second-best setting[J]. Journal of Public Economics, 72 (3): 329-360.

Jensen J, Rasmussen T N. 2000. Allocation of CO_2 emissions permits: a general equilibrium analysis of policy instruments[J]. Journal of Environmental Economics and Management, 40 (2): 111-136.

Korhonen P, Syrjänen M. 2004. Resource allocation based on efficiency analysis[J]. Management Science, 50 (8): 1134-1144.

Li Y J, Yang M, Chen Y, et al. 2013. Allocating a fixed cost based on data envelopment analysis and satisfaction degree[J]. Omega, 41 (1): 55-60.

Lozano S, Villa G, Brännlund R. 2009. Centralised reallocation of emission permits using DEA[J]. European Journal of Operational Research, 193 (3): 752-760.

Mehra A, Langer N, Bapna R, et al. 2014. Estimating returns to training in the knowledge economy: a firm level analysis of small and medium enterprises[J]. MIS Quarterly, 38 (3): 757-771.

Persson T A, Azar C, Lindgren K. 2006. Allocation of CO_2 emission permits—economic incentives for emission reductions in developing countries[J]. Energy Policy, 34 (14): 1889-1899.

Pezzey J C, Park A. 1998. Reflections on the double dividend debate[J]. Environmental and Resource Economics, 11 (3/4): 539-555.

Requate T, Unold W. 2003. Environmental policy incentives to adopt advanced abatement technology: will the true ranking please stand up?[J]. European Economic Review, 47 (1): 125-146.

Sun J S, Wu J, Liang L, et al. 2014. Allocation of emission permits using DEA: centralised and individual points of view[J]. International Journal of Production Research, 52 (2): 419-435.

Takeda S, Arimura T H, Tamechika H, et al. 2014. Output-based allocation of emissions permits for mitigating the leakage and competitiveness issues for the Japanese economy[J]. Environmental

Economics and Policy Studies, 16 (1): 89-110.

Wang C H, Gopal R D, Zionts S. 1997. Use of data envelopment analysis in assessing information technology impact on firm performance[J]. Annals of Operations Research, 73: 191-213.

Wang K, Zhang X, Wei Y M, et al. 2013. Regional allocation of CO_2 emissions allowance over provinces in China by 2020[J]. Energy Policy, 54: 214-229.

Wu D D, Birge J R. 2012. Serial chain merger evaluation model and application to mortgage banking[J]. Decision Sciences, 43 (1): 5-36.

Wu D D, Olson D L. 2008. Supply chain risk, simulation, and vendor selection[J]. International Journal of Production Economics, 114 (2): 646-655.

Wu H Q, Du S F, Liang L, et al. 2013a. A DEA-based approach for fair reduction and reallocation of emission permits[J]. Mathematical and Computer Modelling, 58 (5): 1095-1101.

Wu J, An Q X, Ali S, et al. 2013b. DEA based resource allocation considering environmental factors[J]. Mathematical and Computer Modelling, 58 (5): 1128-1137.

第6章 公共权重和效率不变性模式下资源配置与目标设定方法研究

第5章在无偿分配的基础上建立了基于 DEA 理论的污染物减排任务分配模型，将排污企业的排污权划分为自己生产和市场交易两部分，并利用所提模型给30个省（区、市）特定的工业部门分配固定的减排任务。本章拟建立基于 DEA 理论的兼顾公平和效率的资源配置与目标设定机制，以求同时进行多种资源投入的配置和多种产出的目标设定。

6.1 引　言

在许多管理实践中，常常存在一组受同一个中央决策者领导和管理的同质可比的 DMUs（Korhonen and Syrjänen，2004；Fang and Zhang，2008）。这些决策者往往拥有足够的权力和责任来控制生产过程、调节决策参数、管理和计划资源、编制产出计划等。决策者经常面临的一个问题是如何有效地对生产进行管理和计划，以实现特定的生产目标或满足特定的规制等。管理生产必然会触及资源投入与产出，在此背景下，许多实体都面临资源配置和目标设定的问题。如何公平公正地向所有 DMUs 配置资源投入并规定相应的产出计划，就成为一个突出且重要的科学和实践问题。特别地，本章考虑 DMUs 一致维持现状的交互模式，维持现状即不改变效率，则没有或极少有不确定性与风险，并在此基础上研究固定总额的资源投入配置与产出目标设定问题，即在配置额外的新投入资源的同时如何为 DMUs 设定公平的产出目标。

回顾现有研究文献可以发现，资源配置问题就是 DEA 方法的一个重要应用，基于 DEA 方法的产出目标设定问题的研究也不鲜见，还有一些研究则是在统一的框架下同时研究资源配置与目标设定问题。基于 DEA 方法的资源配置和目标设定研究主要遵循效率和权重两个本质特征，即公共权重与可变权重，效率不变性与效率最大化。表 6.1 归纳了现有研究关于效率和权重两个属性的特点，为本章的研究指明了方向和出发点。可以发现，Amirteimoori 和 Kordrostami（2005）是唯一一项基于公共权重和效率不变性的研究，但是，Amirteimoori 和 Kordrostami（2005）在测度初始效率时也使用了公共权重，且其数学模型是非线性数学规划问题，这就使得其方法的使用受到了很大的限制。此外，Amirteimoori 和 Kordrostami（2005）通过极小化 DMUs 之间关于资源与目标的差异来得到最终的资源配置与目标设定方案。

表6.1　基于DEA理论的资源配置方法特征归纳

方法	权重 公共权重	权重 可变权重	效率 不变性	效率 最大化
Cook 和 Kress（1999）		√	√	
Beasley（2003）	√			√
Jahanshahloo 等（2004）		√	√	
Lozano 和 Villa（2004）		√		√
Amirteimoori 和 Kordrostami（2005）	√		√	
Cook 和 Zhu（2005）		√	√	
Fang 和 Zhang（2008）		√		√
Asmild 等（2009）		√		√
Li 等（2009）		√		√
Amirteimoori 等 Tabar（2010）	√			√
Bi 等（2011）	√			
Lin（2011a）		√	√	
Lin（2011b）		√	√	
Nasrabadi 等（2012）		√	√	
Fang（2013）		√		√
Li 等（2013）	√			√
Lotf 等（2013）	√			√
Mostafaee（2013）		√	√	
Si 等（2013）	√			√
Du 等（2014）		√		√
Fang（2015）				
Lin 和 Chen（2016）		√	√	
Lin 等（2016）		√		

本章的研究视角一方面是在解决投入资源配置与产出目标设定问题时，所有 DMUs 都希望维持现状，即必须保证在公共权重约束下各 DMU 的效率值保持不变。公共权重意味着所有 DMUs 关于投入产出的重要性度量是一致的，因而相应的效率评价结果和资源配置与目标设定结果也是一致的，进而该资源配置与目标设定结果也是公平的，且能被所有 DMUs 接受和认可。另一方面是由于 DMUs 的相对效率仅依赖于当前的投入产出水平，且不受各个 DMU 的影响，故资源配置与目标设定方案必须遵循当前的效率水平。此外，当前的效率水平是一种真实存在的结果，也有利于产出计划的顺利实现，保持效率不变可以消除或减少风险；如果允许效率水平改变，则得到的资源配置与目标设定方案对于 DMUs 不能决定分配结果的决策者而言就是极度不可接受的（Lin and Chen, 2016），这是因为某些非有效 DMUs 必然会在进行资源配置与目标设定的同时趁机提升其效率。综上所述，本章认为，基于公共权重约束与效率不变性原则的资源配置与目标设定机制更显公平，更易被 DMUs 接受和认可，更具有现实意义与应用价值。

具体地，本章同时采用公共权重约束和效率不变性原则来解决资源配置和目标设定问题。公共权重约束代表着 DMUs 的一致决策，则相应的分配结果实施起来更容易。效率不变性原则反映了当前的效率水平，还体现着公平关切。虽然这两个原则在许多文章中都出现过，但极少有研究将这两个原则结合起来。本章在解决资源配置与目标设定问题时，试图在确定一组公共权重的同时保持 DMUs 相对效率不变。在理想情形下，我们得到的资源配置与目标设定方案能在一组公共权重约束下严格保持相对效率不变。但在通常情况下，这一理想情形难以出现，这也就使得我们要尽可能地使这两个原则同时满足。于是，本章的资源配置与目标设定方法通常会得到两种可能的方案：其一，在使用一组公共权重约束下使 DMUs 效率值的变化尽可能小；其二，在保证 DMUs 效率值严格不变的前提下使 DMUs 关于投入产出权重的决策尽可能趋同。这两种方案的存在使得决策者可以根据问题情境和偏好在一致评价（即公共权重）和效率不变之间进行权衡。相比 Amirteimoori 和 Kordrostami（2005），本章使用 CCR 模型来计算 DMUs 的相对效率，而公共权重约束则用于在制定资源配置与目标设定方案时保持效率不变。并且，本章关于分配结果最大最小值的差额小于 Amirteimoori 和 Kordrostami（2005），使得本章的方法更具优势。此外，本章考虑的是更一般化情景下的资源配置与目标设定问题，即同时进行多种投入资源的配置和多种产出的目标设定。

6.2 资源配置与目标设定模型构建

6.2.1 效率评价模型

沿循 DEA 研究的一般框架，我们考察 n 个同质可比的 DMUs。第 j^{th} 个 $\mathrm{DMU}_j (j=1,2,\cdots,n)$ 消耗列向量投入矩阵 $X_j=(x_{1j},x_{2j},\cdots,x_{mj})$ 去生产列向量产出矩阵 $Y_j=(y_{1j},y_{2j},\cdots,y_{sj})$。现在假设将评价第 k 个 $\mathrm{DMU}_k (k=1,2,\cdots,n)$ 的相对效率，Charnes 等（1978）提出了第一个经典的 CCR 模型，如式（6.1）所示：

$$e_k^* = \mathrm{Max} \sum_{r=1}^{s} u_r y_{rk}$$
$$\text{s.t.} \quad \sum_{r=1}^{s} u_r y_{rj} - \sum_{i=1}^{m} v_i x_{ij} \leqslant 0, \quad \forall j \tag{6.1}$$
$$\sum_{i=1}^{m} v_i x_{ik} = 1,$$
$$u_r, v_i \geqslant \varepsilon, \quad \forall r, i$$

在模型（6.1）中，u_r 和 v_i 分别为对应于第 r 个产出和第 i 个投入的未知的相对权重变量，且将由模型（6.1）内生决定。ε 为一个无穷小的正数，用以避免零权重。模型（6.1）的最优目标函数，即效率值 $e_k^*(k=1,2,\cdots,n)$ 的取值范围是 0~1，且当 $e_k^*=1$ 时 DMU_k 被看作有效。否则，被评价的 DMU_k 是无效的。

模型（6.1）具有一个对偶形式，如模型（6.2）所示：

$$\theta_k^* = \mathrm{Min}\, \theta$$
$$\text{s.t.} \quad \sum_{j=1}^{n} \lambda_j x_{ij} \leqslant \theta x_{ik}, \quad \forall i$$
$$\sum_{j=1}^{n} \lambda_j y_{rj} \geqslant y_{rk}, \quad \forall r \tag{6.2}$$
$$\lambda_j \geqslant 0, \quad \forall j$$

其中，λ_j 为用以构建有效生产前沿面的密度变量。特别地，对于模型（6.1）和模型（6.2）有 $e_k^* = \theta_k^*$。

现在假设有一个决策者，其希望把一系列投入资源 $R_f(f=1,2,\cdots,g)$ 分配给所有的 DMUs。同时，该决策者还希望所有 DMUs 能够生产产出 $T_p(p=1,2,\cdots,q)$。于是，这些产出目标必须在配置投入资源的同时予以设定。那么，现在的问题就是，如何公平公正地在所有 DMUs 之间配置这些投入资源并设定相应的产出目标（Amirteimoori and Kordrostami，2005；Lotfi et al.，2013；Hatami-Marbini et al.，2015）。

假设第 j 个 $\text{DMU}_j(j=1,2,\cdots,n)$ 配置得到的投入资源是 $r_{fj} \geq 0$，而其需要生产的产出目标是 $t_{pj} \geq 0$，于是有

$$\sum_{j=1}^{n} r_{fj} = R_f, \quad r_{fj} \geq 0, \ \forall f \tag{6.3}$$

$$\sum_{j=1}^{n} t_{pj} = T_p, \quad t_{pj} \geq 0, \ \forall p \tag{6.4}$$

式（6.3）使得各 DMU 分配的资源 $r_{fj} \geq 0(j=1,2,\cdots,n)$ 加总起来正是资源总额 $R_f \geq 0(f=1,2,\cdots,g)$，而式（6.4）则保证所有 DMUs 的生产额 $t_{pj}(j=1,2,\cdots,n)$ 汇聚起来能实现总的生产目标 $T_p(p=1,2,\cdots,q)$。

不失一般性，本章假设所有的投入资源和产出都是不同于现有投入产出的额外投入和产出。这就意味着，我们必须引入额外的相对权重变量，即 $u_{s+p}(p=1,2,\cdots,q)$ 和 $v_{m+f}(f=1,2,\cdots,g)$，其分别对应着第 p^{th} 个产出目标和第 f^{th} 个投入资源。有兴趣的读者可参见 Li 等（2009）、Lin 和 Chen（2017）关于分配的固定成本是现有投入的补充的情形。进一步地，模型（6.5）可用于评价第 k 个 $\text{DMU}_k(k=1,2,\cdots,n)$ 在资源配置和目标设定后的相对效率水平：

$$\delta_k^* = \text{Max} \frac{\sum_{r=1}^{s} u_r y_{rk} + \sum_{p=1}^{q} u_{s+p} t_{pk}}{\sum_{i=1}^{m} v_i x_{ik} + \sum_{f=1}^{g} v_{m+f} r_{fk}}$$

$$\text{s.t.} \quad \frac{\sum_{r=1}^{s} u_r y_{rj} + \sum_{p=1}^{q} u_{s+p} t_{pj}}{\sum_{i=1}^{m} v_i x_{ij} + \sum_{f=1}^{g} v_{m+f} r_{fj}} \leq 1, \quad \forall j$$

$$\sum_{j=1}^{n} t_{pj} = T_p, \quad \forall p$$

$$\sum_{j=1}^{n} r_{fj} = R_f, \quad \forall f$$

$$t_{pj} \geq 0,\ r_{fj} \geq 0,\quad \forall p,f,j$$
$$u_r, u_{s+p}, v_i, v_{m+f} \geq \varepsilon,\quad \forall r,p,i,f$$
(6.5)

将 $u_{s+p}t_{pj}=\tau_{pj}(p=1,2,\cdots,q;j=1,2,\cdots,n)$ 与 $v_{m+f}r_{fj}=\gamma_{fj}(f=1,2,\cdots,g;j=1,2,\cdots,n)$ 代入模型（6.5）可以得到等价的模型（6.6）：

$$\delta_k^* = \text{Max}\ \frac{\sum_{r=1}^{s}u_r y_{rk}+\sum_{p=1}^{q}\tau_{pk}}{\sum_{i=1}^{m}v_i x_{ik}+\sum_{f=1}^{g}\gamma_{fk}}$$

$$\text{s.t.}\ \frac{\sum_{r=1}^{s}u_r y_{rj}+\sum_{p=1}^{q}\tau_{pj}}{\sum_{i=1}^{m}v_i x_{ij}+\sum_{f=1}^{g}\gamma_{fj}} \leq 1,\quad \forall j$$

$$\sum_{j=1}^{n}\tau_{pj}=u_{s+p}T_p,\quad \forall p$$

$$\sum_{j=1}^{n}\gamma_{fj}=v_{m+f}R_f,\quad \forall f$$

$$\tau_{pj} \geq 0,\ \gamma_{fj} \geq 0,\quad \forall p,f,j$$

$$u_r, u_{s+p}, v_i, v_{m+f} \geq \varepsilon,\quad \forall r,p,i,f$$
(6.6)

6.2.2 公共权重约束与效率不变性条件

为解决资源配置和目标设定问题，许多学者运用了各种各样的原则和方法，并得到了各种各样的见解和观点。在本章中，我们从公共权重约束和效率不变性两个基本原则出发，即要求所有DMUs在一组公共权重约束下维持资源配置和目标设定前后的相对效率不变。

1. 公共权重约束

DEA理论研究中的公共权重概念首次出现在Roll等（1991）。在本章中，公共权重意味着投入资源的配置和产出目标的设定必须使得所有未知权重同时决定，且所有DMUs对于相对权重的决策是一致的。公共权重意味着所有DMUs在参考集里对于投入产出的评价和认知是一致的（Lotfi et al., 2013）。这一点在本章的资源配置和目标设定问题上具有重要意义，这是因为决策者而非各个DMU对于资源和目标具有裁量权。

2. 效率不变性

这一原则要求所有 DMUs 在资源配置及目标设定前后的相对效率保持不变（Cook and Kress，1999）。这一原则的基本内涵是，所有的相对效率改进或恶化都是不公平的，且是不合理的。如果允许效率变化，则某些非有效 DMUs 会充分利用资源配置和设定目标过程来提高它们的效率值，而这对于无法改变配置到的资源数量和设定的产出目标的决策者是不可接受的（Lin and Chen，2016）。此外，对有效 DMUs（事实上，有效 DMUs 不能改进其相对效率水平）和无效 DMUs 处以不均衡或不相等的效率改进将在实施和执行配置方案时导致巨大的困难和组织抵触。

一般而言，式（6.7）可用于同时满足公共权重约束和效率不变性的要求：

$$\frac{\sum_{r=1}^{s}u_r y_{rj} + \sum_{p=1}^{q}\tau_{pj}}{\sum_{i=1}^{m}v_i x_{ij} + \sum_{f=1}^{g}\gamma_{fj}} = e_j^*, \quad \forall j$$

$$\sum_{j=1}^{n}\tau_{pj} = u_{s+p}T_p, \quad \forall p \quad (6.7)$$

$$\sum_{j=1}^{n}\gamma_{fj} = v_{m+f}R_f, \quad \forall f$$

此时，u_r, u_{s+p}, v_i 及 v_{m+f} 是未知的公共权重，代表着所有 DMUs 对于投入产出的相同态度，而 e_j^* 则是通过求解模型（6.1）得到的资源配置与目标设定前的 CCR 效率值。对于式（6.7），其总是可以满足公共权重约束的要求，但不一定满足效率不变性要求，因为此时的 e_j^* 是资源配置与目标设定后的一个可能的效率水平，但非最优的相对效率水平。

假设资源配置与目标设定任务已经完成，即给定配置的资源数量和设定的生产目标数量，则模型（6.8）可用于计算 $DMU_k (k=1,2,\cdots,n)$ 在资源配置与目标设定后的相对效率水平：

$$\text{Min } \rho$$

$$\text{s.t.} \sum_{j=1}^{n}\lambda_j x_{ij} \leqslant \rho x_{ik}, \quad \forall i \quad (6.8a)$$

$$\sum_{j=1}^{n}\lambda_j r_{fj} \leqslant \rho r_{fk}, \quad \forall f \quad (6.8b)$$

$$\sum_{j=1}^{n}\lambda_j r_{rj} \geqslant y_{rk}, \quad \forall r \quad (6.8c)$$

$$\sum_{j=1}^{n} \lambda_j r_{pj} \geq t_{pk}, \quad \forall p \quad (6.8d)$$

$$\lambda_j \geq 0, \quad \forall j \quad (6.8e)$$

(6.8)

通过比较模型（6.2）和模型（6.8）可以发现，为满足效率不变性要求，模型（6.8）的最优目标函数必须等于模型（6.2）的最优目标函数。进一步地，模型（6.2）的最优解也必然是模型（6.8）的最优解。也就是说，为满足效率不变性要求，模型（6.8）中的约束条件（6.8b）和约束条件（6.8d）必须是冗余的。如此，模型（6.2）的最优解必须使得约束条件（6.8b）和约束条件（6.8d）自然成立。假设当 $DMU_k(k=1,2,\cdots,n)$ 是被评价对象时，模型（6.2）的最优解是 λ_j^{k*}，则当不等式（6.9）成立时满足效率不变性要求：

$$\begin{aligned}&\sum_{j=1}^{n} \lambda_j^{k*} r_{fj} \leq \theta_j^* r_{fk}, \quad \forall f \\ &\sum_{j=1}^{n} \lambda_j^{k*} t_{pj} \geq t_{pk}, \quad \forall p \end{aligned} \quad (6.9)$$

式（6.9）的条件最先由 Cook 和 Zhu（2005）以严格等式的形式给出，并随后由 Lin（2011a）扩展到不等式形式。由于本章研究的是资源配置与目标设定问题，式（6.9）同时包含了配置的投入资源和设定的产出目标。进一步地，我们可以根据模型（6.2）将所有 DMUs 分成两个子集，即有效 DMUs 子集 E 和无效 DMUs 子集 N。此时，不等式（6.9）将退化为不等式（6.10）：

$$\begin{aligned}&\sum_{j \in E} \lambda_j^{k*} r_{fj} \leq \theta_j^* r_{fk}, \quad \forall f, k \in N \\ &\sum_{j \in E} \lambda_j^{k*} t_{pj} \geq t_{pk}, \quad \forall p, k \in N \end{aligned} \quad (6.10)$$

概括起来，不等式（6.11）就是在资源配置和目标设定问题里满足效率不变性要求的约束条件：

$$\begin{aligned}&\sum_{j \in E} \lambda_j^{k*} r_{fj} \leq \theta_j^* r_{fk}, \quad \forall f, k \in N \\ &\sum_{j \in E} \lambda_j^{k*} t_{pj} \geq t_{pk}, \quad \forall p, k \in N \\ &\sum_{j=1}^{n} t_{pj} = T_p, \quad \forall p \\ &\sum_{j=1}^{n} r_{fj} = R_f, \quad \forall f \end{aligned} \quad (6.11)$$

6.2.3 资源配置与目标设定模型

根据 6.2.2 小节的讨论可以知道，式（6.7）和式（6.11）可以分别用于保证公共权重约束和效率不变性原则。如果式（6.7）和式（6.11）能够同时成立，则对应的资源配置与目标设定方案能够同时严格满足公共权重约束和效率不变性的要求。不失一般性，我们可以引入两个资源配置与目标设定方案，即 $(\{r_{fj}^{cw}\},\{t_{pj}^{cw}\})$ 与 $(\{r_{fj}^{ei}\},\{t_{pj}^{ei}\})$。$(\{r_{fj}^{cw}\},\{t_{pj}^{cw}\})$ 是严格满足式（6.7）的使用公共权重约束的资源配置与目标设定方案，$(\{r_{fj}^{ei}\},\{t_{pj}^{ei}\})$ 则是严格满足式（6.11）的能够保证 DMUs 相对效率不变的资源配置与目标设定方案。为了尽可能地同时满足公共权重约束和效率不变性原则的要求，我们希望极小化 $(\{r_{fj}^{cw}\},\{t_{pj}^{cw}\})$ 与 $(\{r_{fj}^{ei}\},\{t_{pj}^{ei}\})$ 之间的距离。进一步地，考虑到不同投入产出变量的重要性程度，也就是极小化 $(\{\gamma_{fj}^{cw}\},\{\tau_{pj}^{cw}\})$ 与 $(\{\gamma_{fj}^{ei}\},\{\tau_{pj}^{ei}\})$ 之间的距离，其中，$(\{\gamma_{fj}^{cw}\},\{\tau_{pj}^{cw}\})$ 与 $(\{\gamma_{fj}^{ei}\},\{\tau_{pj}^{ei}\})$ 分别是 $(\{r_{fj}^{cw}\},\{t_{pj}^{cw}\})$ 与 $(\{r_{fj}^{ei}\},\{t_{pj}^{ei}\})$ 乘以相应相对权重后得到的资源配置与目标设定方案。具体地，上述研究思路可以通过模型（6.12）来实现：

$$d^* = \operatorname{Min} \sum_{j=1}^{n} \left(\sum_{f=1}^{g} \left| \gamma_{fj}^{cw} - \gamma_{fj}^{ei} \right| + \sum_{p=1}^{q} \left| \tau_{pj}^{cw} - \tau_{pj}^{ei} \right| \right)$$

$$\text{s.t.} \quad \sum_{r=1}^{s} u_r y_{rj} + \sum_{p=1}^{q} \tau_{pj}^{cw} = e_j^* \left(\sum_{i=1}^{m} v_i x_{ij} + \sum_{f=1}^{g} \gamma_{fj}^{cw} \right), \quad \forall j$$

$$\sum_{j=1}^{n} \tau_{pj}^{cw} = u_{s+p} R_p, \quad \forall p$$

$$\sum_{j=1}^{n} \gamma_{fj}^{cw} = v_{m+f} R_f, \quad \forall f$$

$$\sum_{j \in E} \lambda_j^{k*} \gamma_{fj}^{ei} \leqslant \theta_j^* \gamma_{fk}^{ei}, \quad \forall f, k \in N$$

$$\sum_{j \in E} \lambda_j^{k*} \tau_{pj}^{ei} \geqslant \tau_{pk}^{ei}, \quad \forall p, k \in N$$

$$\sum_{j=1}^{n} \tau_{pj}^{ei} = u_{s+p} R_p, \quad \forall p$$

$$\sum_{j=1}^{n} \gamma_{fj}^{ei} = v_{m+f} R_f, \quad \forall f$$

$$\tau_{pj}^{cw}, \tau_{pj}^{ei} \geq 0, \quad \gamma_{fj}^{cw}, \gamma_{fj}^{ei} \geq 0, \quad \forall p, f, j$$
$$u_r, u_{s+p}, v_i, v_{m+f} \geq \varepsilon, \quad \forall r, p, i, f$$

（6.12）

可以发现，模型（6.12）的约束条件就是式（6.7）与式（6.11）的集合。值得注意的是，我们使用相对权重 u_{s+p} 和 v_{m+f} 将式（6.11）改写成其在式（6.12）中的形式。

进一步地，我们令 $\left|\gamma_{fj}^{cw} - \gamma_{fj}^{ei}\right| + \gamma_{fj}^{cw} - \gamma_{fj}^{ei} = 2a_{fj}$ 与 $\left|\gamma_{fj}^{cw} - \gamma_{fj}^{ei}\right| - \gamma_{fj}^{cw} + \gamma_{fj}^{ei} = 2b_{fj}$，以及 $\left|\tau_{pj}^{cw} - \tau_{pj}^{ei}\right| + \tau_{pj}^{cw} - \tau_{pj}^{ei} = 2\alpha_{pj}$ 与 $\left|\tau_{pj}^{cw} - \tau_{pj}^{ei}\right| - \tau_{pj}^{cw} + \tau_{pj}^{ei} = 2\beta_{pj}$，并代入模型（6.12），可以得到另一个等价的线性规划模型（6.13）：

$$d^* = \text{Min} \sum_{j=1}^{n} \left[\sum_{f=1}^{g} (a_{fj} + b_{fj}) + \sum_{p=1}^{q} (\alpha_{pj} + \beta_{pj}) \right]$$

s.t. $\sum_{r=1}^{s} u_r y_{rj} + \sum_{p=1}^{q} \tau_{pj}^{cw} = e_j^* \left(\sum_{i=1}^{m} v_i x_{ij} + \sum_{f=1}^{g} \gamma_{fj}^{cw} \right), \quad \forall j$

$\sum_{j=1}^{n} \tau_{pj}^{cw} = u_{s+p} T_p, \quad \forall p$

$\sum_{j=1}^{n} \gamma_{fj}^{cw} = v_{m+f} R_f, \quad \forall f$

$\sum_{j \in E} \lambda_j^{k*} \gamma_{fj}^{ei} \leq \theta_j^* \gamma_{fk}^{ei}, \quad \forall f, k \in N$

$\sum_{j \in E} \lambda_j^{k*} \tau_{pj}^{ei} \geq \tau_{pk}^{ei}, \quad \forall p, k \in N$ （6.13）

$\sum_{j=1}^{n} \tau_{pj}^{ei} = u_{s+p} T_p, \quad \forall p$

$\sum_{j=1}^{n} \gamma_{fj}^{ei} = v_{m+f} R_f, \quad \forall f$

$\gamma_{fj}^{cw} - \gamma_{fj}^{ei} = a_{fj} - b_{fj}, \quad \forall f, j$

$\tau_{pj}^{cw} - \tau_{pj}^{ei} = \alpha_{pj} - \beta_{pj}, \quad \forall p, j$

$\tau_{pj}^{cw}, \tau_{pj}^{ei} \geq 0, \quad \gamma_{fj}^{cw}, \gamma_{fj}^{ei} \geq 0, \quad \forall p, f, j$

$u_r, u_{s+p}, v_i, v_{m+f} \geq \varepsilon, \quad \forall r, p, i, f$

$a_{fj}, b_{fj}, \alpha_{pj}, \beta_{pj} \geq 0, \quad \forall f, p, j$

经过简单的线性代数分析可以发现，模型（6.13）总是可行的。给定模型（6.13）的最优目标函数，我们可以知道：

定理 6.1 当且仅当模型（6.13）的最优目标函数等于零，即 $d^* = 0$ 时可以得到严格满足公共权重约束与效率不变性原则的资源配置与目标设定方案。

证明： 给定 $d^* = 0$，于是有 $a_{fj}^* = b_{fj}^* = \alpha_{pj}^* = \beta_{pj}^* = 0 (\forall f, p, j)$。

注意到 $\gamma_{fj}^{cw} - \gamma_{fj}^{ei} = a_{fj} - b_{fj} (\forall f, j)$ 且 $\tau_{pj}^{cw} - \tau_{pj}^{ei} = \alpha_{pj} - \beta_{pj} (\forall p, j)$，因此有 $\gamma_{fj}^{cw*} - \gamma_{fj}^{ei*} = 0 (\forall f, j)$ 及 $\tau_{pj}^{cw*} - \tau_{pj}^{ei*} = 0 (\forall p, j)$。

也就是说，必然有 $\gamma_{fj}^{cw} = \gamma_{fj}^{ei} (\forall f, j)$ 及 $\tau_{pj}^{cw} = \tau_{pj}^{ei} (\forall p, j)$。这就意味着，使用公共权重约束的资源配置与目标设定方案 $(\{\gamma_{fj}^{cw}\}, \{\tau_{pj}^{cw}\})$ 也能满足效率不变性要求。证明完毕。

如果模型（6.13）的最优目标函数大于零，则不存在能同时严格满足公共权重约束和效率不变性要求的资源配置与目标设定方案。此时，存在两组不同的资源配置与目标设定方案，即 $(r_j^{cw*}, t_j^{cw*}) = (\{r_{fj}^{cw*}\}, \{t_{pj}^{cw*}\})$ 与 $(r_j^{ei*}, t_j^{ei*}) = (\{r_{fj}^{ei*}\}, \{t_{pj}^{ei*}\})$。前者严格满足公共权重约束，且在所有满足公共权重约束的资源配置与目标设定方案集合里与满足效率不变性的资源配置与目标设定方案的距离最小，也即 (r_j^{cw*}, t_j^{cw*}) 能够在严格的公共权重约束下使 DMUs 的相对效率变化最小。后者则是严格满足效率不变性要求，且在所有满足效率不变性的资源配置与目标设定方案集合里与公共权重约束的资源配置与目标设定方案的距离最小，也即 (r_j^{ei*}, t_j^{ei*}) 在保持 DMUs 相对效率严格不变的前提下能够使 DMUs 关于投入产出变量相对重要性的评价差异最小，能够使 DMUs 关于投入产出变量相对重要性的评价尽可能地趋同。

6.3 公交公司资源配置应用研究

本节把 6.2 节的资源配置与目标设定方法应用于城市公交公司的实际问题中。此处的实际研究涵盖了 24 条同属于一个公交公司的城市公交线路[①]，且每一条公交线路都可以视作一个独立的 DMU。在本节中，我们考虑了 4 种投入及两种产出。4 种投入包括站台数（x_1）、固定资产价值（x_2）、人力成本支出（x_3），以及除去人力成本的年度运营费用（x_4）。两种产出是准时率（y_1）与乘客服务人次（y_2）。投入产出变量与详细数据分别见表 6.2 和表 6.3。

---

① 所用数据为 2014 年数据，通过调研某公交公司所得。

表6.2 投入产出变量

投入/产出	变量	单位
投入	站台数	个
	固定资产价值	万元
	人力成本支出	万元
	年度运营费用	万元
产出	准时率	%
	乘客服务人次	万人次

表6.3 24条公交线路的投入和产出数据

DMUs	x_1	x_2	x_3	x_4	y_1	y_2
1	19	2 436.41	297.08	2 074.65	96.97	1 647.67
2	27	4 966.40	631.59	2 933.43	87.13	1 277.10
3	19	2 342.40	354.07	3 088.38	88.41	1 470.86
4	19	3 412.10	336.40	2 813.00	74.75	1 437.71
5	33	3 287.51	490.37	3 320.14	84.14	1 331.88
6	24	2 873.10	389.97	1 461.32	98.51	994.68
7	22	2 353.91	701.17	1 363.37	98.77	855.67
8	23	2 468.50	635.04	1 986.59	70.52	1 141.15
9	22	4 102.80	585.93	1 990.38	98.97	1 130.23
10	28	4 237.10	767.45	1 095.78	98.50	981.38
11	23	2 963.51	714.76	1 660.33	81.99	862.33
12	18	2 412.91	466.44	1 158.30	93.01	921.93
13	21	2 068.90	642.36	1 825.54	69.97	806.02
14	23	3 237.20	703.35	2 051.99	79.76	1 049.16
15	19	2 763.11	611.42	1 186.76	97.05	862.25
16	24	3 972.40	537.24	2 523.40	92.73	1 173.32
17	16	3 141.61	406.52	676.44	98.58	613.66
18	19	2 373.70	431.42	1 751.26	87.95	1 084.97
19	17	3 352.31	557.25	1 235.25	76.25	1 202.87
20	23	3 614.00	762.99	1 906.61	94.72	1 010.29
21	19	3 292.61	643.79	1 076.34	97.69	951.30
22	26	4 700.81	733.14	2 725.06	88.76	1 296.05
23	23	4 386.70	575.44	1 533.30	91.52	1 211.16
24	22	2 871.11	689.71	2 738.35	91.01	1 603.09

在2014年,该公交公司尝试将公交车的广告投放销售权下放给各个公交线路

自行负责。这是因为不同公交线路的广告价值完全不同，零散销售有利于充分挖掘各条公交线路的广告价值，进而提升广告销售总额。在这种背景下，该公交公司管理层尝试将24条公交线路的广告销售任务分配给其行政人员，由行政人员帮助这些公交线路进行广告销售。具体地，该公交公司需要将76名在职在岗的行政人员分配给24条公交线路。此外，该公交公司希望其广告销售收入不低于2013年的广告销售收入，即总的广告销售目标是900万元。如此，现在的问题就是，如何把76名行政人员分配给24条公交线路，以及应该为每条公交线路规定多大的广告销售目标，即有$R=76$与$T=900$。不失一般性，也出于简化研究的需要，本章假设待配置的投入资源（即人员）与待设定的产出目标（即广告销售收入）都是连续变量。

求解模型（6.1）可以得到24条公交线路的初始CCR效率，如表6.4第2列所示。可以发现，尽管可以自由选取对自己最有利的权重组合，仅有5条公交线路（1、7、12、17与19）达到了效率值为1的有效状态，而其他19条公交线路的相对运营效率都小于1，是无效的。这24条公交线路的运营效率差异非常大，从0.6088到1。这也意味着该公交公司的公交线路运营效率还有很大的提升空间。当求解模型（6.13）时我们发现，此时的最优目标函数等于零，表明在进行人员配置和销售目标设定过程中能够同时满足公共权重约束和效率不变性要求。如此，我们可以得到资源配置与目标设定的结果，如表6.4的第3~8列所示。注意到，由于模型（6.13）的最优目标函数等于零，此时，两组资源配置与目标设定方案完全一致。

表6.4 资源分配与目标设定结果

DMUs	初始效率	公共权重约束			效率不变性			目标资源比
		投入资源	产出目标	相对效率	投入资源	产出目标	相对效率	
1	1.0000	2.7819	39.5295	1.0000	2.7819	39.5295	1.0000	14.2095
2	0.6088	4.0212	34.7866	0.6088	4.0212	34.7866	0.6088	8.6508
3	0.9463	2.7015	36.3263	0.9463	2.7015	36.3262	0.9463	13.4467
4	0.8726	2.7818	34.4923	0.8726	2.7818	34.4923	0.8726	12.3993
5	0.6385	3.8788	35.1916	0.6385	3.8788	35.1916	0.6385	9.0728
6	0.9579	2.8880	39.3093	0.9579	2.8880	39.3093	0.9579	13.6113
7	1.0000	3.3617	47.7686	1.0000	3.3617	47.7686	1.0000	14.2097
8	0.7226	2.8357	29.1166	0.7226	2.8357	29.1166	0.7226	10.2679
9	0.8032	3.3611	38.3611	0.8032	3.3611	38.3611	0.8032	11.4133
10	0.9454	3.0387	40.8210	0.9454	3.0387	40.8210	0.9454	13.4337
11	0.7056	3.6584	36.6805	0.7056	3.6584	36.6805	0.7056	10.0264
12	1.0000	2.9516	41.9412	1.0000	2.9516	41.9412	1.0000	14.2097

续表

DMUs	初始效率	公共权重约束 投入资源	公共权重约束 产出目标	公共权重约束 相对效率	效率不变性 投入资源	效率不变性 产出目标	效率不变性 相对效率	目标资源比
13	0.821 0	2.744 4	32.016 4	0.821 0	2.744 4	32.016 4	0.821 0	11.666 1
14	0.655 2	3.498 9	32.575 1	0.655 2	3.498 9	32.575 1	0.655 2	9.310 1
15	0.954 7	3.084 6	41.845 0	0.954 7	3.084 6	41.845 0	0.954 7	13.565 8
16	0.704 7	3.630 5	36.353 8	0.704 7	3.630 5	36.353 8	0.704 7	10.013 4
17	1.000 0	2.559 4	36.367 6	1.000 0	2.559 4	36.367 6	1.000 0	14.209 4
18	0.927 5	2.862 3	37.723 3	0.927 5	2.862 3	37.723 3	0.927 5	13.179 4
19	1.000 0	2.603 5	36.995 5	1.000 0	2.603 5	36.995 5	1.000 0	14.209 9
20	0.741 7	3.499 8	36.885 3	0.741 7	3.499 8	36.885 3	0.741 7	10.539 3
21	0.986 7	2.943 2	41.265 7	0.986 7	2.943 2	41.265 7	0.986 7	14.020 7
22	0.643 4	3.874 2	35.419 6	0.643 4	3.874 2	35.419 6	0.643 4	9.142 4
23	0.869 7	3.218 0	39.768 2	0.869 7	3.218 0	39.768 2	0.869 7	12.358 1
24	0.840 3	3.221 0	38.460 0	0.840 3	3.221 0	38.460 0	0.840 3	11.940 4

注：投入资源合计应为76，由于精度问题，最终结果有微小差异

给定表 6.4 中的最优资源配置与目标设定方案，可以验证，所有公交线路在资源配置与目标设定前后的相对效率严格保持不变。注意到，第 2 条公交线路被分配了最多的人员（4.021 2），而第 17 条公交线路分配到的人员最少（2.559 4）。类似地，第 7 条公交线路的广告销售收入目标最大（47.768 6），而第 8 条公交线路的广告销售收入目标最小（29.116 6）。这些发现说明，通过运用本章的资源配置与目标设定方法，得到的目标资源比（设定的目标/配置的资源）与 DMUs 的初始效率水平具有内在联系。表 6.4 的结果表明，初始相对效率较低的公交线路在最优的资源配置与目标设定方案里的目标资源比也可能更小。此外，有 13 条公交线路分配到的人员资源少于平均值（76/24=3.166 7），另有 11 条公交线路设定的广告销售收入目标大于平均值（900/24=37.500 0）。这些都说明，通过运用本章的方法得到的资源配置与目标设定方案极具公平性，配置也较均匀。此外，5 条初始有效的公交线路（1、7、12、17、19）分配到的人员资源百分比是 18.76%，而它们的广告销售收入目标也占到该公交公司总目标的 22.51%，这再次说明，本章的资源配置与目标设定方法在公平地配置投入资源时，会有意识地使得设定的产出目标与其一致。

我们还发现，额外配置和设定的投入资源和产出目标与现有的投入产出水平具有一致性，即利用较少投入生产较多产出的 DMUs 更可能被配置较少的额外投入资源及被设定较大的产出目标。例如，DMU_1 的现有投入少于 DMU_2、DMU_5、DMU_{14}、DMU_{16}、DMU_{22} 及 DMU_{24}，其现有产出却多于这些 DMUs。于是，在表

6.4 的最优资源配置与目标设定方案里，DMU$_1$ 分配得到的人员资源也少于那 6 个 DMUs，而设定的广告销售收入目标也大于那 6 个 DMUs。

6.4 本章小结

资源配置和目标设定问题在许多管理应用中非常重要。在本章中，我们建立了一个新的通用框架来配置多种资源及设定多种产出目标。通过使用公共权重约束和效率不变性原则，本章提出的 DEA 方法可以帮助决策者公平公正地进行资源配置和目标设定工作。由于公共权重约束和效率不变性原则往往不能同时被严格满足，一般情形下本章的资源配置和目标设定方法会给出两组虽然不同但非常相似的资源配置和目标设定方案。一组方案是在严格使用公共权重约束下，尽可能地避免所有 DMUs 的相对效率变化。与此相反，另一组方案则是严格保持所有 DMUs 的相对效率不变，并尽可能地使所有 DMUs 对输入和输出的评价相似甚至相同。这两组最优方案可以通过极小化公共权重约束方案与效率不变性方案的距离同时得到。最后，我们将本章提出的方法应用于公交公司的实际案例中。

不可忽视的是，本章还存在许多不足。例如，本章的研究全部是基于规模报酬不变假设，当在可变规模报酬情景里，本章的方法可能会存在不可行的问题。此外，如果公共权重约束与效率不变性原则能够同时被满足，则可以得到两组完全相同的资源配置和目标设定方案。但如果这两个原则不能同时被满足，则此时将不得不考虑分配方案的唯一性问题。这是因为当强调某个原则时，可能会有多组可能的方案满足该原则，且与另一个原则表示的可行分配域具有最短距离。在这种情形下，如何得到唯一的配置方案需要进一步地思考和研究。

虽然本章强调使用公共权重约束和效率不变性原则来解决资源配置和目标设定问题，但这并不意味着其他原则（如公平、效率等）不重要。因此，未来研究可以尝试引入更多的原则，建立资源配置和目标设定问题的多目标规划模型，并探究这些不同原则之间的相互关系和影响。本章全部采用的是径向数据包络模型，未来研究也可以尝试建立非径向的资源配置方法。此外，本章仅考虑了常规的投入产出变量，未来研究还可以考虑将非期望的投入产出因子考虑进来，并结合 Sueyoshi 和 Goto（2010）的自然可支配（natural disposability）与管理可支配（managerial disposability）假设进行深层次的资源配置和目标设定研究。我们相信，在当今环境与资源问题愈演愈烈的大背景下，诸如此类的资源配置和目标设定研究具有更广阔的应用价值和实践意义。

参 考 文 献

Amirteimoori A, Kordrostami S. 2005. Allocating fixed costs and target setting: a DEA-based approach[J]. Applied Mathematics and Computation, 171（1）: 136-151.
Amirteimoori A, Tabar M M. 2010. Resource allocation and target setting in data envelopment analysis[J]. Expert Systems with Applications, 37（4）: 3036-3039.
Asmild M, Paradi J C, Pastor J T. 2009. Centralized resource allocation BCC models[J]. Omega, 37（1）: 40-49.
Beasley J E. 2003. Allocating fixed costs and resources via data envelopment analysis[J]. European Journal of Operational Research, 147（1）: 198-216.
Bi G G, Ding J J, Luo Y, et al. 2011. Resource allocation and target setting for parallel production system based on DEA[J]. Applied Mathematical Modelling, 35（9）: 4270-4280.
Charnes A, Cooper W W, Rhodes E. 1978. Measuring the efficiency of decision making units[J]. European Journal of Operational Research, 2（6）: 429-444.
Cook W D, Kress M. 1999. Characterizing an equitable allocation of shared costs: a DEA approach[J]. European Journal of Operational Research, 119（3）: 652-661.
Cook W D, Zhu J. 2005. Allocation of shared costs among decision making units: a DEA approach[J]. Computers & Operations Research, 32（8）: 2171-2178.
Du J, Cook W D, Liang L, et al. 2014. Fixed cost and resource allocation based on DEA cross-efficiency[J]. European Journal of Operational Research, 235（1）: 206-214.
Fang L. 2013. A generalized DEA model for centralized resource allocation[J]. European Journal of Operational Research, 228（2）: 405-412.
Fang L. 2015. Centralized resource allocation based on efficiency analysis for step-by-step improvement paths[J]. Omega, 51: 24-28.
Fang L, Zhang C Q. 2008. Resource allocation based on the DEA model[J]. Journal of the Operational Research Society, 59（8）: 1136-1141.
Hatami-Marbini A, Tavana M, Agrell P J, et al. 2015. A common-weights DEA model for centralized resource reduction and target setting[J]. Computers & Industrial Engineering, 79: 195-203.
Jahanshahloo G R, Lotfi, F H, Shoja N, et al. 2004. An alternative approach for equitable allocation of shared costs by using DEA[J]. Applied Mathematics and Computation, 153（1）: 267-274.
Korhonen P, Syrjänen M. 2004. Resource allocation based on efficiency analysis[J]. Management Science, 50（8）: 1134-1144.
Li Y J, Yang F, Liang L, et al. 2009. Allocating the fixed cost as a complement of other cost inputs: a DEA approach[J]. European Journal of Operational Research, 197（1）: 389-401.

Li Y J, Yang M, Chen Y, et al. 2013. Allocating a fixed cost based on data envelopment analysis and satisfaction degree[J]. Omega, 41 (1): 55-60.

Lin R. 2011a. Allocating fixed costs or resources and setting targets via data envelopment analysis[J]. Applied Mathematics and Computation, 217 (13): 6349-6358.

Lin R. 2011b. Allocating fixed costs and common revenue via data envelopment analysis[J]. Applied Mathematics and Computation, 218 (7): 3680-3688.

Lin R Y, Chen Z P. 2016. Fixed input allocation methods based on super CCR efficiency invariance and practical feasibility[J]. Applied Mathematical Modelling, 40 (9): 5377-5392.

Lin R Y, Chen Z P. 2017. A DEA-based method of allocating the fixed cost as a complement to the original input[J]. International Transactions in Operational Research, 27 (4): 2230-2250.

Lin R Y, Chen Z P, Li Z. 2016. An equitable DEA-based approach for assigning fixed resources along with targets[J]. Journal of the Operational Research Society, 67 (11): 1373-1381.

Lotfi F H, Hatami-Marbini A, Agrell P J, et al. 2013. Allocating fixed resources and setting targets using a common-weights DEA approach[J]. Computers & Industrial Engineering, 64 (2): 631-640.

Lozano S, Villa G. 2004. Centralized resource allocation using data envelopment analysis[J]. Journal of Productivity Analysis, 22 (1): 143-161.

Mostafaee A. 2013. An equitable method for allocating fixed costs by using data envelopment analysis[J]. Journal of the Operational Research Society, 64 (3): 326-335.

Nasrabadi N, Dehnokhalaji A, Kiani N A, et al. 2012. Resource allocation for performance improvement[J]. Annals of Operations Research, 196 (1): 459-468.

Roll Y, Cook W D, Golany B. 1991, Controlling factor weights in data envelopment analysis[J]. IIE Transactions, 23 (1): 2-9.

Si X L, Liang L, Jia G Z, et al. 2013. Proportional sharing and DEA in allocating the fixed cost[J]. Applied Mathematics and Computation, 219 (11): 6580-6590.

Sueyoshi T, Goto M. 2010. Should the US clean air act include CO_2 emission control? Examination by data envelopment analysis[J]. Energy Policy, 38 (10): 5902-5911.

第三篇

固定成本分摊篇

第 7 章 交叉效率博弈的固定成本分摊方法研究

7.1 引 言

解决固定成本分摊问题的根本目的在于，得到一个合理且能被所有 DMUs 接受的公平分摊方案。毫无疑问，DMUs 之间同时存在着竞争和合作两种关系（李勇军，2008）。一方面，每个理性的 DMU 都希望承担更少的成本。但是，固定成本总额是一定的，一个 DMU 承担成本额的减少，就意味着其他 DMUs 承担成本额的增加。因此，所有 DMUs 之间都在不停地竞争，以期使自己承担更少的成本。另一方面，面对必须分摊的固定成本总额，所有 DMUs 又不得不合作，以期达成妥协一致，因为对固定成本总额进行完全分摊关系着整个公共平台与合作联盟的长久维系与发展。在此背景下，考虑竞争（合作）对手的意见就显得非常有必要。这是因为，由于考虑了对手的意见，更易与对手就分摊结果达成妥协，并使对手更易接受固定成本分摊方案。有鉴于此，本章将在吸纳竞争对手意见的 DMUs 交互模式下，研究竞争性 DMUs 间的固定成本分摊问题。

在离散决策情景里，一组竞争性 DMUs 在进行固定成本分摊决策时，不仅要关注自身的分摊结果，还会关注其他 DMUs 的分摊结果（Nakabayashi and Tone，2006）。同样地，它们不仅会关注自身的效率变化，也会关注其他 DMUs 的效率评价结果与变化（Du et al.，2014）。于是，在这种离散决策情景下或竞争性 DMUs 间，固定成本分摊方法就必须考虑 DMUs 间同时存在的竞争合作关系，以及相互评价的效率水平与影响。这也是吸纳竞争对手意见的 DMUs 交互模式下的基本内涵。但是，现有基于 DEA 理论的固定成本分摊方法研究中，仅有极少研究对这种 DMUs 间合作竞争的博弈关系进行了考察。

此外，通过对前人文献的梳理，可以发现，所有基于 DEA 理论的固定成本分摊方法都是从效率评价的基础视角出发的,并可以分为效率不变性和效率最大化两类(Cook and Kress,1999;Beasley,2003)。为更好地分析现有研究的特点和不足,我们用表 7.1 将相关研究概括起来。通过表 7.1 我们可以发现:①解决固定成本分摊问题,得到唯一的分配方案,且给每个 DMU 一个正的固定成本额非常重要,但现有的一些研究和方法并没有做到这一点,如 Cook 和 Kress(1999)、Cook 和 Zhu(2005)、Du 等(2014)、Yu 等(2016);②尽管一些研究认识到固定成本分摊问题中的合作竞争博弈关系(Nakabayashi and Tone,2006;Du et al.,2014;Yang and Zhang,2015),但博弈 DEA 方法非常稀少;③许多研究都认识到在固定成本分摊问题中相互评估的重要性,但除 Du 等(2014)和 Yu 等(2016)外的研究多是基于公共权重进行相互评估的,但事实上,DMUs 难以必然地采用公共权重。需要注意的是,考虑博弈关系与相互评估在本质上都是竞争对手意见的表达。

表7.1　基于DEA理论的固定成本分摊研究特征归集

固定成本分摊方法	效率 不变性	效率 最大化	唯一性	公共权重	同行评价	博弈
Cook 和 Kress(1999)	√					
Beasley(2003)		√	√	√		
Jahanshahloo 等(2004)	√					
Amirteimoori 和 Kordrostami(2005)	√			√	√	
Cook 和 Zhu(2005)		√				
Nakabayashi 和 Tone(2006)		√				√
Li 等(2009)		√	√	√		
Amirteimoori 和 Tabar(2010)		√	√	√		
Lin(2011a)	√		√			
Lin(2011b)	√		√			
Li 等(2013)		√	√			
Lotfi 等(2013)		√				
Mostafaee(2013)						
Si 等(2013)		√	√	√		
Du 等(2014)		√			√	
Khodabakhshi 和 Aryavash(2014)			√			
Yang 和 Zhang(2015)						√
Lin 等(2016)	√		√			
Yu 等(2016)		√			√	
Ding 等(2017)		√				

续表

固定成本分摊方法	效率不变性	效率最大化	唯一性	公共权重	同行评价	博弈
Jahanshahloo 等（2017）			√	√		
Pendharkar（2017）	√		√			
Zhu 等（2017）		√	√	√		
Li 等（2018a）		√	√	√		√

通过对固定成本分摊问题的深度思考，我们认为，解决固定成本分摊问题的关键就在于要让所有 DMUs 妥协、认可并接受得到的分摊方案。有鉴于此，考虑竞争对手意见的相互评估就是一种有优势的机制。在 DEA 方法的所有研究中，交叉效率正是一种具有代表性、有巨大优势的相互评估方法（Sexton et al., 1986）。在传统的 DEA 方法研究中，每个 DMU 单独选择最优的权重变量以使其自身的效率值达到最大，没有考虑其他 DMUs 的意见。在交叉效率方法中，每个 DMU 的效率都是通过使用其他 DMUs 的最优权重变量来获得的。如此，交叉效率使用相互评估方法取代了传统的自我评价思维，也很好地吸纳了竞争对手的意见，因而其评价结果更全面，也更容易被所有 DMUs 妥协、认可和接受，也就更具有现实意义。

有鉴于此，无论是竞争合作关系的考虑，还是相互评估，对于解决固定成本分摊问题都显得非常重要且意义巨大，但没有研究将这两者结合起来解决固定成本分摊问题。本章正是立足于此，通过吸纳对手意见，希望提出一种 DEA 交叉效率博弈方法，以弥补这一研究不足，以期较好地解决固定成本分摊问题。

交叉效率评价方法具有许多优势。例如，交叉效率评价不仅能够得到一个所有 DMUs 相对效率的全排序，还能在不使用任何权重约束的情况下消除许多不现实的极端权重方案（Wu et al., 2009d）。目前，交叉效率评价也已经被拓展到许多领域。例如，Wu 等（2011）使用 Shannon 熵来确定最终交叉效率的权重。Wang 和 Chin（2010）提出了一个中立的 DEA 模型，它既不激进也不仁慈。Wang 等（2011）在 DMU 样本之外引入了一个虚拟的理想 DMUs 和一个虚拟的极不理想 DMUs，而相对权重是通过被评价对象与理想 DMUs 及极不理想 DMUs 之间的距离确定的。Wu 等（2009d）、Washio 和 Yamada（2013）将决策者偏好引入交叉效率评价之中。Wu 等（2016）提出了一种基于帕累托改进的交叉效率评价方法。Wu 等（2009a）运用交叉效率方法评估了各个国家在夏季奥运会中的表现。Yu 等（2010）考察了供应链中的许多信息共享情景，并使用交叉效率模型对供应链进行了评估。Falagario 等（2012）使用交叉效率评价方法解决了公共采购中的供应商选择问题，使用交叉效率评价方法能够保证对所有投标进行公平评价。Lim 等

（2014）利用交叉效率评价方法考察了组合优化问题，并将其方法应用于韩国的股票市场。关于交叉效率评价方法的更多研究，读者可参见文献综述，如 Adler 等（2002）、Ruiz 和 Sirvent（2016）、Aldamak 和 Zolfaghari（2017）。

除此之外，还有一些研究将博弈理论与交叉效率评价方法结合起来。例如，Liang 等（2008）将传统的 DEA 交叉效率概念推广到交叉效率博弈，并证明了最优交叉效率博弈的纳什均衡性。Wu 等（2009b）定义了一个类似于 Nakabayashi 和 Tone（2006）的 DEA 博弈，并通过计算各个 DMU 的 Shapley 值及对应的公共权重得到最后的交叉效率值。Wu 等（2009c）使用一个纳什讨价还价模型来确定博弈交叉效率，而该博弈交叉效率是在 CCR 效率和传统交叉效率之间博弈的结果。Ma 等（2014）、Wang 和 Li（2014）使用 DEA 交叉效率博弈方法进行供应商的选择。

在本章中，我们在固定成本分摊问题中对 DMUs 之间的合作博弈竞争关系进行直接考量。一般认为，博弈解是所有参与者意见表达的集成，并因其稳定性和公平关切特性而更具有现实意义，由此作为博弈妥协结果的固定成本分摊方案也就更容易被所有 DMUs 认可和接受。除此之外，基于交叉效率的 DEA 方法对于固定成本分摊问题也具有显著优势，这是因为，交叉效率评价方法运用相互评估机制也吸纳了竞争对手意见，所以其效率评估结果也能够得到认可，而这正是固定成本分摊问题的内在要求。在此背景下，本章将提出一个 DEA 交叉效率博弈方法，以期更好地解决固定成本分摊问题。为此，每个 DMU 都被当作一个合作博弈参与者，而交叉效率的改进值则被定义为特征函数。该特征函数满足超可加性，使得所有 DMUs 有足够的激励和动机形成一个大联盟，并在大联盟的基础上就交叉效率的改进和固定成本分摊方案达成一致的妥协方案。随后，我们通过计算公平性分配的 Shapley 值及对应的公共权重，并进一步得到一个公平性分摊方案。最后，我们将 DEA 交叉效率博弈方法应用于一个小算例、一个经典的数值分析算例和一个城市商业银行的实例中。

概括来说，本章的贡献分为两方面：首先，在方法上，本章将交叉效率和博弈理论结合起来解决固定成本分摊问题。由此得到的固定成本分摊方案是全局范围内妥协的结果，因而更易被所有 DMUs 认可和接受，更符合真实问题情境，也就更具有现实意义。其次，在应用上，本章不仅通过算例展示如何运用本章提出的方法，也通过一个经典的数值算例与其他方法对比，凸显本章方法的优势和特质。最后，将 DEA 交叉效率博弈方法应用到一个真实应用当中。总之，本章不仅具有方法上的创新，还在应用上有所亮点。

7.2 交叉效率模式下固定成本分摊模型构建

7.2.1 交叉效率评价方法

假设有 n 个独立且同质的 DMUs，每个 DMU 使用 m 种输入生产 s 种输出。假设第 $j(j=1,2,\cdots,n)$ 个 DMU_j 的输入和输出可以分别表示为 $X_j = (x_{1j}, x_{2j}, \cdots, x_{mj})$ 和 $Y_j = (y_{1j}, y_{2j}, \cdots, y_{sj})$。根据 Charnes 等（1978）的开创性工作，当第 $d(d=1,2,\cdots,n)$ 个 DMU_d 为被评价对象时，模型（7.1）可用于计算其相对效率：

$$\begin{aligned}
\text{Max} \quad & \frac{\sum_{r=1}^{s} \mu_r y_{rd}}{\sum_{i=1}^{m} w_i x_{id}} \\
\text{s.t.} \quad & \frac{\sum_{r=1}^{s} \mu_r y_{rj}}{\sum_{i=1}^{m} w_i x_{ij}} \leqslant 1, \quad j=1,2,\cdots,n \\
& \mu_r, w_i \geqslant 0, \quad r=1,2,\cdots,s; i=1,2,\cdots,m
\end{aligned} \quad (7.1)$$

在模型（7.1）中，$\mu_r(r=1,2,\cdots,s) \geqslant 0$ 和 $w_i(i=1,2,\cdots,m) \geqslant 0$ 是待确定的未知权重变量，分别表示第 r 个输出和第 i 个输入的相对重要性程度。如此，每个被评价的 $\text{DMU}_d(d=1,2,\cdots,n)$ 可以通过选择合适的权重组合，在使所有 DMUs 的输出输入比率都不大于 1 的条件下，极大化其自身的输出输入比率，而这个极大化的输出输入比率就是被评价 DMUs 的最优相对效率。注意到，如果我们在累积输出上加入一个额外的未知决策变量 μ_0，即累积输出表示为 $\left(\sum_{r=1}^{s} \mu_r y_{rj} + \mu_0\right)$，那么，模型（7.1）将扩展为另一个经典模型 BCC 模型（Banker et al., 1984）。此时，未知决策变量 μ_0 的最优解 μ_0^* 可以反映被评价 DMUs 的规模报酬性质，即 $\mu_0^* > 0$、$\mu_0^* = 0$ 和 $\mu_0^* < 0$ 分别对应着规模报酬递增、规模报酬不变和规模报酬递减。

注意到，模型（7.1）是一个非线性的分式规划模型。为便于求解，我们可以通过 Charnes-Cooper 变换将模型（7.1）转换成一个线性规划模型。为此，令

$t = 1 / \sum_{i=1}^{s} w_i x_{id}$，$\hat{\mu}_r = t \cdot \mu_r (r = 1, 2, \cdots, s)$ 及 $\hat{w}_i = t \cdot w_i (i = 1, 2, \cdots, m)$，我们可以得到模型（7.1）的一个线性等价模型，如模型（7.2）所示。

$$\begin{aligned}
\text{Max} & \sum_{r=1}^{s} \hat{\mu}_r y_{rd} \\
\text{s.t.} & \sum_{r=1}^{s} \hat{\mu}_r y_{rj} - \sum_{i=1}^{m} \hat{w}_i x_{ij} \leq 0, \quad j = 1, 2, \cdots, n \\
& \sum_{i=1}^{m} \hat{w}_i x_{id} = 1 \\
& \hat{\mu}_r, \hat{w}_i \geq 0, \quad r = 1, 2, \cdots, s; i = 1, 2, \cdots, m
\end{aligned} \quad (7.2)$$

自然地，当第 $d(d=1,2,\cdots,n)$ 个 DMU_d 为被评价对象时，求解模型（7.2）可以得到一组最优权重 $(\hat{\mu}_r^{d*}, \hat{w}_i^{d*})$。虽然该权重组合 $(\hat{\mu}_r^{d*}, \hat{w}_i^{d*})$ 是 $\text{DMU}_d(d=1,2,\cdots,n)$ 的最优权重组合，且对应着 DMU_d 的最优相对效率值 $\sum_{r=1}^{s} \hat{\mu}_r^{d*} y_{rd} / \sum_{i=1}^{m} \hat{w}_r^{d*} x_{id}$，但同时，我们也可以使用 $(\hat{\mu}_r^{d*}, \hat{w}_i^{d*})$ 来评价其他 DMUs 的相对效率（Sexton et al. 1986）。一般地，当使用该最优权重组合 $(\hat{\mu}_r^{d*}, \hat{w}_i^{d*})$ 评价 $\text{DMU}_j(j=1,2,\cdots,n)$ 时，其 d-阶交叉效率可以表示为如下的式（7.3）：

$$e_{dj} = \sum_{r=1}^{s} \hat{\mu}_r^{d*} y_{rj} / \sum_{i=1}^{m} \hat{w}_i^{d*} x_{ij} \quad (7.3)$$

由于针对不同的 $\text{DMU}_d(d=1,2,\cdots,n)$ 和 $\text{DMU}_j(j=1,2,\cdots,n)$ 有不同的交叉效率得分，一个合理的做法就是取多个 d-阶交叉效率得分的平均值作为最终的交叉效率值。现有研究中，一般取所有 n 个 d-阶交叉效率得分的算数平均值作为 $\text{DMU}_j(j=1,2,\cdots,n)$ 的最终交叉效率，如式（7.4）所示。

$$e_j = \sum_{d=1}^{n} e_{dj} / n = \sum_{d=1}^{n} \left(\sum_{r=1}^{s} \hat{\mu}_r^{d*} y_{rj} / \sum_{i=1}^{m} \hat{w}_i^{d*} x_{ij} \right) / n \quad (7.4)$$

7.2.2 考虑固定成本分摊的交叉效率评价

现在假设存在一项总的固定成本 R 将由所有 n 个 DMUs 共同承担。这种固定成本分担的动机可以是管理优化、成本收益分析、会计度量及减税避税等。那么，一个自然的要求就是，每个 $\text{DMU}_j(j=1,2,\cdots,n)$ 承担一个非负的固定成本额 $R_j \geq 0$，以使得固定成本总额 R 被完全分摊掉，即有

$$\sum_{j=1}^{n} R_j = R, \quad R_j \geqslant 0 \qquad (7.5)$$

从效率分析的视角出发，我们可以将固定成本分摊与效率评价结合起来。如此，被分摊的固定成本 R_j 可以被当作一个新的投入[当现有输入里存在类似的成本指标时，被分摊的固定成本将被当作现有成本指标的一个补充，读者可参见 Li 等（2009）、Lin 和 Chen（2017）]，并引入 DEA 方法的相对效率评价程序中来。如此，模型（7.6）可用于评价 $DMU_d(d=1,2,\cdots,n)$ 承担固定成本之后的相对效率，此时，分摊方案 $(R_1, R_2, \cdots, R_n)$ 也是决策变量，由 $DMU_d(d=1,2,\cdots,n)$ 在决定最优权重组合的同时一起决定。

$$\begin{aligned} &\text{Max} \sum_{r=1}^{s} u_r y_{rd} \\ &\text{s.t.} \sum_{r=1}^{s} u_r y_{rj} - \sum_{i=1}^{m} v_i x_{ij} - v_{m+1} R_j \leqslant 0, \quad j=1,2,\cdots,n \\ &\quad \sum_{i=1}^{m} v_i x_{id} + v_{m+1} R_d = 1 \\ &\quad \sum_{j=1}^{n} R_j = R \\ &\quad v_{m+1} > 0, \ u_r, v_i, R_j \geqslant 0, \quad r=1,2,\cdots,s; i=1,2,\cdots,m; j=1,2,\cdots,n \end{aligned} \qquad (7.6)$$

在模型（7.6）中，我们引入一个新的决策变量 $v_{m+1} > 0$，其是被分摊的固定成本的相对权重重要性指标。在这里，我们将该权重限制为正数，否则，当 $v_{m+1}=0$ 时模型（7.6）将会退化为模型（7.2），且任意将全部固定成本 R 完全分摊的分摊方案都是 $DMU_d(d=1,2,\cdots,n)$ 的一个最优分摊方案。注意到，虽然模型（7.6）是线性规划模型（7.2）的一个扩展，但由于 $v_{m+1} R_j$ 的存在，模型（7.6）是一个非线性规划模型。鉴于此，令 $r_j = v_{m+1} R_j$ 并将其代入模型（7.6），我们可以将其改写成一个等价的线性规划模型，如模型（7.7）所示。

$$\begin{aligned} &\text{Max} \sum_{r=1}^{s} u_r y_{rd} \\ &\text{s.t.} \sum_{r=1}^{s} u_r y_{rj} - \sum_{i=1}^{m} v_i x_{ij} - r_j \leqslant 0, \quad j=1,2,\cdots,n \\ &\quad \sum_{i=1}^{m} v_i x_{id} + r_d = 1 \\ &\quad \sum_{j=1}^{n} r_j = v_{m+1} R \\ &\quad v_{m+1} > 0, \ u_r, v_i, r_j \geqslant 0, \quad r=1,2,\cdots,s; i=1,2,\cdots,m; j=1,2,\cdots,n \end{aligned} \qquad (7.7)$$

与 7.1 节类似，当第 $d(d=1,2,\cdots,n)$ 个 DMU_d 为被评价对象时，求解模型（7.7）可以得到一组最优解 $\left(u_r^{d*},v_i^{d*},v_{m+1}^{d*},r_j^{d*}\right)$。此时，对应的固定成本分摊方案是 $R_j^{d*}=r_j^{d*}/v_{m+1}^{d*}(j=1,2,\cdots,n)$，即第 $j(j=1,2,\cdots,n)$ 个 DMU_j 分摊到的固定成本额是 $R_j^{d*}=r_j^{d*}/v_{m+1}^{d*}$。同样地，我们可以使用 $\text{DMU}_d(d=1,2,\cdots,n)$ 的最优解 $\left(u_r^{d*},v_i^{d*},v_{m+1}^{d*},r_j^{d*}\right)$ 来评价所有 DMUs。此时，d-阶交叉效率和平均交叉效率可由式（7.8）和式（7.9）计算得到：

$$E_{dj}=\sum_{r=1}^{s}u_r^{d*}y_{rj}\bigg/\left(\sum_{i=1}^{m}v_i^{d*}x_{ij}+r_j^{d*}\right) \tag{7.8}$$

$$E_j=\sum_{d=1}^{n}E_{dj}\bigg/n=\sum_{d=1}^{n}\left(\sum_{r=1}^{s}u_r^{d*}y_{rj}\bigg/\left(\sum_{i=1}^{m}v_i^{d*}x_{ij}+r_j^{d*}\right)\right)\bigg/n \tag{7.9}$$

通过以上讨论和计算，我们可以得到一个交叉效率矩阵 $E=(E_{dj})\in\Omega_+^{n\times n}$，如表 7.2 所示。我们知道，$\text{DMU}_d(d=1,2,\cdots,n)$ 通过选择最优权重组合 $\left(u_r^{d*},v_i^{d*},v_{m+1}^{d*}\right)$ 和对应的固定成本分摊方案 $\left(r_j^{d*}\right)$，使自己得到一个最优效率值 E_{dd}（表 7.2 中的对角线值），同时，给予 $\text{DMU}_j(j=1,2,\cdots,n)$ 一个相应的 d-阶交叉效率值 E_{dj}。进一步地，各列平均值 $\sum_{d=1}^{n}E_{dj}\big/n$ 就是对应 $\text{DMU}_j(j=1,2,\cdots,n)$ 的平均交叉效率。

表7.2 交叉效率矩阵

评价 DMUs	被评价 DMUs					求和
	1	$\cdots$	j	$\cdots$	n	
1	E_{11}	$\cdots$	E_{1j}	$\cdots$	E_{1n}	$\sum_{j=1}^{n}E_{1j}$
$\vdots$	$\vdots$	$\vdots$	$\vdots$	$\vdots$	$\vdots$	$\vdots$
d	E_{d1}	$\cdots$	E_{dj}	$\cdots$	E_{dn}	$\sum_{j=1}^{n}E_{dj}$
$\vdots$	$\vdots$	$\vdots$	$\vdots$	$\vdots$	$\vdots$	$\vdots$
n	E_{n1}	$\cdots$	E_{nj}	$\cdots$	E_{nn}	$\sum_{j=1}^{n}E_{nj}$
平均交叉效率	$\sum_{d=1}^{n}E_{d1}\big/n$		$\sum_{d=1}^{n}E_{dj}\big/n$		$\sum_{d=1}^{n}E_{dn}\big/n$	

7.2.3 固定成本分摊的交叉效率博弈方法

在正式提出本节的交叉效率博弈方法之前，我们先对表 7.2 中的交叉效率进行标准化。通过标准化变化，每个评价 DMU 会将一个完全相等效率得分分配给所有 DMUs。不失一般性，我们将每个 d-交叉效率 E_{dj} 除以行交叉效率之和 $\sum_{j=1}^{n} E_{dj}$。如此，新的标准化的 d-阶交叉效率就是 $\hat{E}_{dj} = E_{dj} \big/ \sum_{j=1}^{n} E_{dj}$。于是，对评价 $\text{DMU}_d (d=1,2,\cdots,n)$ 有 $\sum_{j=1}^{n} \hat{E}_{dj} = \sum_{j=1}^{n} \left(E_{dj} \big/ \sum_{j=1}^{n} E_{dj} \right) = 1$。也就是说，每个评价 $\text{DMU}_d (d=1,2,\cdots,n)$ 通过选择最优权重组合和对应的固定成本分摊方案，在保证所有 DMUs 的相对效率之和为 1 的条件下，赋予每个 $\text{DMU}_j (j=1,2,\cdots,n)$ 一个 d-阶交叉效率值 $\hat{E}_{dj} (j=1,2,\cdots,n)$。

接下来，我们先构建 DMUs 的联盟，任意 DMUs 的组合都可以组成联盟。对于联盟 $K \subset N = \{1,2,\cdots,n\}$，其联盟总的输入和输出可以轻易得到，分别是 $x_{iK} = \sum_{j \in K} x_{ij} (i=1,2,\cdots,m)$ 和 $y_{rK} = \sum_{j \in K} y_{rj} (r=1,2,\cdots,s)$。同样地，我们可以进行本节的考虑固定成本分摊的交叉效率评价问题。如果被评价的对象是联盟 K，那么模型（7.10）可以计算其联盟的整体相对效率：

$$E_K = \text{Max} \sum_{r=1}^{s} u_r y_{rK}$$

$$\text{s.t.} \quad \sum_{r=1}^{s} u_r y_{rj} - \sum_{i=1}^{m} v_i x_{ij} - r_j \leqslant 0, \quad j=1,2,\cdots,n$$

$$\sum_{i=1}^{m} v_i x_{iK} + \sum_{j \in K} r_j = 1 \qquad (7.10)$$

$$\sum_{j=1}^{n} r_j = v_{m+1} R$$

$$v_{m+1} > 0, \ u_r, v_i, r_j \geqslant 0, \quad r=1,2,\cdots,s; i=1,2,\cdots,m; j=1,2,\cdots,n$$

再一次地，通过求解模型（7.10）我们可以得到一组最优解，此时表示为 $\left(u_r^{K*}, v_i^{K*}, v_{m+1}^{K*}, r_j^{K*} \right)$。于是有 n 个 K-阶交叉效率 $E_{Kj} = \sum_{r=1}^{s} u_r^{K*} y_{rj} \bigg/ \left(\sum_{i=1}^{m} v_i^{K*} x_{ij} + r_j^{K*} \right)$，即用联盟 K 的最优权重和最优分摊方案去评价第 $j(j=1,2,\cdots,n)$ 个 DMU_j。进一步地，我们可以发现，对任意非空联盟 $K \subset N = \{1,2,\cdots,n\}$ 和联盟内 $\text{DMU}_j (j \in K)$，其 K-阶交叉效率永远等于 1。为揭示这一性质，我们将先证明，对任意非空联盟 $K \subset N = \{1,2,\cdots,n\}$ 而言，模型（7.10）的最优目标函数总是 1；然后证明，对任意属于联盟 $K \subset N = \{1,2,\cdots,n\}$ 的 $\text{DMU}_j (j \in K)$ 而言，其 K-阶交叉效率 $E_{Kj} (j \in K \subset N = \{1,2,\cdots,n\})$ 总等于 1。为此，我们给出如下两个定理。

定理 7.1 对任意非空联盟 $K \subset N = \{1,2,\cdots,n\}$，模型（7.10）的最优目标函数总是等于 1。

证明：见本章附录 A。

定理 7.2 对任意非空联盟 $K \subset N = \{1,2,\cdots,n\}$ 和相应的模型（7.10）的最优解 $\left(u_r^{K*}, v_i^{K*}, v_{m+1}^{K*}, r_j^{K*}\right)$，联盟中的任意 $\text{DMU}_j \left(j \in K\right)$ 总是有一个等于 1 的 K-阶交叉效率，即有 $E_{Kj} = \sum_{r=1}^{s} u_r^{K*} y_{rj} \Big/ \left(\sum_{i=1}^{m} v_i^{K*} x_{ij} + r_j^{K*}\right) = 1$。

证明：见本章附录 B。

注意到，联盟 $K \subset N = \{1,2,\cdots,n\}$ 中的每一个 $\text{DMU}_j \left(j \in K\right)$ 都是合作博弈联盟的一个参与者，而模型（7.10）能够同时极大化所有参与者的 K-阶交叉效率。因此，所有参与者都可以从联盟 $K \subset N = \{1,2,\cdots,n\}$ 受益。于是，我们就将交叉效率的改进值作为本章交叉效率博弈的固定成本分摊方法的特征函数。

定义 7.1 在本章的 DEA 交叉效率博弈方法中，博弈 (N,c) 的特征函数定义为

$$c(K) = \min_{d \in K} \left(\sum_{j \in K} E_{Kj} - \sum_{j \in K} \hat{E}_{dj}\right)。$$

通过简单的计算，可以得到 $c(K) = \sum_{j \in K} E_{Kj} - \min_{d \in K} \left(\sum_{j \in K} \hat{E}_{dj}\right) \geq 0$，且根据定理 7.2 可以知道，$\sum_{j \in K} E_{Kj} = |K|$，其中 $|K|$ 是联盟 K 中参与者的个数。进一步地，对于博弈 (N,c)，我们可以得到一些有用的性质如下。

命题 7.1 $c(\varnothing) = 0$，$c(N) = n - 1$。

证明：首先，通过定义很容易知道 $c(\varnothing) = 0$。

其次，对于大联盟 N 我们可以得到 $c(N) = \sum_{j \in N} E_{Nj} - \min_{d \in N} \left(\sum_{j \in N} \hat{E}_{dj}\right)$。根据定理 7.1 和定理 7.2，我们知道 $E_{Nj} = 1 (j = 1,2,\cdots,n)$。此外，在本小节之初我们对 7.2.2 小节中的交叉效率进行了标准化，即有 $\sum_{j=1}^{n} \hat{E}_{dj} = \sum_{j=1}^{n} \left(E_{dj} \Big/ \sum_{j=1}^{n} E_{dj}\right) = 1$。于是，对于大联盟 N 而言，我们可以达到 $c(N) = \sum_{j \in N} E_{Nj} - 1 = n - 1$。证明完毕。

命题 7.2 DEA 交叉效率博弈 (N,c) 满足超可加性。

证明：见本章附录 C。

上述超可加性表明，所有 DMUs 具有足够的动机和激励加入该交叉效率博弈 (N,c)，因为它们都能够从联盟中获得交叉效率的改进和提升。于是，所有 DMUs

参与联盟博弈就会形成一个包括所有 n 个 DMUs 的大联盟,并最终在联盟的基础上达成一个能被所有 DMUs 接受的分摊方案。接下来的问题就是如何解这个交叉效率博弈问题及如何确定固定成本分摊方案。

参照 Shapley(1967)、Schmeidler(1969)、Maschler 等(1979)、Kruś 和 Bronisz (2000)、Nakabayashi 和 Tone(2006)、Lozano(2012)等的工作,我们知道,本章的交叉效率博弈一定存在一个非空的 Shapley 值解。同时,我们知道,Shapley 值是一个关于联盟剩余的公平分摊,其根据各个参与者对于联盟贡献的大小来分配联盟剩余。显然,Shapley 值的特性非常契合本章的固定成本分摊问题,于是本章把 Shapley 值作为博弈的解并进一步进行固定成本分摊。对于第 $j(j=1,2,\cdots,n)$ 个 DMU_j,其 Shapley 值定义如下。

定义 7.2 在 DEA 交叉效率博弈 (N,c) 里,参与者 $DMU_j(j=1,2,\cdots,n)$ 的 Shapley 值可以表示为 $\phi_j(c) = \sum\limits_{K:j\in K\subset N} \dfrac{(|K|)!(n-|K|-1)!}{n!}\left[c(K\cup\{j\})-c(K)\right]$,其中,$|K|$ 为联盟 K 中参与者数量。

在上述定义中,表达式 $c(K\cup\{j\})-c(K)$ 测度 DMU_j 加入联盟 K 的边际贡献。上述定义的 Shapley 值就是 DMU_j 加入所有可能的联盟的边际贡献平均值。进一步地,我们可以得到所有 DMUs 的 Shapley 值,表示为 $(\phi_1,\phi_2,\cdots,\phi_n)$。

在本章中,我们希望找到一个公平的权重方案,而这个权重方案可以唯一地确定一个公平的固定成本分摊方案。为此,我们采用与 Nakabayashi 和 Tone(2006)类似的办法,利用 Shapley 值确定一组公共权重,并最终由公共权重确定固定成本分摊方案。假设 $\varDelta = (\pi_r,\forall r;\tau_i,\forall i;\tau_{m+1})$ 是一组依赖于 Shapley 值的公共权重,而 $(R_j,\forall j)$ 是对应于该公共权重的固定成本分摊方案。由于该组公共权重依赖于均衡的博弈解,于是所得到的公共权重和对应的分摊方案是全局范围内 DMUs 反复因博弈而妥协的结果,容易被所有 DMUs 接受,具有极高的可行性。并且,在博弈均衡解的意义下,所有 DMUs 都没有动机去偏离或违背该分摊方案。为求得公平的公共权重和对应的分摊方案,我们建立了模型(7.11):

$$\text{Min } \rho$$

$$\text{s.t. } \dfrac{\sum\limits_{r=1}^{s}\pi_r y_{rj}+\varphi_j^+ - \varphi_j^-}{\sum\limits_{i=1}^{m}\tau_i x_{ij}+\tau_{m+1} R_j} = \sum\limits_{d=1}^{n}\hat{E}_{dj}\Big/n+\phi_j, \quad j=1,2,\cdots,n$$

$$\sum\limits_{r=1}^{s}\pi_r + \sum\limits_{i=1}^{m}\tau_i + \tau_{m+1} = 1$$

$$\sum_{j=1}^{n} R_j = R, \quad R_j \geq 0$$

$$\varphi_j^+ \leq \rho, \varphi_j^- \leq \rho, \quad j = 1, 2, \cdots, n$$

$$\varphi_j^+ \geq 0, \varphi_j^- \geq 0, \quad j = 1, 2, \cdots, n$$

$$\tau_{m+1} > 0, \quad \pi_r, \tau_i \geq 0, \quad r = 1, 2, \cdots, s; i = 1, 2, \cdots, m$$

(7.11)

在模型（7.11）中，一组公共权重 $\Delta = (\pi_r, \forall r; \tau_i, \forall i; \tau_{m+1})$ 被用于评价所有 DMUs，并同时决定分摊方案。进一步地，我们提出，该公共权重和分摊方案应该使得所有 DMUs 都达到一个公平的效率水平，而这个公平的效率水平正是初始的交叉效率 $\sum_{d=1}^{n} \hat{E}_{dj} / n$ 加上由 Shapley 值决定的交叉效率改进值。在模型（7.11）中，第一个约束说明了这种思路。并且，考虑到该公平效率值有可能难以同时达到，我们结合目标规划方法引入了非负的偏差变量 φ_j^+ 和 φ_j^-，而所有的偏差变量都不大于 ρ。第二个约束条件 $\sum_{r=1}^{s} \pi_r + \sum_{i=1}^{m} \tau_i + \tau_{m+1} = 1$ 主要用于避免零碎解，即近似于零的相对权重解。第三个约束是关于分摊方案本身的约束，即所有 DMUs 都承担一个非负的固定成本量，并使所有的固定成本总额完全分摊掉。

通过极小化模型（7.11）的目标函数，我们可以尽可能地极小化所有 DMUs 的偏差变量，也即使得各个 DMU 在公共权重和唯一分摊方案下的相对效率值尽可能地趋近目标效率。如果最优目标函数等于 0，则所有 DMUs 完全达到了目标效率水平；如果最优目标函数大于 0，则所有 DMUs 至少在最大程度上趋近了目标效率水平。

注意到，模型（7.11）使用了目标规划方法，却是一个非线性规划模型。有鉴于此，令 $\tau_{m+1} R_j = r_j$ 并代入模型（7.11），模型（7.11）可以改写成线性规划模型（7.12）:

$$\text{Min } \rho$$

$$\text{s.t. } \sum_{r=1}^{s} \pi_r y_{rj} + \varphi_j^+ - \varphi_j^- = \left(\sum_{d=1}^{n} \hat{E}_{dj} / n + \phi_j \right) \left(\sum_{i=1}^{m} \tau_i x_{ij} + r_j \right), \quad j = 1, 2, \cdots n$$

$$\sum_{r=1}^{s} \pi_r + \sum_{i=1}^{m} \tau_i + \tau_{m+1} = 1$$

$$\sum_{j=1}^{n} r_j = \tau_{m+1} R, \quad r_j \geq 0$$

$$\varphi_j^+ \leq \rho, \varphi_j^- \leq \rho, \quad j = 1, 2, \cdots, n$$

$$\varphi_j^+ \geq 0, \varphi_j^- \geq 0, \quad j = 1, 2, \cdots, n$$

$$\tau_{m+1} > 0, \quad \pi_r, \tau_i \geq 0, \quad r = 1, 2, \cdots, s; i = 1, 2, \cdots, m$$

(7.12)

第 7 章 交叉效率博弈的固定成本分摊方法研究

容易知道，求解模型（7.12）可以得到一组最优解，而该组最优解将能够唯一地确定一个公平的固定成本分摊方案。假设模型（7.12）的最优解表示为 $\psi^* = \left(\pi_r^*, \forall r; \tau_i^*, \forall i; \tau_{m+1}^*; r_j^*, \forall j\right)$，那么，对应的固定成本分摊方案可以表示为 $R_j^* = r_j^* / \tau_{m+1}^* (j=1,2,\cdots,n)$。

7.2.4 示例演示

在本小节里，我们运用 Amirteimoori 和 Kordrostami（2005）的数据作为一个小算例来展示如何运用本章提出的 DEA 交叉效率博弈方法。该算例的原始数据由表 7.3 给出，这里有 4 个 DMUs，每个 DMU 使用 4 种投入生产 3 种产出。待分摊的固定成本总额 $R=100$。

表7.3 小算例数据

DMUs	x_1	x_2	x_3	x_4	y_1	y_2	y_3	CCR 效率
1	10	20	4	12	15	6	7	1.0000
2	8	15	8	18	17	8	5	1.0000
3	7	17	5	7	16	4	4	1.0000
4	9	19	3	14	14	8	8	1.0000

首先，通过反复计算模型（7.2），我们可以得到一系列常规的 CCR 效率值，如表 7.3 最后一列所示。可以知道，所有 DMUs 的初始 CCR 效率值都是 1，也就是说，所有 DMUs 都是 DEA-CCR 有效的。进一步地，利用模型（7.2）的最优权重，可以得到若干交叉效率值，如表 7.4 所示。可以知道，通过运用交叉效率的同行评议，所有 DMUs 的初始效率值都下降了，没有任何一个 DMU 能达到有效状态，即所有 DMUs 的平均交叉效率值都小于 1（0.802 3，0.627 3，0.840 2，0.881 2）。

表7.4 固定成本分摊前的交叉效率

DMUs	交叉效率				标准化交叉效率			
	1	2	3	4	1	2	3	4
1	1.000 0	0.518 3	0.991 2	0.991 6	0.285 6	0.148 0	0.283 1	0.283 2
2	0.779 8	1.000 0	0.880 6	0.845 4	0.222 4	0.285 2	0.251 2	0.241 2
3	0.731 3	0.556 1	1.000 0	0.687 7	0.245 8	0.186 9	0.336 1	0.231 1
4	0.697 9	0.434 9	0.489 1	1.000 0	0.266 2	0.165 9	0.186 6	0.381 4
平均效率	0.802 3	0.627 3	0.840 2	0.881 2	0.255 0	0.196 5	0.264 3	0.284 2

其次，我们考虑固定成本分摊问题，并将分摊的成本作为额外的投入在效率评价中予以考虑。同样地，我们可以先从各个 DMU 独自的角度出发，计算各自最优的分摊后效率，如表 7.5 所示。我们发现，通过承担固定成本并选择合适的权重组合，所有 DMUs 都可以独自达到最优状态。进一步地，我们发现，此刻的交叉效率值非常小，也就是说，各个 DMU 在进行固定成本分摊时如果只考虑自身利益，将使得它们的同行评议的交叉效率值非常小。为便于后文的交叉效率博弈方法，我们也对此时的交叉效率进行标准化变换，如表 7.5 所示。

表7.5 各个DMU固定成本分摊后的交叉效率

DMUs	交叉效率				标准化交叉效率			
	1	2	3	4	1	2	3	4
1	1.000 0	0.007 0	0.005 2	0.009 0	0.979 1	0.006 9	0.005 1	0.008 8
2	0.005 4	1.000 0	0.005 7	0.007 6	0.005 3	0.981 6	0.005 6	0.007 5
3	0.006 3	0.012 6	1.000 0	0.007 8	0.006 2	0.012 2	0.974 0	0.007 6
4	0.005 6	0.005 4	0.004 5	1.000 0	0.005 5	0.005 3	0.004 5	0.984 8
平均效率	0.254 3	0.256 3	0.253 9	0.256 1	0.249 0	0.251 5	0.247 3	0.252 2

值得注意的是，表 7.5 中考虑固定成本分摊后的交叉效率比常规的交叉效率（表 7.4）小很多。这有两方面的原因：其一，单独对每个 DMU 而言，本章的方法在确定分摊方案和相对权重方面具有更大的灵活性。例如，表 7.5 中的交叉效率主要通过求解模型（7.7）得到，而相对模型（7.2）而言，模型（7.7）只增加了一个约束条件，却增加了（$n+1$）个决策变量。因此，每个 DMU 更有可能承担更少的成本，并将更多的成本分配给其他 DMUs，这意味着每个 DMU 都将最大化自身的效率，但决定将一些相对较小的交叉效率得分给其余的 DMUs。其二，存在多组最优权重和分摊方案，而每一组最优权重和分摊方案都对应着一组效率值。但在此处，我们采用任意策略（Doyle and Green, 1994）来计算所有 DMUs 的交叉效率值。值得注意的是，如果我们采取侵略策略，将会得到更小的交叉效率值；如果我们采用仁慈策略，有可能得到较大的交叉效率值。在此处，我们仅展示如何运用本章提出的交叉效率博弈方法，故我们采用较简单的任意策略，而其他策略也可以类似的方式加以处理。

表 7.5 中的交叉效率及对应的分摊方案都是分别从各个 DMU 的视角得到的。接下来，我们运用本章提出的交叉效率博弈方法来得到最优且唯一的固定成本分摊方案。由于这里有 4 个 DMUs，故非空联盟的数量是 15（2^4-1）。对所有非空联盟求解模型（7.10），可以得到各个联盟的特征值，如表 7.6 所示。接下来，我们就可以计算得到各个 DMU 对于各个联盟的边际贡献，并最终求得代表其公平性贡献份额的 Shapley 值。例如，第一个 DMU 的 Shapley 值就是[$c(\{1\})-c(\varnothing)$]/4

+[c({1,2})−c({2})]/12 +[c({1,3})−c({3})]/12 +[c({1,4})−c({4})]/12 +[c({1,2,3})−c({2,3})]/12 +[c({1,2,4})−c({2,4})]/12 +[c({1,3,4})−c({3,4})]/12 +[c({1,2,3,4})−c({2,3,4})]/4 = 0.751 4。所有 DMUs 的 Shapley 值在表 7.7 第二列中给出。

表7.6 联盟特征值

联盟	特征值	联盟	特征值	联盟	特征值
$K1=\{1\}$	0.994 9	$K6=\{1,3\}$	1.983 6	$K11=\{1,2,3\}$	2.976 1
$K2=\{2\}$	0.994 7	$K7=\{1,4\}$	1.990 4	$K12=\{1,2,4\}$	2.984 8
$K3=\{3\}$	0.993 8	$K8=\{2,3\}$	1.988 5	$K13=\{1,3,4\}$	2.975 6
$K4=\{4\}$	0.995 5	$K9=\{2,4\}$	1.989 9	$K14=\{2,3,4\}$	2.983 0
$K5=\{1,2\}$	1.989 2	$K10=\{3,4\}$	1.988 3	$K15=\{1,2,3,4\}$	3.010 8

表7.7 Shapley值与固定成本分摊方案

DMUs	Shapley 值	固定成本
DMU_1	0.751 4	23.150 1
DMU_2	0.754 6	27.062 9
DMU_3	0.750 0	25.358 0
DMU_4	0.749 0	24.429 0

最后，将 Shapley 值代入模型（7.12），通过求解可以得到一组唯一的固定成本分摊方案，如表 7.7 第三列所示，即 4 个 DMUs 分摊到的固定成本额分别是 23.150 1，27.062 9，25.358 0 和 24.429 0。

7.3 应用研究

7.3.1 算例应用与对比分析

在本节中，我们把本章提出的交叉效率博弈方法应用于 Cook 和 Kress（1999）的经典算例中，以验证我们所提出的交叉效率博弈方法的可行性与有用性。此外，我们还将得到的结果与现有研究中的一些方法做对比，以凸显本章方法的特点和优势。本节所使用数值算例的数据在表 7.8 中给出，其中，包含 12 个 DMUs，3 种投入（$m=3$）和两种产出（$s=2$）。待分摊固定成本总额 $R=100$。

表7.8 Cook和Kress（1999）数值算例

DMUs	投入1	投入2	投入3	产出1	产出2
1	350	39	9	67	751
2	298	26	8	73	611
3	422	31	7	75	584
4	281	16	9	70	665
5	301	16	6	75	445
6	360	29	17	83	1070
7	540	18	10	72	457
8	276	33	5	78	590
9	323	25	5	75	1 074
10	444	64	6	74	1 072
11	323	25	5	25	350
12	444	64	6	104	1 199

通过运用本章所提出的交叉效率博弈方法，我们可以得到一个基于均衡的博弈解的固定成本分摊方案，如表7.9第二列所示。12个DMUs需要承担的固定成本数量分别是 $R_1=5.538\,0$，$R_2=7.532\,7$，$R_3=7.350\,9$，$R_4=7.873\,6$，$R_5=6.377\,6$，$R_6=11.499\,3$，$R_7=5.901\,2$，$R_8=7.770\,5$，$R_9=11.899\,7$，$R_{10}=11.378\,5$，$R_{11}=2.735\,1$ 和 $R_{12}=14.142\,9$。为便于比较，我们把 Cook 和 Kress（1999）、Beasley（2003）、Amirteimoori 和 Kordrostami（2005）、Lin（2011a）、Li 等（2013）、Lotfi 等（2013）、Du 等（2014）、Yang 和 Zhang（2015）、Lin 和 Chen（2016）及 Li 等（2017）等十种方法的固定成本分摊结果也在表 7.9 中给出。为便于表示，将上述十种方法分别表示为 CK、B、AK、L、LY、LH、DC、YZ、LC 和 LS。

表7.9 不同方法下的固定成本分摊方案

DMUs	本章结果	CK	B	AK	L	LY	LH	DC	YZ	LC	LS
1	5.538 0	14.52	6.78	8.219 6	5.695 6	6.383 9	8.199	5.79	7.54	9.83	8.761 1
2	7.532 7	6.74	7.21	6.858 2	9.244 3	7.421 9	7.462	7.95	8.65	7.53	7.868 9
3	7.350 9	9.32	6.83	9.497 2	5.478 3	6.682 7	4.284	6.54	7.52	9.93	9.966 3
4	7.873 6	5.60	8.47	6.324 2	10.163 7	8.832 7	9.301	11.10	9.05	5.20	6.966 1
5	6.377 6	5.79	7.08	6.676 8	7.081 6	7.633 5	4.807	8.69	9.07	5.20	7.458 9
6	11.499 3	8.15	10.06	8.381 7	4.934 0	9.698 9	15.370	13.49	8.81	9.10	8.629 6
7	5.901 2	8.86	5.09	11.738 9	8.394 0	4.276 5	0	7.10	8.17	5.85	8.322 4
8	7.770 5	6.26	7.74	6.487 9	7.334 4	8.352 6	7.339	6.83	9.06	8.96	7.728 0
9	11.899 7	7.31	15.11	7.291 2	2.922 9	15.871 0	16.330	16.68	10.46	8.07	7.535 9
10	11.378 5	10.08	10.08	10.612 5	3.507 5	9.751 0	11.598	5.42	8.01	9.69	8.865 0

续表

DMUs	本章结果	CK	B	AK	L	LY	LH	DC	YZ	LC	LS
11	2.735 1	7.31	1.58	7.288 5	2.922 9	0.455 0	0	0	4.55	8.07	7.565 6
12	14.142 9	10.08	13.97	10.623 3	32.320 6	14.640 4	15.310	10.41	9.12	12.56	10.329 1
差距	11.407 8	8.92	13.53	5.414 7	29.397 7	15.416 0	16.330	16.68	5.91	7.36	3.363 0

为了公平地分摊固定成本总额，所有 DMUs 都应该承担一个正的成本数额，这是因为，免除任意一个 DMU 对于固定成本的责任（即分摊的固定成本额等于零）都难以被其他 DMUs 认可和接受（Cook and Kress，1999）。基于此，本章的交叉效率博弈方法具有可行性且能够得到合理的分摊结果，这是因为，本章的方法分配了一个严格为正的固定成本额给所有 DMUs，且最小的固定成本额是第 11 个 DMU 的 2.735 1。此外，表 7.9 中分摊结果的另外一个焦点在于两组具有相同投入和不同产出的 DMUs 组合，即 DMU$_9$ 与 DMU$_{11}$，以及 DMU$_{10}$ 与 DMU$_{12}$。我们发现，表 7.9 中的效率不变方法，即 Cook 和 Kress（1999）、Amirteimoori 和 Kordrostami（2005）、Lin（2011a）、Lin 和 Chen（2016）、Li 等（2017）分配了非常近似甚至完全相等的固定成本额给其中一对甚至两对 DMUs。很显然，针对具有相同投入但产出不同的 DMUs，合理的分摊结果应该是给予它们不同的固定成本额。但是，基于效率不变原则的固定成本分摊方法却不满足这一要求。Beasley（2003）认为这是基于效率不变原则的固定成本分摊方法的一个固有缺陷，可喜的是，效率极大化假设下的固定成本分摊方法不存在这一问题。特别地，本章提出的交叉效率博弈方法对这两对 DMUs 都分配了完全不同数额的固定成本，即 R_9=11.899 7 与 R_{11}=2.735 1，以及 R_{10}=11.378 5 和 R_{12}=14.142 9。

表 7.9 的另外一个发现是，在所有的效率极大化方法中，本章提出的交叉效率博弈方法具有最小的成本差额，即最大与最小固定成本额之间的差额。由于较大的差额意味着更大的不公平性，且在实施和执行分摊方案的过程中会遭遇更多的困难和组织抵触（Li et al.，2009），相较其他基于效率极大化的固定成本分摊方法，本章的交叉效率博弈方法具有很大的优势，因为更易被接受并予以推行。

除此之外，表 7.9 中有两种方法与本章的交叉效率博弈方法具有非常相似的内涵，即 Du 等（2014）、Yang 和 Zhang（2015）。Du 等（2014）提出了一种依赖于交叉效率博弈概念（Liang et al.，2008）的交叉效率迭代方法，而最终的分摊方案是在所有 DMUs 都不能提升其交叉效率水平时获得的。很显然，就如文献作者阐述的那样，每一个 DMU 的最终交叉效率值都等于 1，但对应的分摊方案却不唯一。此外，他们的方法过多地强调效率评价而非固定成本分摊本身，不难发现，该方法的目标和终止条件都立足于效率值。Yang 和 Zhang（2015）的方法给出了基尼系数框架下的最公平的分摊结果，但是，这种公平更多的是结果公平，而对各个 DMU 的贡献考虑不够。此外，Yang 和 Zhang（2015）在追求公平的同时极大地牺牲了效率，不难发现，Yang 和 Zhang（2015）试图提高分摊后的效率水平，但很多 DMUs 分摊后的效率值并不高。Yang 和 Zhang（2015）使用的是传统的自评价。本章的交叉效率博弈方法通过使用同行评议的交叉效率概念，并结合合作博弈理论，能够得到更具有现实意义且更易被妥协接受的分摊结果。综上所述，本章提出的交叉效率博弈方法能够很好地解决固定成本分摊问题，并具有诸多优势，更适用于在多个竞争性 DMUs 之间解决固定成本分摊问题，具有重大的现实意义。

7.3.2 城市商业银行的实例研究

1. 数据与问题

本小节的实证研究对象是我国某城市商业银行，其拥有 18 个二级分行。2013 年，该城市商业银行共产生了 2 900 万元的信息技术维护费用。银行总部管理层决定，由其 18 个分行共同承担全部费用。现在的问题是，如何将 2 900 万元的维护费用公平合理地分摊给 18 个分行。在这里，每个分行可以看作一个独立且同质的 DMU，而 2 900 万元的信息技术维护费用就是待分摊的固定成本总额。

参照 Lin 等（2009）、Wang 等（2014）、Li 等（2018b）、Shi 等（2017）的研究，本章对该城市商业银行的研究主要考虑 3 种投入和 3 种产出。投入包括：①员工数，即人力资源投资及由此形成的人力；②固定资产，即用于银行商业活动的有形资产的价值；③运营费用，即在银行运营活动中产生的除劳动力成本之外的所有经营成本。产出包括存款数量、贷款数量及年收入净值。年收入净值既包括利息收入，也包括非利息收入。投入和产出指标在表 7.10 中给出。

表7.10 投入和产出

投入/产出	变量	单位
投入	员工数（x_1）	人
	固定资产（x_2）	万元
	运营费用（x_3）	万元
产出	存款数量（y_1）	万元
	贷款数量（y_2）	万元
	年收入净值（y_3）	万元

本章使用的数据来源于该银行 2013 年的运营数据，但出于商业机密及商业安

全的考虑，对原始数据稍有修改。不失一般性，本章所有的输入和输出变量都被看作连续变量。此外，虽然还有其他成本变量存在，但它们与信息技术维护费用性质迥异，在会计度量上也大不相同，且它们在银行活动中发挥着不同的作用，因此，在本章中，信息技术维护费用也可视为一种新的投入。18个城市商业银行分行的原始数据如表7.11所示。

表7.11　18个城市商业银行数据

DMUs	x_1	x_2	x_3	y_1	y_2	y_3
1	62	1 822	1 361	140 117	130 288	5 260
2	80	1 833	1 565	213 774	145 761	10 773
3	129	3 595	1 378	194 084	130 556	8 006
4	62	1 978	333	87 876	49 454	4 479
5	89	2 138	549	107 091	60 872	5 897
6	84	1 910	704	97 472	94 310	3 849
7	36	1 234	840	114 001	80 019	5 292
8	172	4 348	959	366 423	306 926	12 479
9	62	879	1 253	107 393	86 485	5 132
10	53	2 566	483	69 691	43 907	3 869
11	92	1 348	419	148 458	87 193	7 234
12	39	1 229	513	83 752	40 046	3 984
13	144	4 640	1 323	223 539	211 466	10 655
14	47	2 248	670	70 555	65 110	2 205
15	39	1 571	362	99 143	66 736	5 271
16	56	1 635	669	112 513	79 366	5 202
17	34	939	867	87 660	56 157	3 000
18	58	1 807	419	88 334	67 160	4 171

2. 结果与分析

首先，通过对每个分行求解模型（7.2）可以获得各分行的初始 CCR 效率，如表 7.12 第二列所示。我们发现，有 7 个分行的效率值为 1，即其达到了 DEA 理论意义上的有效状态，它们是分行 1、分行 2、分行 7、分行 8、分行 9、分行 11 及分行 15。其次，根据得到的最优权重可以计算交叉效率。我们运用 Doyle 和 Green（1994）提出的任意、仁慈和进取三种策略，可以得到三种不同的交叉效率结果，见表 7.12 第三、第四、第五列。可以发现，同行评估意义上的交叉效率值更低，且没有分行达到效率值为 1 的有效状态。

表7.12　交叉效率评价结果

DMUs	模型（7.2）	初始交叉效率			模型（7.7）	独自分摊交叉效率		
		任意	仁慈	进取		任意	仁慈	进取
1	1.000 0	0.647 5	0.742 4	0.595 1	1.000 0	0.066 1	1.000 0	0.055 9
2	1.000 0	0.812 2	0.902 2	0.794 8	1.000 0	0.071 5	1.000 0	0.056 5
3	0.624 5	0.494 3	0.539 0	0.471 2	1.000 0	0.068 9	1.000 0	0.057 3
4	0.817 3	0.575 3	0.588 3	0.584 7	1.000 0	0.061 6	1.000 0	0.056 4
5	0.676 6	0.524 4	0.542 8	0.528 4	1.000 0	0.063 0	1.000 0	0.055 9
6	0.667 2	0.496 6	0.553 3	0.461 1	1.000 0	0.062 2	1.000 0	0.055 9
7	1.000 0	0.792 1	0.890 8	0.766 4	1.000 0	0.063 4	1.000 0	0.056 8
8	1.000 0	0.891 6	0.953 5	0.838 3	1.000 0	0.083 5	1.000 0	0.056 3
9	1.000 0	0.625 9	0.688 0	0.606 6	1.000 0	0.063 0	1.000 0	0.055 7
10	0.548 3	0.422 2	0.450 7	0.429 8	1.000 0	0.061 1	1.000 0	0.056 5
11	1.000 0	0.842 2	0.847 3	0.838 2	1.000 0	0.066 5	1.000 0	0.055 7
12	0.834 3	0.599 7	0.643 0	0.593 5	1.000 0	0.060 9	1.000 0	0.058 6
13	0.792 2	0.610 8	0.681 4	0.585 7	1.000 0	0.073 3	1.000 0	0.056 2
14	0.693 1	0.401 2	0.454 8	0.369 5	1.000 0	0.060 8	1.000 0	0.055 8
15	1.000 0	0.859 5	0.927 1	0.858 6	1.000 0	0.062 5	1.000 0	0.056 2
16	0.814 0	0.663 2	0.731 1	0.639 0	1.000 0	0.063 2	1.000 0	0.056 7
17	0.896 2	0.594 0	0.656 2	0.555 4	1.000 0	0.061 0	1.000 0	0.056 5
18	0.699 4	0.599 3	0.644 2	0.585 7	1.000 0	0.061 6	1.000 0	0.056 1

进一步地，我们将可能的固定成本分摊数额考虑进来。从每个DMU各自的视角出发，每个DMU都可以设计对自己最有利的分摊方案，并通过选取最优的权重，可以使得自身的效率值达到最大值1。如表7.12第六列所示，通过求解模型（7.7），所有DMU的最大效率值都是1。Li等（2013）和Si等（2013）也早已说明这一现象，即在固定成本分摊问题中，如果仅仅关注分摊后的效率，那么，任意一个DMU都能独自达到最优。但是，该现象基于传统的自评价方法。如果我们采用同行评估的交叉效率方法，其效率值则会大幅下降。如表7.12最后三列所示，除仁慈策略外，交叉效率值极其低，这是因为仁慈策略选择极大化所有DMUs的效率。固定成本分摊问题引入了更多的权重灵活性，这就使得DMUs有可能选择一些不易被接受和认可的权重计划和分摊方案，因为那样的分摊方案有可能极大化其自身的效率。但是，毫无疑问，这样的权重计划和分摊方案不能公正地分摊固定成本。因此，同行评估和博弈就有了广阔的用武之地，以期得到更具接受度和现实意义的分摊方案。

通过运用DEA交叉效率博弈方法，我们可以尽可能地接近最优的公平分配。

Beasley（2003）、Amirteimoori 和 Kordrostami（2005）、Li 等（2013）和 Du 等（2014）研究指出，由于不同分摊方案的存在，分摊后的效率评价具有很大的不确定性。这就使得各个 DMU 都能达到最大效率值。进一步地，各个 DMU 对于联盟的贡献也将非常接近或相似。因此，我们可以看到，所有 DMUs 的 Shapley 值非常接近，如表 7.13 第二列。由于本章的特征函数主要基于效率改进值，而代表公平性分配的 Shapley 值非常接近，就意味着所有 DMUs 的效率增加值将会非常相似。当然，考虑到初始效率值的巨大差异，这会使得分摊的固定成本额迥然不同。通过求解模型（7.12）我们可以得到为零的最优目标函数，这就意味着 Shapley 值对应的博弈分配恰好能够准确地通过一组公共权重来实现（Nakabayashi and Tone，2006）。基于模型（7.12）的最优解，我们可以得到最优的公共权重和最终的分摊方案。最优的公共权重是 π_1=0.000 214，π_2=0.000 454，π_3=0.017 941，τ_1=0.089 688，τ_2=0.007 838，τ_3=0.017 662 及 τ_4=0.866 203。最终的信息技术维护费用分摊方案在表 7.13 的第三列给出。该分摊方案是在博弈解对应的公共权重下得到的，作为妥协的结果，故而很容易被所有 DMUs 接受和认可。

表7.13 分摊结果

DMUs	Shapley 值	分摊结果	效率值	CCR 效率	分摊后交叉效率 任意	分摊后交叉效率 仁慈	分摊后交叉效率 进取
1	0.953 9	157.41	0.985 1	1.000 0	0.763 1	0.990 6	0.685 8
2	0.955 3	287.63	0.989 8	1.000 0	0.842 9	0.999 8	0.796 7
3	0.954 9	202.67	0.986 9	1.000 0	0.709 2	0.998 0	0.649 1
4	0.955 5	107.20	0.982 2	1.000 0	0.736 6	0.995 3	0.721 6
5	0.954 7	137.98	0.982 6	1.000 0	0.722 8	0.997 4	0.694 8
6	0.954 6	110.81	0.980 9	1.000 0	0.702 2	0.987 4	0.641 2
7	0.955 8	144.92	0.982 7	1.000 0	0.825 1	0.991 5	0.768 6
8	0.955 0	416.60	1.000 0	1.000 0	0.852 1	1.000 0	0.795 9
9	0.954 8	135.60	0.982 1	1.000 0	0.768 3	0.993 3	0.720 9
10	0.955 1	80.18	0.980 9	1.000 0	0.686 1	0.998 2	0.660 6
11	0.954 8	197.79	0.985 2	1.000 0	0.841 3	0.994 1	0.827 1
12	0.956 8	96.96	0.980 3	1.000 0	0.753 7	0.993 8	0.702 5
13	0.954 7	293.70	0.991 1	1.000 0	0.753 4	0.998 3	0.701 4
14	0.955 2	57.24	0.978 8	1.000 0	0.665 1	0.987 0	0.607 6
15	0.954 6	140.81	0.980 3	1.000 0	0.835 1	0.989 4	0.811 4
16	0.955 4	140.21	0.982 5	0.992 3	0.773 2	0.991 5	0.715 3
17	0.955 1	81.78	0.982 7	1.000 0	0.746 9	0.992 2	0.674 2
18	0.955 4	110.52	0.981 2	0.992 5	0.744 7	0.990 3	0.704 7

进一步地，我们可以分析最终分摊方案下的效率结果。表 7.13 中第四列的效率值是直接使用公共权重并确保所有 DMUs 的效率值不大于 1 得到的。可以发现，只有分行 8 能够达到效率 1，而其他分行的效率值都小于 1。但是，所有分行都具有极高的效率水平，如分行 14 的效率水平最低，但也达到了 0.978 8。虽然这样的效率值直接依赖于分摊结果和公共权重，但不可否认的是，各分行不会必然使用相同的权重。有鉴于此，我们可以回到自评价方法，我们发现，在自评价框架下，除分行 16 和分行 18 外，其他分行都能得到 1 的效率值，所有分行都达到最有效状态。同样地，表 7.13 的最后三列给出了三种策略下的交叉效率。

使用本章的交叉效率博弈方法，虽然不能够使所有 DMUs 在分摊后极度有效，但所有 DMUs 能获得极高的相对效率水平。此外，由于本章的交叉效率博弈方法在考虑竞争的同时，较好地进行了合作，故可以提升交叉效率，如表 7.13 的交叉效率远高于表 7.12 的交叉效率。

综上所述，本章提出的方法因采用交叉效率的同行评价方法而很好地吸纳了竞争对手意见，并通过将其与合作博弈理论结合起来，较好地考虑了 DMUs 之间的合作博弈关系。通过数值算例的比较分析和实证研究，我们发现，该方法能够得到唯一且公平的分摊方案。并且，该方法得到的分摊方案依赖于博弈解，故具有很好的妥协接受度和稳定性。因此，我们认为，本章提出的 DEA 交叉效率博弈方法对于在一组有多个竞争性 DMUs 之间分摊固定成本具有重要意义。

7.4 本章小结

本章从吸纳竞争对手意见的 DMUs 交互模式角度研究了固定成本分摊问题。面对固定成本分摊问题中 DMUs 之间存在的竞争合作关系，以及 DMUs 互相评价的巨大优势，本章提出一种 DEA 交叉效率博弈方法。为此，我们首先从各个 DMU 的视角出发，分析可能的固定成本分摊后的交叉效率。其次，基于交叉效率评价结果，我们构建了合作博弈模型，其中，每个 DMU 是一个合作博弈参与者，而交叉效率的改进值则被定义为联盟的特征函数。分析发现，该特征函数具有超可加性，从而所有 DMUs 有动机和激励合作形成一个大联盟，并在此基础上就固定成本分摊数量达成一致妥协。再次，我们计算了所有 DMUs 的 Shapley 值及相应的公共权重，并在此基础上得到唯一的公平性分摊方案。最后，为验证该 DEA 交叉效率博弈方法的有用性与有效性，我们将该方法应用于两个算例和一个城市商业银行实例。算例的数值结果分析和实证研究表明，该方法能够较好地处理 DMUs 之间的竞争合作关系，能够较好地解决固定成本分摊问题。

与其他研究相比，本章提出的 DEA 交叉效率博弈方法主要有以下优势：①本章的方法同时考虑了合作竞争的博弈关系，因而得到的固定成本分摊结果是所有 DMUs 意见的集成，也就更容易因为妥协而被所有 DMUs 认可和接受。②我们还通过运用交叉效率方法考虑了竞争对手意见。然后，我们可以得到唯一的分摊方案，且该方案依赖于均衡且稳定的博弈解，这使得得到的分摊方案也更稳定。当然，本书的研究也存在一些不足，如计算难度较大，该 DEA 交叉效率博弈方法的计算难度是 $O(4^n)$，因此当 DMUs 数量巨大时，博弈解和分摊方案的计算将会非常困难。分摊方案的唯一性依赖于交叉效率的唯一性，因此需要使用额外的方法得到唯一的交叉效率值。

尽管本章提出了一种不错的解决固定成本分摊问题的新方法，但还可以从以下几个方面加以发展：第一，本章使用的 Shapley 值因考虑了公平性贡献而能得到较公平的分摊结果，未来研究可以考虑直接运用公平性准则，如基尼系数、成本收益比率、α 公平及公平偏移距离等；第二，Shapley 值仅是合作博弈问题的一个解，因此，未来研究可以考虑将本章的研究扩展其他博弈解，并分析不同博弈解对于分摊结果的影响及其应用特点；第三，本章仅在一种常规问题情境下研究了固定成本分摊问题，未来研究可以考虑打开 DMUs 的"黑箱子"，将 DMUs 的生产结构考虑在内，并在此基础上进行固定成本分摊；第四，本章的方法可以扩展到资源分配问题，并在此情景下思考如何进一步提高资源的配置效率。

参 考 文 献

李勇军. 2008. 基于 DEA 理论的固定成本分摊方法研究[D]. 中国科学技术大学博士学位论文.
Adler N, Friedman L, Sinuany-Stern Z. 2002. Review of ranking methods in the data envelopment analysis context[J]. European Journal of Operational Research, 140（2）: 249-265.
Aldamak A M, Zolfaghari S. 2017. Review of efficiency ranking methods in data envelopment analysis[J]. Measurement, 106: 161-172.
Amirteimoori A, Kordrostami S. 2005. Allocating fixed costs and target setting: a DEA-based approach[J]. Applied Mathematics and Computation, 171（1）: 136-151.
Amirteimoori A, Tabar M M. 2010. Resource allocation and target setting in data envelopment analysis[J]. Expert Systems with Applications, 37（4）: 3036-3039.
Banker R D, Charnes A, Cooper W W. 1984. Some models for estimating technical and scale

inefficiencies in data envelopment analysis[J]. Management Science, 30（9）: 1078-1092.

Beasley J E. 2003. Allocating fixed costs and resources via data envelopment analysis[J]. European Journal of Operational Research, 147（1）: 198-216.

Charnes A, Cooper WW, Rhodes E. 1978. Measuring the efficiency of decision making units[J]. European Journal of Operational Research, 2（6）: 429-444.

Cook W D, Kress M. 1999. Characterizing an equitable allocation of shared costs: a DEA approach[J]. European Journal of Operational Research, 119（3）: 652-661.

Cook W D, Zhu J. 2005. Allocation of shared costs among decision making units: a DEA approach[J]. Computers & Operations Research, 32（8）: 2171-2178.

Ding T, Chen Y, Wu H Q, et al. 2017. Centralized fixed cost and resource allocation considering technology heterogeneity: a DEA approach[J]. Annals of Operations Research, 268（1）: 497-511.

Doyle J, Green R. 1994. Efficiency and cross-efficiency in DEA: derivations, meanings and uses[J]. Journal of the Operational Research Society, 45（5）: 567-578.

Du J, Cook W D, Liang L, et al. 2014. Fixed cost and resource allocation based on DEA cross-efficiency[J]. European Journal of Operational Research, 235（1）: 206-214.

Falagario M, Sciancalepore F, Costantino N, et al. 2012. Using a DEA-cross efficiency approach in public procurement tenders[J]. European Journal of Operational Research, 218（2）: 523-529.

Jahanshahloo G R, Lotfi F H, Shoja N, et al. 2004. An alternative approach for equitable allocation of shared costs by using DEA[J]. Applied Mathematics and Computation, 153（1）: 267-274.

Jahanshahloo G R, Sadeghi J, Khodabakhshi M. 2017. Proposing a method for fixed cost allocation using DEA based on the efficiency invariance and common set of weights principles[J]. Mathematical Methods of Operations Research, 85（2）: 223-240.

Khodabakhshi M, Aryavash K. 2014. The fair allocation of common fixed cost or revenue using DEA concept[J]. Annals of Operations Research, 214（1）: 187-194.

Kruś L, Bronisz P. 2000. Cooperative game solution concepts to a cost allocation problem[J]. European Journal of Operational Research, 122（2）: 258-271.

Li F, Liang L, Li Y, et al. 2018b. An alternative approach to decompose the potential gains from mergers[J]. Journal of the Operational Research Society, 69（11）: 1409867.

Li F, Song J, Dolgui A, et al. 2017. Using common weights and efficiency invariance principles for resource allocation and target setting[J]. International Journal of Production Research, 55（17）: 4982-4997.

Li Y J, Li F, Emrouznejad A, et al. 2018a. Allocating the fixed cost: an approach based on data envelopment analysis and cooperative game[J]. Annals of Operations Research, 274: 373-394.

Li Y J, Yang F, Liang L, et al. 2009. Allocating the fixed cost as a complement of other cost inputs: A DEA approach[J]. European Journal of Operational Research, 197（1）: 389-401.

Li Y J, Yang M, Chen Y, et al. 2013. Allocating a fixed cost based on data envelopment analysis and satisfaction degree[J]. Omega, 41（1）: 55-60.

Liang L, Wu J, Cook W D, et al. 2008. The DEA game cross-efficiency model and its Nash equilibrium[J]. Operations Research, 56（5）: 1278-1288.

Lim S, Oh K W, Zhu J. 2014. Use of DEA cross-efficiency evaluation in portfolio selection: an application to Korean stock market[J]. European Journal of Operational Research, 236 (1): 361-368.

Lin R Y. 2011a. Allocating fixed costs or resources and setting targets via data envelopment analysis[J]. Applied Mathematics and Computation, 217 (13): 6349-6358.

Lin R Y. 2011b. Allocating fixed costs and common revenue via data envelopment analysis[J]. Applied Mathematics and Computation, 218 (7): 3680-3688.

Lin R Y, Chen Z P. 2016. Fixed input allocation methods based on super CCR efficiency invariance and practical feasibility[J]. Applied Mathematical Modelling, 40 (9): 5377-5392.

Lin R Y, Chen Z P. 2017. A DEA-based method of allocating the fixed cost as a complement to the original input[J]. International Transactions in Operational Research, 27 (4): 2230-2250.

Lin R Y, Chen Z P, Li Z X. 2016. A new approach for allocating fixed costs among decision making units[J]. Journal of Industrial and Management Optimization, 12 (1): 211-228.

Lin T T, Lee C C, Chiu T F. 2009. Application of DEA in analyzing a bank's operating performance[J]. Expert Systems with Applications, 36 (5): 8883-8891.

Lotfi F H, Hatami-Marbini A, Agrell P J, et al. 2013. Allocating fixed resources and setting targets using a common-weights DEA approach[J]. Computers & Industrial Engineering, 64 (2): 631-640.

Lozano S. 2012. Information sharing in DEA: a cooperative game theory approach[J]. European Journal of Operational Research, 222 (3): 558-565.

Ma R, Yao L, Jin M, et al. 2014. The DEA game cross-efficiency model for supplier selection problem under competition[J]. Applied Mathematics and Information Sciences, 8 (2): 811-818.

Maghbouli M, Amirteimoori A, Kordrostami S. 2014. Two-stage network structures with undesirable outputs: a DEA based approach[J]. Measurement, 48: 109-118.

Maschler M, Peleg B, Shapley L S. 1979. Geometric properties of the kernel, nucleolus, and related solution concepts[J]. Mathematics of Operations Research, 4 (4): 303-338.

Mostafaee A. 2013. An equitable method for allocating fixed costs by using data envelopment analysis[J]. Journal of the Operational Research Society, 64 (3): 326-335.

Nakabayashi K, Tone K. 2006. Egoist's dilemma: a DEA game[J]. Omega, 34 (2): 135-148.

Pendharkar P C. 2017. A hybrid genetic algorithm and DEA approach for multi-criteria fixed cost allocation[J]. Soft Computing, 22: 7315-7324.

Ruiz J L, Sirvent I. 2016. Ranking Decision Making Units: The Cross-Efficiency Evaluation[M]//Hwang S N, Lee H S, Zhu J. Handbook of Operations Analytics Using Data Envelopment Analysis. New York: Springer: 1-29.

Schmeidler D. 1969. The nucleolus of a characteristic function game[J]. SIAM Journal on Applied Mathematics, 17 (6): 1163-1170.

Sexton T R, Silkman R H, Hogan AJ. 1986. Data Envelopment Analysis: Critique and Extension[M]// Silkman R H. Measuring Efficiency: An Assessment of Data Envelopment Analysis. San Francisco: Jossey-Bass: 71-89.

Shapley L S. 1967. On balanced sets and cores[J]. Naval Research Logistics Quarterly, 14 (4): 453-460.

Shi X, Li Y J, Emrouznejad A, et al. 2017. Estimation of potential gains from bank mergers: a novel two-stage cost efficiency DEA model[J]. Journal of the Operational Research Society, 68 (9): 1045-1055.

Si X L, Liang L, Jia G Z, et al. 2013. Proportional sharing and DEA in allocating the fixed cost[J]. Applied Mathematics and Computation, 219 (11): 6580-6590.

Wang K, Huang W, Wu J, et al. 2014. Efficiency measures of the Chinese commercial banking system using an additive two-stage DEA[J]. Omega, 44: 5-20.

Wang M Q, Li Y J. 2014. Supplier evaluation based on Nash bargaining game model[J]. Expert Systems with Applications, 41 (9): 4181-4185.

Wang Y M, Chin K S. 2010. A neutral DEA model for cross-efficiency evaluation and its extension[J]. Expert Systems with Applications, 37 (5): 3666-3675.

Wang Y M, Chin K S, Luo Y. 2011. Cross-efficiency evaluation based on ideal and anti-ideal decision making units[J]. Expert Systems with Applications, 38 (8): 10312-10319.

Washio S, Yamada S. 2013. Evaluation method based on ranking in data envelopment analysis[J]. Expert Systems with Applications, 40 (1): 257-262.

Wu J, Liang L, Yang F. 2009a. Achievement and benchmarking of countries at the Summer Olympics using cross efficiency evaluation method[J]. European Journal of Operational Research, 197(2): 722-730.

Wu J, Liang L, Yang F. 2009b. Determination of the weights for the ultimate cross efficiency using Shapley value in cooperative game[J]. Expert Systems with Applications, 36 (1): 872-876.

Wu J, Liang L, Yang F, et al. 2009c. Bargaining game model in the evaluation of decision making units[J]. Expert Systems with Applications, 36 (3): 4357-4362.

Wu J, Liang L, Zha Y, et al. 2009d. Determination of cross-efficiency under the principle of rank priority in cross-evaluation[J]. Expert Systems with Applications, 36 (3): 4826-4829.

Wu J, Sun J, Liang L, et al. 2011. Determination of weights for ultimate cross efficiency using Shannon entropy[J]. Expert Systems with Applications, 38 (5): 5162-5165.

Wu J, Zhu Q Y, Chu J F, et al. 2016. Measuring energy and environmental efficiency of transportation systems in China based on a parallel DEA approach[J]. Transportation Research Part D: Transport and Environment, 48: 460-472.

Yang Z H, Zhang Q W. 2015. Resource allocation based on DEA and modified Shapley value[J]. Applied Mathematics and Computation, 263: 280-286.

Yu M M, Chen L H, Hsiao B. 2016. A fixed cost allocation based on the two-stage network data envelopment approach[J]. Journal of Business Research, 69 (5): 1817-1822.

Yu M M, Ting S C, Chen M C. 2010. Evaluating the cross-efficiency of information sharing in supply chains[J]. Expert Systems with Applications, 37 (4): 2891-2897.

Zhu W W, Zhang Q, Wang H Q. 2017. Fixed costs and shared resources allocation in two-stage network DEA[J]. Annals of Operations Research, 278: 177-194.

本 章 附 录

附录 A 定理 7.1 的证明

定理 7.1 对任意非空联盟 $K \subset N = \{1,2,\cdots,n\}$，模型（7.10）的最优目标函数总是等于 1。

证明： 首先，(i) 很容易验证，模型（7.10）的目标函数总是小于等于 1。这是因为，对所有的 $\mathrm{DMU}_j (j=1,2,\cdots,n)$，都有 $\sum_{r=1}^{s} u_r y_{rj} - \sum_{i=1}^{m} v_i x_{ij} - r_j \leqslant 0 (j=1,2,\cdots,n)$。通过对联盟 $K \subset N = \{1,2,\cdots,n\}$ 之内的 $\mathrm{DMU}_j (j \in K)$ 加总，可以得到 $\sum_{r=1}^{s} u_r \sum_{j \in K} y_{rj} \leqslant \sum_{i=1}^{m} v_i \sum_{j \in K} x_{ij} + \sum_{j \in K} r_j$。进一步地，可以知道 $\sum_{r=1}^{s} u_r y_{rK} \leqslant \sum_{i=1}^{m} v_i x_{iK} + \sum_{j \in K} r_j = 1$，且右边的等式是模型（7.10）中的约束条件。于是，可以说明，模型（7.10）的目标函数总是小于等于 1。

其次，(ii) 我们证明，对任意非空联盟 $K \subset N = \{1,2,\cdots,n\}$，模型（7.10）的最优目标函数可以达到 1。

为此，我们考虑一组变量 $\hat{u}_r^K = 1 / \sum_{j \in K} y_{sj}$，$\hat{u}_r^K = 0 (r \neq s)$，$\hat{v}_i^K = 0 (i=1,2,\cdots,m)$，$\hat{v}_{m+1}^K = \sum_{j=1}^{n} y_{sj} / R \sum_{j \in K} y_{sj}$ 和 $\hat{r}_j^K = y_{sj} / \sum_{j \in K} y_{sj} (j=1,2,\cdots,n)$。进一步地，可以发现，$\hat{\zeta} = \left(\hat{u}_r^K, \hat{v}_i^K, \hat{v}_{m+1}^K, \hat{r}_j^K \right) \geqslant 0$ 就是模型（7.10）的一个可行解。这是因为，$\hat{\zeta} = \left(\hat{u}_r^K, \hat{v}_i^K, \hat{v}_{m+1}^K, \hat{r}_j^K \right)$ 能够满足模型（7.10）的所有约束，使得

$$\sum_{r=1}^{s} \hat{u}_r^K y_{rj} - \sum_{i=1}^{m} \hat{v}_i^K x_{ij} - \hat{r}_j^K = y_{sj} / \sum_{j \in K} y_{sj} - y_{sj} / \sum_{j \in K} y_{sj} \leqslant 0, \quad j=1,2,\cdots,n \quad (7.10.1)$$

$$\sum_{i=1}^{m} \hat{v}_i^K x_{iK} + \sum_{j \in K} \hat{r}_j^K = 0 + \sum_{j \in K} \left(y_{sj} / \sum_{j \in K} y_{sj} \right) = 1 \quad (7.10.2)$$

$$\sum_{j=1}^{n} \hat{r}_j^K = \sum_{j=1}^{n} \left(y_{sj} / \sum_{j \in K} y_{sj} \right) = \sum_{j=1}^{n} y_{sj} / R \sum_{j \in K} y_{sj} \cdot R = \hat{v}_{m+1}^K R \quad (7.10.3)$$

因此，我们可以知道，模型（7.10）的最优目标函数必然不小于可行解

$\hat{\zeta} = \left(\hat{u}_r^K, \hat{v}_i^K, \hat{v}_{m+1}^K, \hat{r}_j^K\right)$ 对应的目标函数，即有

$$E_K \geqslant E_K(\hat{\zeta}) = \sum_{r=1}^{s} \hat{u}_r^K y_{rK} = \hat{u}_s^K y_{sK} = 1 \bigg/ \sum_{j \in K} y_{sj} \cdot \sum_{j \in K} y_{rj} = 1 \quad (7.10.4)$$

综合（i）和（ii），我们可以知道，模型（7.10）的最优目标函数必然等于 1。由于上述可行解 $\hat{\zeta} = \left(\hat{u}_r^K, \hat{v}_i^K, \hat{v}_{m+1}^K, \hat{r}_j^K\right)$ 中下标 s 是随意选取的，也就是说，至少存在一组最优解使得模型（7.10）的最优目标函数能达到 1。如此，我们便证明了定理 7.1，即对任意非空联盟 $K \subset N = \{1, 2, \cdots, n\}$，模型（7.10）的最优目标函数总是等于 1。证明完毕。

附录 B 定理 7.2 的证明

定理 7.2 对任意非空联盟 $K \subset N = \{1, 2, \cdots, n\}$ 和相应的模型（7.10）的最优解 $\left(u_r^{K*}, v_i^{K*}, v_{m+1}^{K*}, r_j^{K*}\right)$，联盟中的任意 $\text{DMU}_j (j \in K)$ 总是有一个等于 1 的 K-阶交叉效率，即有 $E_{Kj} = \sum_{r=1}^{s} u_r^{K*} y_{rj} \bigg/ \left(\sum_{i=1}^{m} v_i^{K*} x_{ij} + r_j^{K*}\right) = 1$。

证明：对于模型（7.10）的最优解 $\left(u_r^{K*}, v_i^{K*}, v_{m+1}^{K*}, r_j^{K*}\right)$，必然有

$$\sum_{r=1}^{s} u_r^{K*} y_{rK} = \sum_{i=1}^{m} v_i^{K*} x_{iK} + \sum_{j \in K} r_j^{K*} \quad (7.10.5)$$

进一步地，（7.10.5）可以变换成（7.10.6）：

$$\sum_{j \in K} \left(\sum_{r=1}^{s} u_r^{K*} y_{rj} - \sum_{i=1}^{m} v_i^{K*} x_{ij} - r_j^{K*}\right) = 0 \quad (7.10.6)$$

由于所有 DMUs 的 K-阶交叉效率都不大于 1，即 $\sum_{r=1}^{s} u_r^{K*} y_{rj} \bigg/ \left(\sum_{i=1}^{m} v_i^{K*} x_{ij} + r_j^{K*}\right) \leqslant 1$，于是我们可以知道 $\sum_{r=1}^{s} u_r^{K*} y_{rj} - \sum_{i=1}^{m} v_i^{K*} x_{ij} - r_j^{K*} \leqslant 0$。进一步地，式（7.10.6）中等号左边的每一项都必须等于 1，即 $\sum_{r=1}^{s} u_r^{K*} y_{rj} - \sum_{i=1}^{m} v_i^{K*} x_{ij} - r_j^{K*} = 0$，否则，式（7.10.6）中等号左边的表达式必然小于 1。因此，必然有 $\sum_{r=1}^{s} u_r^{K*} y_{rj} - \sum_{i=1}^{m} v_i^{K*} x_{ij} - r_j^{K*} = 0$。

通过变换，可以得到 $E_{Kj} = \sum_{r=1}^{s} u_r^{K*} y_{rj} \bigg/ \left(\sum_{i=1}^{m} v_i^{K*} x_{ij} + r_j^{K*}\right) = 1$，于是就证明了定理 7.2。证明完毕。

附录 C 命题 7.2 的证明

命题 7.2 DEA 交叉效率博弈 (N,c) 满足超可加性。

证明：考虑两个独立的联盟 K 和 T，并满足 $K, T \subset N$ 和 $K \cap T = \varnothing$。于是，

$$c(K) + c(T) = \sum_{j \in K} E_{Kj} - \min_{d \in K}\left(\sum_{j \in K} \hat{E}_{dj}\right) + \sum_{j \in T} E_{Tj} - \min_{d \in T}\left(\sum_{j \in T} \hat{E}_{dj}\right)$$

$$= \left(\sum_{j \in K} E_{Kj} + \sum_{j \in T} E_{Tj}\right) - \left(\min_{d \in K}\left(\sum_{j \in K} \hat{E}_{dj}\right) + \min_{d \in T}\left(\sum_{j \in T} \hat{E}_{dj}\right)\right)$$

结合模型（7.10），以及定理 7.1 和定理 7.2，我们可以得到，$E_{Kj} = 1(j \in K)$，$E_{Tj} = 1(j \in T)$ 和 $E_{(K \cup T)j} = 1(j \in K \cup T)$。进一步地，有 $\sum_{j \in K} E_{Kj} = |K|$，$\sum_{j \in T} E_{Tj} = |T|$ 及 $\sum_{j \in K \cup T} E_{(K \cup T)j} = |K \cup T|$，其中，$|K|$、$|T|$ 和 $|K \cup T|$ 分别是联盟 K、T 和 $K \cup T$ 中参与者（DMUs）的个数。于是，对任意的联盟 $K, T \subset N$ 且满足 $K \cap T = \varnothing$，必然有 $\sum_{j \in K} E_{Kj} + \sum_{j \in T} E_{Tj} = \sum_{j \in K \cup T} E_{(K \cup T)j}$。进一步地，我们可以得到 $\min_{d \in K}\left(\sum_{j \in K} \hat{E}_{dj}\right) \geqslant \min_{d \in K \cup T}\left(\sum_{j \in K} \hat{E}_{dj}\right)$ 和 $\min_{d \in T}\left(\sum_{j \in T} \hat{E}_{dj}\right) \geqslant \min_{d \in K \cup T}\left(\sum_{j \in T} \hat{E}_{dj}\right)$。于是，$\min_{d \in K}\left(\sum_{j \in K} \hat{E}_{dj}\right) + \min_{d \in T}\left(\sum_{j \in T} \hat{E}_{dj}\right) \geqslant \min_{d \in K \cup T}\left(\sum_{j \in K} \hat{E}_{dj}\right) + \min_{d \in K \cup T}\left(\sum_{j \in T} \hat{E}_{dj}\right)$，而上式右边恰好等于 $\min_{d \in K \cup T}\left(\sum_{j \in K \cup T} \hat{E}_{dj}\right)$，即有

$$c(K) + c(T) \leqslant \sum_{j \in K \cup T} E_{(K \cup T)j} - \min_{d \in K \cup T}\left(\sum_{j \in K \cup T} \hat{E}_{dj}\right) = c(K \cup T)$$

综上所述，对任意两个联盟 $K, T \subset N$ 且 $K \cap T = \varnothing$，必然有特征函数之和小于联盟之和的特征函数，即该博弈 (N,c) 的特征函数具有超可加性。证明完毕。

第8章 非自利原则下固定成本分摊方法研究

8.1 引　言

　　通过第 7 章对基于 DEA 理论的固定成本分摊方法研究状况的回顾可以知道，所有的研究都是从相对效率评价的视角出发的，逐步得到满足某些性质和要求的固定成本分摊方案。在这个过程中，缺乏对固定成本分摊方案可行性的考察，而把所有能够分摊固定成本总额的方案都视作备选方案，都看作可行的固定成本分摊方案。很显然，这一做法与现实情况有很大的脱节，因而缺乏足够的现实意义。我们知道，有一些极端自私自利或者极度有利于个别 DMU 的固定成本分摊方案，虽然能够对固定成本总额进行全分摊，但必然难以被所有 DMUs 接受。有鉴于此，本章将在保障竞争对手效用的 DMUs 交互模式下，考虑固定成本分摊方案的可行性约束，并在此基础上提出一种的新的非自利原则，由此进行固定成本分摊研究。

　　在本章中，我们主要考虑的是离散决策情境下的固定成本分摊问题。也就是说，在不存在能够追求集体目标最大化的中央决策者的条件下，进行固定成本分摊。在这种情景下，每个 DMU 都可能提出自身的分摊方案，但多数情况下，各个 DMU 提出的分摊方案都是极其自私的，当然也就难以被其他 DMUs 接受和认可。要使固定成本分摊方案能被竞争对手接受，就必须保障竞争对手的效用。于是，我们就想提出一种非自利原则，即为保证分摊方案的可接受性，每个 DMU 都应该在其自身的分摊方案里承担最多的成本。也就是说，任意 DMU 要推出其分摊方案，就必须大公无私或是非自利的，即比其他 DMUs 承担更多的成本，从而其他 DMUs 才有可能接受其分摊方案。否则，如果不满足非自利原则，就必然因为假公济私而难以被其他 DMUs 接受。随后，给定非自利原则，我们在此基础上通过极大化所有 DMUs 的分摊后相对效率得到最终的分摊方案，其要求每个 DMU

最多承担非自利原则下分摊的固定成本额及至少达到非自利效率水平。为此，我们结合目标规划方法，并在公共权重约束下使所有 DMUs 的相对效率同时达到最大。为验证非自利原则下固定成本分摊方法的有效性，我们将其运用于一个经典算例的数值分析和一个运输队实例中。概括来说，本章至少具有三方面的贡献：首先，我们考察了固定成本分摊方案的可行性问题，并提出一个离散决策情境下的非自利原则分摊原则。其次，我们通过一个公共权重下目标规划方法来得到固定成本分摊结果，而由于其依赖于非自利原则，得到的分摊方案具有极高的可行性。最后，我们不仅通过算例的数值分析将非自利原则的固定成本分摊方法与其他类似方法进行对比，还将其运用到实践中解决实际问题。

8.2 非自利原则下固定成本分摊模型构建

在本节中，我们首先在 8.2.1 小节介绍一些基础知识。其次，在 8.2.2 小节中我们给出非自利原则与成立条件。最后，我们在 8.2.3 小节给出基于非自利原则的固定成本分摊模型。

8.2.1 基础固定成本分摊模型

给定 n 个 DMUs，每个 DMU 使用 m 种投入生产 s 种产出。其中，第 j 个 $\text{DMU}_j(j=1,2,\cdots,n)$ 的投入产出向量分别表示为 $X_j = (x_{1j}, x_{2j}, \cdots, x_{mj})$ 和 $Y_j = (y_{1j}, y_{2j}, \cdots, y_{sj})$。为评价第 d 个 $\text{DMU}_d(d=1,2,\cdots,n)$ 相对所有 n 个 DMUs 的相对效率，Charnes 等（1978）提出了在规模报酬不变条件下计算其相对效率的 CCR 模型：

$$e_d^* = \text{Max} \frac{\sum_{r=1}^{s} \mu_r y_{rd}}{\sum_{i=1}^{m} w_i x_{id}}$$

$$\text{s.t.} \quad \frac{\sum_{r=1}^{s} \mu_r y_{rj}}{\sum_{i=1}^{m} w_i x_{ij}} \leqslant 1, \quad j=1,2,\cdots,n \quad (8.1)$$

$$\mu_r, w_i \geqslant 0, \quad r=1,2,\cdots,s; i=1,2,\cdots,m$$

在模型（8.1）中，μ_r 和 w_i 分别表示第 r 个输出和第 i 个输入的相对重要性权重，由被评价 $DMU_d(d=1,2,\cdots,n)$ 决定。通过求解模型（8.1），$DMU_d(d=1,2,\cdots,n)$ 将选择一组最优的权重使其自身的相对效率值达到最大，而使用同样的权重时其他 DMUs 的相对效率值都不大于 1。注意到，模型（8.1）是一个非线性的分式规划模型，通过 C-C 变换（Charnes and Cooper, 1962），即令 $\tau = 1/\sum_{i=1}^{m} w_i x_{id}$、$\hat{\mu}_r = \tau \cdot \mu_r$ 和 $\hat{w}_i = \tau \cdot w_i$，可以改写成一个等价的线性规划问题。

$$e_d^* = \text{Max} \sum_{r=1}^{s} \hat{\mu}_r y_{rd}$$

$$\text{s.t.} \quad \sum_{i=1}^{m} \hat{w}_i x_{id} = 1,$$

$$\sum_{r=1}^{s} \hat{\mu}_r y_{rj} - \sum_{i=1}^{m} \hat{w}_i x_{ij} \leq 0, \quad j=1,2,\cdots,n \quad (8.2)$$

$$\hat{\mu}_r, \hat{w}_i \geq 0, \quad r=1,2,\cdots,s; i=1,2,\cdots,m$$

求解模型（8.2），可以得到一组最优解。进一步地，可以得到 $DMU_d(d=1,2,\cdots,n)$ 的最优相对效率水平。注意到，这个相对效率水平的取值范围在 0~1，且当 $e_d^* = 1$ 时 $DMU_d(d=1,2,\cdots,n)$ 被视作有效，相反地，如果 $e_d^* < 1$ 则认为该 DMU 无效。

现在给定一项固定成本总额 R，且将由所有 n 个 DMUs 共同承担。不失一般性，每个 $DMU_j(j=1,2,\cdots,n)$ 将承担一定比例的固定成本 $\lambda_j \geq 0$，并使得

$$R_j = \lambda_j R, \sum_{j=1}^{n} \lambda_j = 1 \quad (8.3)$$

显然地，通过简单的数学计算有 $\sum_{j=1}^{n} R_j = R, R_j \geq 0$，即当式（8.3）成立时，所有 DMUs 将承担全部固定成本。进一步地，我们可以将分摊的固定成本引入效率评价中。为此，我们将分摊的固定成本视作一种新的投入[读者可参见 Li 等（2009）、Lin 和 Chen（2017），其中，分摊的固定成本被视作现有成本的补充]。于是，在以往的方法里，模型（8.4）就可以被用于评价各 DMU 在分摊固定成本后的最大可能相对效率值：

$$E_d^* = \text{Max} \frac{\sum_{r=1}^{s} \mu_r y_{rd}}{\sum_{i=1}^{m} w_i x_{id} + w_{m+1} R_d}$$

$$\text{s.t.} \quad \frac{\sum_{r=1}^{s}\mu_r y_{rj}}{\sum_{i=1}^{m}w_i x_{ij}+w_{m+1}R_j} \leqslant 1, \quad j=1,2,\cdots,n$$

$$\sum_{j=1}^{n}R_j = R,$$

$$w_{m+1}>0, \ \mu_r,w_i,R_j \geqslant 0, \quad r=1,2,\cdots,s; i=1,2,\cdots,m; j=1,2,\cdots,n$$

(8.4)

在模型（8.4）中，我们对分摊的固定成本赋予了一个非负的权重 $w_{m+1}>0$。进一步地，令 $t=1\Big/\left(\sum_{i=1}^{m}w_i x_{id}+w_{m+1}R_d\right)$，$u_r=t\cdot\mu_r$，$v_i=t\cdot w_i$ 及 $r_j=v_{m+1}\cdot R_j$，模型（8.4）可以等价地改写成模型（8.5）。

$$E_d^* = \text{Max} \sum_{r=1}^{s} u_r y_{rd}$$

$$\text{s.t.} \quad \sum_{i=1}^{m} v_i x_{id} + r_d = 1,$$

$$\sum_{r=1}^{s} u_r y_{rj} - \sum_{i=1}^{m} v_i x_{ij} - r_j \leqslant 0, \quad j=1,2,\cdots,n \quad (8.5)$$

$$\sum_{j=1}^{n} r_j = v_{m+1} R,$$

$$v_{m+1}>0, \ u_r,v_i,r_j \geqslant 0, \quad r=1,2,\cdots,s; i=1,2,\cdots,m; j=1,2,\cdots,n$$

8.2.2 非自利原则与成立条件

回顾 8.2.1 小节中将分摊的固定成本代入相对效率评价的方法不难发现，每个 DMU 在极大化其分摊后的相对效率时,对于相对权重和分摊方案的选择没有任何约束。也就是说，所有能够分摊全部固定成本的分摊方案都是可行的，因而对应的效率水平也是可能的。但是，很直观的结论是，很多分摊方案并不实用也不可行，也就是说，某个 DMU 在使用极端分摊方案使其自身效率达到最大时，这样的效率水平是伪效率，难以被其他 DMUs 认可。例如，我们考虑这样一个特殊例子，某个 DMU 让其自身承担极其小（无限接近于零）的固定成本额，而余下 DMUs 平均分摊剩下的几乎全部的固定成本。那么，不难发现，该 DMU 在分摊固定成本后的相对效率可能达到 1。毫无疑问，这样的相对效率值是在极端分摊方案下得到的，而这样的分摊方案也是极端不公平的，由于这样的分摊方案得不到其他

DMUs 的认可，自然由此得到的效率值也不具有认可度。

有鉴于此，我们认为，每个 DMU 在利用固定成本分摊方案极大化其自身相对效率时，必须对分摊方案加以约束，如此得到的相对效率值才不会是空中楼阁，才具有现实意义与可行性。在本章中，我们提出一种非自利原则，且只有满足非自利原则的分摊方案才是可行的分摊方案，因为其在一定程度上保障了竞争对手的效用。非自利原则定义如下。

定义 8.1 对某个 $\text{DMU}_d(d=1,2,\cdots,n)$ 而言，其提出的固定成本分摊方案被视作非自利的，当且仅当该方案下，其自身分摊到所有 DMUs 中最大的固定成本额。对应的分摊方案就是该 DMU 的非自利原则下的分摊方案。

需要注意的是，这里的非自利原则主要基于固定成本分摊方案，而不是分摊方案对应的相对效率值。这是因为，一方面，本章研究的固定成本分摊问题中，成本分摊额是直接目标，而相对效率值是成本分摊额导致的间接结果，约束成本分摊额在一定程度上也就约束了相对效率值（即后文的非自利效率约束）；另一方面，成本分摊额的比较可以显式表达，而在没能确定固定成本分摊方案的前提下难以进行相对效率值的显式比较。

直观地，非自利原则的内涵就是，$\text{DMU}_d(d=1,2,\cdots,n)$ 将固定成本总额 R 分作 n 份，而每个 DMU 承担其中的一份。为保证 $\text{DMU}_d(d=1,2,\cdots,n)$ 在提出分摊方案时的公平公正性，或者说 $\text{DMU}_d(d=1,2,\cdots,n)$ 不能提出一个自私的分摊方案满足自身利益而让其他 DMUs 受损，就必须让其他 DMUs 先选择，而 $\text{DMU}_d(d=1,2,\cdots,n)$ 承担最后一份固定成本。如果所有 DMUs 都是理性的，那么必然地，最后一份固定成本额是最大的，因而非自利原则的内涵就是，提出分摊方案的那个 DMU，为证明其分摊方案不自私自利，就必须承担最多的固定成本。这样的固定成本分摊方案不自私自利，在一定程度上保障了其他 DMUs 的相对效用，因而容易被所有 DMUs 接受和认可，或者至少该 DMU 自身分摊的固定成本额能够被所有 DMUs 接受。如果用 R_j^d 表示 $\text{DMU}_d(d=1,2,\cdots,n)$ 提出的分摊方案里 $\text{DMU}_j(j=1,2,\cdots,n)$ 分摊到的固定成本额，对应的非自利原则就可以用式（8.6）表示：

$$R_d^d \geqslant R_j^d, \quad j=1,2,\cdots,n; j \neq d \qquad (8.6)$$

进一步地，基于式（8.6）的非自利原则，$\text{DMU}_d(d=1,2,\cdots,n)$ 也会试图极大化其自身的相对效率水平。基于此，我们可以用模型（8.7）计算非自利原则下各个 DMU 分摊固定成本后可能的相对效率值：

$$\hat{E}_d^* = \text{Max} \frac{\sum_{r=1}^{s} \mu_r y_{rd}}{\sum_{i=1}^{m} w_i x_{id} + w_{m+1} R_d^d}$$

$$\text{s.t.} \quad \frac{\sum_{r=1}^{s} \mu_r y_{rj}}{\sum_{i=1}^{m} w_i x_{ij} + w_{m+1} R_j^d} \leqslant 1, \quad j=1,2,\cdots,n \quad (8.7)$$

$$\sum_{j=1}^{n} R_j^d = R$$

$$R_d^d \geqslant R_j^d, \quad j=1,2,\cdots,n; j \neq d$$

$$w_{m+1} > 0, \quad \mu_r, w_i, R_j^d \geqslant 0, \quad r=1,2,\cdots,s; i=1,2,\cdots,m; j=1,2,\cdots,n$$

模型（8.7）就是在模型（8.4）上加入了非自利原则的约束。也就是说，每个 DMU 在选择相对权重和分摊方案极大化其自身的相对效率水平时，必须保证其自身分摊到最多的固定成本，只有这样，选择的固定成本分摊方案才具有被其他 DMUs 接受的可能，因而对应的相对效率值也必然是可行的。

如前文一样，我们需要通过 C-C（Charnes and Cooper，1962）和变量替换将模型（8.7）变成一个可直接求解的线性规划模型。令 $t = 1 \Big/ \left(\sum_{i=1}^{m} w_i x_{id} + w_{m+1} R_j^d \right)$，$u_r = t \cdot \mu_r$，$v_i = t \cdot w_i$ 及 $r_j^d = v_{m+1} \cdot R_j^d$，于是有

$$\hat{E}_d^* = \text{Max} \sum_{r=1}^{s} u_r y_{rd}$$

$$\text{s.t.} \quad \sum_{i=1}^{m} v_i x_{id} + r_d^d = 1,$$

$$\sum_{r=1}^{s} u_r y_{rj} - \sum_{i=1}^{m} v_i x_{ij} - r_j^d \leqslant 0, \quad j=1,2,\cdots,n \quad (8.8)$$

$$\sum_{j=1}^{n} r_j^d = v_{m+1} R,$$

$$r_d^d \geqslant r_j^d, \quad j=1,2,\cdots,n; j \neq d$$

$$v_{m+1} > 0, \quad u_r, v_i, r_j^d \geqslant 0, \quad r=1,2,\cdots,s; i=1,2,\cdots,m; j=1,2,\cdots,n$$

易证明，模型（8.8）总是可行的，这里不予赘述。于是对 $\text{DMU}_d (d=1,2,\cdots,n)$ 而言，求解模型（8.8）可以得到一组最优解 $\left(u_r^{d*}, v_i^{d*}, v_{m+1}^{d*}, r_j^{d*}, \forall r,i,j \right)$。在此基础上，可以得到一组满足非自利原则的固定成本分摊方案，即 $R_j^{d*} = r_j^{d*} / v_{m+1}^{d*} (d, j=1, 2, \cdots, n)$，以及该非自利原则下的分摊方案随之带来的 $\text{DMU}_d (d=1,2,\cdots,n)$ 的最大

相对效率值 $\hat{E}_d^*(d=1,2,\cdots,n)$。注意到，此时的相对效率 $\hat{E}_d^*(d=1,2,\cdots,n)$ 和分摊方案 $R_j^{d*}(d,j=1,2,\cdots,n)$ 是从 $\text{DMU}_d(d=1,2,\cdots,n)$ 的角度得到的，且该分摊方案能够使 $\text{DMU}_d(d=1,2,\cdots,n)$ 的相对效率达到最大。此时的分摊方案非常具有可行性，或者说，$\text{DMU}_d(d=1,2,\cdots,n)$ 对于其自身分摊的固定成本额 $R_d^{d*}(d=1,2,\cdots,n)$ 一定能够被其他 DMUs 接受和认可。在此基础上，我们就可以把 $R_d^{d*}(d=1,2,\cdots,n)$ 作为每个 DMU 非自利原则下的分摊基准，每个理性的 DMU 都不会愿意承担更多的成本。同样地，此时的效率值 $\hat{E}_d^*$ 也是各个 DMU 相对效率水平的基准，每个 DMU 都希望在分摊固定成本之后获得更大的相对效率值。

我们用 Beasley（2003）的小算例来说明非自利原则对于固定成本分摊问题的作用。数据如表 8.1 所示，这里有 5 个 DMUs 共享一个通信电缆，每个 DMU 有 3 种产出，但不存在除固定成本外的其他投入。待分摊的固定成本总额是 100。通过分别求解不考虑非自利原则的模型（8.5）和考虑非自利原则的模型（8.8），我们可以得到两组不同的相对效率值与分摊矩阵的结果，如表 8.2 所示。

表8.1　小算例数据

DMUs	产出 1	产出 2	产出 3
1	10	40	4
2	5	5	2
3	27	10	1
4	4	7	5
5	15	5	7

表8.2　模型（8.5）和模型（8.8）的求解结果

模型	DMUs	E_d^*	R_1^{d*}	R_2^{d*}	R_3^{d*}	R_4^{d*}	R_5^{d*}
模型（8.5）	1	1.000	0.223	25.514	25.942	25.499	22.822
	2	1.000	24.774	0.233	24.107	25.423	25.463
	3	1.000	22.493	25.169	0.208	25.164	26.966
	4	1.000	26.078	25.804	24.386	0.142	23.591
	5	1.000	27.656	23.207	22.326	26.641	0.170
模型（8.8）	1	1.000	31.301	17.481	16.286	16.695	18.238
	2	0.345	20.976	20.976	20.976	16.097	20.976
	3	1.000	17.104	17.492	30.007	15.891	19.505
	4	0.754	22.876	16.696	14.677	22.876	22.876
	5	1.000	19.397	17.582	16.194	20.505	26.322

从表 8.2 的结果可以发现，在不考虑非自利原则时，每个 DMU 通过选择最优

的权重和分摊方案,都可以使其自身的效率值达到最大值 1。但是,如果我们考虑了非自利原则,此时,DMUs 对于分摊方案的选取就受到了非自利性的约束,因而其效率水平也会受到影响。具体地,DMU_2 和 DMU_4 两个决策由于受到非自利原则的约束,在各自最优的分摊方案中分别承担了数额为 20.976 和 22.876 的固定成本,而其最大的相对效率水平也分别仅为 0.345 和 0.754。更重要的是,是否考虑非自利原则对于分摊方案影响巨大。在不考虑非自利原则时,5 个 DMUs 在分别极大化其自身的相对效率时,都会给其自身分摊一个极其小的固定成本额,分别是 0.223、0.233、0.208、0.142 与 0.170,而为了保证分摊全部固定成本,其余 DMUs 就会承担非常多的成本(都大于 22)。很显然,所有 DMUs 的最优分摊方案都非常极端,也非常不公平。与此相反,当我们考虑了非自利原则时,5 个 DMUs 在分别极大化其自身的相对效率时,都会承担最多的成本,分别是 31.301、20.976、30.007、22.876 及 26.322。很显然,将非自利原则考虑在内,我们不仅避免了许多极端不公平的分摊方案,也使得 DMUs 之间的最大和最小成本差额降低了,因而每个 DMU 各自提出的分摊方案的接受度提高了,能够更容易被所有 DMUs 接受。

此外,给定表 8.2 中的分摊结果,我们还可以计算交叉评价的相对效率水平,结果如表 8.3 所示。在传统的不考虑非自利原则的方法下,每个 DMU 都能独自使其自身的效率水平达到最大,且等于 1,但其余 DMUs 的相对效率值极其小。例如,DMU_1 的分摊方案对 5 个 DMUs 分摊的固定成本额分别是 0.223、25.514、25.942、25.499 与 22.822,这虽然使得 DMU_1 的相对效率值达到了 1,但其余 4 个 DMU 的相对效率值分别只有 0.004 4、0.023 2、0.010 9 及 0.017 1。相反,在考虑了非自利原则之后,所有 DMUs 分摊后的相对效率都不会太低。再次观察 DMU_1 可以发现,此时其自身的最优效率还是 1,但其余 4 个 DMUs 的相对效率分别是 0.424 3、1、0.895 8 和 1。

表8.3 (非)自利原则分摊情形下的交叉效率评价结果

DMUs	自利原则分摊情形					非自利原则分摊情形				
	1	2	3	4	5	1	2	3	4	5
1	1.000 0	0.004 4	0.023 2	0.010 9	0.017 1	1.000 0	0.424 3	1.000 0	0.895 8	1.000 0
2	0.075 2	1.000 0	0.052 1	0.022 9	0.032	1.000 0	0.344 6	1.000 0	0.982 3	1.000 0
3	0.037 0	0.016 5	1.000 0	0.041 4	0.054	1.000 0	0.386 2	1.000 0	0.911 3	1.000 0
4	0.031 1	0.006 9	0.039 2	1.000 0	0.022 5	1.000 0	0.460 4	1.000 0	0.753 8	1.000 0
5	0.049 2	0.007 3	0.015 2	0.008 9	1.000 0	1.000 0	0.466 8	1.000 0	0.936 5	1.000 0

注:同一行的效率值结果由同一个 DMU 决定

无论是表 8.2 的分摊结果还是表 8.3 的交叉效率评价结果,都表明非自利原则会使得固定成本分摊问题产生巨大变化,说明非自利不是不重要的细枝末节,而应该是主干。并且，因为非自利原则的理论内涵非常符合现实问题，具有普遍的现实意义，所以对固定成本分摊问题具有重大作用，应当在固定成本分摊问题上予以着重考虑。在此背景下，我们认为，基于非自利原则的固定成本分摊方法具有重大应用价值和理论意义。8.2.3 小节将建立基于非自利原则的固定成本分摊模型。

8.2.3 基于非自利原则的固定成本分摊模型

对所有DMUs而言，它们都希望分摊到越少的成本越好。同时，它们也希望尽可能地提升其相对效率。因此，在非自利原则下，我们可以把 8.2.2 小节里得到的非自利原则下分摊的固定成本额 $R_j^{j*}(j=1,2,\cdots,n)$ 和非自利效率 $\hat{E}_j^*(j=1,2,\cdots,n)$ 分别作为各个 DMU 的成本和效率基准。这也就是说，每个 DMU 都希望分摊到一个不多于 $R_j^{j*}(j=1,2,\cdots,n)$ 的固定成本，并达到一个不小于 $\hat{E}_j^*(j=1,2,\cdots,n)$ 的效率水平。因此，我们希望通过极大化所有 DMUs 的效率增加值来得到最终的固定成本分摊方案，如模型（8.9）所示。

$$\rho = \text{Max} \sum_{j=1}^{n} \alpha_j$$

$$\text{s.t.} \quad \frac{\sum_{r=1}^{s} \mu_r y_{rj}}{\sum_{i=1}^{m} w_i x_{ij} + w_{m+1} R_j} = \hat{E}_j^* + \alpha_j, \quad j=1,2,\cdots,n$$

$$\hat{E}_j^* \leq \frac{\sum_{r=1}^{s} \mu_r y_{rj}}{\sum_{i=1}^{m} w_i x_{ij} + w_{m+1} R_j} \leq 1, \quad j=1,2,\cdots,n \quad (8.9)$$

$$\sum_{j=1}^{n} R_j = R, \quad j=1,2,\cdots,n$$

$$R_j \leq R_j^{j*}, \quad j=1,2,\cdots,n$$

$$w_{m+1} > 0, \quad \mu_r, w_i, R_j, \alpha_j \geq 0, \quad r=1,2,\cdots,s; i=1,2,\cdots,m; j=1,2,\cdots,n$$

在模型（8.9）中，未知变量 α_j 表示 $\text{DMU}_j(j=1,2,\cdots,n)$ 的效率增加值。因此，模型（8.9）的目标函数就是同时极大化所有 DMUs 的效率增加值。此外，在模型（8.9）中，第一个约束定义了分摊后的效率；第二个约束则限制了固定成本分摊后效率水平的范围，即不小于非自利效率 $\hat{E}_j^*(j=1,2,\cdots,n)$，但也不大于效率上限值 1；第三个约束条件保证所有成本被全部分摊；第五个约束条件则是非自利原则在分摊成本上的体现。

然而，模型（8.9）的一个问题在于，其难以直接线性化，也难以直接求解。因此，我们借鉴 Lotfi 等（2013）和 Hatami-Marbini 等（2015）的思路，并结合目标规划方法给出与模型（8.9）具有相似内涵的模型。由于在模型（8.9）中，$\hat{E}_j^*(j=1,2,\cdots,n)$ 是已知的，极大化所有 DMUs 的效率增加值 $\sum_{j=1}^n \alpha_j$ 就等于极大化所有 DMUs 的效率 $\sum_{j=1}^n (\hat{E}_j^* + \alpha_j)$。对每个 $\mathrm{DMU}_j(j=1,2,\cdots,n)$ 而言，要极大化其效率水平 $\sum_{r=1}^s \mu_r y_{rj} \Big/ \left(\sum_{i=1}^m w_i x_{ij} + w_{m+1} R_j\right)$，要么增加其分子的累积产出 $\sum_{r=1}^s \mu_r y_{rj}$，要么减少其分母的累计投入 $\left(\sum_{i=1}^m w_i x_{ij} + w_{m+1} R_j\right)$。有鉴于此，我们就可以引入一系列目标偏差变量 ϕ_j^- 和 ϕ_j^+，从而使得 $\mathrm{DMU}_j(j=1,2,\cdots,n)$ 在增加产出 ϕ_j^+ 和减少投入 ϕ_j^- 后能达到有效生产前沿面（即目标效率水平 $\hat{E}_j^* + \alpha_j = 1$）。显然地，偏差变量越小，固定成本分摊后的效率水平就越高；反之，效率水平就越低。如此，模型（8.9）就可以改写成一个目标规划模型，如模型（8.10）所示。

$$\begin{aligned}
&\mathrm{Min} \sum_{j=1}^n \left(\phi_j^+ + \phi_j^-\right) \\
&\mathrm{s.t.}\ \frac{\sum_{r=1}^s \mu_r y_{rj} + \phi_j^+}{\sum_{i=1}^m w_i x_{ij} + w_{m+1} R_j - \phi_j^-} = 1,\quad j=1,2,\cdots,n \\
&\hat{E}_j^* \leqslant \frac{\sum_{r=1}^s \mu_r y_{rj}}{\sum_{i=1}^m w_i x_{ij} + w_{m+1} R_j} \leqslant 1,\quad j=1,2,\cdots,n \\
&\sum_{j=1}^n \left(\sum_{i=1}^m w_i x_{ij} + w_{m+1} R_j\right) = 1 \\
&\sum_{j=1}^n R_j = R,\quad j=1,2,\cdots,n \\
&R_j \leqslant R_j^{j*},\quad j=1,2,\cdots,n \\
&w_{m+1} > 0,\quad \mu_r, w_i, R_j, \phi_j^+, \phi_j^- \geqslant 0,\quad r=1,2,\cdots,s; i=1,2,\cdots,m; j=1,2,\cdots,n
\end{aligned} \quad (8.10)$$

模型（8.10）同时结合了 DEA 方法和目标规划方法。其中，目标是所有 DMUs 都达到效率值为 1，而实现函数（achievement function）就是所有 DMUs 都达到效率值为1的偏差变量之和。特别地，在模型（8.10）中，我们加入了一个新的约束条件，即 $\sum_{j=1}^{n}\left(\sum_{i=1}^{m}w_i x_{ij}+w_{m+1}R_j\right)=1$，其主要是用来规避琐碎解，因为当权重变量取值极其小时（无限接近于零），模型（8.10）的目标函数有可能极其小（无限接近于零），这会误导我们的结论。此外，给定所有偏差变量非负，可以发现，模型（8.10）中第二个约束的右半部分必然成立，故可以略去。随后，令 $w_{m+1}R_j = r_j(j=1,2,\cdots,n)$，并代入模型（8.10）可以得到模型（8.11）：

$$\text{Min} \sum_{j=1}^{n}\left(\phi_j^+ + \phi_j^-\right)$$

s.t. $\sum_{r=1}^{s}\mu_r y_{rj} + \phi_j^+ = \sum_{i=1}^{m}w_i x_{ij} + r_j - \phi_j^-, \quad j=1,2,\cdots,n$

$\sum_{r=1}^{s}\mu_r y_{rj} - \hat{E}_j^*\left(\sum_{i=1}^{m}w_i x_{ij} + r_j\right) \geqslant 0, \quad j=1,2,\cdots,n$

$\sum_{j=1}^{n}\left(\sum_{i=1}^{m}w_i x_{ij} + r_j\right) = 1$ （8.11）

$\sum_{j=1}^{n}r_j = w_{m+1}R, \quad j=1,2,\cdots,n$

$r_j \leqslant w_{m+1}R_j^{j*}, \quad j=1,2,\cdots,n$

$w_{m+1} > 0, \quad \mu_r, w_i, r_j, \phi_j^+, \phi_j^- \geqslant 0, \quad r=1,2,\cdots,s; i=1,2,\cdots,m; j=1,2,\cdots,n$

注意到，通过变量替换 $\phi_j^+ + \phi_j^- = \phi_j(j=1,2,\cdots,n)$，模型（8.11）还可以进一步化简。如此，我们就可以得到一个新的线性规划模型，如模型（8.12）所示。

$$\text{Min} \sum_{j=1}^{n}\phi_j$$

s.t. $\sum_{r=1}^{s}\mu_r y_{rj} + \phi_j = \sum_{i=1}^{m}w_i x_{ij} + r_j, \quad j=1,2,\cdots,n$

$\sum_{r=1}^{s}\mu_r y_{rj} - \hat{E}_j^*\left(\sum_{i=1}^{m}w_i x_{ij} + r_j\right) \geqslant 0, \quad j=1,2,\cdots,n$

$\sum_{j=1}^{n}\left(\sum_{i=1}^{m}w_i x_{ij} + r_j\right) = 1$ （8.12）

$\sum_{j=1}^{n}r_j = w_{m+1}R, \quad j=1,2,\cdots,n$

$r_j \leqslant w_{m+1}R_j^{j*}, \quad j=1,2,\cdots,n$

$w_{m+1} > 0, \quad \mu_r, w_i, r_j, \phi_j \geqslant 0, \quad r=1,2,\cdots,s; i=1,2,\cdots,m; j=1,2,\cdots,n$

不难发现，模型（8.10）总存在可行解。同样地，模型（8.12）也总能得到最优解。假设模型（8.12）的最优解是 $\left(\mu_r^*, w_i^*, w_{m+1}^*, \phi_j^*, r_j^*, \forall r, i, j\right)$，那么，在非自利原则下的最优固定成本分摊方案就是 $R_j^* = r_j^* / w_{m+1}^* \ (j = 1, 2, \cdots, n)$。

8.3 交通领域固定成本分析应用研究

在本节中，我们首先把非自利原则下的固定成本分摊方法运用到 Cook 和 Kress（1999）的经典算例问题，并与其他类似的固定成本分摊方法对比，以凸显非自利原则下的固定成本分摊方法的特点和优势。其次，我们继续运用非自利原则下固定成本分摊方法以解决关于 9 个运输队间的公共成本分摊的实际问题。

8.3.1 算例应用与对比分析

本算例来源于 Cook 和 Kress（1999），其数据如表 8.4 所示。具体地，存在 12 个 DMUs，以及 3 种投入和 2 种产出。需要解决的问题是将总额为 100 的固定成本公平地分摊给 12 个 DMUs。

表8.4 算例数据

DMUs	投入 1	投入 2	投入 3	产出 1	产出 2
1	350	39	9	67	751
2	298	26	8	73	611
3	422	31	7	75	584
4	281	16	9	70	665
5	301	16	6	75	445
6	360	29	17	83	1 070
7	540	18	10	72	457
8	276	33	5	78	590
9	323	25	5	75	1 074
10	444	64	6	74	1 072
11	323	25	5	25	350
12	444	64	6	104	1 199

首先，我们求解模型（8.2）得到未考虑固定成本之前的传统的 CCR 效率，如表 8.5 第二列所示。不难发现，此时有 5 个 DMUs 相对有效（DMU$_4$、DMU$_5$、DMU$_8$、DMU$_9$、DMU$_{12}$），而其余 7 个 DMUs 无效。其次，我们求解模型（8.8）可以得到非自利原则下各个 DMU 最有利的分摊结果，如表 8.6 所示。此时，每个 DMU 在其自身的分摊方案里都承担了最多的成本。例如，DMU$_{12}$ 提出了一个分摊方案（8.60, 8.37, 7.41, 8.57, 7.60, 8.80, 6.85, 8.14, 9.50, 9.16, 7.05, 9.94），其中，其自身分摊到的固定成本额是 9.94，而其他 11 个 DMUs 分摊到的固定成本额都小于 9.94。与此类似，DMU$_2$ 的分摊方案里有多个最大的固定成本额 9.72，而这个最大的固定成本额同时由 5 个 DMUs 承担（DMU$_2$、DMU$_4$、DMU$_5$、DMU$_6$ 及 DMU$_8$），而同样的情形还发生在 DMU$_1$、DMU$_3$、DMU$_7$、DMU$_{10}$ 和 DMU$_{11}$ 共 5 个 DMUs 身上。

表8.5 相对效率评价结果

DMUs	分摊前初始效率	分摊后相对效率	
		独立非自利原则分摊	最终非自利原则分摊
1	0.756 7	0.782 5	0.940 3
2	0.923 0	0.945 3	0.982 1
3	0.747 0	0.892 1	0.983 1
4	1.000 0	1.000 0	1.000 0
5	1.000 0	1.000 0	1.000 0
6	0.961 2	1.000 0	1.000 0
7	0.860 4	0.944 5	1.000 0
8	1.000 0	1.000 0	1.000 0
9	1.000 0	1.000 0	1.000 0
10	0.831 8	0.894 1	0.929 7
11	0.333 3	0.333 3	0.748 8
12	1.000 0	1.000 0	1.000 0

表8.6 各个DMU独立的非自利原则分摊方案

DMUs	负责分摊的 DMUs											
	1	2	3	4	5	6	7	8	9	10	11	12
1	9.76	7.15	7.93	7.37	7.08	7.85	7.61	7.67	7.31	7.79	6.69	8.60
2	8.83	9.72	8.43	8.50	8.60	8.40	8.40	9.18	7.65	7.58	7.45	8.37
3	6.75	7.26	8.95	6.87	8.48	8.25	8.33	6.93	7.67	7.71	7.34	7.41
4	9.30	9.72	8.58	11.35	8.99	8.70	8.63	8.56	8.02	7.68	7.95	8.57
5	8.95	9.72	8.95	10.86	10.65	9.21	8.98	10.09	7.96	7.32	10.26	7.60
6	9.76	9.72	8.95	9.33	7.87	9.22	8.98	7.66	7.06	8.64	7.11	8.80

续表

DMUs	负责分摊的 DMUs											
	1	2	3	4	5	6	7	8	9	10	11	12
7	5.15	6.36	8.66	7.61	8.31	8.38	8.98	6.34	8.59	7.94	6.69	6.85
8	9.76	9.72	8.51	7.48	9.10	8.39	8.48	11.43	7.81	7.75	9.91	8.14
9	9.76	9.56	8.45	10.30	9.54	8.95	8.63	9.32	11.50	10.00	10.31	9.50
10	6.61	6.39	7.01	7.47	6.99	6.99	7.34	6.61	8.90	10.26	6.63	9.16
11	5.58	5.92	6.60	5.47	5.97	6.67	6.68	6.12	7.66	7.07	10.31	7.05
12	9.76	8.78	8.95	7.39	8.41	8.98	8.95	10.08	9.86	10.26	9.35	9.94

此外，通过将分摊的成本代入效率评价中去，除了 5 个相对有效 DMUs（DMU_4、DMU_5、DMU_8、DMU_9、DMU_{12}）和最无效的 DMU_{11}，其他 DMUs 的相对效率都比 CCR 效率大，都能通过分摊固定成本得到提升。注意到，5 个相对有效 DMUs 不能提升其效率只是因为它们已经达到了最大效率值，而 DMU_{11} 不能提升其效率是因为其原本效率最低，而在其非自利原则下的分摊方案里自身又因为分摊了最多的成本而进一步降低了潜力。由此可见，在非自利原则下，并非所有非有效 DMUs 都能独自提升其效率水平。

进一步地，我们希望通过求解模型（8.12）得到最终的固定成本分摊方案。此时，模型（8.12）的最优目标函数是 0.024 126>0，这也意味着所有 DMUs 都有可能在非自利效率的基础上进一步提升其相对效率值，却不会都增大到相对效率值为 1 的有效状态。最终的固定成本分摊方案在表 8.7 的第二列，而此时所有 DMUs 在公共权重下的相对效率水平如表 8.5 最后一列所示。给定最终的分摊方案（6.513 3，8.934 8，8.616 0，9.673 9，10.649 0，9.223 8，8.983 6，9.006 2，10.961 7，5.467 9，2.032 4，9.937 5），所有非自利效率值未达到 1 的 DMUs 都能进一步提升其相对效率水平，这也说明该方案具有被接受的可能。为便于比较，Cook 和 Kress（1999）、Beasley（2003）、Cook 和 Zhu（2005）、Amirteimoori 和 Kordrostami（2005）、Lin（2011）、Lotfi 等（2013）、Li 等（2013）、Du 等（2014）、Li 等（2017）及 Li 等（2018）的分摊结果也在表 8.7 中给出，并分别表示为 CK、B、CZ、AK、L、LH、LY、DC、LS 及 LZ。

表8.7　不同方法的固定成本分摊结果

DMUs	本章结果	效率不变性方法					效率极大化方法				
		CK	CZ	AK	L	LS	B	LH	LY	DC	LZ
1	6.513 3	14.52	11.22	8.219 6	5.695 55	8.770 3	6.78	8.199	6.383 9	5.79	5.538 0
2	8.934 8	6.74	0	6.858 2	9.244 32	7.877 1	7.21	7.462	7.421 9	7.95	7.532 7
3	8.616 0	9.32	16.95	9.497 2	5.478 25	9.973 1	6.83	4.284	6.682 7	6.54	7.350 9

续表

DMUs	本章结果	效率不变性方法					效率极大化方法				
		CK	CZ	AK	L	LS	B	LH	LY	DC	LZ
4	9.673 9	5.60	0	6.324 2	10.163 7	6.970 5	8.47	9.301	8.832 7	11.10	7.873 6
5	10.649 0	5.79	0	6.676 8	7.081 63	7.460 5	7.08	4.807	7.633 5	8.69	6.377 6
6	9.223 8	8.15	15.43	8.381 7	4.933 96	8.634 2	10.06	15.370	9.698 9	13.49	11.499 3
7	8.983 6	8.86	0	11.738 9	8.394 39	8.332 0	5.09	0	4.276 5	7.10	5.901 2
8	9.006 2	6.26	0	6.487 9	7.334 35	7.732 6	7.74	7.339	8.352 6	6.83	7.770 5
9	10.961 7	7.31	17.62	7.291 2	2.922 89	7.423 4	15.11	16.330	15.871 0	16.68	11.899 7
10	5.467 9	10.08	21.15	10.612 5	3.507 46	8.919 2	10.08	11.598	9.751 0	5.42	11.378 5
11	2.032 4	7.31	17.62	7.288 5	2.922 88	7.570 0	1.58	0	0.455 0	0	2.735 1
12	9.937 5	10.08	0	10.623 3	32.320 62	10.335 1	13.97	15.310	14.640 4	10.41	14.142 9
差距	8.929 3	8.92	9.93	5.414 7	29.397 74	3.364 6	13.53	16.330	15.416 0	16.68	11.407 8

观察表 8.7 中不同方法的固定成本分摊结果，可以发现，绝大多数方法，包括本章的方法，都给每个 DMU 分摊了一个正的固定成本额。按照 Cook 和 Kress（1999）的观点，如果某个分摊方案里有零成本的分摊结果，则该分摊方案不具有可行性。这是因为零成本就意味着免除了对应 DMUs 的成本承担责任，很显然这是不公平的，就难以被所有 DMUs 接受和认可。有鉴于此，非自利原则下固定成本分摊方法能够得到全部为正值的分摊方案，因而其就非常合理，能够得到所有 DMUs 的认可。

和许多同类研究一样，我们接下来将焦点放在两组 DMUs 上，即 DMU_9 和 DMU_{11}，以及 DMU_{10} 和 DMU_{12}。这两组 DMUs 都是使用相同的投入，却得到了不同的产出。观察表 8.7 中的结果可以发现，某些方法对于这两组 DMUs 缺乏区分度，即它们对这两组 DMUs 都分摊了非常接近甚至相同的固定成本额，这些方法包括 Cook 和 Kress（1999）、Cook 和 Zhu（2005）、Amirteimoori 和 Kordrostami（2005）、Lin（2011）及 Li 等（2017）。值得注意的是，这是诸多效率不变性方法的一个共性不足（Beasley，2003），而对于效率极大化方法则不存在这个问题。我们基于非自利原则的固定成本分摊方法正是基于效率极大化准则，因此分摊给这两组 DMUs 的固定成本额完全不一样：R_9=11.403 3，R_{10}=4.722 8，R_{11}=0.878 7 及 R_{12}=10.148 2。

所有基于 DEA 理论的固定成本分摊方法都可以根据其对分摊前后效率的态度分为两类，即效率不变性方法和效率极大化方法。前文提到的 Cook 和 Kress（1999）、Cook 和 Zhu（2005）、Amirteimoori 和 Kordrostami（2005）、Lin（2011）及 Li 等（2017）都属于效率不变性方法，而表 8.7 中的其余方法都归属于效率极大化方法。尽管效率不变性方法倾向得到更小的 DMUs 间最大与最小成本差额（Li et al.,2017），我们基于非自利原则的固定成本分摊方法也能得到非常小的成本差额，且是所有效率极大化方法里最小的，即有 8.929 0 小于 13.53、16.330、15.416 0、16.68 及 11.407 8。因此，我们基于非自利原则的固定成本分摊结果在实施时会面对较少的抵触，因而更容易实施。

更重要的是，本章的方法得到的分摊结果是所有方法里唯一满足非自利原则的方法。由表 8.6 可以知道，12 个 DMUs 独立的非自利原则下的分摊成本分别是 9.76、9.72、8.95、11.35、10.65、9.22、8.98、11.43、11.50、10.26、10.31 及 9.94，因此，每个 DMU 都希望分摊较非自利原则下的分摊结果更少的成本。否则，某个承担了更多成本的 DMU 就会强烈抵触甚至反对相应的分摊方案，并积极推出它的非自利原则下的分摊方案。例如，Li 等（2017）分摊了更多的成本给 DMU_3 和 DMU_{12}（9.973 1>8.95 及 13.335 1>9.94），因此，这两个 DMUs 都有理由反对 Li 等（2017）的分摊结果。同样地，Li 等（2018）分摊了更多的固定成本给 DMU_6、DMU_9、DMU_{10} 和 DMU_{12}。表 8.7 中的所有方法里，只有本章的方法满足非自利原则，且在现有文献里，也只有本书的研究考虑了非自利原则。按照我们前面的阐释，非自利原则对于离散决策情境下的固定成本分摊问题非常重要，因此，我们的方法比其他所有方法都更适合离散决策情境下的固定成本分摊问题。

为更好地体现本章的固定成本分摊方法的特点，我们用表 8.8 来进行归纳比较。此时，我们主要考虑如下问题：是否效率极大化？是否线性规划方法？是否给每个 DMU 正的固定成本分摊额？是否使用公共权重？分摊方案是否唯一？是否满足非自利原则？这六点无疑都是运用 DEA 理论解决固定成本分摊问题的重点，且对于最终得到满意的分摊结果也意义重大。不难发现，本章是唯一满足六种属性的方法，相较其他方法具有较大优势，更具有现实意义。

表8.8 一些固定成本分摊方法的特点

特点	本章	CK	B	CZ	AK	L	LH	LY	DC	LS	LZ
（1）效率极大化	√		√				√	√	√		√
（2）线性规划方法	√	√		√	√	√	√	√	√		√
（3）正的固定成本分摊额	√	√	√		√	√		√			
（4）公共权重	√		√		√	√	√	√	√		
（5）分摊方案唯一	√		√		√	√	√	√			
（6）非自利原则	√										

8.3.2 汽车运输队固定成本分摊结果分析

我们在本小节基于非自利原则进行一个实际问题的研究。该研究包括 9 个独立的汽车运输队，每个运输队属于不同的所有者，但其经营模式非常相近，故而每个运输队都可以视作一个 DMU。面对激烈的市场竞争，9 个运输队希望建立一个联盟，借此增强它们的市场竞争能力，但各自的经营活动仍旧独立，自负盈亏。由于合作关系的建立，必然会产生一些费用。2016 年，共产生 43 万元的公共平台费用。对这 9 个独立的运输队而言，需要解决的重要问题就是，如何分摊 43 万元的公共平台费用。这个实际问题的一个重要特征就是，9 个运输队完全独立，且没有一个中央决策者，从而无法从整体利益最大化来进行成本分摊。此时，我们提出的非自利原则对于离散决策情境下的固定成本分摊问题就显得优势巨大。

我们将每个运输队视作一个 DMU，每个运输队具有 3 种投入和 3 种产出。投入包括：①司机时间，即将司机的工作时间；②车辆数，即标准化的车辆运输能力；③除人力支出外的运营费用，包括各种燃料、维修等成本。产出包括：①运送产品数，即运输货物的标准单位数；②顾客数；③运输距离，即运送顾客的货物所行驶的路程距离。所有的投入和产出变量在表 8.9 中给出，具体数据见表 8.10。

表8.9 投入和产出变量

投入/产出	变量	含义
投入	司机时间（x_1）	司机的工作时间（单位：小时）
	车辆数（x_2）	标准化的车辆运输能力（单位：吨）
	运营费用（x_3）	除人力支出外的运营费用（单位：万元）
产出	运送产品数（y_1）	运输货物的标准单位数（单位：吨）
	顾客数（y_2）	顾客总数（单位：人次）
	运输距离（y_3）	运送顾客的货物所行驶的路程距离（单位：千米）

表8.10 9个运输队的投入产出数据

DMUs	x_1	x_2	x_3	y_1	y_2	y_3
1	28 273.2	90.4	204.504	16 220.870	2 210	1 870 341
2	34 404.8	96.0	132.582	14 981.454	2 632	2 105 535
3	65 944.7	127.5	134.980	36 882.499	3 912	3 390 779
4	31 459.5	50.9	42.110	15 805.016	2 708	3 079 039

续表

DMUs	x_1	x_2	x_3	y_1	y_2	y_3
5	27 117.4	49.8	76.364	10 554.727	1 984	2 098 304
6	67 701.7	192.2	142.345	55 336.271	5 502	5 487 752
7	62 746.3	77.9	161.343	19 647.125	3 842	3 894 381
8	46 646.1	156.4	127.930	34 989.351	3 733	2 946 956
9	53 847.8	82.1	110.238	29 977.251	4 543	2 816 606

根据表 8.10 的数据，我们先计算 9 个运输队的初始相对效率，如表 8.11 第二列所示。可以发现，在规模报酬不变假设下，有 3 个运输队（运输队 4、运输队 6 和运输队 9）有效，而其余 6 个运输队的初始相对效率值都小于 1，是无效的。运输队 5 的初始相对效率值最小，仅 0.850 0。这些结果表明，在不考虑公共平台费用时这些运输队的运营表现都不错。

表8.11 计算过程与分摊结果

DMUs	初始相对效率	各 DMU 非自利原则下固定成本额	各 DMU 非自利原则下的相对效率	最优的非自利原则下的分摊方案	固定成本分摊后的相对效率
1	0.927 2	68.876 3	0.927 2	31.544 2	0.942 9
2	0.888 7	68.252 2	0.892 4	33.935 0	0.926 0
3	0.879 4	62.373 1	0.912 2	27.665 1	1.000 0
4	1.000 0	77.892 3	1.000 0	77.892 3	1.000 0
5	0.850 0	75.298 5	0.850 0	54.301 4	0.867 2
6	1.000 0	61.487 6	1.000 0	61.487 6	1.000 0
7	0.918 5	57.474 3	1.000 0	57.474 3	1.000 0
8	0.975 8	67.109 3	0.975 8	23.879 4	1.000 0
9	1.000 0	61.820 8	1.000 0	61.820 8	1.000 0

接下来，我们把公共平台费用考虑在内。首先，我们在非自利原则下计算各个 DMU 的最优分摊方案，如此，可以得到一个 9×9 的交叉分摊矩阵，如表 8.12 所示。例如，运输队 3 提出的对其自身最有利的非自利原则下的相对效率水平为 0.912 2。其中，表 8.12 对角线的元素就是各个 DMU 在非自利原则约束下的最大分摊固定成本额，如表 8.11 第三列所示，而对应的非自利原则下的相对效率水平如表 8.11 第四列所示。可以发现，由于非自利原则的约束，并非所有运输队都可以达到相对效率值为 1 的有效状态。

表8.12　各个运输队独立的非自利原则分摊方案

DMUs	负责分摊的 DMUs									
	1	2	3	4	5	6	7	8	9
1	68.876 3	42.998 3	40.122 6	36.830 1	38.309 7	43.851 9	38.972 4	36.124 2	39.872 0
2	37.202 9	68.252 2	35.855 2	44.096 6	39.186 1	44.444 5	39.132 9	36.391 2	38.613 4
3	37.137 8	30.756 2	62.373 1	43.927 6	40.644 6	45.629 0	49.798 1	35.050 3	53.051 8
4	66.840 7	68.252 2	46.529 9	77.892 3	74.539 6	48.906 7	55.363 0	63.700 0	50.403 9
5	37.098 1	39.130 8	39.364 3	47.611 9	75.298 5	45.665 9	44.211 5	36.069 1	42.246 1
6	62.426 6	44.873 5	62.373 1	61.747 2	39.768 7	61.487 6	54.881 6	65.988 3	54.017 8
7	37.142 2	25.146 6	41.331 3	25.498 4	40.581 1	43.883 8	57.474 3	36.024 2	50.722 7
8	36.566 4	42.338 1	39.677 4	46.851 0	39.211 7	48.694 4	39.195 6	67.109 3	39.251 6
9	46.709 0	68.252 2	62.373 1	45.545 0	42.459 9	47.436 1	50.970 7	53.543 4	61.820 8

进一步地，求解模型（8.12），我们得到最优目标函数 0.065 826，此时，最终的分摊方案不会使所有 DMUs 都达到相对有效状态。同时，我们得到的公共平台费用分摊方案是 R_1=31.544 2，R_2=33.935 0，R_3=27.665 1，R_4=77.892 3，R_5=54.301 4，R_6=61.487 6，R_7=57.474 3，R_8=23.879 4 和 R_9=61.820 8。将该分摊方案对应的固定成本额代入效率评价中，可以发现，所有运输队的效率都较非自利原则下的效率水平提升了，且有 3 个运输队（运输队 3、运输队 7 和运输队 8）由无效变为相对有效。

概括来说，本节的数值分析和实例研究证明了非自利原则下固定成本分摊问题的一些优异性质。特别是表 8.8 列出了非自利原则下固定成本分摊方法相较其他方法的一些优势。本章提出的非自利原则很好地考虑了固定成本分摊方案的可行性问题，并对于独立离散决策下的固定成本分摊问题具有重要意义。

8.4　本章小结

在许多管理实例中我们经常发现，一些独立的组织会建立一些有益于各方的合作平台。对于这些合作平台而言，一个突出的问题就是，合作平台会产生公共费用，那么如何分摊这些公共费用呢？在公共费用分摊上，这些独立组织之间具有明显的竞争性。为解决此类问题，本章提出了一种基于 DEA 理论的新方法。特别地，本章希望从保障竞争对手效用的角度约束固定成本分摊方案。为此，我们先提出一个新概念，即非自利原则，其要求各个 DMU 在提出对自己有利的分摊方案时，自身必须承担最大数额的固定成本以保证分摊方案有可能被其他 DMUs 接受和认可。通过保障竞争对手的效用，非自利原则很好地考虑了 DMUs 的固定成本分摊方案的可行性问题。随后，我们在非自利原则下考察各个 DMU 独立最大可能的效率水平。可以发现，在考虑非自利原则对于分摊方案的约束后，并非所有 DMUs 可以达到最有效状态。进一步地，我们建立了一个公共权重目标规划模型，在各 DMU 分摊的成本不大于其非自利原则下的分摊成本及其分摊后相对效率不小于非自利原则下的相对效率的前提下，通过极大化所有 DMUs 的效率来得到最终的固定成本分摊方案。最后，我们将非自利原则下的固定成本分摊方法运用于一个经典算例的数值分析和一个真实问题的实证研究，并通过对比分析说明其优异性质和方法特点。

本章的研究也存在许多不完善的地方，因而可以从多方面对其进行扩展、发展和完善。首先，我们可以将公平关切考虑进来，其也会对各个 DMU 的分摊方案产生较大约束，并改变固定成本分摊方案的可行集。并且，我们还可以权衡公平关切与效率准则的关系，并由此为诸如固定成本分摊等问题提供更多的管理启示。其次，固定成本分摊问题是一个相对简单的问题，我们可以将非自利原则扩展到其他类似或者更复杂的问题情境下，如资源分配、目标设定及成本收益分析等。再次，我们可以将本章的非自利原则与其他固定成本分摊方法相结合。例如，我们可以在非自利原则下单独分析各个 DMU 的成本和效率上下界，并在此基础上运用 Li 等（2013）的满意度概念进一步研究。最后，在固定成本和资源分配研究中，有一种优秀的性质叫作"一致性"（coherence）（Milioni et al., 2011a, 2011b; Guedes et al., 2012），其要求分摊结果具有稳定性，不会因为原始投入产出数据的细微改变而产生较大的影响。很显然，这一性质对于解决实际问题具有重大意义，因此我们可以考虑对现有研究进行修正和扩展，以使其满足这一性质。

参 考 文 献

Amirteimoori A, Kordrostami S. 2005. Allocating fixed costs and target setting: a DEA-based approach[J]. Applied Mathematics and Computation, 171（1）: 136-151.

Beasley J E. 2003. Allocating fixed costs and resources via data envelopment analysis[J]. European Journal of Operational Research, 147（1）: 198-216.

Charnes A, Cooper W W. 1962. Programming with linear fractional functionals[J]. Naval Research Logistics（NRL）, 9（3/4）: 181-186.

Charnes A, Cooper W W, Rhodes E. 1978. Measuring the efficiency of decision making units[J]. European Journal of Operational Research, 2(6): 429-444.

Cook W D, Kress M. 1999. Characterizing an equitable allocation of shared costs: a DEA approach[J]. European Journal of Operational Research, 119(3): 652-661.

Cook W D, Zhu J. 2005. Allocation of shared costs among decision making units: a DEA approach[J]. Computers & Operations Research, 32(8): 2171-2178.

Du J, Cook W D, Liang L, et al. 2014. Fixed cost and resource allocation based on DEA cross-efficiency[J]. European Journal of Operational Research, 235(1): 206-214.

Guedes E C C, Milioni A Z, de Avellar J V G, et al. 2012. Adjusted spherical frontier model: allocating input via parametric DEA[J]. Journal of the Operational Research Society, 63(3): 406-417.

Hatami-Marbini A, Tavana M, Agrell P J, et al. 2015. A common-weights DEA model for centralized resource reduction and target setting[J]. Computers & Industrial Engineering, 79: 195-203.

Li F, Song J, Dolgui A, et al. 2017. Using common weights and efficiency invariance principles for resource allocation and target setting[J]. International Journal of Production Research, 55(17): 4982-4997.

Li F, Zhu Q Y, Liang L. 2018. Allocating a fixed cost based on a DEA-game cross efficiency approach[J]. Expert Systems with Applications, 96: 196-207.

Li Y J, Yang F, Liang L, et al. 2009. Allocating the fixed cost as a complement of other cost inputs: a DEA approach[J]. European Journal of Operational Research, 197(1): 389-401.

Li Y J, Yang M, Chen Y, et al. 2013. Allocating a fixed cost based on data envelopment analysis and satisfaction degree[J]. Omega, 41(1): 55-60.

Lin R Y. 2011. Allocating fixed costs and common revenue via data envelopment analysis[J]. Applied Mathematics and Computation, 218(7): 3680-3688.

Lin R Y, Chen Z P. 2017. A DEA-based method of allocating the fixed cost as a complement to the original input[J]. International Transactions in Operational Research, 27(4): 2230-2250.

Lotfi F H, Hatami-Marbini A, Agrell P J, et al. 2013. Allocating fixed resources and setting targets using a common-weights DEA approach[J]. Computers & Industrial Engineering, 64(2): 631-640.

Milioni A Z, de Avellar J V G, Gomes E G. 2011a. An ellipsoidal frontier model: allocating input via parametric DEA[J]. European Journal of Operational Research, 209(2): 113-121.

Milioni A Z, de Avellar J V G, Rabello T N, et al. 2011b. Hyperbolic frontier model: a parametric DEA approach for the distribution of a total fixed output[J]. Journal of the Operational Research Society, 62(6): 1029-1037.

第 9 章 两阶段结构下固定成本分摊方法研究

9.1 引　　言

通过梳理前文基于 DEA 理论的固定成本分摊问题研究，不难发现，现有固定成本分摊方法研究主要把 DMUs 看作"黑箱子"，而较少考虑 DMUs 的内部生产结构。因此，本章在 DMUs 内部子系统交互模式下研究固定成本分摊问题。

现有文献中，一些研究运用网络 DEA 模型进行资源分配问题的研究，但极少在网络情境下研究固定成本分摊问题。例如，Bi 等（2011）研究了并联结构的资源分配与目标设定问题，而分配方案主要基于三种准则得到，即公共权重、效率极大化、最差效率极大化。Hadi-Vencheh 等（2014）研究了并联结构的资源分配与目标设定问题，但考虑了加入新的子单元的情形。Xiong 等（2017）研究了双向交互式并联系统的资源分配问题。Yu 和 Chen（2016）研究了两阶段结构下的集中式资源分配与排污控制问题，此外，他们将减少非期望产出与降低能源投入联系起来。Yu 和 Chen（2016）设计了最大修正和最小修正两种减排分摊机制。

对于网络 DEA 模型的固定成本分摊问题，Yu 等（2016）首先在两阶段结构下研究了固定成本分摊问题。Yu 等（2016）的方法主要是 Du 等（2014）的交叉效率迭代算法的扩展，最终的分摊方案是在没有 DMUs 能够改进其交叉效率时得到的。但是，尽管 Yu 等（2016）试图极大化 DMUs 的效率，许多 DMUs 也确实在分摊后达到了有效状态，但应用研究的结果表明，仍有许多 DMUs 和子单元依旧无效，即交叉效率值小于 1。Zhu 等（2017）通过一系列 DEA 模型和次目标也研究了两阶段结构下的固定成本和资源分配问题。遗憾的是，Zhu 等

（2017）的方法不仅会导致很多零成本，还使得一部分 DMUs 分摊后的效率极其低。值得注意的是，Yu 等（2016）和 Zhu 等（2017）的方法都不能得到唯一的分摊方案。

在许多现实问题里，存在着大量的两阶段过程，其中，第一阶段的产出作为中间产品，将会是第二阶段的投入。大量学者对诸如此类的两阶段结构进行了深入研究。其中，Kao 和 Hwang（2008）首次考虑了 DMUs 内部子单元之间的序列关系，并对传统 DEA 模型进行修正以评价两阶段结构效率。值得注意的是，Kao 和 Hwang（2008）将两阶段系统的效率定义为两个子单元效率的乘积。Chen 等（2009a）提出了另外一种评价两阶段结构效率的方法，其将两个子单元效率的加权组合作为整个系统的效率。Liang 等（2008）和 Du 等（2011）考虑了两个子单元之间的竞争关系，并因此结合博弈论方法计算各个子单元的效率。Li 等（2017b）则试图内生决定两个子单元的先后定位关系，并因此提出了一个非线性方法。不难发现，许多学者在两阶段 DEA 方法的研究上不停地挖掘和扩展。例如，Li 等（2012）、Maghbouli 等（2014）、Bian 等（2015）和 Wu 等（2016a, 2016b）研究了第二阶段存在额外投入的两阶段结构，Chen 等（2010）、Yu 和 Shi（2014）、Moreno 和 Lozano（2014）、Wu 等（2016a, 2016b）和 Li 等（2018）研究了两个子单元之间具有共享资源的两阶段问题。读者可参见 Cook 等（2010）关于两阶段结构的详细讨论。

我们在本章进行两阶段结构下的固定成本分摊问题研究。特别地，我们考虑最简单也最具代表性的两阶段结构，即第一阶段的所有产出全部是第二阶段的投入（Kao and Hwang, 2008; Chen et al. 2009a）。这样，通过考虑两阶段的内部生产结构，我们不仅要把固定成本总额分摊给各个 DMU，还要具体到各个子单元。不失一般性，我们同样把分摊的固定成本当作一种新的投入要素，且这种投入要素将由两个子阶段公共承担。为解决两阶段结构下的固定成本分摊问题，我们首先按照两阶段加性模型计算可能的分摊后效率。结果发现，任意 DMU 都可以通过选择适当的固定成本分摊方案和对应的权重计划，使得其自身和两个子单元都同时有效。其次，我们发现，总是存在多个可行的固定成本分摊方案，其能够在公共权重框架下使得所有 DMUs 及它们的子单元同时有效。由于我们想得到唯一的分摊方案，我们进一步地把各 DMU 的运作规模考虑进来。再次，我们给出与规模相关的比例分摊，而最终的分摊方案就是有效分摊方案集里与比例分摊具有最小偏差的那组分摊方案。通过反复极小化该偏差，我们就可以得到一组唯一的固定成本分摊方案，且从规模的视角来看，该分摊方案能够反映各 DMU 当前的投入资源与产出产品的状况。最后，我们分析新方法在一个经典算例和一个实例中的应用。

与 Yu 等（2016）相比，我们证明了所有 DMUs 和子单元都可以在一组公共权重下同时有效，而 Yu 等（2016）虽然极力试图极大化所有 DMUs 分摊后的效率，但仍有许多 DMUs 效率低下。此外，他们的交叉效率迭代方法并不能得到唯一的分摊方案。但我们通过考虑各 DMU 的规模并将分摊方案与规模要素联系起来，最终可以得到一组唯一的分摊方案，并且得到的唯一的分摊方案可以克服 Zhu 等（2017）的低效率与零成本问题。更重要的是，Yu 等（2016）和 Zhu 等（2017）都没有考虑规模因素，因此在效率极大化原则下，他们有可能给高效率 DMUs 分摊更多的成本，而给低效率 DMUs 分摊更少的成本。也就是说，他们的方法会惩罚表现优异的高效率 DMUs。

概括来说，本章的研究贡献可以分为五个方面：第一，我们研究了两阶段结构下的固定成本分摊问题，并提出了一种在两阶段网络结构下 DMUs 之间分配固定成本的可行且实用的方法。第二，我们证明了有效分摊方案的存在性，可以使得所有 DMUs 和子单元在一组公共权重下同时有效。第三，我们考虑了 DMUs 的规模要素，因此使得得到的分摊方案能够较好地反映各 DMU 的投入资源与产出产品状况。第四，我们提出了一种最大–最小模型及相应的算法，通过反复地极小化偏差，最终得到一组唯一的分摊方案，这一点在固定成本分摊问题上显得非常重要。第五，我们不仅研究了本章方法在一个经典算例里的应用，还将其应用到实践中商业银行的案例中。

9.2 两阶段固定成本分摊模型构建

9.2.1 预备知识

按照 DEA 研究的一般框架，我们考察具有 n 个 DMUs 的集合，其中，每个 DMU 使用 m 种投入生产 s 种产出。特别地，假设第 $j(j=1,2,\cdots,n)$ 个 DMU_j 的输入和输出可以分别表示为 $X_j=\left(x_{1j},x_{2j},\cdots,x_{mj}\right)$ 和 $Y_j=\left(y_{1j},y_{2j},\cdots,y_{sj}\right)$。根据 Banker 等（1984）的工作，当第 $d(d=1,2,\cdots,n)$ 个 DMU_d 为被评价对象时，模型（9.1）可用于计算其纯技术效率：

$$E_d^* = \text{Max} \frac{\sum_{r=1}^{s} \mu_r y_{rd} + \mu_0}{\sum_{i=1}^{m} \upsilon_i x_{id}}$$

$$\text{s.t.} \quad \frac{\sum_{r=1}^{s} \mu_r y_{rj} + \mu_0}{\sum_{i=1}^{m} \upsilon_i x_{ij}} \leqslant 1, \quad j = 1, 2, \cdots, n \quad (9.1)$$

$$\mu_r, \upsilon_i \geqslant 0, \quad r = 1, 2, \cdots, s; i = 1, 2, \cdots, m; \mu_0 \text{为自由变量}$$

在模型（9.1）中，$\mu_r(r=1,2,\cdots,s) \geqslant 0$ 和 $\upsilon_i(i=1,2,\cdots,m) \geqslant 0$ 是待确定的未知权重变量，分别表示第 r 个输出和第 i 个输入的相对重要性程度。如此，每个被评价的 $\text{DMU}_d(d=1,2,\cdots,n)$ 可以通过选择合适的权重组合，在使所有 DMUs 的输出输入比率都不大于 1 的条件下，极大化其自身的输出输入比率，而这个极大化的输出输入比率就是被评价 DMUs 的最优相对效率。注意到，如果我们令 $\mu_0 = 0$，则模型（9.1）会退化成另一个经典的 DEA 模型，即 CCR 模型（Charnes et al., 1978），此时，得到的相对效率值综合了纯技术效率和规模效率。

由于模型（9.1）是一个非线性的分式规划模型，我们可以使用 C-C 变换（Charnes and Cooper，1962）将其改写成一个可以直接求解的线性规划模型。为此，我们可以令 $t = 1 \big/ \sum_{i=1}^{m} \upsilon_i x_{id}$，$u_r = t \cdot \mu_r$，$v_i = t \cdot \upsilon_i$ 及 $u_0 = t \cdot \mu_0$，代入模型（9.1），可以得到

$$E_d^* = \text{Max} \sum_{r=1}^{s} u_r y_{rd} + u_0$$

$$\text{s.t.} \quad \sum_{i=1}^{m} v_i x_{id} = 1,$$

$$\sum_{r=1}^{s} u_r y_{rj} - \sum_{i=1}^{m} v_i x_{ij} + u_0 \leqslant 0, \quad j = 1, 2, \cdots, n \quad (9.2)$$

$$u_r, v_i \geqslant 0, \quad r = 1, 2, \cdots, s; i = 1, 2, \cdots, m; u_0 \text{为自由变量}$$

求解模型（9.2）可以得到一组最优解 $(u_r^{d*}, v_i^{d*}, u_0^{d*})$。相应地，$\text{DMU}_d(d=1,2,\cdots,n)$ 的最优相对效率可以表示为 $E_d^* = \sum_{r=1}^{s} u_r^{d*} y_{rd} + u_0^{d*}$。$E_d^*$ 的取值范围是 0~1，故当 E_d^* 达到最大值（即 1）时 DMU_d 被视作有效，否则，E_d^* 小于 1 的所有情形都被认为是无效的。

9.2.2 考虑固定成本和两阶段结构的效率评价

考虑如图 9.1 所示的两阶段网络生产结构，其中，第一阶段的全部产出将会是第二阶段的投入。如此，我们可以将投入产出指标体系表示为：$\text{DMU}_j(j=1,2,\cdots,n)$ 在第一阶段使用投入 $x_{ij}(i=1,2,\cdots,m)$ 生产了中间产出 $z_{pj}(p=1,2,\cdots,q)$，随后，所有中间产出在第二阶段被用于生产最终产出 $y_{rj}(r=1,2,\cdots,s)$。

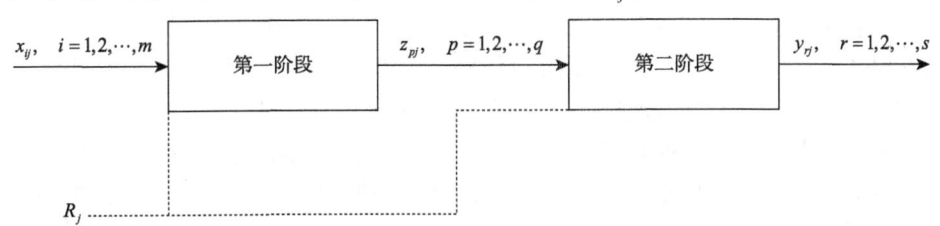

图 9.1 两阶段网络生产结构

与前文固定成本分摊问题研究一样，现在假设存在一项固定成本总额 R，将由所有的 DMUs 共同承担。那么，每个 $\text{DMU}_j(j=1,2,\cdots,n)$ 都应该承担一个非负的固定成本额 R_j，以使所有成本全覆盖，如此即有

$$\sum_{j=1}^{n} R_j = R, \quad R_j \geqslant 0, \forall j \tag{9.3}$$

进一步地，在两阶段结构下，固定成本的分摊需要落实到各个子单元。也就是说，各个子单元应该分别承担 R_{1j} 和 R_{2j} 的固定成本。于是，我们有

$$R_j = R_{1j} + R_{2j}, \quad R_{1j}, R_{2j} \geqslant 0, \ \forall j \tag{9.4}$$

遵循 Chen 等（2009a，2009b）的研究思路，我们也可以使用一个加性 DEA 模型来计算整个两阶段结构的效率。具体地，对每个被评价 $\text{DMU}_d(d=1,2,\cdots,n)$ 而言，模型（9.5）可用于计算整个两阶段结构的相对相率：

$$e_d^* = \text{Max}\,(w_1 e_{1d} + w_2 e_{2d})$$

$$\text{s.t.} \quad e_{1j} = \frac{\sum_{p=1}^{q}\varphi_p z_{pj} + \varphi_0}{\sum_{i=1}^{m} \upsilon_i x_{ij} + \upsilon_{m+1} R_{1j}} \leqslant 1, \quad j=1,2,\cdots,n$$

$$e_{2j} = \frac{\sum_{r=1}^{s}\mu_r y_{rj} + \mu_0}{\sum_{p=1}^{q}\varphi_p z_{pj} + \upsilon_{m+1} R_{2j}} \leqslant 1, \quad j = 1, 2, \cdots, n$$

$$\sum_{j=1}^{n}(R_{1j} + R_{2j}) = R, \quad R_{1j}, R_{2j} \geqslant 0, \quad \forall j$$

$$\mu_r, \varphi_p, \upsilon_i \geqslant 0, \quad \upsilon_{m+1} > 0, \quad r = 1, 2, \cdots, s; p = 1, 2, \cdots, q; i = 1, 2, \cdots, m; \varphi_0, \mu_0 \text{为自由变量}$$

（9.5）

在模型（9.5）中，被分摊的固定成本被视作一项新的投入。尽管两个子阶段都会分摊到固定成本，但两个子阶段分摊到的固定成本的作用应该是相同的，因此，它们在两个子阶段的重要性权重都是相同的非负变量 $\upsilon_{m+1} > 0$。模型（9.5）的基本内涵是，每个 DMU 都试图选择一组权重计划和相应的分摊方案来极大化自身的效率。此外，模型（9.5）将两阶段结构的整体效率定义为两个子单元效率的加权值，其中，w_1 和 w_2 为两个子单元的重要性指数，且有 $w_1 + w_2 = 1$。根据 Chen 等（2009a）的建议，子单元重要性应该与各子单元的资源使用情况成比例。因此，我们可以用如下表达式来刻画两个子单元的重要性：

$$w_1 = \frac{\sum_{i=1}^{m}\upsilon_i x_{id} + \upsilon_{m+1} R_{1d}}{\sum_{i=1}^{m}\upsilon_i x_{id} + \upsilon_{m+1} R_{1d} + \sum_{p=1}^{q}\varphi_p z_{pd} + \upsilon_{m+1} R_{2d}}$$

$$w_2 = \frac{\sum_{p=1}^{q}\varphi_p z_{pd} + \upsilon_{m+1} R_{2d}}{\sum_{i=1}^{m}\upsilon_i x_{id} + \upsilon_{m+1} R_{1d} + \sum_{p=1}^{q}\varphi_p z_{pd} + \upsilon_{m+1} R_{2d}}$$

（9.6）

将模型（9.6）中的表达式代入模型（9.5）即可消除重要性指数 w_1 和 w_2。如此我们可以得到模型（9.7）：

$$e_d^* = \text{Max} \frac{\sum_{p=1}^{q}\varphi_p z_{pd} + \varphi_0 + \sum_{r=1}^{s}\mu_r y_{rd} + \mu_0}{\sum_{i=1}^{m}\upsilon_i x_{id} + \upsilon_{m+1} R_{1d} + \sum_{p=1}^{q}\varphi_p z_{pd} + \upsilon_{m+1} R_{2d}}$$

$$\text{s.t.} \quad \frac{\sum_{p=1}^{q}\varphi_p z_{pj} + \varphi_0}{\sum_{i=1}^{m}\upsilon_i x_{ij} + \upsilon_{m+1} R_{1j}} \leqslant 1, \quad j = 1, 2, \cdots, n$$

$$\frac{\sum_{r=1}^{s}\mu_r y_{rj}+\mu_0}{\sum_{p=1}^{q}\varphi_p z_{pj}+\upsilon_{m+1}R_{2j}} \leq 1, \quad j=1,2,\cdots,n$$

$$\sum_{j=1}^{n}(R_{1j}+R_{2j})=R, \quad R_{1j},R_{2j} \geq 0, \quad j=1,2,\cdots,n$$

$$\mu_r,\varphi_p,\upsilon_i \geq 0, \quad \upsilon_{m+1}>0, \quad r=1,2,\cdots,s; p=1,2,\cdots,q; i=1,2,\cdots,m; \varphi_0,\mu_0 \text{为自由变量}$$

（9.7）

模型（9.7）可通过 C-C 变换（Charnes and Cooper, 1962）改写成整式规划模型。为此，可令 $\tau=1\Big/\Big(\sum_{i=1}^{m}\upsilon_i x_{id}+\upsilon_{m+1}R_{1d}+\sum_{p=1}^{q}\varphi_p z_{pd}+\upsilon_{m+1}R_{2d}\Big)$, $u_r=\tau\cdot\mu_r$, $\phi_p=\tau\cdot\varphi_p$, $v_i=\tau\cdot\upsilon_i$, $u_0=\tau\cdot\mu_0$, $\phi_0=\tau\cdot\varphi_0$ 及 $v_{m+1}=\tau\cdot\upsilon_{m+1}$，并代入模型（9.7），即有

$$e_d^*=\text{Max}\left(\sum_{p=1}^{q}\phi_p z_{pd}+\phi_0+\sum_{r=1}^{s}u_r y_{rd}+u_0\right)$$

$$\text{s.t.} \quad \sum_{i=1}^{m}v_i x_{id}+v_{m+1}R_{1d}+\sum_{p=1}^{q}\phi_p z_{pd}+v_{m+1}R_{2d}=1$$

$$\sum_{p=1}^{q}\phi_p z_{pj}-\sum_{i=1}^{m}v_i x_{ij}-v_{m+1}R_{1j}+\phi_0 \leq 0, \quad j=1,2,\cdots,n$$

$$\sum_{r=1}^{s}u_r y_{rj}-\sum_{p=1}^{q}\phi_p z_{pj}-v_{m+1}R_{2j}+u_0 \leq 0, \quad j=1,2,\cdots,n$$

$$\sum_{j=1}^{n}(R_{1j}+R_{2j})=R, \quad R_{1j},R_{2j} \geq 0, \quad j=1,2,\cdots,n$$

$$u_r,\phi_p,v_i \geq 0, \quad v_{m+1}>0, \quad r=1,2,\cdots,s; p=1,2,\cdots,q; i=1,2,\cdots,m; \phi_0,u_0 \text{为自由变量}$$

（9.8）

值得注意的是，由于固定成本项 $v_{m+1}R_{1j}$ 和 $v_{m+1}R_{2j}$ 的存在，模型（9.8）仍是不可直接求解的非线性规划模型。为此，我们引入两个新的变量，即 $v_{m+1}R_{1j}=r_{1j}$ 和 $v_{m+1}R_{2j}=r_{2j}(j=1,2,\cdots,n)$。在此基础上，模型（9.8）可以改写成模型（9.9），其是一个常规的线性规划模型，且可以通过各种计算软件直接求解。

$$e_d^*=\text{Max}\left(\sum_{p=1}^{q}\phi_p z_{pd}+\phi_0+\sum_{r=1}^{s}u_r y_{rd}+u_0\right)$$

$$\text{s.t.} \quad \sum_{i=1}^{m}v_i x_{id}+r_{1d}+\sum_{p=1}^{q}\phi_p z_{pd}+r_{2d}=1$$

$$\sum_{p=1}^{q}\phi_p z_{pj} - \sum_{i=1}^{m}v_i x_{ij} - r_{1j} + \phi_0 \leqslant 0, \quad j=1,2,\cdots,n$$

$$\sum_{r=1}^{s}u_r y_{rj} - \sum_{p=1}^{q}\phi_p z_{pj} - r_{2j} + u_0 \leqslant 0, \quad j=1,2,\cdots,n$$

$$\sum_{j=1}^{n}(r_{1j} + r_{2j}) = v_{m+1}R, \quad r_{1j},r_{2j} \geqslant 0, \quad j=1,2,\cdots,n$$

$$u_r,\phi_p,v_i \geqslant 0, \quad v_{m+1} > 0, \quad r=1,2,\cdots,s; p=1,2,\cdots,q; i=1,2,\cdots,m; \phi_0,u_0 \text{为自由变量}$$
（9.9）

对每个 $\text{DMU}_d(d=1,2,\cdots,n)$ 而言，通过求解模型（9.9）可以得到最大的效率值及相应的分摊方案。不失一般性，假设模型（9.9）的最优解是 $(u_r^{d*},\phi_p^{d*},v_i^{d*},v_{m+1}^{d*},r_{1j}^{d*},r_{2j}^{d*},\phi_0^{d*},u_0^{d*})$，那么，$\text{DMU}_d(d=1,2,\cdots,n)$ 的最优效率值就是 $e_d^* = \sum_{p=1}^{q}\phi_p^{d*}z_{pd} + \phi_0^{d*} + \sum_{r=1}^{s}u_r^{d*}y_{rd} + u_0^{d*}$。对应于该最优效率值的固定成本分摊方案是 $R_j^{d*} = R_{1j}^{d*} + R_{2j}^{d*}(j=1,2,\cdots,n)$，其中，两个子阶段需要承担的固定成本额分别是 $R_{1j}^{d*} = r_{1j}^{d*}/v_{m+1}^{d*}(j=1,2,\cdots,n)$，$R_{2j}^{d*} = r_{2j}^{d*}/v_{m+1}^{d*}(j=1,2,\cdots,n)$。

在模型（9.9）的基础上，我们可以得到一些有用的结论。

定理 9.1 模型（9.9）的最优目标函数总是等于 1。

证明：见本章附录 A。

定义 9.1 当 $\text{DMU}_d(d=1,2,\cdots,n)$ 的最优效率值达到 1，即 $e_d^* = 1$ 时，该 DMU 被视作分摊后相对有效。

定理 9.2 当且仅当各个子单元在分摊固定成本之后相对有效时，整个 DMUs 才会相对有效。

证明：见本章附录 B。

定理 9.1 告诉我们，单独看每个 DMU，它们都可以通过选择合适的权重和固定成本分摊方案使得其自身的相对效率达到最大值 1。也就是说，任意 DMU 都有可能通过分摊固定成本这一过程使自身达到相对最有效的状态。定理 9.2 则表明，只有当两个子单元在分摊后达到相对有效时，对应的 DMUs 才会整体相对有效。同样地，DMUs 只有整体相对有效，各个子单元才会相对有效。注意到，上述结论都是对单个 DMU 成立的。那么，是否有可能使所有 DMUs 和它们的子单元同时相对有效呢？答案是可以的，随后的定理 9.3 就说明了这一结论。同时，定理 9.3 也向我们展现了一个两阶段结构下的有效分摊方案集。

定理 9.3 对于两阶段结构下的固定成本分摊问题，一定存在如式（9.10）所给出的有效分摊方案集，其中的固定成本分摊方案能够使得所有 DMUs 和其子单元在一组公共权重下同时相对有效,即所有 DMUs 和子单元的相对效率值都是 1。

$$\begin{gathered}
\sum_{p=1}^{q}\phi_p z_{pj} - \sum_{i=1}^{m} v_i x_{ij} - R_{1j} + \phi_0 = 0, \quad j=1,2,\cdots,n \\
\sum_{r=1}^{s} u_r y_{rj} - \sum_{p=1}^{q}\phi_p z_{pj} - R_{2j} + u_0 = 0, \quad j=1,2,\cdots,n \\
\sum_{j=1}^{n}\left(R_{1j} + R_{2j}\right) = R, \quad R_{1j},R_{2j} \geqslant 0, \quad j=1,2,\cdots,n \\
u_r,\phi_p,v_i \geqslant 0, \quad \forall r,p,i;\phi_0,u_0 \text{为自由变量}
\end{gathered} \quad (9.10)$$

证明: 见本章附录 C。

9.2.3 两阶段结构下的固定成本分摊模型

如前所述,式(9.10)定义的有效分摊方案集可以使所有 DMUs 和子单元在一组公共权重下同时有效。此外,通过观察式(9.10)可以知道,固定成本的相对权重对于解决固定成本分摊问题没有影响。Beasley(2003)就已经意识到这个问题,而他也将固定成本的相对权重直接设定为 1。在式(9.10)中,可以发现,有 $(m+q+s+2n+2)$ 个未知的决策变量,而给定的等式约束却只有 $(2n+1)$。这就意味着,式(9.10)存在很大的不确定性,难以得到唯一的固定成本分摊方案。从管理应用的角度出发,唯一的固定成本分摊方案对于解决诸如此类的问题非常重要。只有得到唯一的固定成本分摊方案,才能真正地解决固定成本分摊问题。因此,接下来我们将进一步结合 DMUs 的投入和产出运作规模得到唯一的固定成本分摊方案。

在两阶段结构下固定成本分摊问题的情境下,每个 $\mathrm{DMU}_j(j=1,2,\cdots,n)$ 的两个子单元分别承担的固定成本是 $\alpha_j R$ 和 $\beta_j R$,且有 $\sum_{j=1}^{n}(\alpha_j + \beta_j) = 1$。很显然,这样的分摊方案必须将各 DMU 的投入产出规模考虑进来,以便使分摊的固定成本与投入消耗和产出产品成比例。这也是一种合乎情理的做法,因为这样我们就不会对小规模的 DMUs 分摊较多的固定成本额,或仅分摊非常少的固定成本额给投入产出规模很大的 DMUs。

但是,我们发现,在现有文献中,并没有被所有人都接受的测度 DMUs 规模的方法,因此在本节中,我们使用一种可行但并不一定最优的方法,以期在考虑 DMUs 投入产出规模的基础上得到唯一的固定成本分摊方案。在此之前,我们将对所有投入产出变量进行标准化变换,以消除单位对于 DMUs 规模的影响。式

（9.11）就是对所有投入产出进行标准化变换的方法：

$$\hat{x}_{ij} = \frac{x_{ij}}{\sum_{j=1}^{n} x_{ij}}, \quad \hat{z}_{pj} = \frac{z_{pj}}{\sum_{j=1}^{n} z_{pj}}, \quad \hat{y}_{rj} = \frac{y_{rj}}{\sum_{j=1}^{n} y_{rj}}, \quad \forall i, p, r, j \tag{9.11}$$

显然地，经过标准化变换的投入产出指标都是无量纲的，也就是说，所有投入产出都是在一个标准上予以度量。接下来，我们借鉴 Amirteimoori 和 Kordrostami（2005）、Lin（2011b）的方法，令

$$\alpha_j = \frac{\sum_{p=1}^{q} \hat{z}_{pj} \cdot \sum_{i=1}^{m} \hat{x}_{ij}}{\sum_{j=1}^{n} \left(\sum_{p=1}^{q} \hat{z}_{pj} \cdot \sum_{i=1}^{m} \hat{x}_{ij} + \sum_{r=1}^{s} \hat{y}_{rj} \cdot \sum_{p=1}^{q} \hat{z}_{pj} \right)} \tag{9.12}$$

$$\beta_j = \frac{\sum_{r=1}^{s} \hat{y}_{rj} \cdot \sum_{p=1}^{q} \hat{z}_{pj}}{\sum_{j=1}^{n} \left(\sum_{p=1}^{q} \hat{z}_{pj} \cdot \sum_{i=1}^{m} \hat{x}_{ij} + \sum_{r=1}^{s} \hat{y}_{rj} \cdot \sum_{p=1}^{q} \hat{z}_{pj} \right)} \tag{9.13}$$

这样，分摊给 $\mathrm{DMU}_j (j=1,2,\cdots,n)$ 的固定成本比例就是 $(\alpha_j + \beta_j)$。本章中的比例参数与 Amirteimoori 和 Kordrostami（2005）、Lin（2011b）有些许不同，这是因为，我们考察的是两阶段网络结构，所以我们同时考虑了第一阶段和第二阶段的投入产出情况。给定式（9.12）和式（9.13）的比例参数，每个 DMU 承担的固定成本都与其投入消耗和产出生产成比例。但是，问题的难点在于，这样的比例分摊方案并不一定能够保证式（9.10）的有效分摊方案集的成立。为应对这一问题，我们结合目标规划方法引入一些偏差变量，并在此基础上得到最终的固定成本分摊方案。

令 C_j 和 D_j 分别表示 $\mathrm{DMU}_j (j=1,2,\cdots,n)$ 在第一阶段和第二阶段两个子单元上，有效分摊方案与规模比例分摊方案之间的距离，于是就有两个关系式 $|\alpha_j R - R_{1j}| = C_j$ 和 $|\beta_j R - R_{2j}| = D_j$。为得到一个尽可能趋近规模比例分摊方法的有效分摊方案，我们应该极小化 C_j 和 D_j。有鉴于此，我们试图极小化所有 DMUs 之间最大的距离，如模型（9.14）所示。

$$\min_{\{u_r, \phi_p, v_i, R_{1j}, R_{2j}\}} \max_{k=1,2,\cdots,n} (C_k + D_k)$$

$$\text{s.t.} \quad |\alpha_j R - R_{1j}| = C_j, \quad j = 1, 2, \cdots, n$$

$$\quad |\beta_j R - R_{2j}| = D_j, \quad j = 1, 2, \cdots, n$$

$$\sum_{p=1}^{q}\phi_{p}z_{pj}-\sum_{i=1}^{m}v_{i}x_{ij}-R_{1j}+\phi_{0}=0,\quad j=1,2,\cdots,n$$

$$\sum_{r=1}^{s}u_{r}y_{rj}-\sum_{p=1}^{q}\phi_{p}z_{pj}-R_{2j}+u_{0}=0,\quad j=1,2,\cdots,n$$

$$\sum_{j=1}^{n}(R_{1j}+R_{2j})=R,\quad R_{1j},R_{2j}\geqslant 0,\quad j=1,2,\cdots,n$$

$$u_{r},\phi_{p},v_{i}\geqslant 0,\quad \forall r,p,i;\phi_{0},u_{0}\text{为自由变量}$$

(9.14)

值得注意的是，模型（9.14）的约束条件就是有效分摊方案集和规模比例分摊方法的综合。特别地，我们将规模比例分摊方法确定的分摊方案作为目标，而把有效分摊方案与该目标方案之间的距离作为实现函数。通过极小化实现函数，我们就可以得到一个尽可能反映DMUs投入产出状况的有效分摊方案。

注意到，模型（9.14）总是存在可行解，却是一个非线性规划模型。在此基础上，可以令 $|\alpha_{j}R-R_{1j}|+\alpha_{j}R-R_{1j}=2c_{1j}$，$|\alpha_{j}R-R_{1j}|-\alpha_{j}R+R_{1j}=2c_{2j}$，以及 $|\beta_{j}R-R_{2j}|+\beta_{j}R-R_{2j}=2d_{1j}$ 与 $|\beta_{j}R-R_{2j}|-\beta_{j}R+R_{2j}=2d_{2j}$。通过代入这些等式，模型（9.14）可以改写成模型（9.15）：

$$\underset{\{u_{r},\phi_{p},v_{i},R_{1j},R_{2j}\}}{\text{Min}}\ \underset{k=1,2,\cdots,n}{\text{Max}}(c_{1k}+c_{2k}+d_{1k}+d_{2k})$$

$$\text{s.t.}\quad \alpha_{j}R-R_{1j}=c_{1j}-c_{2j},\quad j=1,2,\cdots,n$$

$$\beta_{j}R-R_{2j}=d_{1j}-d_{2j},\quad j=1,2,\cdots,n$$

$$\sum_{p=1}^{q}\phi_{p}z_{pj}-\sum_{i=1}^{m}v_{i}x_{ij}-R_{1j}+\phi_{0}=0,\quad j=1,2,\cdots,n$$

$$\sum_{r=1}^{s}u_{r}y_{rj}-\sum_{p=1}^{q}\phi_{p}z_{pj}-R_{2j}+u_{0}=0,\quad j=1,2,\cdots,n$$

$$\sum_{j=1}^{n}(R_{1j}+R_{2j})=R,\quad R_{1j},R_{2j}\geqslant 0,\quad j=1,2,\cdots,n$$

$$c_{1j},c_{2j},d_{1j},d_{2j}\geqslant 0,\quad j=1,2,\cdots,n$$

$$u_{r},\phi_{p},v_{i}\geqslant 0,\quad \forall r,p,i;\phi_{0},u_{0}\text{为自由变量}$$

(9.15)

模型（9.15）中，$\underset{k=1,2,\cdots,n}{\text{Max}}(c_{1k}+c_{2k}+d_{1k}+d_{2k})$ 用于识别具有最大距离的DMUs，而整个目标函数就是使该最大距离最小。因此，模型（9.15）也就是使所用DMUs的有效分摊方案到规模比例分摊方案的距离最小。进一步地，模型（9.15）就可以用于得到一个尽可能趋近规模比例分摊方案的有效分摊方案。

模型（9.15）呈现一个多目标规划问题，使得标准的求解方法无用。为此，我们设计一种简单的计算方法来求解模型（9.15）。首先，令最大距离是 $\underset{k=1,2,\cdots,n}{\text{Max}}(c_{1k}+c_{2k}+d_{1k}+d_{2k})=\rho$，即有 $c_{1j}+c_{2j}+d_{1j}+d_{2j}\leqslant\rho$ 对所有的 DMUs 成立。进一步地，模型（9.15）就可以转换为一个线性规划模型，如模型（9.16）所示。

$$\underset{\{u_r,\phi_p,v_i,R_{1j},R_{2j}\}}{\text{Min}}\rho$$

$$\begin{aligned}
\text{s.t.}\quad & c_{1j}+c_{2j}+d_{1j}+d_{2j}\leqslant\rho,\quad j=1,2,\cdots,n\\
& \alpha_j R-R_{1j}=c_{1j}-c_{2j},\quad j=1,2,\cdots,n\\
& \beta_j R-R_{2j}=d_{1j}-d_{2j},\quad j=1,2,\cdots,n\\
& \sum_{p=1}^{q}\phi_p z_{pj}-\sum_{i=1}^{m}v_i x_{ij}-R_{1j}+\phi_0=0,\quad j=1,2,\cdots,n\\
& \sum_{r=1}^{s}u_r y_{rj}-\sum_{p=1}^{q}\phi_p z_{pj}-R_{2j}+u_0=0,\quad j=1,2,\cdots,n\\
& \sum_{j=1}^{n}(R_{1j}+R_{2j})=R,\quad R_{1j},R_{2j}\geqslant 0,\quad j=1,2,\cdots,n\\
& c_{1j},c_{2j},d_{1j},d_{2j}\geqslant 0,\quad j=1,2,\cdots,n\\
& u_r,\phi_p,v_i\geqslant 0,\quad \forall r,p,i;\phi_0,u_0 \text{为自由变量}
\end{aligned}$$
（9.16）

模型（9.16）可以通过常规的线性规划求解方法求得最优解。假设模型（9.16）的最优解是 $\left(\rho^{1*},c_{1j}^{1*},c_{2j}^{1*},d_{1j}^{1*},d_{2j}^{1*},u_r^{1*},\phi_p^{1*},v_i^{1*},R_{1j}^{1*},R_{2j}^{1*},\phi_0^{1*},u_0^{1*},\forall j,r,p,i\right)$。那么，所有 DMUs 可以被分为两个子集，其中一个集合中的 DMUs 具有最大距离 ρ^{1*}，而另一个集合中的 DMUs 具有更小的距离。所有 DMUs 的划分由式（9.17）和式（9.18）给出：

$$\varGamma_1=\left\{j\mid c_{1j}+c_{2j}+d_{1j}+d_{2j}=\rho^{1*}\right\} \tag{9.17}$$

$$\varGamma_2=\left\{j\mid c_{1j}+c_{2j}+d_{1j}+d_{2j}<\rho^{1*}\right\} \tag{9.18}$$

接下来，我们继续极小化子集 $\varGamma_2$ 中 DMUs 从有效分摊方案到规模比例分摊方案之间的距离。这一过程将持续进行，直到所有 DMUs 的最小距离都确定下来。此时，最优的固定成本分摊方案就由当时的最优解决定 $\left(R_{1j}^*,R_{2j}^*,\forall j\right)$。概括来说，模型（9.15）的求解过程算法可以总结如下。

第一步：令 $t=1$。此时，求解模型（9.16）可以得到一组最优解，不失一般性，最优解表示为 $\left(\rho^{1*},c_{1j}^{1*},c_{2j}^{1*},d_{1j}^{1*},d_{2j}^{1*},u_r^{1*},\phi_p^{1*},v_i^{1*},R_{1j}^{1*},R_{2j}^{1*},\phi_0^{1*},u_0^{1*},\forall j,r,p,i\right)$。如果 $DMU_j(j=1,2,\cdots,n)$ 的总偏差是 ρ^{1*}，也就是说等式 $c_{1j}+c_{2j}+d_{1j}+d_{2j}=\rho^{1*}$ 成立，这样，这些具有相同总偏差 ρ^{1*} 的 DMUs 就形成一个集合 $\varGamma_1=\{j\mid c_{1j}+c_{2j}+d_{1j}+$

$d_{2j} = \rho^{1*}\}$。对于该集合中的 DMUs,有 $R_{1j}^* = R_{1j}^{1*} = \alpha_j R - c_{1j}^{1*} + c_{2j}^{1*}$ 和 $R_{2j}^* = R_{2j}^{1*} = \beta_j R - d_{1j}^{1*} + d_{2j}^{1*}$ 对任意的 $j \in \Gamma_1$ 成立。同时,剩余 DMUs 就构成另一个集合 $\Gamma_2 = \{j | c_{1j} + c_{2j} + d_{1j} + d_{2j} < \rho^{1*}\}$。假设集合 Γ_1 中 DMUs 的数量是 n_1。

第二步:如果等式 $n_1 = m+q+s+1$ [有效分摊方案集(9.10)中未知决策变量的个数是 $m+q+s+1$]成立,那么,计算结束。最终的分摊方案就是 $\left(R_{1j}^{1*}, R_{2j}^{1*}, \forall j\right)$。如果该等式不成立,即 $n_1 < m+q+s+1$,那么进行第三步。

第三步:令 $t=t+1$,求解一般化的迭代模型(9.19):

$$\begin{aligned}
&\min_{\{u_r, \phi_p, v_i, R_{1j}, R_{2j}\}} \rho \\
&\text{s.t.} \quad c_{1j} + c_{2j} + d_{1j} + d_{2j} = \rho^{1*}, \quad j \in \Gamma_1 \\
&\qquad \vdots \\
&\qquad c_{1j} + c_{2j} + d_{1j} + d_{2j} = \rho^{t-1*}, \quad j \in \Gamma_{2t-1} \\
&\qquad c_{1j} + c_{2j} + d_{1j} + d_{2j} \leqslant \rho, \quad j \in \Gamma_{2t} \\
&\qquad \alpha_j R - R_{1j} = c_{1j} - c_{2j}, \quad j=1,2,\cdots,n \\
&\qquad \beta_j R - R_{2j} = d_{1j} - d_{2j}, \quad j=1,2,\cdots,n \\
&\qquad \sum_{p=1}^{q} \phi_p z_{pj} - \sum_{i=1}^{m} v_i x_{ij} - R_{1j} + \phi_0 = 0, \quad j=1,2,\cdots,n \\
&\qquad \sum_{r=1}^{s} u_r y_{rj} - \sum_{p=1}^{q} \phi_p z_{pj} - R_{2j} + u_0 = 0, \quad j=1,2,\cdots,n \\
&\qquad \sum_{j=1}^{n} (R_{1j} + R_{2j}) = R, \quad R_{1j}, R_{2j} \geqslant 0, \quad j=1,2,\cdots,n \\
&\qquad c_{1j}, c_{2j}, d_{1j}, d_{2j} \geqslant 0, \quad j=1,2,\cdots,n \\
&\qquad u_r, \phi_p, v_i \geqslant 0, \quad \forall r, p, i; \phi_0, u_0 \text{ 为自由变量}
\end{aligned} \quad (9.19)$$

同样地,求解模型(9.19)也可以得到一组最优解,表示为 $\left(\rho^{t+1*}, c_{1j}^{t+1*}, c_{2j}^{t+1*}, d_{1j}^{t+1*}, d_{2j}^{t+1*}, u_r^{t+1*}, \phi_p^{t+1*}, v_i^{t+1*}, R_{1j}^{t+1*}, R_{2j}^{t+1*}, \phi_0^{t+1*}, u_0^{t+1*}, \forall j, r, p, i\right)$。集合 Γ_{2t} 也可以进一步分为两个子集,$\Gamma_{2t+1} = \{j | c_{1j} + c_{2j} + d_{1j} + d_{2j} = \rho^{t+1*}\}$ 和 $\Gamma_{2t+2} = \{j | c_{1j} + c_{2j} + d_{1j} + d_{2j} < \rho^{t+1*}\}$。假设此时集合 Γ_{2t+1} 中 DMUs 的数量是 n_{t+1}。

第四步:如果等式 $n_1 + n_2 + \cdots + n_{t+1} = m+q+s+1$ 成立,则计算结束,而最终的分摊方案就是 $\left(R_{1j}^{t+1*}, R_{2j}^{t+1*}, \forall j\right)$。否则,如果 $n_1 + n_2 + \cdots + n_{t+1} < m+q+s+1$ 成立,则回到第三步,如此往复。

9.3 实例研究

在 9.3.1 小节中，我们运用 Cook 和 Kress（1999）的经典例子构建一个算例来验证本章两阶段结构下固定成本分摊方法的可行性和有用性。由于文献中没有两阶段结构下固定成本分摊问题的经典例子，且许多学者研究了 Cook 和 Kress（1999）的例子，我们将在 Cook 和 Kress（1999）例子的基础上加入虚拟的中间产出，并形成两阶段生产结构下的固定成本分摊问题。这样也使得我们可以与其他类似的方法进行对比。当然，加入中间产出的做法略显突兀，但这并不影响其他方法，因为我们的方法考虑了两阶段生产结构。在此之后，我们将两阶段结构下固定成本分摊方法运用到实际中，用以解决 27 个商业银行分行之间的信息技术维护费分摊问题，其中涉及了筹集资金与利润赚取两个阶段。

9.3.1 算例应用与对比分析

在 Cook 和 Kress（1999）的例子中，有 12 个 DMUs，每个 DMU 具有 3 种投入和两种产出。随后，我们在 Cook 和 Kress（1999）的例子中随机加入两种中间产出，其中，第一种中间产出是[20，40]的随机整数，而第二种中间产出是[50，100]的随机整数。需要说明的是，这些中间产出的值是随机给定的，并不含有任何特殊意义，而其他类似的值同样可行。概括来说，每个 DMU 有两个子阶段，其中，第一阶段运用 3 种投入生产两种中间产品，而在第二阶段使用两种中间产品生产两种最终产出。所有原始数据由表 9.1 给出。我们要解决的问题是，如何将总额为 R=100 的固定成本分摊给 12 个具有两阶段生产结构的 DMUs。

表9.1 算例数据

DMUs	投入1	投入2	投入3	中间产出1	中间产出2	产出1	产出2
1	350	39	9	35	63	67	751
2	298	26	8	25	75	73	611
3	422	31	7	34	85	75	584
4	281	16	9	33	95	70	665
5	301	16	6	23	98	75	445
6	360	29	17	22	77	83	1070

第 9 章 两阶段结构下固定成本分摊方法研究 · 157 ·

续表

DMUs	投入 1	投入 2	投入 3	中间产出 1	中间产出 2	产出 1	产出 2
7	540	18	10	30	57	72	457
8	276	33	5	40	57	78	590
9	323	25	5	27	63	75	1074
10	444	64	6	32	92	74	1072
11	323	25	5	24	62	25	350
12	444	64	6	35	91	104	1199

首先，令 $R=0$，我们可以通过求解模型（9.9）得到各个 DMU 分摊固定成本前的两阶段效率。两个子阶段及两阶段整体效率如表 9.2 第二至第四列所示。可以发现，DMU_4、DMU_5、DMU_8、DMU_9、DMU_{11} 及 DMU_{12} 在第一阶段相对有效，DMU_6、DMU_8 及 DMU_9 在第二阶段相对有效。就两阶段整体而言，DMU_4、DMU_5、DMU_8、DMU_9 及 DMU_{11} 整体相对有效。进一步地，如果我们考虑两阶段整体下的固定成本分摊问题，并单独计算各个 DMU 在分摊后可能的相对效率值，可以发现，每个 DMU 都能够使自己的效率达到最大值 1，如表 9.2 第五至第七列所示。这一发现也和前文定理 9.1 所阐释的一样。

表 9.2 各个 DMU 的初始效率、独立分摊后效率与按规模比例分摊方案

DMUs	初始效率 第一阶段	第二阶段	整体	独立分摊后的效率 第一阶段	第二阶段	整体	规模比例分摊方案 第一阶段	第二阶段	整体
1	0.7906	0.9417	0.7945	1.0000	1.0000	1.0000	5.4871	3.1893	8.6764
2	0.9348	0.6528	0.9348	1.0000	1.0000	1.0000	3.9888	2.7476	6.7363
3	0.8559	0.7678	0.8153	1.0000	1.0000	1.0000	5.6171	3.3829	9.0000
4	1.0000	0.5004	1.0000	1.0000	1.0000	1.0000	4.7074	3.6089	8.3163
5	1.0000	0.9300	1.0000	1.0000	1.0000	1.0000	3.5552	2.7692	6.3244
6	0.7682	1.0000	0.7777	1.0000	1.0000	1.0000	5.8768	3.7276	9.6044
7	0.8889	0.7196	0.8889	1.0000	1.0000	1.0000	4.8100	2.3223	7.1322
8	1.0000	1.0000	1.0000	1.0000	1.0000	1.0000	4.1732	3.2162	7.3894
9	1.0000	1.0000	1.0000	1.0000	1.0000	1.0000	3.2919	3.5421	6.8340
10	0.9907	0.7066	0.8915	1.0000	1.0000	1.0000	7.4758	4.6336	12.1094
11	1.0000	0.9854	1.0000	1.0000	1.0000	1.0000	3.0762	1.0889	4.1651
12	1.0000	0.9888	0.9954	1.0000	1.0000	1.0000	7.7616	5.9504	13.7119

如果我们考察各个 DMU 的投入产出规模，如式（9.12）和式（9.13）所示，我们可以得到一组与 DMUs 投入产出规模一致的分摊方案，如表 9.2 最后三列所示。直观地，基于 DMUs 规模的比例分摊方法，一个 DMU 的投入产出规模越

大，就越可能承担更多的固定成本额；相反，就承担较少的固定成本额。这一特点非常重要，它含蓄地说明，一个较小规模的DMUs不应该承担较多的成本，而较大规模的DMUs也不应该仅仅承担很小的固定成本额。很显然，这是一种朴素的成本分摊思想，具有普遍接受性与现实意义，且得到的固定成本分摊方案也很容易实施。

正如定理9.3所阐释的那样，总是存在有效分摊方案，其能使所有DMUs和其子单元在一组公共权重下同时达到相对有效。但是，这种有效分摊方案并不唯一。在本章中，我们希望极小化有效分摊方案与规模比例分摊方案之间的距离，即寻找尽可能接近规模比例分摊方案的有效分摊方案。如此，我们反复求解模型（9.16）及其更一般的模型（9.19），直到所有DMUs的距离都最小。表9.3表明，第一次求解模型（9.16）可以得到最小最大偏差是2.660 9，且DMU_9、DMU_{10}及DMU_{12}达到了该最小最大偏差。由于此时仍旧不能得到唯一的固定成本分摊方案，我们继续求解模型（9.19）。第二次求解发现，此时最小最大偏差是2.195 9，同样DMU_5、DMU_6和DMU_{11}达到了该最小最大偏差。随后，我们继续进行第三次和第四次求解，其中，另外两个DMU_4和DMU_2也分别达到了最小最大偏差。此时，有8个DMUs达到了最小最大偏差，恰好等于式（9.10）中有效分摊方案里的自由变量数量，因此，可以得到唯一的固定成本分摊方案，如表9.3最后三列所示。可以发现，在最终的分摊方案里，有的DMUs承担了比规模比例分摊方法更多的成本，而有的DMUs承担了比规模比例分摊方法更少的成本，但总的来说，我们得到的分摊方案与规模比例分摊方案的距离最小，也就是说，我们得到的有效分摊方案最大程度地反映了DMUs的投入产出规模。此外，很容易验证，通过实施我们得到的固定成本分摊方案，所有DMUs都达到了效率值为1的相对最有效状态。

表9.3 算例计算过程与最终的固定成本分摊方案

DMUs	最小最大偏差				固定成本分摊方案		
	一次迭代	二次迭代	三次迭代	四次迭代	第一阶段	第二阶段	整体
1	2.202 7	1.804 3	1.521 8	0.528 0	4.987 2	3.161 2	8.148 3
2	2.274 9	1.885 8	1.630 7	1.206 7	4.922 5	3.020 6	7.943 1
3	2.233 4	1.847 4	1.592 5	1.062 7	5.313 0	2.624 2	7.937 2
4	2.415 3	2.005 4	1.800 9	1.800 9	5.447 0	2.547 8	7.994 8
5	2.579 8	2.195 9	2.195 9	2.195 9	5.238 6	2.256 7	7.495 3
6	2.593 6	2.195 9	2.195 9	2.195 9	4.877 6	4.924 2	9.801 8
7	2.186 1	1.776 8	1.442 1	0.374 9	4.763 3	2.650 5	7.413 7
8	2.203 6	1.893 1	1.551 1	1.005 7	5.019 4	3.056 7	8.076 1
9	2.660 9	2.660 9	2.660 9	2.660 9	4.782 1	4.712 7	9.494 8

续表

DMUs	最小最大偏差				固定成本分摊方案		
	一次迭代	二次迭代	三次迭代	四次迭代	第一阶段	第二阶段	整体
10	2.660 9	2.660 9	2.660 9	2.660 9	5.373 6	4.075 0	9.448 5
11	2.388 9	2.195 9	2.195 9	2.195 9	4.689 2	0.506 0	5.195 2
12	2.660 9	2.660 9	2.660 9	2.660 9	5.434 5	5.616 6	11.051 1

为了将本章的方法与其他类似方法做比较以凸显特点和优势，表 9.4 还给出了现有文献里其他几种方法的固定成本分摊结果，这些方法包括 Cook 和 Kress（1999）、Beasley（2003）、Amirteimoori 和 Kordrostami（2005）、Lin 等（2011a）、Si 等（2013）、Li 等（2013）、Lotfi 等（2013）、Du 等（2014）、Lin 和 Chen（2016）及 Li 等（2017a）（为了方便表达，这些方法在表 9.4 中分别表示为 CK、B、AK、L、S、LY、LH、DC、LC 及 LS）。尽管在这些方法中，本章的方法是唯一考虑内部生产结构的方法，但就结果进行比较仍可以发现一些特点。此外，按照这些方法对于分摊后各个 DMU 效率的变化情况，这些方法可以分为两类：①效率不变性方法，包括 Cook 和 Kress（1999）、Amirteimoori 和 Kordrostami（2005）、Lin 等（2011a）、Lin 和 Chen（2016）和 Li 等（2017a）；②效率极大化方法，包括本章的方法、Beasley（2003）、Si 等（2013）、Li 等（2013）、Lotfi 等（2013）与 Du 等（2014）。

表9.4 不同方法下的固定成本分摊方案

DMUs	效率极大化方法						效率不变性方法				
	本章的方法	B	S	LY	LH	DC	CK	AK	L	LC	LS
1	8.148 3	6.78	7.647 5	6.383 9	8.199	5.79	14.52	8.219 6	5.695 6	9.83	8.761 1
2	7.943 1	7.21	8.411 8	7.421 9	7.462	7.95	6.74	6.858 2	9.244 3	7.53	7.868 9
3	7.937 2	6.83	8.621 6	6.682 7	4.284	6.54	9.32	9.497 2	5.478 3	9.93	9.966 3
4	7.994 8	8.47	8.109 1	8.832 6	9.301	11.10	5.60	6.324 2	10.163 7	5.20	6.966 1
5	7.495 3	7.08	8.693 8	7.633 5	4.807	8.69	5.79	6.676 8	7.081 8	5.20	7.458 9
6	9.801 8	10.06	9.566 9	9.698 9	15.370	13.49	8.15	8.381 7	4.934 0	9.10	8.629 6
7	7.413 7	5.09	8.333 3	4.276 5	0	7.10	8.86	11.738 9	8.394 0	5.85	8.322 4
8	8.076 1	7.74	9.962 8	8.352 6	7.339	6.83	6.26	6.487 9	7.334 4	8.96	7.728 0
9	9.494 8	15.11	8.650 5	15.871 0	16.330	16.68	7.31	7.291 2	2.922 9	8.07	7.535 9
10	9.448 5	10.08	8.345 7	9.751 0	11.598	5.42	10.08	10.612 5	3.507 5	9.69	8.865 0
11	5.195 2	1.58	2.803 2	0.455 0	0	0	7.31	7.288 5	2.922 9	8.07	7.565 6
12	11.051 1	13.97	11.854 0	14.640 4	15.310	10.41	10.08	10.623 3	32.320 6	12.56	10.329 1

对于效率不变性的固定成本分摊方法而言，它们试图在固定成本分摊过程中尽可能地保持 DMUs 的相对效率不变。如此，可以说明，效率不变性的固定成本分摊方法会导致最小甚至为零的效率改变。进一步地，为了比较不同方法的差异，我们首先考察两组焦点 DMUs，即 DMU_9 与 DMU_{11}，DMU_{10} 与 DMU_{12}。虽然这两组 DMUs 都使用相同的投入，但产出大不相同。

观察表 9.4 中的结果可以发现，这些效率不变性方法，如 Cook 和 Kress（1999）、Amirteimoori 和 Kordrostami（2005）、Lin 等（2011a）、Lin 和 Chen（2016）、Li 等（2017a），给予这两组 DMUs 完全或大致相等的固定成本额。值得特别注意的是，Cook 和 Kress（1999）、Amirteimoori 和 Kordrostami（2005）的方法几乎只考虑投入，而对产出因素的考虑非常少，而这也是效率不变性方法的一个巨大不足（Beasley，2003）。可喜的是，本章的方法不存在这个问题，因为本章的方法会对这两组 4 个 DMUs 赋予完全不同的固定成本额，即 R_9=9.494 8、R_{11}=5.195 2、R_{10}=9.448 5 和 R_{12}=11.051 1。此外，Lin 和 Chen（2016）和 Li 等（2017a）的方法分摊给很多 DMUs 非常接近的固定成本额，使这两种方法在分摊固定成本时缺乏足够的区分度。

对于效率极大化的固定成本分摊方法，值得注意的是，Lotfi 等（2013）和 Du 等（2014）免除了一些 DMUs 的成本分摊责任（即分摊的固定成本额等于零），而显然这是不可取的，因为免除任何 DMUs 的责任对其他 DMUs 而言都是不公平且难以接受的（Cook and Kress，1999；Cook and Zhu，2005）。与此相反，本章的方法对每个 DMU 分摊的成本数额都大于零，且最小的成本数额是 5.195 2。此外，使用本章的方法，DMUs 之间最大与最小固定成本额差是 5.855 9（5.855 9= 11.051 1-5.195 2），远小于其他几种效率极大化的固定成本分摊方法[Beasley（2003）、Si 等（2013）、Li 等（2013）、Lotfi 等（2013）与 Du 等（2014）方法的最大与最小固定成本额差分别是 13.53、9.050 8、15.416 0、16.330 和 16.68]。按照 Li 等（2009）和 Fang（2015），越小的最大与最小固定成本额差即意味着得到的固定成本分摊方案更容易实施，遭到 DMUs 的抵触也越小。基于此，本章的方法更具有现实意义，也就更易被接受。

效率极大化的固定成本分摊方法的另外一个特点是，最有效的 DMUs 偏向于承担最多的固定成本额。例如，在不考虑内部生产结构时，有 5 个 DMUs（DMU_4、DMU_5、DMU_8、DMU_9、DMU_{12}）最有效，它们的相对效率值都是 1，而 Beasley（2003）、Li 等（2013）、Lotfi 等（2013）和 Du 等（2014）的方法都是将最多的成本分摊给相对最有效的 DMU_9，Si 等（2013）是将最多的成本分摊给相对最有效的 DMU_{12}。这一现象表明，这些效率极大化的固定成本分摊方法偏向于惩罚效率高的 DMUs，因为它们将不得不承担更多的固定成本。很显然，"惩优奖劣"不是一种好的固定成本分摊性质，不利于组织健康发展。当然，本章的方法不存在这个问题，可以看到，在两阶段网络结构下，有 5 个 DMUs 的效率值等于 1，而 DMU$_{12}$ 不是有效的，因为其效率值是 0.995 4，但是，本章的方法却将最多的成本分摊给 DMU$_{12}$，这是因为，如式（9.12）和式（9.13）及表 9.2 所示，DMU$_{12}$ 的规模最大。也就是说，本章的方法更倾向由规模最大的 DMUs 承担最多的固定成本，而不是由最优秀，即相对效率值最大的 DMU 承担最多的固定成本。

为进一步分析初始效率值与分摊的固定成本额之间的关系，我们以固定成本额为因变量，初始效率值为自变量进行回归分析，结果如表 9.5 所示。结果发现，二者之间不存在显著的统计关系。此外，我们还将四种规模因子（投入规模、中间产出规模、最终产出规模及总的投入产出规模）作为调节变量加入回归方程中。结果表明，分摊的固定成本额与初始效率值之间仍旧不存在显著的统计关系，也就是说，本章的方法不会惩罚表现优秀的 DMUs，也不会偏爱表现不佳的 DMUs。

表9.5 初始效率值与分摊的固定成本额之间的关系

回归变量	回归系数	标准差	t 统计量	p 值
截距项	10.701 4	4.843 4	2.209 5	0.051 6
初始效率	−2.560 6	5.215 2	−0.491 0	0.634 0
截距项	6.282 8	6.583 8	0.954 3	0.364 9
初始效率	−0.224 3	5.726 3	−0.039 2	0.969 6
投入规模	0.005 6	0.005 6	0.991 8	0.347 2
截距项	7.161 3	5.236 5	1.367 6	0.204 6
初始效率	−3.232 5	4.987 0	−0.648 2	0.533 1
中间产出规模	0.039 2	0.027 5	1.426 3	0.187 5
截距项	4.579 2	1.832 5	2.498 8	0.033 9
初始效率	0.001 9	1.841 4	0.001 0	0.999 2
最终产出规模	0.004 6	0.000 5	8.566 6	0.000 0
截距项	1.751 8	2.146 6	0.816 1	0.434 4
初始效率	1.315 2	2.020 7	0.650 9	0.531 4
总的投入产出规模	0.004 1	0.000 5	7.862 7	0

需要说明的是，在表 9.4 的方法中，只有本章的方法唯一地考虑了 DMUs 的内部生产结构。这也使得我们必须将本章的方法与其他同样考虑了内部生产结构的固定成本分摊方法进行对比。据我们所知，目前现有文献里有两篇文献做了同样的工作，即 Yu 等（2016）和 Zhu 等（2017），它们都在两阶段结构下研究了固定成本分摊问题。这两种方法及本章的方法都是使用虚拟的数值分析来验证方法的有效性，且数值算例并不一样，这就使得我们难以在数值结果上进行比较，因此，我们仅就方法的理论基础和特性做一些有意义的对比。表 9.6 列出了三种方法满足的特性，而这些特性都是固定成本分摊问题非常重要的性质。

表9.6 三种方法的特性

方法特性	两阶段结构下固定成本分摊方法		
	本章的方法	Yu 等（2016）的方法	Zhu 等（2017）的方法
（1）所有 DMUs 是否承担严格正的固定成本额？	是	是	否
（2）是否试图提升分摊后的效率水平？	是	是	是
（3）所有 DMUs 在分摊后是否都相对有效？	是	否	否
（4）得到的分摊方案是否唯一？	是	否	否
（5）是否考虑了 DMUs 的投入产出规模？	是	否	否

（1）所有 DMUs 是否承担严格正的固定成本额（Cook and Kress, 1999; Cook and Zhu, 2005; Li et al., 2017a）？

（2）是否试图提升分摊后的效率水平（Beasley, 2003; Yu et al., 2016; Zhu et al., 2017）？

（3）所有 DMUs 在分摊后是否都相对有效（Beasley, 2003; Li et al., 2013; Lotfi et al., 2013）？

（4）得到的分摊方案是否唯一（Beasley, 2003; Amirteimoori and Tabar, 2010; Li et al., 2013）？

（5）是否考虑了 DMUs 的投入产出规模（Amirteimoori and Kordrostami, 2005; Lin, 2011b; Lotfi et al., 2013）？

从表 9.6 的对比结果不难看出，只有 Yu 等（2016）和本章的方法能够得到严格为正的固定成本分摊结果，而 Zhu 等（2017）会给出很多零成本的分摊结果，因而其结果接受度偏低（Cook and Kress, 1999; Cook and Zhu, 2005）。尽管三种方法都试图提升固定成本分摊后的效率，但是，只有本章的方法才能使所有 DMUs 在分摊固定成本后达到效率值等于 1 的相对有效状态。此外，Yu 等（2016）和 Zhu 等（2017）的方法得到的固定成本分摊方案都不满足唯一性要求，而本章的方法通过反复极小化最大的偏差，最终可以得到一组唯一的固定成本分摊方案，这一点显得尤为可贵。更重要的是，我们考虑了 DMUs 的投入产出规模，因而使得 DMUs 的生产状况和能力在固定成本分摊方案里得到了很好的体现。

综上所述，通过与其他固定成本分摊方法的比较，可以发现，本章的方法具有诸多优良性质，且能够很好地解决两阶段结构下的固定成本分摊问题。因此，我们认为，本章的方法非常适用于考虑了内部生产结构的固定成本分摊问题，而本章的方法得到的结果也容易被 DMUs 接受和认可。总之，本章提出了一种不错的两阶段结构下固定成本分摊方法，具有广阔的现实意义。

9.3.2 城市商业银行的实例研究

1. 问题描述和数据收集

在本小节中，我们把前文的两阶段结构下固定成本分摊方法运用到商业银行的管理实践中。本小节研究的对象是拥有 27 个分行的某城市商业银行。在当今的企业竞争中，信息技术服务是许多企业关注的焦点。对我们研究的商业银行而言，会产生昂贵得不可忽视的信息技术服务费用。这些费用包括信息传输、信息加密、软硬件维护、资金管理和监督等。事实上，诸如此类的信息技术服务由所有分行共同享受，但信息技术服务费用却由银行总部直接支付。由于银行总部既不是利润中心，也不是成本中心，银行总部承担高昂的信息技术服务费用不利于银行的成本归集及高效的运营管理，因此，管理层希望按照一定的原则将所有的信息技术服务费用分摊给下属的 27 个分行，由分行全额承担所有的信息技术服务费用。2015 年，该银行一共产生了 8 000 万元的信息技术服务费用。现在的问题是，这 8 000 万元的信息技术服务费应该以怎样的方式分摊给 27 个分行？

遵循 Wang 等（2014）、Shi 等（2017）、Fukuyama 和 Matousek（2017）的研究框架，我们把商业银行的运营活动分为两个阶段，如图 9.2 所示。这里，各分行在第一阶段尽可能地筹集资金，包括吸储与出售理财产品等；而在第二阶段，银行的目的是将这些筹集的资金转化成最终的利润。概括来说，我们在第一阶段考虑三种投入和两种中间产品；在第二阶段，除了两种中间产品作为投入外，我们还考虑了三种最终产出。投入包括：①劳动力，即人力资源投资及由此形成的人力资本；②固定资产，即用于银行商业活动的有形资产价值；③运营费用，即在银行运营活动中产生的除劳动力成本之外的所有经营成本。中间产品包括：①存款，即吸收的存款；②其他资金，即销售理财产品等以其他方式筹集的资金。这两种方式筹集的资金都是银行利润的源泉。产出包括：①利息收入，即存贷款利息差产生的利润；②非利息收入，即银行服务收取的服务费、管理费等非直接来源于利息的收入；③不良贷款，不良贷款是银行在经营活动中极力避免的，会对商业银行运营结果造成极为恶劣的影响，却也是难以避免的。基于图 9.2 的商业银行两阶段结构，我们认为，两个子阶段都享受了信息技术服务带来的便利，因而也都应该承担相应的成本。

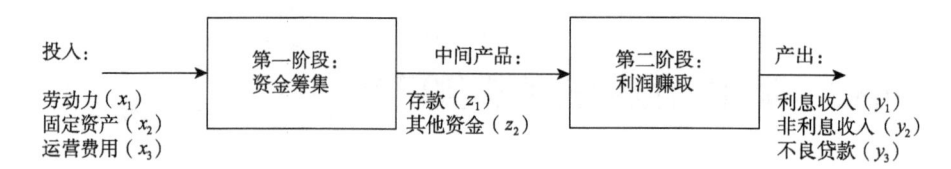

```
投入：          第一阶段：    中间产品：    第二阶段：    产出：
劳动力($x_1$)    资金筹集     存款($z_1$)   利润赚取     利息收入($y_1$)
固定资产($x_2$)              其他资金($z_2$)            非利息收入($y_2$)
运营费用($x_3$)                                         不良贷款($y_3$)
```

图 9.2　城市商业银行的两阶段运营过程

本小节使用的数据来源于该银行 2015 年的财务报表，且每个分行都被视作一个独立的 DMU。但出于商业安全的原因，我们对原始数据进行了修改，但这并不妨碍我们解决类似的实际问题。此外，为简化研究过程，我们假设所有变量都是连续型变量，这样，我们就不要求解整数规划问题。尽管在投入中存在固定资产和运营费用等成本项，但我们简单地把信息技术服务费用作为一种新的独立投入。表 9.7 归纳了所有的投入产出变量，而对应的具体数据由表 9.8 给出。注意到，不良贷款是一种非期望产出，应该是越少越好。现有文献里有处理非期望产出的多种方法，却并不存在最优方法。由于本小节只是两阶段结构下固定成本分摊问题的一个应用，而这个应用只是恰好触及了非期望产出而已，我们简单地使用 Seiford 和 Zhu（2002）的数据变换方法将负向的非期望产出转变为正向变量。Seiford 和 Zhu（2002）的方法不仅简单易用，而且受到许多学者的高度赞扬，可以较好地反映银行经营流程中的不良贷款性质（Wang et al., 2014），而这正是我们选择该方法的原因。特别地，考虑到最大的不良贷款是 6 545，我们设定的数据变换准则是 $\bar{y}_3 = 7\,000 - y_3$。

表9.7　投入产出变量

投入/产出	变量	单位
投入	劳动力（x_1）	人
	固定资产（x_2）	万元
	运营费用（x_3）	万元
中间产品	存款（z_1）	万元
	其他资金（z_2）	万元
产出	利息收入（y_1）	万元
	非利息收入（y_2）	万元
	不良贷款（y_3）	万元

表9.8 商业银行27个分行的两阶段经营活动数据

分行	x_1	x_2	x_3	z_1	z_2	y_1	y_2	y_3
1	25	619	538	77 237	34 224	2 947	913	224
2	27	419	489	88 031	56 559	3 138	478	516
3	40	1 670	1 459	164 053	62 776	5 494	1 242	877
4	42	2 931	1 497	145 369	65 226	3 144	870	1 138
5	52	2 587	797	166 424	85 886	6 705	854	618
6	45	2 181	697	215 695	30 179	8 487	1 023	2 096
7	33	989	1 217	114 043	43 447	4 996	767	713
8	107	6 277	2 189	727 699	294 126	21 265	6 282	6 287
9	88	3 197	949	186 642	53 223	8 574	1 537	1 739
10	146	6 222	1 824	614 241	121 784	21 937	5 008	3 261
11	57	1 532	2 248	241 794	83 634	8 351	1 530	2 011
12	42	1 194	1 604	150 707	57 875	5 594	858	1 203
13	132	5 608	1 731	416 754	168 798	15 271	4 442	2 743
14	77	2 136	906	276 379	38 763	10 070	2 445	1 487
15	43	1 534	438	133 359	48 239	4 842	1 172	1 355
16	43	1 711	1 069	157 275	27 004	6 505	1 469	1 217
17	59	3 686	820	150 827	60 244	6 552	1 209	1 082
18	33	1 479	2 347	215 012	78 253	8 624	894	2 228
19	38	1 822	1 577	192 746	76 284	9 422	967	1 367
20	162	5 922	2 330	533 273	163 816	18 700	4 249	6 545
21	60	2 158	1 153	252 568	77 887	10 573	1 611	2 210
22	56	2 666	2 683	269 402	158 835	10 678	1 589	1 834
23	71	2 969	1 521	197 684	100 321	8 563	905	1 316
24	117	5 527	2 369	406 475	106 073	15 545	2 359	2 717
25	78	3 219	2 738	371 847	125 323	14 681	3 477	3 134
26	51	2 431	741	190 055	142 422	7 964	1 318	1 158
27	48	2 924	1 561	332 641	94 933	11 756	2 779	1 398

2. 结果与分析

与9.3.1小节一样，我们先计算27个分行在分摊信息技术服务费用之前的初始相对效率。从表9.9的结果可以知道，9个分行（分行1、分行2、分行6、分行8、分行10、分行14、分行15、分行18及分行27）在资金筹集方面达到了相对有效状态，而仅有3个分行（分行1、分行9与分行19）在利润赚取方面达到了相对有效状态。也就是说，该商业银行的分行筹集资金的能力非常强，但将资金转化为利润的能力还有待提高。从各分行的整体效率来看，同样有3个分行（分行 1、分行 2 及分行 15）达到了整体相对有效。特别地，我们注意到，其实只有分行 1 整体相对有效，而两个子阶段也同样相对有效。

表9.9　27个分行初始相对效率与规模比例分摊方案

分行	初始相对效率			规模比例分摊方案		
	第一阶段	第二阶段	整体	第一阶段	第二阶段	整体
1	1.000 0	1.000 0	1.000 0	13.392 6	39.081 3	52.473 9
2	1.000 0	0.873 9	1.000 0	17.642 8	36.426 8	54.069 6
3	0.798 7	0.777 2	0.792 7	59.678 6	65.459 2	125.137 8
4	0.728 1	0.553 3	0.683 4	70.787 8	50.344 8	121.132 6
5	0.798 0	0.840 0	0.812 1	73.284 1	77.795 9	151.080 0
6	1.000 0	0.892 3	0.957 0	46.188 3	56.226 9	102.415 2
7	0.826 4	0.997 8	0.871 6	38.380 4	40.445 4	78.825 8
8	1.000 0	0.755 0	0.886 4	662.631 5	684.690 9	1 347.322 5
9	0.625 4	1.000 0	0.761 0	83.574 3	72.401 8	155.976 1
10	1.000 0	0.847 9	0.924 9	431.694 2	423.804 1	855.498 3
11	0.938 0	0.756 5	0.850 1	112.088 8	99.561 5	211.650 3
12	0.773 3	0.825 8	0.796 2	53.971 2	53.835 6	107.806 9
13	0.736 4	0.940 1	0.820 9	367.960 9	333.404 0	701.364 9
14	1.000 0	0.913 8	0.959 5	78.075 4	103.575 8	181.651 2
15	1.000 0	0.790 9	1.000 0	32.097 7	47.321 2	79.418 9
16	0.757 9	0.965 9	0.819 8	36.937 9	47.526 6	84.464 5
17	0.680 8	0.947 7	0.758 4	70.514 9	62.829 2	133.344 1
18	1.000 0	0.841 7	0.955 9	91.260 1	78.823 3	170.083 4
19	0.904 2	1.000 0	0.936 8	74.742 5	83.572 6	158.315 1
20	0.732 8	0.824 9	0.771 8	487.417 6	328.701 9	816.119 5
21	0.852 5	0.892 0	0.870 7	92.644 7	107.080 0	199.724 7
22	0.756 7	0.842 2	0.793 5	207.542 5	167.363 2	374.905 7
23	0.525 8	0.897 5	0.644 1	121.411 4	94.294 4	215.705 8
24	0.591 8	0.814 5	0.674 6	300.598 8	204.674 4	505.273 2
25	0.846 5	0.936 8	0.887 9	242.387 6	233.663 7	476.051 3
26	0.957 0	0.797 8	0.894 2	101.073 0	124.890 2	225.963 2
27	1.000 0	0.850 5	0.940 8	135.267 8	178.957 5	314.225 4

同样地，计算各分行的投入产出规模并以此为标准等比例分摊信息技术服务费用总额，我们可以得到规模比例分摊方案，如表 9.9 最后三列所示。可以发现，分行 8 的规模最大，因而其按规模比例确定的固定成本额也最大。与此相反，分

行1的规模最小,故而其按规模比例确定的固定成本额也最小。进一步地,分行8的两个子阶段也是各自阶段规模最大的分行,因而其规模比例分摊方案确定的固定成本额也最大。

进一步地,我们希望得到一个尽可能接近规模比例分摊方案的有效分摊方案,从而既能使所有DMUs都在分摊后达到相对有效,也尽可能地反映各DMU的投入产出规模。为此我们求解模型(9.16),此时得到最优目标函数229.066 2,且有3个分行同时达到了最大偏差229.066 2,即分行8、分行13和分行14。由于该问题中自由变量的个数是9[=(3+2+3+2+27+27)-(27+27+1)],我们需要继续反复求解,直到不存在任何自由变量。具体地,我们还求解了6次模型(9.19),并分别得到了分行16、分行20、分行22、分行27、分行24及分行25的最大偏差,此时,式(9.10)中自由变量的个数等于我们确定了最大偏差的分行数量,故不存在自由变量,并能够得到最终的信息技术服务费用分摊方案。整个计算过程及最终的分摊结果在表9.10中给出。

表9.10 最小最大偏差与最终分摊方案

分行	有效分摊方案与规模比例分摊方案之间的偏差							最优分摊方案		
	一次迭代	二次迭代	三次迭代	四次迭代	五次迭代	六次迭代	七次迭代	第一阶段	第二阶段	整体
1	191.667 7	163.573 3	158.890 6	151.066 8	150.817 6	117.540 2	81.956 6	34.839 4	99.591 1	134.430 6
2	188.819 7	161.221 4	156.541 3	148.162 5	147.974 4	104.829 6	72.246 9	57.611 2	4.148 3	61.759 5
3	184.403 0	155.199 9	150.846 7	142.061 6	141.656 2	87.610 8	25.738 9	66.962 9	83.913 9	150.876 8
4	189.084 3	162.431 9	156.988 5	148.111 1	148.082 3	105.334 8	73.245 7	42.556 3	5.330 6	47.886 9
5	192.409 4	164.782 7	160.128 1	152.645 4	152.291 5	129.159 4	90.223 8	105.689 6	19.977 6	125.667 1
6	199.491 4	171.891 4	166.953 4	159.815 5	160.938 5	137.315 4	112.747 1	149.200 0	46.491 5	195.691 5
7	184.381 2	155.431 9	151.030 6	142.153 5	141.737 0	97.748 8	29.139 6	27.053 4	58.258 0	85.311 3
8	229.066 2	229.066 2	229.066 2	229.066 2	229.066 2	229.066 2	229.066 2	662.631 5	455.624 7	1118.256 2
9	198.467 1	170.490 3	165.892 1	158.746 8	158.133 6	145.335 7	113.761 6	55.841 6	158.430 8	214.272 4
10	183.495 8	156.345 5	150.397 3	147.066 6	141.692 9	90.804 1	28.655 3	428.195 4	448.960 7	877.156 1
11	186.225 1	156.609 6	152.117 5	143.446 9	143.063 8	99.256 1	41.534 3	91.041 2	79.074 7	170.116 0
12	184.787 5	155.836 2	151.418 4	142.482 1	142.132 7	98.315 6	34.034 1	38.347 4	35.425 4	73.772 8
13	229.066 2	229.066 2	229.066 2	229.066 2	229.066 2	229.066 2	229.066 2	257.028 6	451.538 0	708.566 6
14	229.066 2	229.066 2	229.066 2	229.066 2	229.066 2	229.066 2	229.066 2	164.981 7	245.735 7	410.717 4
15	197.035 6	169.198 1	164.323 8	157.339 2	157.108 8	134.398 4	109.427 3	85.725 6	103.120 6	188.846 2
16	204.883 3	177.889 7	173.067 8	166.224 9	166.090 8	153.306 4	140.480 0	62.956 4	161.988 1	224.944 5
17	187.848 3	159.656 2	154.621 8	146.220 8	145.938 3	102.109 3	50.693 3	65.852 9	108.860 5	174.713 4
18	195.815 0	165.693 0	160.557 7	152.249 3	152.186 9	118.724 5	81.474 7	84.460 4	4.148 3	88.608 7
19	186.933 5	158.252 5	153.754 4	145.716 3	145.254 2	111.600 9	55.456 8	100.201 6	53.575 0	153.776 6

续表

分行	有效分摊方案与规模比例分摊方案之间的偏差							最优分摊方案		
	一次迭代	二次迭代	三次迭代	四次迭代	五次迭代	六次迭代	七次迭代	第一阶段	第二阶段	整体
20	220.047 6	192.783 9	192.783 9	192.783 9	192.783 9	192.783 9	192.783 9	306.355 9	340.424 1	646.780 0
21	192.697 2	164.821 4	159.848 2	151.953 9	151.667 4	118.301 9	79.856 9	164.169 5	115.412 1	279.581 6
22	219.025 0	192.672 9	187.299 8	187.299 8	187.299 8	187.299 8	187.299 8	131.059 6	56.546 3	187.605 9
23	200.514 6	173.573 8	168.432 3	161.410 5	161.381 2	148.796 8	124.798 0	76.984 3	13.923 5	90.907 8
24	213.949 4	188.516 3	183.375 9	175.922 1	175.535 0	175.535 0	175.535 0	196.441 4	133.296 7	329.738 2
25	211.346 3	182.715 3	178.311 6	171.034 6	170.653 5	157.894 1	157.894 1	195.766 0	344.936 2	540.702 3
26	197.324 7	172.026 0	167.170 0	159.857 5	159.375 4	146.773 4	120.790 2	163.022 2	66.049 3	229.071 5
27	214.389 8	188.609 9	183.676 3	176.016 9	176.016 9	176.016 9	176.016 9	250.799 8	239.442 4	490.242 2

根据表9.10中的分摊结果，很容易验证，此时所有分行及它们的两个子阶段达到最有效状态。同时，有效分摊方案与规模比例分摊方案之间的距离也达到最小，且任意分行要想进一步减小其分摊结果与规模比例分摊方案的距离，都会造成其他分行距离的上升。此外，我们注意到，对子单元而言，最多的信息技术服务费用（662.631 5）由分行8的利润赚取阶段承担，而最少的信息技术服务费用（4.148 3）由分行2和分行18的利润赚取阶段承担。就整个分行而言，分行8需要承担1 118.256 2万元的信息技术服务费用，这主要是因为分行8的规模最大。同时，分行8并不是相对最有效的分行，这与9.3.1小节的数值分析结果完全一致。进一步地，我们也想验证初始相对效率值与分摊的信息技术服务费用之间是否有关。

值得注意的是，前文使用了Seiford和Zhu（2002）的数据变化方法将非期望产出的不良贷款变换为期望产出，其变换准则则是$\bar{y}_3 = M - y_3$，其中M=7 000。但是，M的取值必然会对效率评价结果产生重大影响（Zanella et al., 2015），并进一步有可能改变固定成本分摊的结果。因此，我们将通过改变M取值来进行灵敏度分析，以分析M取值的影响。为此，我们将M取值范围设定为6 600（稍大于最大的不良贷款值）到30 000（足够大于最大的不良贷款值），并由此分析各分行分摊到的信息技术服务费用，结果如图9.3所示。一方面，图9.3表明，M的取值的确会影响分摊结果，但在6 600~30 000这个范围内其影响相对较小。最大的变化出现在分行8，当M从6 600升到30 000时，其分摊到的最大费用和最小费用的差达到了14.1万元，而分行6分摊的费用则保持极其稳定，其分摊到的最大费用和最小费用的差仅仅为0.1万元。另一方面，我们在模型里和其他固定成本分摊方法一样仅考虑期望变量，而包含非期望产出的应用只是用来验证我们的两阶段结构下固定成本分摊方法，因此，结果表明，前文运用Seiford和Zhu（2002）的数据变换方法是合理且有效的。

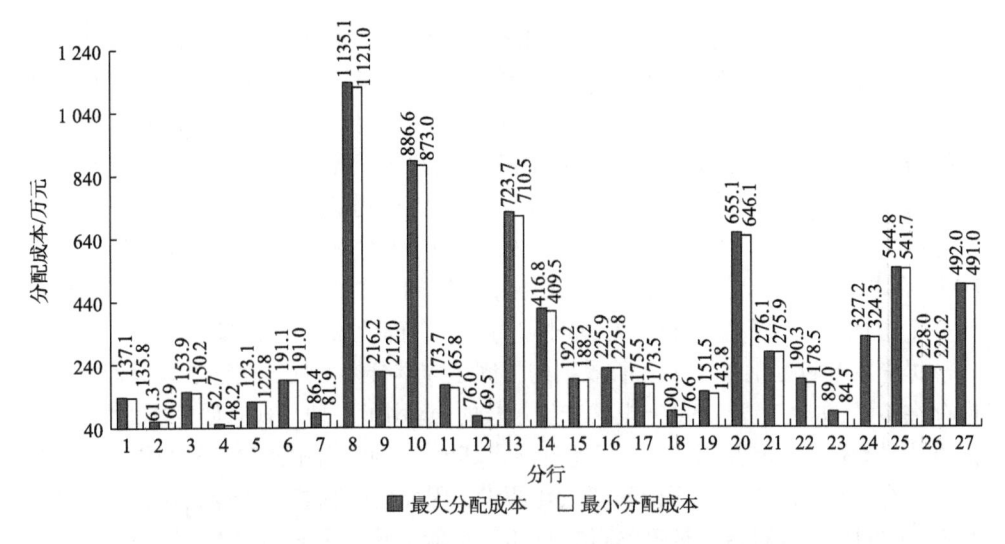

图 9.3　当 M 从 6 600 变化到 30 000 时各分行分摊的信息技术服务费用

当然，如果 M 值极大（如 100 000 000），此时各分行在不良贷款上的差异极其小，也使得不良贷款这一变量的影响非常小。此时，效率评价和信息技术服务费用分摊的结果主要依赖于其他变量，从而导致结果也会有所不同。

基于前文的数值分析和实例研究，可以知道，本章的方法能够有效解决两阶段结构下固定成本分摊问题。通过运用本章的方法，所有 DMUs 和子单元都可以在分摊成本之后同时达到有效。并且，本章考虑了各 DMU 的投入产出规模，并通过反复极小化有效分摊方案与规模比例分摊方案之间的距离来得到最后的唯一分摊方案。如此，得到的固定成本分摊方案不仅能使所有 DMUs 有效，还尽可能地反映 DMUs 的投入产出状况。此外，本章的方法还具有降低 DMUs 之间成本差异及具有足够的区分度等优势。综上所述，本章的两阶段结构下固定成本分摊方法有效且有用。

9.4　本章小结

在许多管理实践中，存在着这样一类重要问题，就是大型组织的决策者不得不将一定的总成本分摊给下属的多个子单元。诸如此类的固定成本分摊问题的本质就是将成本量与多个成本准则联系起来。因此，固定成本分摊的理想方法是分析成本项的因果关系，并在此基础上进行固定成本分摊。在本章中，我们研究了具有两阶段生产结构的组织内部固定成本分摊问题。为此，我们把固定成本分摊和两阶段结构联系起来，并由此分析可能的效率结果。结果发现，总是存在有效分摊方案能同时使所有 DMUs 在分摊固定成本之后达到有效。但是，这样的有效分摊方案并不唯一。随后，我们结合 DMUs 的投入产出规模，反复极小化有效分摊方案与规模比例分摊方案之间的距离，并由此得到最终的两阶段结构下固定成本分摊方案。该方案不仅能使所有 DMUs 同时相对有效，还尽可能地反映各个 DMU 的投入产出状况。最后，为验证本章方法的有效性与有用性，本章将其应用到一个虚拟算例做数值分析，并同时应用于一个商业银行的实例中。

尽管本章较好地解决了两阶段结构下固定成本分摊问题，完善了现有研究，但也存在不足，如在考虑 DMUs 投入产出规模时，运用了一种与现有研究类似的方法，该方法虽然可行，但并不唯一，且还有许多其他方法可以测度 DMUs 的投入产出规模。还有，本章的方法基于效率极大化假设，因而也面临着效率极大化方法"惩优奖劣"的问题，即初始相对效率高的 DMUs 可能会承担更多的成本。虽然本章的方法能够在一定程度上减缓这一问题，但并没有从根本上解决这个问题。

本章的研究仅是一个起点，还可以从多个方面进一步发展。首先，就如前文的不足一样，如何测度 DMUs 的规模会严重影响固定成本分摊结果。因此，在未来我们可以进一步在这个问题上深入研究，力图更好、更准确地度量 DMUs 的投入产出规模。其次，未来研究应尽力避免效率极大化方法"惩优奖劣"的问题，从根本上解决这个问题。Li 等（2013）提出的满意度概念对于解决诸如固定成本分摊等问题具有巨大优势，未来研究可以考虑修正两阶段结构下的满意度概念，并在此基础上进行固定成本分摊问题的研究。当然，如果能结合满意度与 DMUs 投入产出规模会更好。再次，可以考虑结合博弈论方法。一方面，考虑博弈关系对于效率评价结果会产生巨大影响，进而影响分摊结果；另一方面，博弈论对于得到唯一且稳定的分摊方案具有巨大优势。最后，本章仅考虑了最简单的两阶段结构下固定成本分摊问题，而现实中的网络结构多种多样，因此可以考虑其他类似或更复杂网络结构下固定成本分摊问题。

参 考 文 献

Amirteimoori A, Kordrostami S. 2005. Allocating fixed costs and target setting: a DEA-based approach[J]. Applied Mathematics and Computation, 171（1）: 136-151.
Amirteimoori A, Tabar M M. 2010. Resource allocation and target setting in data envelopment

analysis[J]. Expert Systems with Applications, 37 (4): 3036-3039.

Banker R D, Charnes A, Cooper W W. 1984. Some models for estimating technical and scale inefficiencies in data envelopment analysis[J]. Management Science, 30 (9): 1078-1092.

Beasley J E. 2003. Allocating fixed costs and resources via data envelopment analysis[J]. European Journal of Operational Research, 147 (1): 198-216.

Bi G B, Ding J J, Luo Y, et al. 2011. Resource allocation and target setting for parallel production system based on DEA[J]. Applied Mathematical Modelling, 35 (9): 4270-4280.

Bian Y W, Liang N N, Xu H. 2015. Efficiency evaluation of Chinese regional industrial systems with undesirable factors using a two-stage slacks-based measure approach[J]. Journal of Cleaner Production, 87: 348-356.

Charnes A, Cooper W W. 1962. Programming with linear fractional functionals[J]. Naval Research Logistics (NRL), 9 (3/4): 181-186.

Charnes A, Cooper W W, Rhodes E. 1978. Measuring the efficiency of decision making units[J]. European Journal of Operational Research, 2 (6): 429-444.

Chen Y, Cook W D, Li N, et al. 2009a. Additive efficiency decomposition in two-stage DEA[J]. European Journal of Operational Research, 196 (3): 1170-1176.

Chen Y, Du J, Sherman H D, et al. 2010. DEA model with shared resources and efficiency decomposition[J]. European Journal of Operational Research, 207 (1): 339-349.

Chen Y, Liang L, Zhu J. 2009b. Equivalence in two-stage DEA approaches[J]. European Journal of Operational Research, 193 (2): 600-604.

Cook W D, Kress M. 1999. Characterizing an equitable allocation of shared costs: a DEA approach[J]. European Journal of Operational Research, 119 (3): 652-661.

Cook W D, Liang L, Zhu J. 2010. Measuring performance of two-stage network structures by DEA: a review and future perspective[J]. Omega, 38 (6): 423-430.

Cook W D, Zhu J. 2005. Allocation of shared costs among decision making units: a DEA approach[J]. Computers & Operations Research, 32 (8): 2171-2178.

Du J, Cook W D, Liang L, et al. 2014. Fixed cost and resource allocation based on DEA cross-efficiency[J]. European Journal of Operational Research, 235 (1): 206-214.

Du J, Liang L, Chen Y, et al. 2011. A bargaining game model for measuring performance of two-stage network structures[J]. European Journal of Operational Research, 210 (2): 390-397.

Fang L. 2015. Centralized resource allocation based on efficiency analysis for step-by-step improvement paths[J]. Omega, 51: 24-28.

Fukuyama H, Matousek R. 2017. Modelling bank performance: a network DEA approach[J]. European Journal of Operational Research, 259 (2): 721-732.

Hadi-Vencheh A, Ghelej Beigi Z, Gholami K. 2014. The allocation of sub-decision making units to parallel fuzzy network systems[J]. Kybernetes, 43 (7): 1079-1097.

Kao C, Hwang S N. 2008. Efficiency decomposition in two-stage data envelopment analysis: an application to non-life insurance companies in Taiwan[J]. European Journal of Operational Research, 185 (1): 418-429.

Li F, Song J, Dolgui A, et al. 2017a. Using common weights and efficiency invariance principles for resource allocation and target setting[J]. International Journal of Production Research, 55（17）: 4982-4997.

Li F, Zhu Q Y, Zhuang J. 2018. Analysis of fire protection efficiency in the United States: a two-stage DEA-based approach[J]. OR Spectrum, 40（1）: 23-68.

Li H, Chen C, Cook W D, et al. 2017b. Two-stage network DEA: who is the leader?[J]. Omega, 74: 15-19.

Li Y J, Chen Y, Liang L, et al. 2012. DEA models for extended two-stage network structures[J]. Omega, 40（5）: 611-618.

Li Y J, Yang F, Liang L, et al. 2009. Allocating the fixed cost as a complement of other cost inputs: a DEA approach[J]. European Journal of Operational Research, 197（1）: 389-401.

Li Y J, Yang M, Chen Y, et al. 2013. Allocating a fixed cost based on data envelopment analysis and satisfaction degree[J]. Omega, 41（1）: 55-60.

Liang L, Cook W D, Zhu J. 2008. DEA models for two-stage processes: game approach and efficiency decomposition[J]. Naval Research Logistics（NRL）, 55（7）: 643-653.

Lin R Y. 2011a. Allocating fixed costs or resources and setting targets via data envelopment analysis[J]. Applied Mathematics and Computation, 217（13）: 6349-6358.

Lin R Y. 2011b. Allocating fixed costs and common revenue via data envelopment analysis[J]. Applied Mathematics and Computation, 218（7）: 3680-3688.

Lin R Y, Chen Z P. 2016. Fixed input allocation methods based on super CCR efficiency invariance and practical feasibility[J]. Applied Mathematical Modelling, 40（9）: 5377-5392.

Lotfi F H, Hatami-Marbini A, Agrell P J, et al. 2013. Allocating fixed resources and setting targets using a common-weights DEA approach[J]. Computers & Industrial Engineering, 64（2）: 631-640.

Maghbouli M, Amirteimoori A, Kordrostami S. 2014. Two-stage network structures with undesirable outputs: a DEA based approach[J]. Measurement, 48: 109-118.

Moreno P, Lozano S. 2014. A network DEA assessment of team efficiency in the NBA[J]. Annals of Operations Research, 214（1）: 99-124.

Seiford L M, Zhu J. 2002. Modeling undesirable factors in efficiency evaluation[J]. European Journal of Operational Research, 142（1）: 16-20.

Shi X, Li Y, Emrouznejad A, Xie J, et al. 2017. Estimation of potential gains from bank mergers: a novel two-stage cost efficiency DEA model[J]. Journal of the Operational Research Society, 68（9）: 1045-1055.

Si X L, Liang L, Jia G Z, et al. 2013. Proportional sharing and DEA in allocating the fixed cost[J]. Applied Mathematics and Computation, 219（11）: 6580-6590.

Wang K, Huang W, Wu J, et al. 2014. Efficiency measures of the Chinese commercial banking system using an additive two-stage DEA[J]. Omega, 44: 5-20.

Wu J, Zhu Q Y, Chu J F, et al. 2016a. Measuring energy and environmental efficiency of transportation systems in China based on a parallel DEA approach[J]. Transportation Research

Part D: Transport and Environment, 48: 460-472.

Wu J, Zhu Q Y, Ji X, et al. 2016b. Two-stage network processes with shared resources and resources recovered from undesirable outputs[J]. European Journal of Operational Research, 251 (1): 182-197.

Xiong B B, Wu J, An Q X, et al. 2017. Resource allocation of a parallel system with interaction consideration using a DEA approach: an application to Chinese input–output table[J]. INFOR: Information Systems and Operational Research, 56 (3): 1-19.

Yu M M, Chen L H. 2016. Centralized resource allocation with emission resistance in a two-stage production system: evidence from a Taiwan's container shipping company[J]. Transportation Research Part A: Policy and Practice, 94: 650-671.

Yu M M, Chen L H, Hsiao B. 2016. A fixed cost allocation based on the two-stage network data envelopment approach[J]. Journal of Business Research, 69 (5): 1817-1822.

Yu Y, Shi Q F. 2014. Two-stage DEA model with additional input in the second stage and part of intermediate products as final output[J]. Expert Systems with Applications, 41 (15): 6570-6574.

Zanella A, Camanho A S, Dias T G. 2015. Undesirable outputs and weighting schemes in composite indicators based on data envelopment analysis[J]. European Journal of Operational Research, 245 (2): 517-530.

Zhu W W, Zhang Q, Wang H Q. 2017. Fixed costs and shared resources allocation in two-stage network DEA[J]. Annals of Operations Research, 278: 177-194.

本 章 附 录

附录 A 定理 9.1 的证明

定理 9.1 模型（9.9）的最优目标函数总是等于 1。

证明：（1）非常容易验证，模型（9.9）的最优目标函数总是不大于 1，这是因为 $\sum_{p=1}^{q}\phi_p z_{pd} + \phi_0 + \sum_{r=1}^{s}u_r y_{rd} + u_0 \leqslant \sum_{i=1}^{m}v_i x_{id} + r_{1d} + \sum_{p=1}^{q}\phi_p z_{pd} + r_{2d} = 1$。

（2）我们证明模型（9.9）的目标函数可以达到 1。

令 $z_q = \max_{j=1,2,\cdots,n}(z_{qj})$ 及 $f = R y_{sd} z_q + z_{qd}$。然后，对于 $\hat{u}_s = R z_q/f$，$\hat{u}_r = 0 (r \neq s)$，$\hat{\phi}_q = 1/f$，$\hat{\phi}_p = 0 (p \neq q)$，$\hat{v}_i = 0$，$\hat{v}_{m+1} = z_q \sum_{j=1}^{n} y_{sj}/f$，$\hat{\phi}_0 = \hat{u}_0 = 0$，$\hat{r}_{1j} = z_{qj}/f$，$\hat{r}_{2j} = (R y_{sj} z_q - z_{qj})/f$，可以发现，$\zeta = (\hat{r}_{1j},\hat{r}_{2j},\hat{u}_r,\hat{\phi}_p,\hat{v}_i,\hat{v}_{m+1},\hat{\phi}_0,\hat{u}_0)$ 就是模型（9.19）

的一个可行解，因为它能满足模型（9.9）的所有约束条件。

$$\sum_{i=1}^{m}\hat{v}_i x_{id} + \hat{r}_{1d} + \sum_{p=1}^{q}\hat{\phi}_p z_{pd} + \hat{r}_{2d} = z_{qd}/f + z_{qd}(1/f) + (Ry_{sd}z_q - z_{qd})/f = 1 \quad (A1)$$

$$\sum_{p=1}^{q}\hat{\phi}_p z_{pj} - \sum_{i=1}^{m}\hat{v}_i x_{ij} - \hat{r}_{1j} + \hat{\phi}_0 = z_{qj}(1/f) - z_{qj}/f \leqslant 0 \quad (j=1,2,\cdots,n) \quad (A2)$$

$$\sum_{r=1}^{s}\hat{u}_r y_{rj} - \sum_{p=1}^{q}\hat{\phi}_p z_{pj} - \hat{r}_{2j} + \hat{u}_0 = y_{sj}(Rz_q)/f - z_{qj}(1/f)$$
$$-(Ry_{sj}z_q - z_{qj})/f \leqslant 0 \quad (j=1,2,\cdots,n) \quad (A3)$$

$$\sum_{j=1}^{n}(\hat{r}_{1j}+\hat{r}_{2j}) = \sum_{j=1}^{n}\left(\frac{z_{qj}}{f} - \frac{Ry_{sj}z_q - z_{qj}}{f}\right) = \frac{z_q \sum_{j=1}^{n}y_{sj}}{f}R = \hat{v}_{m+1}R \quad (A4)$$

此外，可以知道 $\hat{r}_{1j},\hat{r}_{2j},\hat{u}_r,\hat{\phi}_p,\hat{v}_i,\hat{v}_{m+1} \geqslant 0$。

于是，模型（9.9）的最优目标函数必然不小于可行解 $\hat{\zeta} = (\hat{r}_{1j},\hat{r}_{2j},\hat{u}_r,\hat{\phi}_p,\hat{v}_i,\hat{v}_{m+1},\hat{\phi}_0,\hat{u}_0)$ 对应的目标函数值。于是，

$$e_d^* \geqslant e_d(\hat{\zeta}) = \sum_{p=1}^{q}\hat{\phi}_p z_{pd} + \hat{\phi}_0 + \sum_{r=1}^{s}\hat{u}_r y_{rd} + \hat{u}_0 = z_{qd}(1/f) + y_{sd}Rz_q/f = 1 \quad (A5)$$

综合（1）和（2），我们就可以知道，模型（9.9）的最优目标函数等于1。并且因为可行解 $\hat{\zeta} = (\hat{r}_{1j},\hat{r}_{2j},\hat{u}_r,\hat{\phi}_p,\hat{v}_i,\hat{v}_{m+1},\hat{\phi}_0,\hat{u}_0)$ 中下标 s 是随意选取的，所以，总是存在可行解使得模型（9.9）的最优目标函数等于1。证明完毕。

附录 B　定理 9.2 的证明

定理 9.2　当且仅当各个子单元在分摊固定成本之后相对有效时，整个DMUs才会相对有效。

证明：（1）首先，我们证明充分性，即当两个子单元都相对有效时，对应的DMUs也会整体相对有效。

已知 $e_{1j} = \dfrac{\sum_{p=1}^{q}\varphi_p z_{pj} + \varphi_0}{\sum_{i=1}^{m}\upsilon_i x_{ij} + \upsilon_{m+1}R_{1j}} = 1$ 和 $e_{2j} = \dfrac{\sum_{r=1}^{s}\mu_r y_{rj} + \mu_0}{\sum_{p=1}^{q}\varphi_p z_{pj} + \upsilon_{m+1}R_{2j}} = 1 (j=1,2,\cdots,n)$，所以有

$$e_j = w_1 e_{1j} + w_2 e_{2j} = \frac{\sum_{p=1}^{q}\phi_p z_{pj} + \phi_0 + \sum_{r=1}^{s}\mu_r y_{rj} + \mu_0}{\sum_{i=1}^{m}\upsilon_i x_{ij} + \upsilon_{m+1}R_{1j} + \sum_{p=1}^{q}\phi_p z_{pj} + \upsilon_{m+1}R_{2j}} = 1$$

即对应的 DMUs 也相对有效。

其次，我们证明必要性，即当 DMUs 整体相对有效时，两个子单元也必然同时相对有效。

假设 $\mathrm{DMU}_j(j=1,2,\cdots,n)$ 在固定成本分摊后有效，即有

$$e_j = w_1 e_{1j} + w_2 e_{2j} = \frac{\sum_{p=1}^{q}\phi_p z_{pj} + \phi_0 + \sum_{r=1}^{s}\mu_r y_{rj} + \mu_0}{\sum_{i=1}^{m}\upsilon_i x_{ij} + \upsilon_{m+1}R_{1j} + \sum_{p=1}^{q}\phi_p z_{pj} + \upsilon_{m+1}R_{2j}} = 1$$

进一步地，可以知道

$$\left(\sum_{p=1}^{q}\phi_p z_{pj} + \phi_0\right) - \left(\sum_{i=1}^{m}\upsilon_i x_{ij} + \upsilon_{m+1}R_{1j}\right)$$
$$= \left(\sum_{p=1}^{q}\phi_p z_{pj} + \upsilon_{m+1}R_{2j}\right) - \left(\sum_{r=1}^{s}\mu_r y_{rj} + \mu_0\right) \quad (\text{B1})$$

因为两个子单元的相对权重满足 $0 \leqslant w_1, w_2 \leqslant 1, w_1 + w_2 = 1$，所以，只有三种可能：①第一子单元相对有效且其重要性为 100%，即 $e_{1j}=1, w_1=1$；②第二个子单元相对有效且其重要性为 100%，即 $e_{2j}=1, w_2=1$；③两个子单元都同时相对有效，即 $e_{1j}=e_{2j}=1$。否则，等式 $e_j = w_1 e_{1j} + w_2 e_{2j} = 1$ 必然难以成立，即与 DMUs 整体相对有效的假设矛盾。

对于第一种情形，即 $e_{1j}=1, w_1=1$，可以得到

$$\frac{\sum_{p=1}^{q}\phi_p z_{pj} + \phi_0}{\sum_{i=1}^{m}\upsilon_i x_{ij} + \upsilon_{m+1}R_{1j}} = 1 \Rightarrow \left(\sum_{p=1}^{q}\phi_p z_{pj} + \phi_0\right) - \left(\sum_{i=1}^{m}\upsilon_i x_{ij} + \upsilon_{m+1}R_{1j}\right) = 0$$

于是，等式（B1）的右半部分必然也等于零，这意味着 $e_{2j} = \dfrac{\sum_{r=1}^{s}\mu_r y_{rj} + \mu_0}{\sum_{p=1}^{q}\phi_p z_{pj} + \upsilon_{m+1}R_{2j}} = 1$，

因此第二个子单元也相对有效。

对于第二种情形，即 $e_{2j}=1, w_2=1$，通过同样的方法可以知道第一个子单元也必然相对有效。第三种情形恰好也是两个子单元同时相对有效。于是，我们可以

知道，只要 DMUs 整体相对有效，两个子单元也必然同时相对有效。

综上所述，当且仅当各个子单元在分摊固定成本之后相对有效，整个 DMUs 才会相对有效。证明完毕。

附录 C 定理 9.3 的证明

定理 9.3 对于两阶段结构下固定成本分摊问题，一定存在如式（9.10）所给出的有效分摊方案集，其中的固定成本分摊方案能够使得所有 DMUs 和其子单元在一组公共权重下同时相对有效，即所有 DMUs 和子单元的相对效率值都是 1。

$$\sum_{p=1}^{q}\phi_p z_{pj} - \sum_{i=1}^{m} v_i x_{ij} - R_{1j} + \phi_0 = 0, \quad j = 1,2,\cdots,n$$

$$\sum_{r=1}^{s} u_r y_{rj} - \sum_{p=1}^{q}\phi_p z_{pj} - R_{2j} + u_0 = 0, \quad j = 1,2,\cdots,n \quad (9.10)$$

$$\sum_{j=1}^{n}\left(R_{1j} + R_{2j}\right) = R, \quad R_{1j}, R_{2j} \geqslant 0, \quad j = 1,2,\cdots,n$$

$$u_r, \phi_p, v_i \geqslant 0, \quad \forall r, p, i; \phi_0, u_0 \text{为自由变量}$$

证明：给定定理 9.1 证明中的分摊方案 $\hat{R}_{1j} = \hat{r}_{1j}/\hat{v}_{m+1}$ 和 $\hat{R}_{2j} = \hat{r}_{2j}/\hat{v}_{m+1}$，以及可行解 $\hat{\zeta} = \left(\hat{r}_{1j}, \hat{r}_{2j}, \hat{u}_r, \hat{\phi}_p, \hat{v}_i, \hat{v}_{m+1}, \hat{\phi}_0, \hat{u}_0\right)$。显然，此时 DMU_d 的效率值等于 1。

$$e_d = \frac{z_{qd}(1/f) + 0 + y_{sd} R z_q/f + 0}{0 + z_{qd}/f + z_{qd}(1/f) + (R y_{sd} z_q - z_{qd})/f} = 1 \quad (C1)$$

此外，其他 DMUs 也有可能达到效率值为 1 的情况，因为

$$e_l = \frac{z_{ql}(1/f) + 0 + y_{sl} R z_q/f + 0}{0 + z_{ql}/f + z_{ql}(1/f) + (R y_{sl} z_q - z_{ql})/f} = 1 \quad (C2)$$

这就说明，存在诸如 $\left(\hat{R}_{1j}, \hat{R}_{2j}, \hat{u}_r, \hat{\phi}_p, \hat{v}_i, \hat{v}_{m+1}, \hat{\phi}_0, \hat{u}_0\right)$ 的可行解能使所有 DMUs 在分摊固定成本之后同时达到相对有效。定理 9.2 又表明，此时两个子单元也会同时相对有效。因此，$\left(\hat{R}_{1j}, \hat{R}_{2j}, \hat{u}_r, \hat{\phi}_p, \hat{v}_i, \hat{v}_{m+1}, \hat{\phi}_0, \hat{u}_0\right)$ 这样的可行解能够使式（C3）成立，即有

$$\frac{\sum_{p=1}^{q}\hat{\phi}_p z_{pj} + \hat{\phi}_0 + \sum_{r=1}^{s}\hat{u}_r y_{rj} + \hat{u}_0}{\sum_{i=1}^{m}\hat{v}_i x_{ij} + \hat{v}_{m+1} R_{1j} + \sum_{p=1}^{q}\hat{\phi}_p z_{pj} + \hat{v}_{m+1} R_{2j}} = 1, \quad j = 1,2,\cdots,n$$

$$\frac{\sum_{p=1}^{q}\hat{\phi}_p z_{pj}+\hat{\phi}_0}{\sum_{i=1}^{m}\hat{v}_i x_{ij}+\hat{v}_{m+1}\hat{R}_{1j}}=1, \quad j=1,2,\cdots,n$$

$$\frac{\sum_{r=1}^{s}\hat{u}_r y_{rj}+\hat{u}_0}{\sum_{p=1}^{q}\hat{\phi}_p z_{pj}+\hat{v}_{m+1}\hat{R}_{2j}}=1, \quad j=1,2,\cdots,n$$

$$\sum_{j=1}^{n}\left(\hat{R}_{1j}+\hat{R}_{2j}\right)=R, \quad \hat{R}_{1j},\hat{R}_{2j}\geqslant 0, \quad j=1,2,\cdots,n$$

$$\hat{u}_r,\hat{\phi}_p,\hat{v}_i\geqslant 0,\quad \hat{v}_{m+1}>0,\quad r=1,2,\cdots,s;p=1,2,\cdots,q;i=1,2,\cdots,m;\hat{\phi}_0,\hat{u}_0\text{为自由变量}$$

（C3）

需要说明的是，结合式（C3）中的第二个和第三个等式可以推出第一个等式，故第一个等式可以略去。进一步地，将 $u_r=\hat{u}_r/\hat{v}_{m+1},\phi_p=\hat{\phi}_p/\hat{v}_{m+1},v_i=\hat{v}_i/\hat{v}_{m+1}$ 及 $\phi_0=\hat{\phi}_0/\hat{v}_{m+1}$ 与 $u_0=\hat{u}_0/\hat{v}_{m+1}$ 代入式（C3）中可以得到式（C4）：

$$\sum_{p=1}^{q}\phi_p z_{pj}-\sum_{i=1}^{m}v_i x_{ij}-R_{1j}+\phi_0=0, \quad j=1,2,\cdots,n$$

$$\sum_{r=1}^{s}u_r y_{rj}-\sum_{p=1}^{q}\phi_p z_{pj}-R_{2j}+u_0=0, \quad j=1,2,\cdots,n \quad \text{（C4）}$$

$$\sum_{j=1}^{n}\left(R_{1j}+R_{2j}\right)=R, \quad R_{1j},R_{2j}\geqslant 0, \quad j=1,2,\cdots,n$$

$$u_r,\phi_p,v_i\geqslant 0, \quad \forall r,p,i;\phi_0,u_0\text{为自由变量}$$

式（C4）恰好就是式（9.10）。证明完毕。

第 10 章 考虑效率和排名的固定成本分摊

10.1 引　言

　　1978 年，Charnes 等（1978）提出了一项具有创新性的工作，开启了学习 DEA 方法这一工具方法与应用的时代。DEA 方法是著名的非参数数学规划方法，已被证明在评估多输入与多输出的一组同质 DMUs 的相对效率时是非常有效的。虽然 DEA 方法最初是为了评估相对绩效而提出的，但自出现以来，它已被广泛用于公共部门和私营部门的各个领域（An et al., 2018；Zhu et al., 2018；An et al., 2019a, 2019b；Li et al., 2019e；Zhu et al., 2019；Yin et al., 2020）。值得注意的是，在实际应用中，存在某些单元共同受益于某一主体的情况；因此，所有单元都有必要承担建立和维护该主体平台所需的共同成本。共同成本在 DEA 领域被称为固定成本，典型的例子包括制造商在其零售商之间的广告支出（Cook and Kress, 1999）、用户之间的公共通信电缆成本（Beasley, 2003）、跨银行分支机构的信息技术服务成本（Li et al., 2019b）。现在，固定成本分摊问题已成为 DEA 理论最重要的应用领域之一（Cook and Kress, 1999；Beasley, 2003；Li et al., 2013；Du et al., 2014；Yu et al., 2016；Li et al., 2018a；An et al., 2019a；Chu et al., 2019；Zhu et al., 2019）。由于难以准确确定固定成本的成因（Li et al., 2019c），基于 DEA 理论的固定成本分摊研究主要关注如何将固定成本总额基于内在效率去公平地分摊给所有 DMUs。

　　现有文献中，Cook 和 Kress（1999）首次尝试使用 DEA 方法来解决固定成本分摊问题。他们提出了两个分配原则，即效率不变性和输入帕累托最小性。事实上，Cook 和 Kress（1999）的方法也考虑了比例共享原则，它要求分配的成本与消耗的投入成正比。Cook 和 Kress（1999）的方法更常用于检查给定的分摊计划是否满足上述两个原则。Cook 和 Zhu（2005）提出了一种以产出为导向的分摊方法。值得注意的是，Cook 和 Kress（1999）、Cook 和 Zhu（2005）都引入了一些额外的约束，如锥度比，来确定唯一的分摊计划。Lin（2011b）修改了 Cook 和 Zhu（2005）的模型以满足效率不变性原则，并通过最小化所有 DMUs 的分摊成本差距来确定最终分摊计划。此外，Lin（2011a）和 Mostafaee（2013）都要求规模收益不变（不包括相对效率），并通过最小化分摊成本之间的差距来确定最终分摊计划。具体而言，Lin 和 Chen（2016）要求效率得分在超效率意义上保持不变。Lin 等（2016）通过将效率不变性与零松弛变量整合来解决固定成本分摊问题。Amirteimoori 和 Kordrostami（2005）及 Jahanshahloo 等（2017）在使用一组共同权重并满足效率不变的条件下提出了一种全新的分摊方法。

尽管以前的效率不变性研究对于解决基于 DEA 理论的固定成本分摊问题很重要，但正如 Beasley（2003）的研究所述，关注整体效率极大化同样值得探索。效率极大化原则通常以使用一组共同权重为基础，该方法的优势体现在任何 DMUs 与其同质单元相比时能够获得最大效率表现。事实上，Beasley（2003）发现通过最大化所有 DMUs 的平均效率这一方法可以实现 DMUs 的相对效率值都为 1。Du 等（2014）提出了一种类似博弈的交叉效率方法并取得了类似的结果。Li 等（2013）和 Si 等（2013）在数学上证明了所有单元在使用同一组权重时，可以同时实现有效。此外，Li 等（2013）提出了满意度的创新概念，并通过一个新提出的最大-最小模型得到了唯一的分配方案，同时 Si 等（2013）试图实现有效分配和绝对平均分配间的最小化总偏差。Li 等（2018b）证明了若不考虑满意度概念，直接使用合作条件下的 DEA 博弈方法来确定唯一的分摊方案时，Du 等（2014）和 Li 等（2013）的结果并不是唯一的。Li 等（2018a）提出了基于 Shapley 值的 DEA 交叉效率博弈方法来确定分摊计划。之后，Ding 等（2018）通过考虑多个 DMUs 之间的技术异质性解决了在分配固定成本或资源时最大化效率得分的难题。Li 等（2019c）提出了非自利原则的方法，即基于每个 DMU 以最大成本分配给自己的想法来提出相应的分配建议。Chu 和 Jiang（2019）建议通过基于一组共同权重最大化所有 DMUs 的最小效用来生成分摊方案，这种方法也隐含了最大化效率表现。

目前大多数研究都把被评价单元当作"黑箱子"，因此一些学者尝试将传统的固定成本分摊问题扩展到网络结构的 DMUs 情境中。例如，Yu 等（2016）扩展 Du 等（2014）的交叉效率博弈方法到两阶段结构 DMUs 中，该结构中，第一阶段产生的中间输出是第二阶段的唯一输入。随后，Ding 等（2019）和 Zhu 等（2019）扩展了 Li 等（2013）的基于满意度概念的分摊方法，并且在两阶段结构下固定成本分摊问题中研究了两阶段结构和满意度概念的一些相关拓展。Li 等（2019b）研究了同样的两阶段结构下固定成本分摊问题，其分摊方法的最大特点是可以通过迭代过程获得唯一的分配方案。此外，Li 等（2019b）将 DMUs 的运营规模纳入考量，最终的分配方案从规模的角度反映了投入使用和输出生产。Chu 等（2019）基于满意度概念，提出了讨价还价博弈方法来研究分配问题，他们的方法能够在理论上保证分摊计划的唯一性。An 等（2019a）通过考虑整个系统和单个阶段的效率不变原理研究了两阶段结构下固定成本分摊问题。

此外，尽管大多数研究将待分摊成本视为新的额外投入，但也有一些研究将待分摊成本视为其他现有成本措施的补充。Li 等（2009）首次尝试并使用超效率方法生成固定成本分摊方案。Dai 等（2016）通过考虑规模收益属性扩展了 Li 等（2009）的工作。此外，Lin 和 Chen（2017）通过假设效率不变性原则来研究相同问题。

固定成本分摊问题同样存在于一些特殊应用情境中。例如，Lotfi 等（2007）扩展了 Jahanshahloo 等（2004）的工作，提出了一种针对模糊输入和输出及模糊固定成本的方法，主要围绕三角模糊数和梯形模糊数展开。Khodabakhshi 和 Aryavash（2014）通过现有措施和分摊成本之间的关系来分摊固定成本，关系主要分为正相关、负相关或不相关，在此基础上，他们的分摊计划反映了这些关系。Pendharkar（2018）开发了一种基于 DEA 理论的混合遗传算法来生成固定成本分摊方案，并最小化低效率单元与分配资源之间的相关性，同时最大化高效率单元的资源分配的总熵。表 10.1 总结了现存基于 DEA 理论的固定成本分摊方法的研究。通过调查现有文献，我们发现几乎所有现存研究都使用相对效率得分绝对值来解决固定成本分摊问题，无论是考虑成本分摊的效率得分需要保持不变还是最大化。效率排名作为同样重要的概念却得到了较少的讨论度。值得注意的是，效率排名和相对效率得分有很大不同，但与相对效率得分相关联。各单元会对应一组权重，当计算其效率得分时，不同权重还会引起其效率排名发生变化。此外，在某种程度上，效率排名比相对效率得分更重要，因为 DMUs 在竞争环境中会更关注其相对位置[即效率排名（指的是相对效率排名）]而不是绝对位置[即效率得分（指的是相对效率得分）]。固定成本分摊问题是一个竞争决策问题，其中每个 DMU 自私地试图给自己分摊更少的成本，并想要其他 DMUs 分摊到更多的成本以使得自身获得更高的效率得分和更高的排名。通过相对效率不变性原则，如果相对效率最低的 DMUs 分摊固定成本总额，则所有 DMUs 都可以保持其效率得分不变，但所有 DMUs 可能会与分摊方案激烈对抗，因为它极大地损害了自身尤其是相对效率的排名潜力。通过使用相对效率极大化假设，最初有效的 DMUs 不会考虑使团队有效的分摊方案是否公平（Li et al.，2013；Li et al.，2019a），即使分摊后其本身仍然是相对有效的，因为其他低效的 DMUs 通过这些高效的分摊方案会变得更有效率，并且可能排在该 DMUs 之前。鉴于这些考虑，本章将提出一种基于效率排名的可替代的成本分摊方法。

表10.1 现存基于DEA理论的固定成本分摊方法的文献统计

研究	分配准则	标准
Cook 和 Kress（1999）	效率得分	不变性
Beasley（2003）	效率得分	最大性
Jahanshahloo 等（2004）	效率得分	不变性
Amirteimoori 和 Kordrostami（2005）	效率得分	不变性
Cook 和 Zhu（2005）	效率得分	不变性
Li 等（2009）	效率得分	最大性
Lin（2011a）	效率得分	不变性
Lin（2011b）	效率得分	不变性
Li 等（2013）	效率得分	最大性
Si 等（2013）	效率得分	最大性
Mostafaee（2013）	效率得分	不变性
Du 等（2014）	效率得分	最大性
Khodabakhshi 和 Aryavash（2014）	成分关系	最大性
Lin 等（2016）	效率得分	不变性
Dai 等（2016）	效率得分	最大性
Lin 和 Chen（2016）	效率得分	不变性
Lin 和 Chen（2017）	效率得分	不变性
Yu 等（2016）	效率得分	最大性
Jahanshahloo 等（2017）	效率得分	最大性
Ding 等（2018）	效率得分	最大性
Li 等（2018a）	效率得分	最大性
Pendharkar（2018）	相关性和熵	最小性和最大性
Chu 和 Jiang（2019）	效率得分	最大性
Chu 等（2019）	效率得分	最大性
Ding 等（2019）	效率得分	最大性
Li 等（2019a）	效率得分	最大性
Li 等（2019b）	效率得分	最大性
Li 等（2019c）	效率得分	最大性
Zhu 等（2019）	效率得分	最大性

为此，本章将 Salo 和 Punkka（2011）的排序区间方法与固定成本分摊问题相结合。由于传统的 DEA 方法使用最优权重，在此基础上的得出的效率得分和相应的排名可能过于乐观。排名区间可以解决这一问题，通过考虑到所有可行权重，在此基础上得到特定DMUs 的最悲观和最乐观的效率排名（Salo 和 Punkka，2011）。后来，Li 等（2019d）将排序区间方法扩展到两阶段生产系统中。在本章中，我们先通过考虑

分摊成本并将其视为新的独立输入来研究所有 DMUs 的可能的效率排名区间,这一方法使得每个 DMU 都可以获得相对最差的效率排名位置或相对最好的效率排名位置。接着,通过上下文相关的 DEA 理论框架考虑 DMUs 之间的异构技术,我们采用成本分配方案应使得高等级的有效生产前沿面上的单元效率必须始终具有不低于较低有效生产前沿面上单元效率的思想。然后,我们证明了在一组共同权重下同时确定每个单独 DMU 的最佳效率排名这一方案的存在性。为了获得唯一的分摊方案,我们计算了分摊成本的下限和上限,并基于新定义的单元满意度概念开发了迭代计算算法,最终分摊方案使得所有 DMUs 能够获得最大满意度。之后,我们将所提出的方法应用于先前文献中的经典数值示例和现实世界的实证研究,以说明其实用性和有效性。新的基于效率排名的分摊方法具有重要的意义,因为它不仅为固定成本分摊问题提出了新的原则和替代方法,而且更侧重于心理和行为特征,以确定公平的分摊方案。

10.2　考虑效率和排名的固定成本分摊模型构建

10.2.1　预备知识

根据一般现实情境,我们假设有 n 个独立且同质的 DMUs,每个 DMU 使用 m 种输入生产 s 种输出,其中 $N=(1,2,\cdots,n)$。假设第 $j(j=1,2,\cdots,n)$ 个 DMU$_j$ 的输入和输出向量可以分别表示为 $X_j=(x_{1j},x_{2j},\cdots,x_{mj})$ 和 $Y_j=(y_{1j},y_{2j},\cdots,y_{sj})$,当我们评价一个特定的 DMU$_d(d=1,2,\cdots,n)$ 时,我们需要通过一组权重向量 $[\mu_r(r=1,2,\cdots,s)\geqslant 0$ 和 $v_i(i=1,2,\cdots,m)\geqslant 0]$ 来汇总其所有投入及产出,其中 μ_r 和 v_i 分别为第 r^{th} 个产出和第 i^{th} 个投入的重要性指数。具体来说,此时 DMU$_d(d=1,2,\cdots,n)$ 的相对效率得分可以用式(10.1)来表示:

$$\sum_{r=1}^{s}\mu_r y_{rd}+\mu_0 \bigg/ \sum_{i=1}^{m} v_i x_{id} \qquad (10.1)$$

其中,μ_0 为施加在产出端集合的一个标量,值得注意的是,解决在不同 PPS 下的数学模型可以求出具体的 μ_0 值,这一系数则对应了规模收益这一现实生产性质。

就拿规模收益可变来举例,Banker 等(1984)提出了模型(10.2)用来计算 DMU$_d(d=1,2,\cdots,n)$ 的相对效率,该模型也被称为 BCC 模型。

$$\text{Max } e_d = \frac{\sum_{r=1}^{s} \mu_r y_{rd} + \mu_0}{\sum_{i=1}^{m} v_i x_{id}}$$

$$\text{s.t. } \frac{\sum_{r=1}^{s} \mu_r y_{rj} + \mu_0}{\sum_{i=1}^{m} v_i x_{ij}} \leqslant 1, \quad j = 1, 2, \cdots, n \quad (10.2)$$

$$\mu_r, v_i \geqslant 0, \quad r = 1, 2, \cdots, s; i = 1, 2, \cdots, m$$

模型（10.2）在所有单元，包括DMU_d的相对效率值不超过1的条件下最大化$\text{DMU}_d(d=1,2,\cdots,n)$的效率比率，如果从式（10.2）中拿走标量$\mu_0$，那么模型（10.2）将变成在规模收益不变情况下的传统CCR模型（Charnes et al., 1978）。

模型（10.2）可以通过Charnes-Cooper变换（Charnes and Cooper, 1962）从分式模型转换成线性模型：使$t = \frac{1}{\sum_{i=1}^{m} v_i x_{id}}$，$u_r = \mu_r t (r=1,2,\cdots,s)$，$w_i = v_i t (i=1, 2,\cdots,m)$和$u_0 = \mu_0 t$，可以得到：

$$\text{Max } e_d = \sum_{r=1}^{s} u_r y_{rd} + u_0$$

$$\text{s.t. } \sum_{r=1}^{s} u_r y_{rj} - \sum_{i=1}^{m} w_i x_{ij} + u_0 \leqslant 0, \quad \forall j = 1, 2, \cdots, n \quad (10.3)$$

$$\sum_{i=1}^{m} w_i x_{id} = 1$$

$$u_r, w_i \geqslant 0, \quad \forall r = 1, 2, \cdots, s; i = 1, 2, \cdots, m$$

对于$\text{DMU}_d(d=1,2,\cdots,n)$，解决模型（10.3）一次可以得到一系列从0~1的相对效率得分e_d。具体来说，当e_d为1时，$\text{DMU}_d(d=1,2,\cdots,n)$就被看成相对有效的，否则当$e_d<1$时都是相对无效的。

关于固定成本分摊问题的大多数现有研究都基于这样的假设，即在所有DMUs承担了固定成本后，由所有DMUs形成的有效前沿面是共同唯一的（Ding et al., 2018）。然而，在某些情况下，这可能是不合理的，因为所有DMUs都变得相对有效是不合理的。因此，基于背景的DEA模型（Seiford and Zhu, 2003）可用于解决该问题，通过检验各单元的实际生产技术，并进一步将所有DMUs划分为有着不同生产前沿面和生产技术等级的不同组。模型（10.3）对应表示了一个由模型（10.3）衍生的有效DMUs构造的有效前沿面。如果我们排除前一个有效前沿面上的DMUs点并再次求解模型（10.3），则得到第二级有效前沿面和该第二级有效前沿面上的其他有效 DMUs。通过重复上述过程直到没有留下 DMUs，然后根据有效前沿面的不同级别将 DMUs 划分为若干组。为了不失一般性，我们假设所有 DMUs 被拆分成 L 组，其中每一组 $N_l(l=1,2,\cdots,L)$ 包含了所有在该 l-级别生产前沿面上的所有 DMUs，此外，$N_1 \cup N_2 \cup \cdots \cup N_L = N$ 和 $\sum_L^L N_L = n$ 成立。

10.2.2 成本分摊下的效率排名

这里，我们正式开始考虑效率排名的问题，为了描述模型需要，我们考虑将固定成本 R 分摊给 n 个 DMUs，每个 $\text{DMU}_j(j=1,2,\cdots,n)$ 将会分摊到 $R_j \geqslant 0$ 的固定成本，且其满足：

$$\sum_{j=1}^n R_j = R \tag{10.4}$$

式（10.4）保证了 n 个 DMUs 分摊到的共同固定成本为 R。清楚的是，每个 $\text{DMU}_j(j=1,2,\cdots,n)$ 可以分摊到的成本范围是 $0 \sim R$。

然后，我们考虑所有可能的分摊方案 $(R_1,\cdots,R_j,\cdots,R_n)$，并在此基础上检测效率评估过程。尽管传统 DEA 模型可以用来识别单元的相对效率级别并对其进行组内排名，但我们将更多地聚焦在效率排名上而不是相对效率的绝对得分。从这个角度出发，由 Salo 和 Punkka（2011）提出的方法可以用来识别单元可能的相对效率排名区间。模型（10.5）可以被用来计算一个单元 $\text{DMU}_d(d=1,2,\cdots,n)$ 的最好效率排名（最小的排名次序数字）：

$$\bar{r}_d^{\text{best}} = \text{Min} \quad 1 + \sum_{j \neq d} z_j$$

$$\text{s.t.} \quad \sum_{r=1}^s u_r y_{rj} - \sum_{i=1}^m w_i x_{ij} - w_{m+1} R_j + u_0 - M \cdot z_j \leqslant 0, \quad \forall j=1,2,\cdots,n; j \neq d$$

$$\sum_{r=1}^s u_r y_{rd} + u_0 = \sum_{i=1}^m w_i x_{id} + w_{m+1} R_d$$

$$\sum_{i=1}^m w_i + w_{m+1} = 1 \tag{10.5}$$

$$\sum_{j=1}^n R_j = R$$

$$z_j \in \{0,1\}, \quad \forall j=1,2,\cdots,n; j \neq d$$

$$w_{m+1} > 0; \quad u_r, w_i, R_j \geqslant 0, \quad \forall r=1,2,\cdots,s; i=1,2,\cdots,m; j=1,2,\cdots,n$$

在模型（10.5）中，M 是一个足够大的正数，用来限制所有 $\text{DMU}_j(j=1,2,\cdots,n)$ 的相对效率得分。第一个约束条件用来区分是否有 DMUs 的效率大于被评价单元 DMU_d。换句话说，如果 $\text{DMU}_j(j=1,2,\cdots,n;j\neq d)$ 的相对效率得分比 DMU_d 要大，那么 z_j 的最优解就是 1，并且目标函数值将会增加到 1，否则，$z_j=0$ 将恒成立。第二个和第三个约束条件是用来约束和限制权重的取值空间。特别地，我们将 Salo 和 Punkka（2011）方法中的一个约束分解成以下两个约束，$\sum_{r=1}^{s}u_r y_{rd}+u_0=\sum_{i=1}^{m}w_i x_{id}+w_{m+1}R_d$ 和 $\sum_{i=1}^{m}w_i+w_{m+1}=1$。这种分解可以在不改变结果的基础上更好地实现成本分摊，因为这些约束条件用来确认解集合是受约束且封闭的，所以就可以避免多余的解。第四个约束条件仅仅是为了满足被分摊成本的总量一定。通过最小化 $\sum_{j\neq d}z_j$，我们可以知道有多少个 DMUs 有着严格大于 DMU_d 的相对效率得分。接着，目标函数最优解就可以区分出 DMU_d 的最小的效率排名次序，同时也代表这个单元的最好效率排名。

模型（10.5）除了在成本分摊 R_j 和它的对应权重的约束上（$w_{m+1}>0$）与 Salo 和 Punkka（2011）不一样外，其他的思路是一致的。此外，模型（10.5）因为 $w_{m+1}R_j$ 的出现被认为是非线性模型。若令 $\hat{R}_j=w_{m+1}R_j(j=1,2,\cdots,n)$，我们就可以将模型（10.5）转换成一个混合整数线性规划模型，如式（10.6）所示。

$$\bar{r}_d^{\text{best}}=\text{Min}\quad 1+\sum_{j\neq d}z_j$$

$$\begin{aligned}\text{s.t.}\quad &\sum_{r=1}^{s}u_r y_{rj}-\sum_{i=1}^{m}w_i x_{ij}-\hat{R}_j+u_0-M\cdot z_j\leqslant 0,\quad \forall j=1,2,\cdots,n;j\neq d\\ &\sum_{r=1}^{s}u_r y_{rd}+u_0=\sum_{i=1}^{m}w_i x_{id}+\hat{R}_d\\ &\sum_{i=1}^{m}w_i+w_{m+1}=1\qquad\qquad\qquad\qquad\qquad\qquad（10.6）\\ &\sum_{j=1}^{n}\hat{R}_j=w_{m+1}R\\ &z_j\in\{0,1\},\quad \forall j=1,2,\cdots,n;j\neq d\\ &w_{m+1}>0;\quad u_r,w_i,\hat{R}_j\geqslant 0,\quad \forall r=1,2,\cdots,s;i=1,2,\cdots,m;j=1,2,\cdots,n\end{aligned}$$

模型（10.6）将服从定理 10.1 中的重要结论。

定理 10.1 对于任何 DMU，其最好的效率排名都为 1；换句话说，对于任何 $\text{DMU}_d(d=1,2,\cdots,n)$ 来说，模型（10.6）的最优目标函数值只能为 1，即 $\bar{r}_d^{\text{best}}=1$。

证明：见本章附录 A。

定理 10.1 表明，任何 $\mathrm{DMU}_d(d=1,2,\cdots,n)$ 都可以通过选择合适的权重组合和成本分摊方案后实现效率第一的排名。因为最好的排名基于区分具有更大效率值的单元，定理 10.1 同样表明了合适的权重组合和分配机制是不唯一的，这同样决定了 DMU_d 的相对效率值将不会比别的 DMUs 相对效率值更低。换句话说，无论特定单元 $\mathrm{DMU}_d(d=1,2,\cdots,n)$ 在初始状态下是怎么排名的，它都可以通过加入固定成本分摊这一过程来使自身的效率排名变成最好的那一个。

同样地，基于模型（10.7）的最优目标函数值，我们可以得到 $\mathrm{DMU}_d(d=1,2,\cdots,n)$ 的最差效率排名，定理 10.2 展示了另一个重要结论。

$$\bar{r}_d^{\mathrm{worst}} = \mathrm{Max} \quad 1 + \sum_{j \neq d} z_j$$

$$\text{s.t.} \quad \sum_{r=1}^{s} u_r y_{rj} - \sum_{i=1}^{m} w_i x_{ij} - \hat{R}_j + u_0 - M \cdot (z_j - 1) \geq 0, \quad \forall j = 1,2,\cdots,n; j \neq d$$

$$\sum_{r=1}^{s} u_r y_{rd} + u_0 = \sum_{i=1}^{m} w_i x_{id} + \hat{R}_d$$

$$\sum_{i=1}^{m} w_i + w_{m+1} = 1 \qquad (10.7)$$

$$\sum_{j=1}^{n} \hat{R}_j = w_{m+1} R$$

$$z_j \in \{0,1\}, \quad \forall j = 1,2,\cdots,n; j \neq d$$

$$w_{m+1} > 0; \quad u_r, w_i, \hat{R}_j \geq 0, \quad \forall r = 1,2,\cdots,s; i = 1,2,\cdots,m; j = 1,2,\cdots,n$$

定理 10.2 对于任何 DMU，其最差的效率排名是 n；换句话说，对于任何 $\mathrm{DMU}_d(d=1,2,\cdots,n)$，模型（10.7）的最优目标函数值只能为 n，即 $\bar{r}_d^{\mathrm{worst}} = n$。

证明：见本章附录 B。

定理 10.2 表明，任何 $\mathrm{DMU}_d(d=1,2,\cdots,n)$ 都可以通过选择合适的权重组合和成本分摊方案后实现效率最后一名的排名。因为最差的排名基于区分没有被 DMU_d 支配效率值的 DMUs，定理 10.2 同样表明合适的权重组合和分配机制是不唯一的，这同样决定了 DMU_d 的相对效率值将不会比别的 DMUs 相对效率值更高。同定理 10.1，我们可以得出结论，即无论特定 $\mathrm{DMU}_d(d=1,2,\cdots,n)$ 在初始状态下是怎么排名的，在加入固定成本分摊这一过程后，其效率排名都可能在分摊到固定成本后成为最差的那一个。

整合定理 10.1 和定理 10.2，我们可以发现，一个 DMU 可以在得到固定分摊成本后效率排名变成任意一个新的位置。这一发现可以总结成推论 10.1。

推论 10.1 一个 $\mathrm{DMU}_d(d=1,2,\cdots,n)$ 可以在选择一组权重组合和一个固定成

本分摊方案后，效率变为最好的或者是最差的。

证明：可以直观地通过定理 10.1 和定理 10.2 整合得到。

在将固定成本纳入考量后，我们可以发现每个 DMU 都可以取得在最差 n 和最好 1 的区间内的效率排名次序。也就代表着，无论 DMUs 在分配前的相对效率如何，DMUs 都可以通过改变分摊方案来实现它们的效率得分增加。出于缺乏准确地造成固定成本的原因，基于 DEA 理论的固定成本分摊方法侧重于活动分析以确定分摊计划（Li et al., 2019c）。从这个角度来看，我们将会考虑在充分分摊固定成本总额的同时，效率排名可以得到的改进程度。换句话说，效率排名可以被视为确定固定成本分摊计划的总目标。

10.2.3 成本分摊方法

为了确定分摊方案，我们认为，在更高等级的有效生产前沿面上的 DMUs 的效率排名必须始终不低于在较低水平的有效生产前沿面上的 DMUs 的效率排名。因此，对于任何 $\mathrm{DMU}_d(d \in N_l)$，以下条件恒成立。

$$\begin{aligned}
& \sum_{r=1}^{s} u_r y_{rj} - \sum_{i=1}^{m} w_i x_{ij} - w_{m+1} R_j + u_0 \geqslant 0, \quad j \in N_k, \ k = 1, 2, \cdots, l-1 \\
& \sum_{r=1}^{s} u_r y_{rj} - \sum_{i=1}^{m} w_i x_{ij} - w_{m+1} R_j + u_0 \leqslant 0, \quad j \in N_k, \ k = l+1, l+2, \cdots, L \\
& \sum_{r=1}^{s} u_r y_{rd} + u_0 = \sum_{i=1}^{m} w_i x_{id} + w_{m+1} R_d, \quad j \in N_l, \ l = 1, 2, \cdots, L \\
& \sum_{i=1}^{m} w_i + w_{m+1} = 1 \\
& w_{m+1} > 0; \quad u_r, w_i, R_j \geqslant 0, \quad \forall r = 1, 2, \cdots, s; i = 1, 2, \cdots, m; j = 1, 2, \cdots, n
\end{aligned} \quad (10.8)$$

第一组和第三组约束条件确保更高等级的有效生产前沿面上的 DMUs 的效率排名不低于 DMU_d。类似地，第二组和第三组约束条件保证了更低等级的有效生产前沿面上的 DMUs 的效率排名不高于 DMU_d。第四个约束条件用于避免无效解。此外，集合（10.8）是非空集。

命题 10.1 集合（10.8）中的约束条件是可行的。

证明：见本章附录 C。

通过提前评估可能的固定成本分摊方案对效率排名的影响，我们能够生成固定成本分摊计划。在这里，我们给出了定理 10.3 中描述的重要现象。

定理 10.3 存在一个固定成本分摊方案使得在一组公共权重下同时为每个 DMU 确定一个最好的效率排名，这些方案可通过式（10.9）给出。

$$R_j \begin{cases} R_j = \sum_{r=1}^{s} u_r y_{rj} - \sum_{i=1}^{m} \omega_i x_{ij} + u_0, \quad \forall j = 1, 2, \cdots, n \\ \sum_{i=1}^{m} \omega_i - \omega_{m+1} = -1 \\ \sum_{j=1}^{n} R_j = R \\ \omega_{m+1} > 0; \quad u_r, \omega_i, R_j \geqslant 0, \quad \forall r = 1, 2, \cdots, s; i = 1, 2, \cdots, m; j = 1, 2, \cdots, n \end{cases} \quad (10.9)$$

证明：见本章附录 D。

重新讨论最佳效率排名的概念，很容易发现式（10.9）可以保证在一组公共权重组合下所有 DMUs 同时获得相同的效率得分。也就是说，没有一个 DMU 的效率得分可以严格大于任何其他 DMUs 的效率得分，因为每个 DMU 的最小排名数和最佳效率排名都是一个。式（10.9）与 Li 等（2013）的线性方程组稍有相似，有一个重要的不同点是，Li 等（2013）明确要求每个 DMU 和其所在的集合同时具有相同的统一效率，而我们同时为每个 DMU 实现了一个其本身的最佳效率排名。

如果固定成本分摊问题是在 CRS（constant returns-to-scale，固定规模收益）假设下，只涉及一个输出，没有明确的输入的特殊问题，那么式（10.9）确定了唯一的固定成本分摊方案 $R_j = Ry_j \bigg/ \sum_{j=1}^{n} y_j \ (j = 1, 2, \cdots, n)$，而不考虑权重值。扩展到多输入、多输出的一般情况下，根据式（10.9）确定最终的固定成本分摊方案将存在巨大的灵活性。换句话说，存在多个可能的分摊方案，可以保证在一组公共权重下，每个 DMU 同时获得一个最佳效率排名。

此外，由于追求最佳效率排名，所有 DMUs 的分摊成本将有上下限，我们使用模型（10.10）来计算每个 $DMU_d \ (d = 1, 2, \cdots, n)$ 的最大/最小分摊成本。

$$R_d^{\max} / R_d^{\min} = \text{Max} / \text{Min} \ R_d$$

$$\text{s.t.} \ R_j = \sum_{r=1}^{s} u_r y_{rj} - \sum_{i=1}^{m} \omega_i x_{ij} + u_0, \quad \forall j = 1, 2, \cdots, n$$

$$\sum_{i=1}^{m} \omega_i - \omega_{m+1} = -1 \quad (10.10)$$

$$\sum_{j=1}^{n} R_j = R$$

$$\omega_{m+1} > 0; \quad u_r, \omega_i, R_j \geqslant 0, \quad \forall r = 1, 2, \cdots, s; i = 1, 2, \cdots, m; j = 1, 2, \cdots, n$$

模型（10.10）的约束来自式（10.9）。式（10.9）可以确保在一组公共权重下，每个 DMU 同时获得一个最佳效率排名，因此模型（10.10）的目标函数将根据分摊方案和一组公共权重来确定分摊成本的上下限。求解模型（10.10）确定了最优

目标函数值及最优 $R_j^{\min}(j=1,2,\cdots,n)$ $R_j^{\max}(j=1,2,\cdots,n)$ 值。最后，分摊给每个 $\mathrm{DMU}_j(j=1,2,\cdots,n)$ 的固定成本应在区间 $\left[R_j^{\min}, R_j^{\max}\right]$。

在实际应用中，每个 DMU 本质上都追求降低其分摊成本。因此，每个 DMU 更愿意分摊到一个接近最小值 $R_d^{\min}$ 的成本，或者更愿意分摊到一个距离最大值 $R_d^{\max}$ 最远的成本。因此，我们可以遵循类似于 Li 等（2013）的做法，从给定的分摊方案 $(R_1, R_2, \cdots, R_n)$ 中定义一个新的综合满意度概念。

定义 10.1 对于 $\mathrm{DMU}_d(d=1,2,\cdots,n)$，其固定成本分摊机制下的综合满意度被定义为 $\rho_j = \left(R_j^{\max} + R_j^{\min} - 2R_j\right) / 2\left(R_j^{\max} - R_j^{\min}\right)$。

上述的综合满意度概念可以分解成两个分量 $\left[\left(R_j^{\max} - R_j\right) / \left(R_j^{\max} - R_j^{\min}\right)\right.$ 和 $\left.\left(R_j^{\min} - R_j\right) / \left(R_j^{\max} - R_j^{\min}\right)\right]$ 的均值。具体来说，第一部分在某种程度上是乐观的，因为它衡量的是分摊成本离最差结果 $R_j^{\max}$ 的距离，距离越远，乐观满意度越高。乐观满意度从 0 到 1 不等，每个 $\mathrm{DMU}_d(d=1,2,\cdots,n)$ 更倾向分摊与更高的乐观满意度相关的成本份额。相比之下，第二部分是悲观的，因为它衡量了分摊成本与最佳结果 $R_j^{\min}$ 的距离。悲观满意度范围为-1~0，类似地，悲观满意度较高的固定成本分摊方案将优于悲观满意度较低的方案。事实上，以前的研究只考虑了基于 $R_j^{\max}$ 或 $R_j^{\min}$ 的满意度概念（Li et al., 2013；Ding et al., 2019；Zhu et al., 2019；Chu et al., 2019）。在这项工作中，我们认为满意度是最差结果 $R_j^{\max}$ 和最佳结果 $R_j^{\min}$ 的综合衡量标准。

在确定最终的固定成本分摊方案时，我们认为最优选的分摊方案与所有 DMUs 的最大综合满意度相关。为此，我们采用了固定成本分摊研究中广泛使用的迭代程序，以找到在所有 DMUs 中具有最大满意度的分摊方案。上述想法可以呈现到模型（10.11）中。

$$\underset{u_r, w_i, R_j}{\operatorname{Max}} \underset{j}{\operatorname{Min}} \rho_j$$

$$\text{s.t.} \quad R_j = \sum_{r=1}^{s} u_r y_{rj} - \sum_{i=1}^{m} \omega_i x_{ij} + u_0, \quad \forall j = 1,2,\cdots,n$$

$$\sum_{i=1}^{m} \omega_i - \omega_{m+1} = -1 \qquad (10.11)$$

$$\sum_{j=1}^{n} R_j = R$$

$$R_j^{\min} \leqslant R_j \leqslant R_j^{\max}, \quad \forall j = 1,2,\cdots,n$$

$$\omega_{m+1} > 0; \quad u_r, \omega_i, R_j \geqslant 0, \quad \forall r = 1,2,\cdots,s; i = 1,2,\cdots,m; j = 1,2,\cdots,n$$

模型（10.11）最大化了所有 DMUs 中的最小综合满意度，但允许所有 DMUs 追逐最佳效率排名。因此，模型（10.11）可被视为最大化所有 DMUs 的综合满意度。此外，模型（10.11）是一个多目标模型，可以通过 $\underset{j}{\text{Min}}\,\rho_j = \rho$ 和 $\rho_j \geqslant \rho(j=1,2,\cdots,n)$ 使其转化为单目标模型，如模型（10.12）所示。

$$\text{Max}\,\rho$$
$$\text{s.t.}\ \left(R_j^{\max}+R_j^{\min}-2R_j\right)\big/2\left(R_j^{\max}-R_j^{\min}\right)\geqslant \rho,\quad \forall j=1,2,\cdots,n$$
$$R_j = \sum_{r=1}^{s} u_r y_{rj} - \sum_{i=1}^{m} \omega_i x_{ij} + u_0,\quad \forall j=1,2,\cdots,n$$
$$\sum_{i=1}^{m} \omega_i - \omega_{m+1} = -1 \tag{10.12}$$
$$\sum_{j=1}^{n} R_j = R$$
$$R_j^{\min} \leqslant R_j \leqslant R_j^{\max},\quad \forall j=1,2,\cdots,n$$
$$\omega_{m+1} > 0;\ u_r, \omega_i, R_j \geqslant 0,\quad \forall r=1,2,\cdots,s; i=1,2,\cdots,m; j=1,2,\cdots,n$$

假设模型（10.11）的最优解为 $\left(u_r^*, \omega_i^*, u_0^*, R_j^*, \rho^*\right)$，那么，一些在集合 $\Gamma_1 = \left\{j\big|\rho_j^* = \left(R_j^{\max}+R_j^{\min}-2R_j^*\right)\big/2\left(R_j^{\max}-R_j^{\min}\right)=\rho^*\right\}$ 内的单元将获得最大综合满意度，在集合 $\Gamma_2 = \left\{j\big|\rho_j^* = \left(R_j^{\max}+R_j^{\min}-2R_j^*\right)\big/2\left(R_j^{\max}-R_j^{\min}\right)>\rho^*\right\}$ 内的单元则相反。因此，我们反复求解模型（10.12），直到所有 DMUs 都获得最大综合满意度。上述思想概括为一种计算算法，如下所示。

开始

第一步：使 $t=1$，求解模型（10.12）并得出最优解 $\left(u_r^*, \omega_i^*, u_0^*, R_j^*, \rho^*\right)$，接着每个单元的综合满意度可以通过 $\rho_j = \left(R_j^{\max}+R_j^{\min}-2R_j^*\right)\big/2\left(R_j^{\max}-R_j^{\min}\right)$ 来求解。

第二步：将所有单元分为两类，分别为 $\Gamma_{2t-1}=\left\{j\big|\rho_j=\rho^{t*}\right\}$ 和 $\Gamma_{2t}=\left\{j\big|\rho_j>\rho^{t*}\right\}$。显然，$\Gamma_{2t-1}\cap\Gamma_{2t}=\varnothing$ 和 $\Gamma_{2t-1}\cup\Gamma_{2t}=\Gamma=\{1,2,\cdots,n\}$ 成立。如果 $\Gamma_{2t-1}=\varnothing$，那么运算停止，且最终的分配方案为 R_j^*，否则，进入第三步。

第三步：使 $t=t+1$，求解以下模型并获得最优解 $\left(u_r^{t+1*}, \omega_i^{t+1*}, u_0^{t+1*}, R_j^{t+1*}, \rho^{t+1*}\right)$。

$$\text{Max}\,\rho$$
$$\text{s.t.}\ \left(R_j^{\max}+R_j^{\min}-2R_j\right)\big/2\left(R_j^{\max}-R_j^{\min}\right)=\rho^{1*},\quad j\in\Gamma_1$$
$$\left(R_j^{\max}+R_j^{\min}-2R_j\right)\big/2\left(R_j^{\max}-R_j^{\min}\right)=\rho^{2*},\quad j\in\Gamma_3$$
$$\vdots$$
$$\left(R_j^{\max}+R_j^{\min}-2R_j\right)\big/2\left(R_j^{\max}-R_j^{\min}\right)=\rho^{t*},\quad j\in\Gamma_{2t-1}$$
$$\left(R_j^{\max}+R_j^{\min}-2R_j\right)\big/2\left(R_j^{\max}-R_j^{\min}\right)>\rho,\quad j\in\Gamma_{2t}$$

$$R_j = \sum_{r=1}^{s} u_r y_{rj} - \sum_{i=1}^{s} \omega_i x_{ij} + u_0, \quad \forall j = 1, 2, \cdots n$$

$$\sum_{i=1}^{m} \omega_i - \omega_{m+1} = -1$$

$$\sum_{j=1}^{n} R_j = R$$

$$R_j^{\min} \leqslant R_j \leqslant R_j^{\max}, \quad \forall j = 1, 2, \cdots, n$$

$$\omega_{m+1} > 0; \quad u_r, \omega_i, R_j \geqslant 0, \quad \forall r = 1, 2, \cdots, s; i = 1, 2, \cdots, m; j = 1, 2, \cdots, n$$

第四步：同样将 $\varGamma_{2t}$ 分解为 $\varGamma_{2t+1} = \{j | \rho_j = \rho^{t+1*}\}$ 和 $\varGamma_{2t+2} = \{j | \rho_j > \rho^{t+1*}\}$，其中 $\rho_j = \dfrac{R_j^{\max} + R_j^{\min} - 2R_j^{t+1*}}{2(R_j^{\max} - R_j^{\min})}$。当 $\varGamma_{2t+2} = \varnothing$ 时，算法终止，最终分摊方案 R_j^{t+1*} 确定，否则返回第三步。

终止

注意到每个迭代中可能有多个解决方案，这会影响最终的分摊结果。为了解决非唯一性问题，我们可以遵循 Guajardo 和 Jörnsten（2015）及 Li 等（2019a）的工作，仔细得出和检查对偶模型，以验证等式是否成立。基于此，我们可以得到唯一可以最大限度地提高所有 DMUs 的综合满意度的解决方案，从而获得最终分摊方案 $(R_1^*, R_2^*, \cdots, R_n^*)$。

10.3 实证分析

在本节中，我们先将基于效率排序的方法应用于 Cook 和 Kress（1999）的一个经典数值例子，并通过与现有方法比较后给出一些有意义的性质。此外，在 10.3.2 小节中，我们将提出的方法应用于银行运作的实证研究。

10.3.1 数值分析

Cook 和 Kress（1999）首次尝试使用 DEA 方法来分摊固定成本，其中提供了一个经典的示例，此后许多学者对其进行了广泛的研究。该示例涉及将固定成本总额 $R=100$ 分配给 12 个 DMUs，其中每个 DMU 有 3 个投入和两个产出变量，具体如表 10.2 所示。

表10.2　Cook和Kress（1999）中的数值举例

DMUs	投入1	投入2	投入3	产出1	产出2
1	350	39	9	67	751
2	298	26	8	73	611
3	422	31	7	75	584
4	281	16	9	70	665
5	301	16	6	75	445
6	360	29	17	83	1 070
7	540	18	10	72	457
8	276	33	5	78	590
9	323	25	5	75	1 074
10	444	64	6	74	1 072
11	323	25	5	25	350
12	444	64	6	104	1 199

求解模型（10.3）确定DMUs在规模收益可变假设下的一系列相对效率得分，如表10.3第二列所示。可以看出，DMU_4、DMU_5、DMU_6、DMU_8、DMU_9、DMU_{11}和DMU_{12}被确定为相对有效，其相对效率得分为1。此外，使用基于背景DEA方法，12个DMUs将被分为3组，如表10.3第三列所示。但是，如前所述，这些排名与最优权重相关联，这可能太极端了。因此，我们可以检查所有可行权重下单元的可能排名区间，如表10.3第五列和第六列所示。可以看出，排名间隔相对较大，而若使用基于BCC模型得分的排名，几乎所有DMUs都接近最佳排名或是最差排名。接下来，使用模型（10.6）和模型（10.7），我们可以通过考虑分摊成本来检查DMUs的可能排名。如表10.3最后两列所示，每个DMU可以在最好排名1和最差排名12之间排序，这一现象在前面的推论10.1中也得到了解释。

表10.3　预备计算结果

DMUs	分摊前水平					范围内水平	
	BCC模型效率	排名	组	最好排名	最差排名	最好排名	最差排名
1	0.829 2	11	Ⅲ	4	11	1	12
2	0.934 8	8	Ⅱ	3	9	1	12
3	0.748 3	12	Ⅱ	4	11	1	12
4	1.000 0	1	Ⅰ	1	9	1	12
5	1.000 0	1	Ⅰ	1	10	1	12
6	1.000 0	1	Ⅰ	1	12	1	12
7	0.888 9	9	Ⅱ	2	12	1	12

续表

DMUs	分摊前水平					范围内水平	
	BCC 模型效率	排名	组	最好排名	最差排名	最好排名	最差排名
8	1.000 0	1	I	1	10	1	12
9	1.000 0	1	I	1	6	1	12
10	0.833 3	10	II	3	11	1	12
11	1.000 0	1	I	2	12	1	12
12	1.000 0	1	I	1	10	1	12

接下来，我们可以使用本章提出的基于效率排序的方法来确定最终分摊方案，如表 10.4 的第二列所示。可以看出，所有 DMUs 都需要分摊到一个正的成本值，事实上，基于综合满意度的计算算法始终能够保证所有 DMUs 的分摊到的成本为正值。注意到，任何具有零元素的分摊方案都会显示出对某些 DMUs 的偏袒，因此会被认为是不可接受的（Cook and Kress，1999；Cook and Zhu，2005），因此本章的分摊结果在某种程度上是可以接受的。更具体地说，在所有 DMUs 中，DMU_9 分摊的最大成本达到 23.350 5，而 DMU_7 分摊的最小成本仅为 2.518 6。此外，若我们使用最优权重计算效率排名，发现所有 DMUs 的效率排名都为 1。事实上，使用本章的方法后，所有 DMUs 都会有一个相对于组内最佳为 1 的排名，这也对应传统 DEA 方法（如 CCR 模型和 BCC 模型）总是存在有效的 DMUs 的现象，每个 DMU 通过效率值为 1 而获得一个最好的效率排名是一个很自然的现象。

表10.4　与现有方法的比较

DMUs	本章的方法	CK	CZ	AK	B	LY	DC	JL	LZ
1	4.310 0	14.52	11.22	8.219 6	6.78	6.383 9	5.79	8.942	5.538 0
2	7.299 7	6.74	0	6.858 2	7.21	7.421 9	7.95	7.623	7.532 7
3	5.835 2	9.32	16.95	9.497 2	6.83	6.682 7	6.54	9.582	7.350 9
4	10.788 8	5.60	0	6.324 2	8.47	8.832 7	11.10	6.875	7.873 6
5	9.726 0	5.79	0	6.676 8	7.08	7.633 5	8.69	6.932	6.377 6
6	4.450 2	8.15	15.43	8.381 7	10.06	9.698 9	13.49	8.956	11.499 3
7	2.518 6	8.86	0	11.738 9	5.09	4.276 5	7.10	7.791	5.901 2
8	8.788 1	6.26	0	6.487 9	7.74	8.352 6	6.83	7.416	7.770 5
9	23.350 2	7.31	17.62	7.291 2	15.11	15.871 0	16.68	7.914	11.899 7
10	7.335 9	10.08	21.15	10.612 5	10.08	9.751 0	5.42	9.497	11.378 5
11	4.565 1	7.31	17.62	7.288 5	1.58	0.455 0	0	7.914	2.735 1
12	11.032 2	10.08	0	10.623 3	13.97	14.640 4	10.41	10.557	14.142 9

此外，我们还将该分摊方案与现有的一些方法进行了比较。由于本章是唯一

明确以效率排名为目标的,且以往文献只能分为效率不变性方法和效率极大化方法。我们对效率不变性方法进行分析,包括 Cook 和 Kress(1999)、Cook 和 Zhu(2005)、Amirteimoori 和 Kordrostami(2005)、Jahanshahloo 等(2017),以及对效率极大化方法进行分析,包括 Beasley(2003)、Li 等(2013)、Du 等(2014)和 Li 等(2018a)。为了便于描述,我们将 Cook 和 Kress(1999)、Cook 和 Zhu(2005)、Amirteimoori 和 Kordrostami(2005)、Beasley(2003)、Li 等(2013)、Du 等(2014)、Jahanshahloo 等(2017)、Li 等(2018a)分别表示为 CK、CZ、AK、B、LY、DC、JL 和 LZ,如表 10.4 所示。

可以看到,效率不变性方法中部分甚至完全根据投入来确定分摊方案(Beasley,2003;Li et al.,2013)。如表 10.4 所示,效率不变性的四种方法为两对 DMUs 分摊的成本都大致相似甚至相同(DMU$_9$ 和 DMU$_{11}$;DMU$_{10}$ 和 DMU$_{12}$),源于它们使用了相同的投入。相比之下,本章根据效率排名和综合满意度确定分摊方案后,这两对 DMUs 的成本分摊方案将截然不同,分别为 R_9=23.350 2、R_{11}=4.565 1、R_{10}=7.335 9 和 R_{12}=11.033 2。此外,Cook 和 Kress(1999)、Cook 和 Zhu(2005)让 DMUs 单独选择最优权重,也造成了不同的评估标准。Amirteimoori 和 Kordrostami(2005)、Jahanshahloo 等(2017)以效率得分不变为标准来分摊方案,但在固定成本分摊之前和之后,效率排名区间有很大不同。

所有效率极大化方法可以通过在一组公共权重下确定一个 DMU 的完全效率,将每个 DMU 同时排列在有效的位置,但 Beasley(2003)和 Du 等(2014)均无法保证解的唯一性。此外,Du 等(2014)存在分摊到零成本问题,就像 R_{11}=0。值得注意的是,本章的方法产生的结果与 Li 等(2013)的结果非常相似。事实上,模型(10.9)类似于 Li 等(2013)的有效分摊,最终,所有 DMUs 同时达到最佳效率。不同的是,我们研究了 VRS(variable return to scale,规模收益可变)情况下的固定成本分摊问题,并重新定义了综合满意度来生成最终的分摊方案。因此,本章的分摊成本表现出较大的变化,反映出最小分摊成本和最大分摊成本的动态性。

10.3.2 现实案例分析

本小节研究商业银行的信息技术服务维护费用的分摊,该课题由 Li 等(2019b)起源。假设在同一商业银行总部下有 27 家分行,所有分行都使用最初由总部提供的信息技术服务。现在,这家商业银行总部要求其 27 家分行承担部分维护费用,问题是如何在 27 家分行之间公平地分摊信息技术服务维护费用。

尽管 Li 等(2019b)认为这是一个两阶段过程,但在这里,我们将两阶段视为一个"黑箱子",接着基于效率排名原则分摊固定成本。这里有 3 个输入(人工 x_1,固定资产 x_2,除人工成本以外的运营成本 x_3)和 3 项产出(利息收入 y_1,非利息收入 y_2,坏账 y_3);27 家分行的数据如表 10.5 所示。由于坏账是一种非期望产出,我们遵循 Li 等(2019b)的相同做法,使用 7 000-y_3 将其值更改为正指标。此外,拟分配的维护费用总额为 8 000 万元,我们将其表示为 8 000 个单元,每个单元 1 万元。因此,问题转换为如何将固定成本总额 R=8 000 分摊给这 27 家分行。

表10.5 Li等(2019b)中27家分行的数据

分行	x_1	x_2	x_3	y_1	y_2	y_3
1	25	619	538	2 947	913	224
2	27	419	489	3 138	478	516
3	40	1 670	1 459	5 494	1 242	877
4	42	2 931	1 497	3 144	870	1 138
5	52	2 587	797	6 705	854	618
6	45	2 181	697	8 487	1 023	2 096
7	33	989	1 217	4 996	767	713
8	107	6 277	2 189	21 265	6 282	6 287
9	88	3 197	949	8 574	1 537	1 739
10	146	6 222	1 824	21 937	5 008	3 261
11	57	1 532	2 248	8 351	1 530	2 011
12	42	1 194	1 604	5 594	858	1 203
13	132	5 608	1 731	15 271	4 442	2 743
14	77	2 136	906	10 070	2 445	1 487
15	43	1 534	438	4 842	1 172	1 355
16	43	1 711	1 069	6 505	1 469	1 217
17	59	3 686	820	6 552	1 209	1 082
18	33	1 479	2 347	8 624	894	2 228
19	38	1 822	1 577	9 422	967	1 367
20	162	5 922	2 330	18 700	4 249	6 545
21	60	2 158	1 153	10 573	1 611	2 210
22	56	2 666	2 683	10 678	1 589	1 834
23	71	2 969	1 521	8 563	905	1 316
24	117	5 527	2 369	15 545	2 359	2 717
25	78	3 219	2 738	14 681	3 477	3 134
26	51	2 431	741	7 964	1 318	1 158
27	48	2 924	1 561	11 756	2 779	1 398

我们首先按照与 10.3.1 小节类似的流程计算每个分行的相对效率得分，如表 10.6 第二列所示。可以看出，16 家分行被认定为效率得分为 1 的相对有效单元。基于此，可以获得效率排名，如表 10.6 第三列所示。但是，如前所述，这些排名与最优权重相关，这可能过于极端。因此，我们可以检查所有可行权重下的可能排名区间，如第四列和第五列所示。可以看出，排名间隔相对较大，而若使用基于 BCC 模型得分的排名，几乎所有分行的排名都非常接近最好排名或最差排名。例如，分行 4 的排名区间为 1~27（此处 n=27），而其 BCC 模型效率排名却是最差排名。分行 3、分行 7、分行 9、分行 12、分行 17、分行 20、分行 22、分行 23 和分行 24 也会出现类似情况，所有分行都是 BCC 模型低效分行，除分行 16 外的剩余分行均为有效分行，若考虑到所有可行权重，这些分行的 BCC 模型效率排名为最好排名，呈现出相反的趋势。对于效率低下的分行，除分行 7 之外，任何可行权重下它们的最佳效率排名都不能达到 1。也就是说，在整个可行权重组合中，这些低效分行被其他分行主导[读者可以使用 Salo 和 Punkka（2011）的方法来检查分行之间的主导关系]。然而，这些效率低下分行的排名可以大大高于极端 BCC 模型效率得分相关的排名。此外，所有分行的 BCC 模型效率排名均在最好至最差排名区间内，但分行 16 除外。值得注意的是，分行 16 的 BCC 模型效率排名（即 18）甚至比其最差排名（即 17）还要差。这是因为 BCC 效率得分来自自选的最优权重组合，相应的排名也与 DMUs 的自选最优权重相关，而最好和最差排名都是在一组公共权重下获得的。这一现象表明，尽管在任何一组相对权重下，一个 DMU 不是最差的，但传统的 DEA 方法仍然可以将其列为最差的 DMU。表 10.6 的最后两列表明，分摊成本后，每个分行的可能效率排名从最好到最差 n 不等。

表10.6　预备计算结果

DMUs	分摊前水平					范围内水平	
	BCC 模型效率	排名	组	最好排名	最差排名	最好排名	最差排名
1	1.000 0	1	I	1	25	1	27
2	1.000 0	1	I	1	25	1	27
3	0.761 8	24	II	3	26	1	27
4	0.601 7	27	III	5	27	1	27
5	1.000 0	1	I	1	26	1	27
6	1.000 0	1	I	1	22	1	27
7	0.910 8	17	II	1	24	1	27
8	1.000 0	1	I	1	27	1	27
9	0.781 4	23	II	5	27	1	27
10	1.000 0	1	I	1	26	1	27
11	1.000 0	1	I	1	27	1	27

续表

DMUs	分摊前水平					范围内水平	
	BCC 模型效率	排名	组	最好排名	最差排名	最好排名	最差排名
12	0.791 6	21	III	4	27	1	27
13	1.000 0	1	I	1	27	1	27
14	1.000 0	1	I	1	21	1	27
15	1.000 0	1	I	1	24	1	27
16	0.842 0	18	II	3	17	1	27
17	0.782 2	22	II	4	27	1	27
18	1.000 0	1	I	1	27	1	27
19	1.000 0	1	I	1	24	1	27
20	0.839 2	19	II	3	27	1	27
21	1.000 0	1	I	1	21	1	27
22	0.830 0	20	II	3	27	1	27
23	0.661 9	26	II	7	27	1	27
24	0.731 1	25	II	2	27	1	27
25	1.000 0	1	I	1	27	1	27
26	1.000 0	1	I	1	21	1	27
27	1.000 0	1	I	1	20	1	27

此外，我们使用模型（10.10）计算分摊成本的最小值和最大值，分别如表10.7的第二列和第三列所示。可以看出，许多分行得到的最小值为零，最大值为非常大的正值。此外，最大值的和远大于固定成本总额，即 16 405.709 9>8 000。现在，我们使用模型（10.12）和10.2节、10.3节中的计算方法来最大化所有分行的综合满意度，结果见表10.7第四列。我们发现，一些分行的综合满意度为负值，而其他分行的综合满意度为正值，最低为-0.024 7（分行6、分行9、分行16、分行17、分行21、分行23 和分行25）最高为 0.177 8（分行4）。考虑到综合满意度的定义是衡量从分摊成本到最小成本和最大成本的距离，正的综合满意度意味着这些分行分摊的成本份额比最大成本更接近最小成本，综合满意度为负值的分行分摊的成本份额比最小成本更接近最大成本。

表10.7 计算过程和分摊结果

分行	R_j^{min}	R_j^{max}	综合满意度	分摊成本	相对效率	排名
1	0	577.497 6	0.014 3	280.480 3	1.000 0	1
2	0	594.012 0	0.081 5	248.596 1	1.000 0	1
3	106.486 0	405.980 3	0.074 3	233.982 1	1.000 0	1

续表

分行	R_j^{min}	R_j^{max}	综合满意度	分摊成本	相对效率	排名
4	0	368.947 0	0.177 8	118.884 4	1.000 0	1
5	7.123 4	486.047 6	−0.021 5	256.898 8	1.000 0	1
6	0	610.325 0	−0.024 7	320.230 5	1.000 0	1
7	22.530 9	477.193 7	0.035 0	233.938 7	1.000 0	1
8	0	1415.836 5	0.046 4	642.284 6	1.000 0	1
9	0	421.307 0	−0.024 7	221.054 9	1.000 0	1
10	0	1118.946 6	0.009 7	548.639 0	1.000 0	1
11	0	486.439 6	0.088 4	200.220 2	1.000 0	1
12	8.065 2	457.355 8	0.096 9	189.186 5	1.000 0	1
13	0	942.277 0	0.086 5	389.652 1	1.000 0	1
14	215.275 9	655.015 9	0.135 6	375.499 1	1.000 0	1
15	76.066 7	570.691 2	0.086 6	280.538 0	1.000 0	1
16	156.624 0	420.977 1	−0.024 7	295.327 0	1.000 0	1
17	0	456.472 5	−0.024 7	239.505 8	1.000 0	1
18	0	565.485 2	0.122 5	213.484 8	1.000 0	1
19	48.793 4	566.833 3	0.008 0	303.648 0	1.000 0	1
20	0	814.860 7	0.177 7	262.597 9	1.000 0	1
21	156.572 7	504.326 9	−0.024 7	339.035 3	1.000 0	1
22	0	478.015 2	0.026 9	226.170 9	1.000 0	1
23	0	347.634 4	−0.024 7	182.399 8	1.000 0	1
24	0	564.894 2	0.089 2	232.071 9	1.000 0	1
25	0	722.410 2	−0.024 7	379.040 3	1.000 0	1
26	143.544 3	524.332 0	0.027 7	323.402 7	1.000 0	1
27	270.398 3	851.595 4	0.168 2	463.230 4	1.000 0	1
总和	1 211.480 8	16 405.709 9		8 000.000 1[1)]		

1) 分摊成本为 8 000 万元,由于精度问题,最终结果有微小差异

表 10.7 的第五列给出了最终的分摊方案。可以看出,所有分行都被分配了正的成本值,事实上,基于综合满意度的计算方法始终可以保证所有分行有一个正的分摊成本。可以看到,分行 8 在所有分行中分摊了最多的成本,达到 642.284 6,而分行 4 分摊了最少的成本,为 118.884 4。此外,我们使用最优解权重来重新计算效率排名,发现所有分行的效率排名均为 1。事实上,使用传统的 DEA 方法(如 CCR 模型和 BCC 模型)总是存在有效的 DMUs,本章的方法使得所有 DMUs 都能实现最好排名,并且,每个 DMU 通过效率值为 1 而获得一个最好的效率排名是很自然的一个结果。

我们进一步将该应用与 Li 等（2019b）和 Chu 等（2019）的实证应用进行比较，他们都研究了相同的问题，但考虑了分行的内部网络结构，比较结果如表 10.8 所示。可以看出，三种方法都确定了每个分行的正的成本分摊额，而本章的分摊方案的最小成本差距为 523.400 2（=642.284 6-118.884 4）；Li 等（2019b）和 Chu 等（2019）的成本差距分别为 1 070.369 1 和 604.109 4。由于较小的成本差距意味着实施分配方案的难度和组织阻力较小（Li et al., 2009），这一结果表明本章的分摊方案更容易被接受。此外，这三种方法都可以保证唯一的分摊方案，本章和 Li 等（2019b）的方法证明了数值的唯一性，Chu 等（2019）的方法通过严格的理论证明可以证明其解的唯一性。此外，Li 等（2019b）和 Chu 等（2019）的方法都给出了唯一且有效的分配解，该分配解使用的是同一组权重，但使用了不同的目标和过程。Li 等（2019b）使用迭代程序，根据作业规模最小化到分摊计划的距离，而 Chu 等（2019）通过领导者-追随者纳什讨价还价博弈，最大化了 Li 等（2013）的综合满意度概念。重要的是，Li 等（2019b）和 Chu 等（2019）都采用了效率得分的极大化原则，而本章的重点是效率排名。此外，本章还以一个改进的综合满意度概念为目标，采用迭代的方法，通过最大化各分行的综合满意度来确定最终的唯一分摊方案。

表10.8 与现有文献的比较

分行	成本分摊	Li 等（2019b）	Chu 等（2019）
1	280.480 3	134.430 6	84.103 4
2	248.596 1	61.759 5	94.386 6
3	233.982 1	150.876 8	164.791 8
4	118.884 4	47.886 9	105.381 8
5	256.898 8	125.667 1	193.238 7
6	320.230 5	195.691 5	267.474 5
7	233.938 7	85.311 3	148.382 7
8	642.284 6	1 118.256	688.212 8
9	221.054 9	214.272 4	263.625 4
10	548.639	877.156 1	653.804 2
11	200.220 2	170.116	262.293 2
12	189.186 5	73.772 8	173.190 5
13	389.652 1	708.566 6	463.368 4
14	375.499 1	410.717 4	299.950 4
15	280.538	188.846 2	155.371 9
16	295.327	224.944 5	198.227 1

续表

分行	成本分摊	Li 等（2019b）	Chu 等（2019）
17	239.505 8	174.713 4	197.155 2
18	213.484 8	88.608 7	273.501 9
19	303.648	153.776 6	280.225 4
20	262.597 9	646.78	622.899 4
21	339.035 3	279.581 6	326.230 4
22	226.170 9	187.605 9	322.540 1
23	182.399 8	90.907 8	255.959 6
24	232.071 9	329.738 2	470.372 5
25	379.040 3	540.702 3	454.120 7
26	323.402 7	229.071 5	236.906 3
27	463.230 4	490.242 2	344.285
差距	523.400 2	1 070.369 1	604.109 4
解唯一	是	是	是
过程	迭代	迭代	博弈
基准	综合满意度	运行规模	满意度
目标	最大化	最小化距离	最大化
因素	效率排名	效率得分	效率得分

通过以上两个应用，我们证明了本章所提方法的有效性。因此，可以得出结论，将效率排名纳入考量的固定成本分摊方法是有意义的。

10.4 本章小结

固定成本分摊是 DEA 方法的主要应用之一。自 Cook 和 Kress（1999）、Beasley（2003）做了开创性工作以来，所有现有的基于 DEA 理论的固定成本分摊研究都是基于效率得分的，无论效率得分是保持不变还是极大化。然而，在某种程度上，效率排名比效率得分更重要，因为 DMUs 在竞争环境中更关注其相对位置（即效率排名），而不是绝对位置（即效率得分）。因此，本章提出了一种可供参考的解决方法，明确考虑了在 DMUs 之间分摊固定成本时的效率排名，而不是相对效率得分。我们证明了每个 DMU 可以通过可行的权重计划和固定成本分摊方案，在最好和最差之间的任何位置进行排序。此外，我们还发现，在一组公共权重下，可以为所有 DMUs 确定一个最佳效率得分为 1 的最佳排名。然后，我们计算分摊成本的可能性区间，并开发一个基于综合满意度的实用程序来生成最终分摊计划。最后，通过一个经典的数值举例和对银行活动的实证研究，展示了本章所提方法的实用性。

本章的主要贡献之一是开辟了一条新的研究途径，其中明确考虑了以效率排名为目标来分摊固定成本。本章基于这个目标提供了一个切实可行的分摊方法，但目前该工作在初步探索阶段，仍需要进一步的工作：首先，资源配置问题与先前在 DEA 方法中研究的固定成本分摊问题有着不可分割的联系的同时也有很大不同，因此，可以开发类似的将重点放在效率排名上的方法来配置额外资源或重新配置现有资源。其次，可以整合内部生产结构、博弈关系等多种特征来继续丰富基于效率排名的研究，这也是当前基于效率得分的固定成本分摊研究的研究趋势。最后，效率得分是连续的，而效率排名却是离散的数字，这一部分使得其处理方法具有很大差异，因此，应特别注意上述特点来继续开展相关工作。

参 考 文 献

Amirteimoori A, Kordrostami S. 2005. Allocating fixed costs and target setting: a DEA-based approach[J]. Applied Mathematics and Computation, 171 (1): 136-151.

An Q X, Meng F Y, Xiong B B, et al. 2018. Assessing the relative efficiency of Chinese high-tech industries: a dynamic network data envelopment analysis approach[J]. Annals of Operations Research, 290 (1): 707-729.

An Q X, Wang P, Emrouznejad A, et al. 2019a. Fixed cost allocation based on the principle of efficiency invariance in two-stage systems[J]. European Journal of Operational Research, 283 (2): 662-675.

An Q X, Wen Y, Ding T, et al. 2019b. Resource sharing and payoff allocation in a three-stage system: integrating network DEA with the Shapley value method[J]. Omega, 85: 16-25.

Banker R D, Charnes A, Cooper W W. 1984. Some models for estimating technical and scale inefficiencies in data envelopment analysis[J]. Management Science, 30 (9): 1078-1092.

Beasley J E. 2003. Allocating fixed costs and resources via data envelopment analysis[J]. European Journal of Operational Research, 147 (1): 198-216.

Charnes A, Cooper W W, Rhodes E. 1978. Measuring the efficiency of decision making units[J]. European Journal of Operational Research, 2 (6): 429-444.

Chu J F, Jiang H H. 2019. Fixed cost allocation based on the utility: a DEA common-weight approach[J]. IEEE Access, 7: 72613-72621.

Chu J F, Wu J, Chu C B, et al. 2019. DEA-based fixed cost allocation in two-stage systems: leader-follower and satisfaction degree bargaining game approaches[J]. Omega, 94(C): 102054.

Cook W D, Kress M. 1999. Characterizing an equitable allocation of shared costs: a DEA approach[J]. European Journal of Operational Research, 119 (3): 652-661.

Cook W D, Zhu J. 2005. Allocation of shared costs among decision making units: a DEA approach[J]. Computers & Operations Research, 32 (8): 2171-2178.

Dai Q Z, Li Y J, Liang L. 2016. Allocating fixed costs with considering the return to scale: a DEA approach[J]. Journal of Systems Science and Complexity, 29 (5): 1320-1341.

Ding T, Chen Y, Wu H Q, et al. 2018. Centralized fixed cost and resource allocation considering technology heterogeneity: a DEA approach[J]. Annals of Operations Research, 268 (1): 497-511.

Ding T, Zhu Q Y, Zhang B F, et al. 2019. Centralized fixed cost allocation for generalized two-stage network DEA[J]. INFOR: Information Systems and Operational Research, 57 (2): 123-140.

Du J, Cook W D, Liang L, et al. 2014. Fixed cost and resource allocation based on DEA cross-efficiency[J]. European Journal of Operational Research, 235 (1): 206-214.

Guajardo M, Jörnsten K. 2015. Common mistakes in computing the nucleolus[J]. European Journal of Operational Research, 241 (3): 931-935.

Jahanshahloo G R, Lotfi F H, Shoja N, et al. 2004. An alternative approach for equitable allocation of shared costs by using DEA[J]. Applied Mathematics and Computation, 153 (1): 267-274.

Jahanshahloo G R, Sadeghi J, Khodabakhshi M. 2017. Proposing a method for fixed cost allocation using DEA based on the efficiency invariance and common set of weights principles[J]. Mathematical Methods of Operations Research, 85 (2): 223-240.

Khodabakhshi M, Aryavash K. 2014. The fair allocation of common fixed cost or revenue using DEA concept[J]. Annals of Operations Research, 214 (1): 187-194.

Li F, Emrouznejad A, Yang G L, et al. 2019a. Carbon emission abatement quota allocation in Chinese manufacturing industries: an integrated cooperative game data envelopment analysis approach[J]. Journal of the Operational Research Society, 71 (8): 1259-1288.

Li F, Zhu Q Y, Chen Z. 2019b. Allocating a fixed cost across the decision making units with two-stage network structures[J]. Omega, 83: 139-154.

Li F, Zhu Q Y, Liang L. 2018a. Allocating a fixed cost based on a DEA-game cross efficiency approach[J]. Expert Systems with Applications, 96: 196-207.

Li F, Zhu Q Y, Liang L. 2019c. A new data envelopment analysis based approach for fixed cost allocation[J]. Annals of Operations Research, 274 (1/2): 247-272.

Li Y J, Li F, Emrouznejad A, et al. 2018b. Allocating the fixed cost: an approach based on data envelopment analysis and cooperative game[J]. Annals of Operations Research, 274 (1): 373-394.

Li Y J, Shi X, Emrouznejad A, et al. 2019d. Ranking intervals for two-stage production systems[J]. Journal of the Operational Research Society, 71 (2): 209-224.

Li Y J, Wang L Z, Li F. 2019e. A data-driven prediction approach for sports team performance and its application to National Basketball Association[J]. Omega, 98: 102123.

Li Y J, Yang F, Liang L, et al. 2009. Allocating the fixed cost as a complement of other cost inputs: a DEA approach[J]. European Journal of Operational Research, 197 (1): 389-401.

Li Y J, Yang M, Chen Y, et al. 2013. Allocating a fixed cost based on data envelopment analysis and satisfaction degree[J]. Omega, 41 (1): 55-60.

Lin R Y. 2011a. Allocating fixed costs and common revenue via data envelopment analysis[J]. Applied Mathematics and Computation, 218 (7): 3680-3688.

Lin R Y. 2011b. Allocating fixed costs or resources and setting targets via data envelopment analysis[J]. Applied Mathematics and Computation, 217 (13): 6349-6358.

Lin R Y, Chen Z P. 2016. Fixed input allocation methods based on super CCR efficiency invariance and practical feasibility[J]. Applied Mathematical Modelling, 40 (9/10): 5377-5392.

Lin R Y, Chen Z P. 2017. A DEA-based method of allocating the fixed cost as a complement to the original input[J]. International Transactions in Operational Research, 27 (4): 2230-2250.

Lin R Y, Chen Z P, Li Z X. 2016. A new approach for allocating fixed costs among decision making units[J]. Journal of Industrial and Management Optimization, 12 (1): 211-228.

Lotfi F H, Jahanshahloo G R, Allahviranloo T, et al. 2007. Equitable allocation of shared costs on fuzzy environment[J]. International Mathematical Forum, 2: 3199-3210.

Lozano S. 2012. Information sharing in DEA: a cooperative game theory approach[J]. European Journal of Operational Research, 222 (3): 558-565.

Lozano S. 2014. Nonradial approach to allocating fixed-costs and common revenue using centralized dea[J]. International Journal of Information Technology & Decision Making, 13 (1): 29-46.

Mostafaee A. 2013. An equitable method for allocating fixed costs by using data envelopment analysis[J]. Journal of the Operational Research Society, 64 (3): 326-335.

Pendharkar P C. 2018. A hybrid genetic algorithm and DEA approach for multi-criteria fixed cost allocation[J]. Soft Computing, 22 (22): 7315-7324.

Rayeni M M, Saljooghi F H. 2012. Equitable allocation of fixed costs and its effect on technical and cost efficiency: case study in universities[J]. African Journal of Business Management, 6 (4): 1263-1269.

Salo A, Punkka A. 2011. Ranking intervals and dominance relations for ratio-based efficiency analysis[J]. Management Science, 57 (1): 200-214.

Seiford L M, Zhu J. 2003. Context-dependent data envelopment analysis-measuring attractiveness and progress[J]. Omega, 31 (5): 397-408.

Si X L, Liang L, Jia G Z, et al. 2013. Proportional sharing and DEA in allocating the fixed cost[J]. Applied Mathematics and Computation, 219 (12): 6580-6590.

Yin P Z, Chu J, Wu J, et al. 2020. A DEA-based two-stage network approach for hotel performance analysis: An internal cooperation perspective[J]. Omega, 93: 102035.

Yu M M, Chen L H, Hsiao B. 2016. A fixed cost allocation based on the two-stage network data envelopment approach[J]. Journal of Business Research, 69（5）: 1817-1822.

Zhu Q Y, Wu J, Ji X, et al. 2018. A simple MILP to determine closest targets in non-oriented DEA model satisfying strong monotonicity[J]. Omega, 79: 1-8.

Zhu W W, Zhang Q, Wang H Q. 2019. Fixed costs and shared resources allocation in two-stage network DEA[J]. Annals of Operations Research, 278: 177-194.

本 章 附 录

附录A 定理10.1的证明

定理10.1 对于任何DMU，其最好的效率排名都为1；换句话说，对于任何$\text{DMU}_d\,(d=1,2,\cdots,n)$来说，模型（10.6）的最优目标函数值只能为1，即$\bar{r}_d^{\text{best}}=1$。

证明：（i）首先，对于任何DMU_d，模型（10.6）的目标函数值显然不小于1，因为$z_j(\forall j\neq d)$是一个只能取0或1的二进制变量，因此$\bar{r}_d^{\text{best}}\geqslant 1$成立。

（ii）接着证明针对特定的DMU_d，模型（10.6）的目标函数值可以为1。为了实现该目的，我们首先考虑解$u_s'=R\Big/\sum_{j=1}^n y_{sj}$，$u_r'=u_0'=0(\forall r\neq s)$，$w_i'=0(\forall i)$，$w_{m+1}'=1$，$\hat{R}_j'=Ry_{sj}\Big/\sum_{j=1}^n y_{sj}(\forall j)$和$z_j'=0(\forall j\neq d)$，因此$\xi'=\big(u_r',w_i',u_0',w_{m+1}',\hat{R}_j',z_j',\forall r,i,j\big)$可以是模型（10.6）的可行解，因为该条件满足模型（10.6）的所有如下约束条件：

$$\sum_{r=1}^s u_r'y_{rj}-\sum_{i=1}^m w_i'x_{ij}-\hat{R}_j'+u_0'-M\cdot z_j'=u_s'y_{sj}-\hat{R}_j'$$
$$=R\Big/\sum_{j=1}^n y_{sj}\cdot y_{sj}-Ry_{sj}\Big/\sum_{j=1}^n y_{sj}\leqslant 0,\quad \forall j=1,2,\cdots,n;j\neq d \tag{A1}$$

$$\sum_{r=1}^s u_r'y_{rd}+u_0'=u_s'y_{sd}=R\Big/\sum_{j=1}^n y_{sj}\cdot y_{sd}=Ry_{sd}\Big/\sum_{j=1}^n y_{sj}=\sum_{i=1}^m w_i'x_{id}+\hat{R}_d' \tag{A2}$$

$$\sum_{i=1}^m w_i'+w_{m+1}'=0+1=1 \tag{A3}$$

$$\sum_{j=1}^n \hat{R}_j'=\sum_{j=1}^n\left(Ry_{sj}\Big/\sum_{j=1}^n y_{sj}\right)=R=w_{m+1}'R \tag{A4}$$

为了满足非负和决策变量二进制的需求，对于 DMU_d，很容易证明 $\xi' = (u'_r, w'_i, u'_0, w'_{m+1}, \hat{R}'_j, z'_j, \forall r, i, j)$ 是模型（10.6）的一组可行解。因此，模型（10.6）的最优目标函数值不会超过可行解 ξ'，也就意味着 $\bar{r}_d^{\text{best}} \leqslant \bar{r}_d^{\text{best}}(\xi') = 1 + \sum_{j \neq d} z'_j = 1$。

整合（i）$\bar{r}_d^{\text{best}} \geqslant 1$ 和（ii）$\bar{r}_d^{\text{best}} \leqslant 1$ 的结论，可以得出对于 DMU_d，模型（10.6）的最优解是 1。值得注意的是，可行解 ξ' 中的下标 s 在多个输出中随机标记，因此我们可以得出结论，模型（10.6）的最优目标函数对于任何 $\mathrm{DMU}_d (d=1,2,\cdots,n)$，$\bar{r}_d^{\text{best}} = 1$ 都将是同一个，意味着对于任何 $\mathrm{DMU}_d (d=1,2,\cdots,n)$ 来说，最好效率排名都将是一个。这就完成了定理 10.1 的证明。

附录 B 定理 10.2 的证明

定理 10.2 对于任何 DMU，其最差的效率排名是 n；换句话说，对于任何 $\mathrm{DMU}_d (d=1,2,\cdots,n)$，模型（10.7）的最优目标函数值只能为 n，即 $\bar{r}_d^{\text{worst}} = n$。

证明：（i）首先，对于 DMU_d，很明显模型（10.7）的目标函数值将不会超过 n（即 DMUs 的个数），因为 $z_j(\forall j \neq d)$ 是一个二进制变量，只能取 0 或 1，因此 $\bar{r}_d^{\text{best}} \leqslant 1 + (n-1) = n$ 成立。

（ii）接着我们证明对于 DMU_d，模型（10.7）的目标函数值可以达到最大值 n。为了这个目的，我们继续考虑定理 10.1 中的解 ξ'，但是这里令 $z''_j = 1 (\forall j \neq d)$。接着，明显 $\xi'' = (u'_r, w'_i, u'_0, w'_{m+1}, \hat{R}'_j, z''_j, \forall r, i, j)$ 同样是模型（10.7）的可行解，因为它满足模型（10.7）的所有约束条件：

$$\sum_{r=1}^{s} u'_r y_{rj} - \sum_{i=1}^{m} w'_i x_{ij} - \hat{R}'_j + u'_0 - M \cdot (z''_j - 1) = u'_s y_{sj} - \hat{R}'_j \tag{B1}$$
$$= R \Big/ \sum_{j=1}^{n} y_{sj} \cdot y_{sj} - R y_{sj} \Big/ \sum_{j=1}^{n} y_{sj} \geqslant 0, \quad \forall j = 1, 2, \cdots, n; j \neq d$$

$$\sum_{r=1}^{s} u'_r y_{rd} + u'_0 = u'_s y_{sd} = R \Big/ \sum_{j=1}^{n} y_{sj} \cdot y_{sd} = R y_{sd} \Big/ \sum_{j=1}^{n} y_{sj} = \sum_{i=1}^{m} w'_i x_{id} + \hat{R}'_d \tag{B2}$$

$$\sum_{i=1}^{m} w' + w'_{m+1} = 0 + 1 = 1 \tag{B3}$$

$$\sum_{j=1}^{n} \hat{R}' = \sum_{j=1}^{n} \left(R y_{sj} \Big/ \sum_{j=1}^{n} y_{sj} \right) = R = w'_{m+1} R \tag{B4}$$

为了满足非负和决策变量二进制的需求，对于 DMU_d，很容易证明 $\xi'' = (u'_r, w'_i,$

$u'_0, w'_{m+1}, \hat{R}'_j, z''_j, \forall r, i, j$)是模型（10.7）的一组可行解。因此，模型（10.7）的最优目标函数值不会低于可行解 ξ''，也就意味着 $\bar{r}_d^{\text{worst}} \geq \bar{r}_d^{\text{worst}}(\xi'') = 1 + \sum_{j \neq d} z''_j = n$。

整合（i）$\bar{r}_d^{\text{worst}} \leq n$ 和（ii）$\bar{r}_d^{\text{worst}} \geq n$ 的结论，可以得出对于 DMU_d，模型（10.7）的最优解是 n。值得注意的是，可行解 ξ'' 中的下标 s 在多个输出中随机标记，因此我们可以得出结论，模型（10.7）的最优目标函数对于任何 $\text{DMU}_d (d=1,2,\cdots,n)$，$\bar{r}_d^{\text{worst}} = n$ 都将是同一个，意味着对于任何 $\text{DMU}_d (d=1,2,\cdots,n)$ 来说，最差效率排名都将是一个。这就完成了定理 10.2 的证明。

附录 C 命题 10.1 的证明

命题 10.1 集合（10.8）中的约束条件是可行的。

证明：考虑 $\xi^- = (u_r^-, w_i^-, u_0^-, w_{m+1}^-, R_j^-, \forall r, i, j)$，其中 $u_s^- = R \Big/ \sum_{j=1}^n y_{sj}$，$u_r^- = u_0^- = 0 (\forall r \neq s)$，$w_i^- = 0 (\forall i)$，$w_{m+1}^- = 1$ 和 $R_j^- = R y_{sj} \Big/ \sum_{j=1}^n y_{sj} (\forall j)$。很明显 $\xi^- = (u_r^-, w_i^-, u_0^-, w_{m+1}^-, R_j^-, \forall r, i, j)$ 是集合（10.8）的可行解。

附录 D 定理 10.3 的证明

定理 10.3 存在一个固定成本分摊方案使得在一组公共权重下同时为每个 DMU 确定一个最好的效率排名，这些方案可通过式（10.9）给出。

$$\left\{ R_j \middle| \begin{array}{l} R_j = \sum_{r=1}^s u_r y_{rj} - \sum_{i=1}^m \omega_i x_{ij} + u_0, \quad \forall j = 1, 2, \cdots, n \\ \sum_{i=1}^m \omega_i - \omega_{m+1} = -1 \\ \sum_{j=1}^n R_j = R \\ \omega_{m+1} > 0; \quad u_r, \omega_i, R_j \geq 0, \quad \forall r = 1, 2, \cdots, s; i = 1, 2, \cdots, m; j = 1, 2, \cdots, n \end{array} \right\} \quad (10.9)$$

证明：考虑解 $\xi^- = (u_r^-, w_i^-, u_0^-, w_{m+1}^-, R_j^-, \forall r, i, j)$，其中 $u_s^- = R \Big/ \sum_{j=1}^n y_{sj}$，$u_r^- = u_0^-$

$= 0(\forall r \neq s)$，$w_i^- = 0(\forall i)$，$w_{m+1}^- = 1$ 和 $R_j^- = Ry_{sj} \Big/ \sum\limits_{j=1}^{n} y_{sj}(\forall j)$，对于任意的 $\mathrm{DMU}_k(k=1,2,\cdots,n)$ 和 $\vartheta^- = \left(\xi^-, z_j^-\right)$，$z_j^- = 0(\forall j)$ 是模型（10.5）的可行解，因为它可以满足模型（10.5）的所有约束条件：

$$\sum_{r=1}^{s} u_r^- y_{rj} - \sum_{i=1}^{m} w_i^- x_{ij} - w_{m+1}^- R_j^- + u_0^- - M \cdot \left(z_j^- - 1\right) = u_s^- y_{sj} - w_{m+1}^- R_j^- \quad (D1)$$
$$= R \Big/ \sum_{j=1}^{n} y_{sj} \cdot y_{sj} - Ry_{sj} \Big/ \sum_{j=1}^{n} y_{sj} \leq 0, \quad \forall j = 1,2,\cdots,n; j \neq k$$

$$\sum_{r=1}^{s} u_r^- y_{rk} + u_0^- = u_s^- y_{sk} = R \Big/ \sum_{j=1}^{n} y_{sj} \cdot y_{sk} = Ry_{sk} \Big/ \sum_{j=1}^{n} y_{sj} = \sum_{i=1}^{m} w_i^- x_{ik} + \hat{R}_k^- \quad (D2)$$

$$\sum_{i=1}^{m} w_i^- + w_{m+1}^- = 0 + 1 = 1 \quad (D3)$$

$$\sum_{j=1}^{n} \hat{R}_j^- = \sum_{j=1}^{n} \left(Ry_{sj} \Big/ \sum_{j=1}^{n} y_{sj} \right) = R \quad (D4)$$

同样地，$\vartheta^- = \left(\xi^-, z_j^-\right)$ 满足 0-1、非负和相应变量的正要求，因此，对于 DMU_k，$\vartheta^- = \left(\xi^-, z_j^-\right)$ 是模型（10.5）的一个可行解。

此外，很容易证明模型（10.5）的最优目标函数值不低于1，且在目标函数值为1时，$\vartheta^- = \left(\xi^-, z_j^-\right)$ 满足，因此，我们可以得出结论，对于 DMU_k，$\vartheta^- = \left(\xi^-, z_j^-\right)$ 是模型（10.5）的最优解，同时，$\mathrm{DMU}_k(k=1,2,\cdots,n)$ 的最好效率排名为1。下标 s 在多个输出中随机标记，因此，当模型（10.5）的最优解为1且有着最好效率排名的时候，可行的分配解将不止一个，因此，我们有

$$\begin{cases} \begin{vmatrix} w_{m+1} R_j = \sum\limits_{r=1}^{s} u_r y_{rj} - \sum\limits_{i=1}^{m} w_i x_{ij} + u_0, & \forall j = 1,2,\cdots,n \\ \sum\limits_{i=1}^{m} w_i + w_{m+1} = 1 \\ \sum\limits_{j=1}^{n} R_j = R \\ w_{m+1} > 0; \quad u_r, w_i, R_j \geq 0, \quad \forall r = 1,2,\cdots,s; i = 1,2,\cdots,m; j = 1,2,\cdots,n \end{vmatrix} \end{cases} \quad (D5)$$

代入 $\hat{u}_r = u_r / w_{m+1}(r=1,2,\cdots,s)$，$\hat{\omega}_i = w_i / w_{m+1}(i=1,2,\cdots,m+1)$ 和 $\hat{u}_0 = u_0 / w_{m+1}$ 条件到（D5）中并使 $\hat{\omega}_{m+1} = 1/w_{m+1}$，可以得到

$$\left\{R_j \left| \begin{aligned} & R_j = \sum_{r=1}^{s}\hat{u}_r y_{rj} - \sum_{i=1}^{m}\hat{w}_i x_{ij} + \hat{u}_0, \quad \forall j=1,2,\cdots,n \\ & \sum_{i=1}^{m}\hat{\omega}_i + 1 = \hat{\omega}_{m+1} \\ & \sum_{j=1}^{n}R_j = R \\ & \hat{\omega}_{m+1} > 0; \quad \hat{u}_r, \hat{\omega}_i, \hat{R}_j \geq 0, \quad \forall r=1,2,\cdots,s; i=1,2,\cdots,m; j=1,2,\cdots,n \end{aligned}\right.\right\} \quad (D6)$$

通过简单的转换，(D6) 可以转换为 (D7)：

$$\left\{R_j \left| \begin{aligned} & R_j = \sum_{r=1}^{s}u_r y_{rj} - \sum_{i=1}^{m}\omega_i x_{ij} + u_0, \quad \forall j=1,2,\cdots,n \\ & \sum_{i=1}^{m}\omega_i - \omega_{m+1} = -1 \\ & \sum_{j=1}^{n}R_j = R \\ & \omega_{m+1} > 0; \quad u_r, \omega_i, R_j \geq 0, \quad \forall r=1,2,\cdots,s; i=1,2,\cdots,m; j=1,2,\cdots,n \end{aligned}\right.\right\} \quad (D7)$$

因此，通过一组共同权重 $\vartheta^- = \left(\xi^-, z_j^-\right)$，(D7) 可以给每个 DMU 实现最好效率排名，即为 1。定理 10.3 证明完毕。

第四篇

固定资源约束效率评价理论与应用篇

第 11 章 基于不同权重的 DEA 理论固定产出效率研究

第二篇和第三篇从效率评价的基本视角出发，基于非参数的 DEA 方法，研究了 DMUs 不同交互模式下的固定资源配置与固定成本分摊问题。本章首先回顾和总结现有基于 DEA 理论的固定资源 DMUs 评价模型，并分析之前文献的缺点与不足。其次，基于现有方法的缺点与不足，本章提出改进的方法。最后，本章就所提出的新模型给出实例分析和对比。

11.1 引　　言

DEA 方法由 Charnes 等（1978）最先提出，主要用于评价一组同质 DMUs 的相对效率。作为一种非参数方法，DEA 方法不需要假设任何的生产函数类型，但可以有效地评价各个 DMU 的效率（Wang et al., 2012; Fang, 2013, 2015）。

然而，传统的 DEA 模型假设每个 DMU 的产出资源是可以任意增加的，即各 DMU 之间是相互独立的，一个 DMU 的产出变化并不会影响其他 DMUs 的产出。在现实生活中的很多情况下，存在一些 DMUs 的投入或者产出资源并不独立的情况，如存在所有 DMUs 的某个产出的和是固定的情况。在固定产出的情况下，某个 DMU 产出的增加必然伴随着其他 DMUs 产出的减少。例如，在评价各个国家参加奥运会的表现时，把奥运会奖牌数看作一类产出，则该产出的和就是固定的。因此，有必要设计一个合理的评价方法并应用于固定资源情形。

Lins 等（2003）在评价奥运会效率的时候首次考虑固定产出的情况，他们提出非线性规划的零和博弈模型，就国家间竞争固定总和的奖牌数考虑了两种不同策略的竞争。一种策略考虑固定产出等量减少，即某个国家奖牌数的增加量由其他国家奖牌数的等量减少加以弥补。另一种策略则考虑固定产出比例减少，即某个国家奖牌数的增加量是以其他国家奖牌数的减少量按照其实际产出成比例减少的。Lins 等（2003）提出的模型存在一定的缺陷，如只能解决固定产出是一维的情况等。基于 Lins 等（2003）的研究，Gomes 和 Lins（2008）扩展了零和博弈模型以考虑非期望产出情形。随后，为了进一步解决 Lins 等（2003）方法的缺点或不足，Yang 等（2011）提出一种基于固定产出最小减少量竞争策略的产出固定和 DEA（fixed sum output DEA，FSODEA）模型以评价固定产出 DMUs。Yang 等（2014，2015）和 Fang（2016）指出 FSODEA 模型在评价所有 DMUs 效率的时候是基于不同有效生产前沿面（或平台）的。具体地，依据 FSODEA 模型，每个 DMU 参与的是"无记忆"竞争，即上一轮的竞争结果不会记录到下一轮竞争。因此，在该模型的基础上，Yang 等（2014）提出 EEFDEA 方法以实现所有 DMUs 的效率评价在同一有效生产前沿面上。但是该方法存在一定的不足，如 EEFDEA 方法需要事先给定一个所有 DMUs 的调整顺序，从而实现均衡有效前沿面，而且，如果 DMUs 的个数较多，则操作起来比较耗时。因此，Yang 等（2015）和 Fang（2016）提出改进的一般均衡有效前沿面的 DEA（general equilibrium effective frontier DEA，GEEFDEA）方法以消除 EEFDEA 方法存在的缺点。在 EEFDEA 方法的基础上，Fang（2016）提出相应算法以确保一般均衡有效前沿面的唯一。Wu 等（2014）考虑了固定产出情况下环境效率估计问题。Singh 和 Majumdar（2014）则考虑了固定投入资源情况下的效率评估问题。Bi 等（2014）提出不同生产技术下零和博弈模型以考虑固定资源 DMUs 效率评价问题。Amirteimoori 等（2017）考虑了银行业固定产出效率评价问题。

本章先用算例指出 Fang（2016）所提算法并不一定能够确保均衡有效前沿面的唯一，并在此基础上提出改进的算法以保证唯一性。此外，考虑到之前文献中构建的 GEEFDEA 方法都基于所有 DMUs 的共同权重以构建一般均衡有效前沿面，本章进一步提出改进的基于不同 DMUs 的不同偏好权重，构建的均衡有效前沿面可以实现更小的固定产出改变量。最后，本章给出具体的应用以展现所提模型的优越性。

11.2 模型回顾

假设有 n 个 DMUs，并且每个 $DMU_j(j=1,2,\cdots,n)$ 用 m 个投入指标 x_{ij} 生产出 r 个可变产出指标 y_{rj}，以及 t 个固定产出指标 f_{tj}。并定义 $x_j = (x_{1j}, x_{2j}, \cdots, x_{mj})^T$、

$y_j = (y_{1j}, y_{2j}, \cdots, y_{sj})^T$、$f_j = (f_{1j}, f_{2j}, \cdots, f_{tj})^T$ 为相应的投入指标、可变产出指标及固定产出指标。

传统的 BCC-DEA 模型（Banker et al., 1984）评价 $DMU_k (k=1,2,\cdots,n)$ 的效率见模型（11.1）。

$$\theta_k^{BCC} = \text{Max} \quad \frac{\sum_{r=1}^{s} u_r y_{rk} + \sum_{t=1}^{l} w_t f_{tk} + u_0}{\sum_{i=1}^{m} v_i x_{ik}}$$

$$\text{s.t.} \quad \frac{\sum_{r=1}^{s} u_r y_{rj} + \sum_{t=1}^{l} w_t f_{tj} + u_0}{\sum_{i=1}^{m} v_i x_{ij}} \leq 1, \quad j=1,2,\cdots,n \quad (11.1)$$

$$u_r \geq 0, \quad r=1,2,\cdots,s$$
$$w_t \geq 0, \quad t=1,2,\cdots,l$$
$$v_i \geq 0, \quad i=1,2,\cdots,m$$
$$u_0 \text{ 为自由变量}$$

在模型（11.1）中，u_r、w_t、v_i 分别表示可变产出、固定产出及投入乘子。当 $u_0=0$ 时，模型（11.1）则转换为传统 CCR 模型（Charnes et al., 1978）。其中，θ_k^{BCC} 被定义为 DMU_k 的效率，且 DMU_k 是有效的当且仅当 $\theta_k^{BCC}=1$，则所有 DMUs 可被分为两类集合，即有效集合 E_1 和非有效集合 E_2。

然而，传统的 BCC-DEA 模型或者 CCR-DEA 模型都没有考虑资源固定的情况，如产出固定。因此，Yang 等（2011）提出基于最小产出变动策略模型以考虑固定产出，见模型（11.2）。

$$\text{Min} \quad \sum_{t=1}^{l} w_t \beta_{tk}$$

$$\text{s.t.} \quad \frac{\sum_{r=1}^{s} u_r y_{rk} + \sum_{t=1}^{l} w_t (f_{tk} + \beta_{tk}) + u_0}{\sum_{i=1}^{m} v_i x_{ik}} = 1$$

$$\frac{\sum_{r=1}^{s} u_r y_{rj} + \sum_{t=1}^{l} w_t (f_{tj} - s_{tj}) + u_0}{\sum_{i=1}^{m} v_i x_{ij}} \leq 1, \quad \forall j \neq k$$

$$\beta_{tk} = \sum_{j=1, j \neq k}^{n} s_{tj}, \quad \forall t$$

$$0 \leqslant s_{tj} \leqslant f_{tj}, \quad \forall t, \forall j \neq k$$
$$0 \leqslant \beta_{tk}, \quad \forall t$$
$$u_r \geqslant 0, \quad r = 1, 2, \cdots, s$$
$$w_t \geqslant 0, \quad t = 1, 2, \cdots, l$$
$$v_i \geqslant 0, \quad i = 1, 2, \cdots, m$$
$$u_0 \text{ 为自由变量}$$

(11.2)

在模型（11.2）中，β_{tk} ($t=1,2,\cdots,l$) 表示被评价 DMU_k 达到有效时其固定产出所需的调整量。s_{tj} ($t=1,2,\cdots,l; j=1,2,\cdots,n\neq k$) 则表示其他 DMU_j ($j\neq k$) 的固定产出相应的减少量。模型（11.2）的目标是最小化当前评价的 DMU_k 的固定产出增加量。Yang 等（2011）证明当增加被评价 DMUs 的固定产出，而相应地减少其他 DMUs 的固定产出时，该评价 DMUs 的效率值可达 1。因此，在模型（11.2）中，第一个约束条件保证了被评价 DMUs 的效率为 1。此外，第三个约束条件确保固定产出的调整量为 0。

Yang 等（2014）指出 Yang 等（2011）所提模型的最终评价效率是基于不同有效生产前沿面的。因此，Yang 等（2014）提出 EEFDEA 方法以确保每个 DMU 的效率评估在同一有效生产前沿面上，详见模型（11.3）。

$$\text{Min} \quad \sum_{t=1}^{l} w_t \beta_{tk}$$

$$\text{s.t.} \quad \frac{\sum_{r=1}^{s} u_r y_{rk} + \sum_{t=1}^{l} w_t (f_{tk} + \beta_{tk}) + u_0}{\sum_{i=1}^{m} v_i x_{ik}} = 1$$

$$\frac{\sum_{r=1}^{s} u_r y_{rj1} + \sum_{t=1}^{l} w_t (f_{tj1} - s_{tj1}) + u_0}{\sum_{i=1}^{m} v_i x_{ij1}} = 1, \quad \forall j1 \in E_1, j \neq k$$

$$\frac{\sum_{r=1}^{s} u_r y_{rj2} + \sum_{t=1}^{l} w_t (f_{tj2} - s_{tj2}) + u_0}{\sum_{i=1}^{m} v_i x_{ij2}} \leqslant 1, \quad \forall j2 \in E_2, j \neq k$$

$$\beta_{tk} = \sum_{j=1, j\neq k}^{n} s_{tj}, \quad \forall t$$

$$0 \leqslant s_{tj} \leqslant f_{tj}, \quad \forall t, \forall j \neq k$$

$$0 \leq \beta_{tk}, \quad \forall t$$
$$u_r \geq 0, \quad r = 1, 2, \cdots, s$$
$$w_t \geq 0, \quad t = 1, 2, \cdots, l$$
$$v_i \geq 0, \quad i = 1, 2, \cdots, m$$
u_0 为自由变量

(11.3)

在模型（11.3）中，有效集合 E_1 中的 DMUs 在减少固定产出之后效率仍然保持有效，而非有效集合 E_2 中的无效 DMUs 在减少固定产出之后效率保持小于等于1。此外，基于模型（11.3），Yang 等（2014）设计相应的算法使得非有效集合中的无效 DMUs 一步一步达到有效。

然而，Fang（2016）和 Yang 等（2015）指出 Yang 等（2014）所提模型存在一定的缺点，如算法计算的程度过于复杂。因此，Fang（2016）和 Yang 等（2015）提出 GEEFDEA 方法，详见模型（11.4）。

$$\text{Min} \quad f = \sum_{j=1}^{n} \sum_{t=1}^{l} (\zeta_{tj}^{-} + \xi_{tj}^{+})$$
$$\text{s.t.} \quad \sum_{r=1}^{s} u_r y_{rj} - \sum_{i=1}^{m} v_i x_{ij} + \sum_{t=1}^{l} w_t f_{tj} + \sum_{t=1}^{l} \zeta_{tj}^{-} - \sum_{t=1}^{l} \xi_{tj}^{+} + u_0 = 0, \quad \forall j$$
$$\sum_{j=1}^{n} \zeta_{tj}^{-} = \sum_{j=1}^{n} \xi_{tj}^{+}, \quad \forall t$$
$$0 \leq \xi_{tj}^{+} \leq w_t f_{tj}, \quad \forall t, \forall j \quad (11.4)$$
$$0 \leq \zeta_{tj}^{-}, \quad \forall t, \forall j$$
$$u_r \geq 0, \quad r = 1, 2, \cdots, s$$
$$w_t \geq 0, \quad t = 1, 2, \cdots, l$$
$$v_i \geq 0, \quad i = 1, 2, \cdots, m$$
u_0 为自由变量

在模型（11.4）中，Fang（2016）设定 $\zeta_{tj}^{-} = w_t \Delta f_{tj}^{-}$ 和 $\xi_{tj}^{+} = w_t \Delta f_{tj}^{+}$，以线性化该模型。第二个约束条件确保固定产出增加量和减少量相等。

11.3　一般均衡有效前沿面唯一性确定

尽管 Fang（2016）和 Yang 等（2015）所提模型确保了所有 DMUs 的效率在

同一均衡有效前沿面上评价，但该均衡有效前沿面并不能达到唯一。Yang 等（2015）指出一般均衡有效前沿面唯一性问题是未来研究的重要方向。在 Fang（2016）的研究中，其提出最小化最大固定产出变动为第二目标以实现一般均衡有效前沿面唯一性。该方法需要求解 $4 \times n \times l$ 个线性规划模型去检测一般均衡有效前沿面是否唯一。此外，需要指出的是，Fang（2016）的方法并不能确保所得一般均衡有效前沿面一定是唯一的。

下面用一算例进行演示。假设有 8 个 DMUs（$n=8$），1 个投入（$m=1$），2 个固定产出（$l=2, s=0$）。相应的投入产出数据详见表 11.1。

表11.1　投入产出数据

DMUs	投入	固定产出 1	固定产出 2
1	1	1	1
2	2	3	4
3	2	2	3
4	4	4	3
5	3	6	4
6	4	7	4
7	3	5	5
8	4	3	5

同 Fang（2016）相似，假设 $u_0=0$。使用 Fang（2016）中的模型（7）和模型（8），每个 DMU 的固定产出 1 和固定产出 2 相应的最小和最大调整量 ζ_{tj}^{L*}、ζ_{tj}^{U*}、ξ_{tj}^{L*}、ξ_{tj}^{U*} 详见表 11.2。

表11.2　固定产出相应调整量

DMUs	固定产出 1 的调整量				固定产出 2 的调整量			
	ζ_{1j}^{L*}	ζ_{1j}^{U*}	ξ_{1j}^{L*}	ξ_{1j}^{U*}	ζ_{2j}^{L*}	ζ_{2j}^{U*}	ξ_{2j}^{L*}	ξ_{2j}^{U*}
1	0.12	0.49	0	0	0.12	0.49	0	0
2	0	0	0	1.47	0	0	0.31	1.78
3	0	0.22	0	0	0	0.22	0	0
4	1.96	1.96	0	0	1.47	1.47	0	0
5	0	0	0.21	2.17	0	0	0	1.96
6	0	0	0	0.57	0	0	0	0.57
7	0	0	0	2.17	0	0	0	2.17
8	0	1.47	0	0	0.96	2.43	0	0

从表 11.2 可以看出，Fang（2016）中要求的约束 $\zeta_{tj}^{L*} - \zeta_{tj}^{U*} \leq \varepsilon$ 和 $\xi_{tj}^{U*} - \xi_{tj}^{L*} \leq \varepsilon$

对于一些 DMUs 并不能满足。例如，$\zeta_{18}^{U*} - \zeta_{18}^{L*} = 1.47$ 和 $\xi_{25}^{U*} - \xi_{25}^{L*} = 1.96$。因此，其方法并不能保证一般均衡有效前沿面的唯一性。

基于此，本节提出改进的方法以确保一般均衡有效前沿面的唯一性。首先，Fang（2016）提出的以最小化最大固定产出变动为第二目标模型可以表示为模型（11.5），该模型考虑 AR（assurance region constraint，保证区域约束）限制（Lozano-Vivas et al., 2002; Lins et al., 2003）。

$$\begin{aligned}
\text{Min} \quad & \Phi \\
\text{s.t.} \quad & \frac{\zeta_{tj}^-}{f_{tj}} \leqslant \Phi, \quad \forall t, \forall j \\
& \frac{\xi_{tj}^+}{f_{tj}} \leqslant \Phi, \quad \forall t, \forall j \\
& \sum_{j=1}^{n}(\sum_{t=1}^{l} \zeta_{tj}^- + \xi_{tj}^+) = f^* \\
& \sum_{r=1}^{s} u_r y_{rj} - \sum_{i=1}^{m} v_i x_{ij} + \sum_{t=1}^{l} w_t f_{tj} + \sum_{t=1}^{l} \zeta_{tj}^- - \sum_{t=1}^{l} \xi_{tj}^+ + u_0 = 0, \quad \forall j \\
& \sum_{j=1}^{n} \zeta_{tj}^- = \sum_{j=1}^{n} \xi_{tj}^+, \quad \forall t \\
& 0 \leqslant \xi_{tj}^+ \leqslant w_t f_{tj}, \quad \forall t, \forall j \\
& 0 \leqslant \zeta_{tj}^-, \quad \forall t, \forall j \\
& L_{rr'}^I \leqslant \frac{u_r}{u_{r'}} \leqslant U_{rr'}^I, \quad \text{对一些 } r, r' \\
& L_{tt'}^I \leqslant \frac{w_t}{w_{t'}} \leqslant U_{tt'}^I, \quad \text{对一些 } t, t' \\
& L_{ii'}^I \leqslant \frac{v_i}{v_{i'}} \leqslant U_{ii'}^I, \quad \text{对一些 } i, i' \\
& u_r, w_t, v_i \geqslant 0, \quad \forall r, \forall t, \forall i \\
& u_0 \text{ 为自由变量}
\end{aligned} \quad (11.5)$$

在模型（11.5）中，f^* 表示模型（11.4）中考虑 AR 限制的最优值；Φ 表示最大固定产出变动。上述算例已经验证模型（11.4）并不能保证一般均衡有效前沿面的唯一性，因此本节基于最小化最大固定产出变动，提出如下算法以保证一般均衡有效前沿面的唯一性。

算法 11.1

第一步：令 $K = 1$，并解模型（11.5）且令其最优解为 $\{\Phi^{1*}, \zeta_{tj}^{-1*}, \xi_{tj}^{+1*}, u_r^{1*}, w_t^{1*}, v_i^{1*},$

$u_0^{1*}\}$。分别计算 $\psi_{tj}^{-1} = \dfrac{\zeta_{tj}^{-1*}}{f_{tj}}$ 和 $\psi_{tj}^{+1} = \dfrac{\xi_{tj}^{+1*}}{f_{tj}}$，如果 $\psi_{tj}^{-1} = \dfrac{\zeta_{tj}^{-1*}}{f_{tj}} = \Phi^{1*}$ 或者 $\psi_{tj}^{+1} = \dfrac{\xi_{tj}^{+1*}}{f_{tj}} = \Phi^{1*}$，$\forall t, \forall j$，记：

$$\eta_{11} = \{tj^{-1} \mid \psi_{tj}^{-1} = \Phi^{1*}, \quad \forall j, t\} \tag{11.6}$$

$$\eta_{12} = \{tj^{+1} \mid \psi_{tj}^{+1} = \Phi^{1*}, \quad \forall j, t\} \tag{11.7}$$

令 n_{11} 和 n_{12} 分别表示 t 和 j 的组合满足 $\psi_{tj}^{-1} = \Phi^{1*}$ 和 $\psi_{tj}^{+1} = \Phi^{1*}$ 的个数，且令 $n_1 = n_{11} + n_{12}$，则剩余的 t 和 j 的组合满足：

$$\eta_{13} = \{tj^{-1} \mid \psi_{tj}^{-1} < \Phi^{1*}, \quad \forall j, t\} \cup \{tj^{+1} \mid \psi_{tj}^{+1} < \Phi^{1*}, \quad \forall j, t\} \tag{11.8}$$

如果 $n_1 + n = n \times l + s + m + 1$，则该算法终止，且该算法得出的最优解 $\{\Phi^{1*}, \zeta_{tj}^{-1*}, \xi_{tj}^{+1*}, u_r^{1*}, w_t^{1*}, v_i^{1*}, u_0^{1*}\}$ 是唯一的。如果 $n_1 + n < n \times l + s + m + 1$，则进行第二步。

第二步：令 $k = k + 1$。解下面模型（11.9），并记模型（11.9）的最优解为 $\{\Phi^{k*}, \zeta_{tj}^{-k*}, \xi_{tj}^{+k*}, u_r^{k*}, w_t^{k*}, v_i^{k*}, u_0^{k*}\}$。

Min Φ

s.t. $\dfrac{\zeta_{tj}^-}{f_{tj}} \leqslant \Phi, \dfrac{\xi_{tj}^+}{f_{tj}} \leqslant \Phi, \quad tj \in \eta_{(k-1)3}$

$\dfrac{\zeta_{tj}^-}{f_{tj}} = \Phi^{1*}, \quad tj \in \eta_{11}$

$\dfrac{\xi_{tj}^+}{f_{tj}} = \Phi^{1*}, \quad tj \in \eta_{12}$

$\vdots$

$\dfrac{\zeta_{tj}^-}{f_{tj}} = \Phi^{(k-1)*}, \quad tj \in \eta_{(k-1)1}$

$\dfrac{\xi_{tj}^+}{f_{tj}} = \Phi^{(k-1)*}, \quad tj \in \eta_{(k-1)2}$

$\sum_{j=1}^{n}\left(\sum_{t=1}^{l} \zeta_{tj}^- + \xi_{tj}^+\right) = f^*$

$\sum_{r=1}^{s} u_r y_{rj} - \sum_{i=1}^{m} v_i x_{ij} + \sum_{t=1}^{l} w_t f_{tj} + \sum_{t=1}^{l} \zeta_{tj}^- - \sum_{t=1}^{l} \xi_{tj}^+ + u_0 = 0, \quad \forall j$

$\sum_{j=1}^{n} \zeta_{tj}^- = \sum_{j=1}^{n} \xi_{tj}^+, \quad \forall t$

$0 \leqslant \xi_{tj}^+ \leqslant w_t f_{tj}, \quad \forall t, \forall j$

$$0 \leqslant \zeta_{tj}^-, \quad \forall t, \forall j$$

$$L_{rr'}^I \leqslant \frac{u_r}{u_{r'}} \leqslant U_{rr'}^I, \quad \text{对一些 } r, r'$$

$$L_{tt'}^I \leqslant \frac{w_t}{w_{t'}} \leqslant U_{tt'}^I, \quad \text{对一些 } t, t'$$

$$L_{ii'}^I \leqslant \frac{v_i}{v_{i'}} \leqslant U_{ii'}^I, \quad \text{对一些 } i, i'$$

$$u_r, w_t, v_i \geqslant 0, \quad \forall r, \forall t, \forall i$$

$$u_0 \text{ 为自由变量}$$

(11.9)

计算 $\psi_{tj}^{-k} = \frac{\zeta_{tj}^{-k*}}{f_{tj}}$ 和 $\psi_{tj}^{+k} = \frac{\xi_{tj}^{+k*}}{f_{tj}}, \forall t, \forall j$。因此集合 $\eta_{(k-1)3}$ 同样可被分为如下三个子集合：

$$\eta_{k1} = \left\{ tj^{-k} \mid \psi_{tj}^{-k} = \Phi^{k*}, \quad \forall tj \in \eta_{(k-1)3} \right\} \quad (11.10)$$

$$\eta_{k2} = \left\{ tj^{+k} \mid \psi_{tj}^{+k} = \Phi^{k*}, \quad \forall tj \in \eta_{(k-1)3} \right\} \quad (11.11)$$

$$\eta_{k3} = \left\{ tj^{-k} \mid \psi_{tj}^{-k} < \Phi^{k*}, \forall tj \in \eta_{(k-1)3} \right\} \cup \left\{ tj^{+k} \mid \psi_{tj}^{+k} < \Phi^{k*}, \forall tj \in \eta_{(k-1)3} \right\} \quad (11.12)$$

和第一步一样，记 n_{k1} 和 n_{k2} 分别表示 t 和 j 的组合满足 $\psi_{tj}^{-k} = \Phi^{k*}$ 和 $\psi_{tj}^{+k} = \Phi^{k*}$ 的个数，且 $n_k = n_{k1} + n_{k2}$。如果 $n_1 + n_2 + \cdots + n_k + n = n \times l + s + m + 1$，则继续第二步。如果 $n_1 + n_2 + \cdots + n_k + n < n \times l + s + m + 1$，则该算法终止，且第二步得出的最优解 $\{\Phi^{k*}, \zeta_{tj}^{-k*}, \xi_{tj}^{+k*}, u_r^{k*}, w_t^{k*}, v_i^{k*}, u_0^{k*}\}$ 唯一确定。

定理 11.1 在算法 11.1 中，如果 $n_1 + n = n \times l + s + m + 1$，则第一步所得最优解 $\{\Phi^{1*}, \zeta_{tj}^{-1*}, \xi_{tj}^{+1*}, u_r^{1*}, w_t^{1*}, v_i^{1*}, u_0^{1*}\}$ 是模型（11.5）的唯一最优解。

证明： 由算法 11.1 可知，有 n_1 个等式满足 $\psi_{tj}^{-1} = \frac{\zeta_{tj}^{-1*}}{f_{tj}} = \Phi^{1*}$ 或者 $\psi_{tj}^{+1} = \frac{\xi_{tj}^{+1*}}{f_{tj}} = \Phi^{1*}$，$\forall t, \forall j$。从模型（11.5）的第三个约束到第五个约束可知其有 $1 + n + l$ 个等式。此外 $\zeta_{tj}^{-1*} \times \xi_{tj}^{+1*} = 0$ 意味着有 $n \times l$ 个 t 和 j 的组合满足 $\zeta_{tj}^{-1*} = 0$ 和 $\xi_{tj}^{+1*} = 0$。因此，有 $n_1 + 1 + n + l + n \times l = 2n \times l + s + m + 1$ 个等式且包含 $2n \times l + s + m + 1$ 个变量。由于投入产出向量 (x_j, y_j, f_j) 是独立无关的，则已有的 $2n \times l + s + m + 2$ 个等式也是线性无关的。因此 $\{\Phi^{1*}, \zeta_{tj}^{-1*}, \xi_{tj}^{+1*}, u_r^{1*}, w_t^{1*}, v_i^{1*}, u_0^{1*}\}$ 是模型（11.5）的唯一最优解。

推论 11.1 在算法 11.1 中，如果 $n_1 + n_2 + \cdots + n_k + n = n \times l + s + m + 1$，则 $\{\Phi^{k*}, \zeta_{tj}^{-k*}, \xi_{tj}^{+k*}, u_r^{k*}, w_t^{k*}, v_i^{k*}, u_0^{k*}\}$ 是模型（11.5）的唯一最优解。

运用算法 11.1，模型（11.5）的唯一最优解可以得到确定。因此，每个 DMU

相应的固定产出调整量也唯一确定为 $\Delta f_{tj}^{-*} = \Delta f_{tj}^{+*}, \forall t, \forall j$，其中 $\Delta f_{tj}^{-*} = \dfrac{\zeta_{tj}^{-*}}{w_t}$ 和 $\Delta f_{tj}^{+*} = \dfrac{\zeta_{tj}^{+*}}{w_t}$。

11.4 基于不同权重的 GEEFDEA 模型

传统的 EEFDEA 模型和 GEEFDEA 模型都是基于所有 DMUs 的公共权重，而需要注意的是，传统的 DEA 模型在评价 DMUs 效率时基于每个 DMU 各自的权重。因此，本节基于每个 DMU 的各自权重以建立一般均衡有效前沿面。记 (u_r^k, v_i^k, w_t^k) 为 $\text{DMU}_k (k=1,2,\cdots,n)$ 的权重，则基于每个 DMU 最优权重构建的一般均衡有效前沿面模型为

$$\text{Min} \quad \sum_{j=1}^{n}\sum_{t=1}^{l} w_t |\beta_{tj}|$$

$$\text{s.t.} \quad \theta_{jj} = \dfrac{\sum_{r=1}^{s} u_r^j y_{rj} + \sum_{t=1}^{l} w_t(f_{tj} + \beta_{tj}) + u_0^j}{\sum_{i=1}^{m} v_i^j x_{ij}} = 1, \quad \forall j$$

$$\theta_{jd} = \dfrac{\sum_{r=1}^{s} u_r^j y_{rd} + \sum_{t=1}^{l} w_t(f_{td} + \beta_{td}) + u_0^j}{\sum_{i=1}^{m} v_i^j x_{id}} \leqslant 1, \quad \forall d \neq j \quad (11.13)$$

$$\sum_{j=1}^{n} \beta_{tj} = 0, \quad \forall t$$

$$0 \leqslant f_{tj} + \beta_{tj}, \quad \forall t, j$$

$$u_r^j \geqslant 0, \quad \forall r, j$$

$$w_t \geqslant 0, \quad \forall t$$

$$v_i^j \geqslant 0, \quad \forall i, j$$

β_{tj}, u_0^j 为自由变量

模型（11.13）的目标仍然是最小化所有 DMUs 的总的固定产出变化量。第一个约束保证每个 DMU 经过固定产出调整后达到有效，且用每个 DMU 各自的权

重,此外,每个 DMU 各自的权重去评价其余 DMUs 的时候需要保证其小于等于 1。需要注意的是,对于固定产出,每个 DMU 的权重设为一样。

模型(11.13)属于非线性规划模型,可以通过下面步骤转换为线性模型。首先,令 $\zeta_{tj} = w_t \beta_{tj}$,则模型(11.13)变为

$$\text{Min} \quad \sum_{j=1}^{n}\sum_{t=1}^{l}|\zeta_{tj}|$$

$$\text{s.t.} \quad \sum_{r=1}^{s} u_r^j y_{rj} + \sum_{t=1}^{l} w_t f_{tj} + \sum_{t=1}^{l}\zeta_{tj} + u_0^j - \sum_{i=1}^{m} v_i^j x_{ij} = 0, \quad \forall j$$

$$\sum_{r=1}^{s} u_r^j y_{rd} + \sum_{t=1}^{l} w_t f_{td} + \sum_{t=1}^{l}\zeta_{td} + u_0^j - \sum_{i=1}^{m} v_i^j x_{id} \leqslant 0, \quad \forall d \neq j$$

$$\sum_{j=1}^{n}\zeta_{tj} = 0, \quad \forall t \tag{11.14}$$

$$w_t f_{tj} + \zeta_{tj} \geqslant 0, \quad \forall t, j$$

$$u_r^j \geqslant 0, \quad \forall r, j$$

$$w_t \geqslant 0, \quad \forall t$$

$$v_i^j \geqslant 0, \quad \forall i, j$$

$$\zeta_{tj}, u_0^j \text{ 为自由变量}$$

令 $a_{tj} = \frac{1}{2}(\zeta_{tj} + |\zeta_{tj}|)$ 和 $b_{tj} = \frac{1}{2}(|\zeta_{tj}| - \zeta_{tj})$,则 $|\zeta_{tj}| = a_{tj} + b_{tj}$ 和 $\zeta_{tj} = a_{tj} - b_{tj}$。因此模型(11.14)转换为

$$\text{Min} \quad \sum_{j=1}^{n}\sum_{t=1}^{l}(a_{tj} + b_{tj})$$

$$\text{s.t.} \quad \sum_{r=1}^{s} u_r^j y_{rj} + \sum_{t=1}^{l} w_t f_{tj} + \sum_{t=1}^{l}(a_{tj} - b_{tj}) + u_0^j - \sum_{i=1}^{m} v_i^j x_{ij} = 0, \quad \forall j$$

$$\sum_{r=1}^{s} u_r^j y_{rd} + \sum_{t=1}^{l} w_t f_{td} + \sum_{t=1}^{l}(a_{td} - b_{td}) + u_0^j - \sum_{i=1}^{m} v_i^j x_{id} \leqslant 0, \quad \forall d \neq j$$

$$\sum_{j=1}^{n}(a_{tj} - b_{tj}) = 0, \quad \forall t \tag{11.15}$$

$$w_t f_{tj} + (a_{tj} - b_{tj}) \geqslant 0, \quad \forall t, j$$

$$u_r^j \geqslant 0, \quad \forall r, j$$

$$w_t \geqslant 0, \quad \forall t$$

$$v_i^j \geqslant 0, \quad \forall i, j$$

$$a_{tj}, b_{tj} \geqslant 0, \quad \forall t, j$$

$$u_0^j \text{ 为自由变量}$$

模型（11.15）实现了用每个 DMU 的不同权重构建一般均衡有效前沿面。此外，模型（11.15）的最优解可能不唯一，可用 11.3 节提出的唯一性方法确保一般均衡有效前沿面的唯一性。

基于模型（11.15）构建的一般均衡有效前沿面，每个 $\mathrm{DMU}_k (k=1,2,\cdots,n)$ 的效率可用模型（11.16）计算。

$$\theta_k^{\mathrm{BCC}} = \mathrm{Max} \ \frac{\sum_{r=1}^{s} u_r^k y_{rk} + \sum_{t=1}^{l} w_t^k f_{tk} + u_0^k}{\sum_{i=1}^{m} v_i^k x_{ik}}$$

$$\text{s.t.} \ \frac{\sum_{r=1}^{s} u_r^k y_{rj} + \sum_{t=1}^{l} w_t^k (f_{tj}+\beta_{tj}^*) + u_0^k}{\sum_{i=1}^{m} v_i^k x_{ij}} \leqslant 1, \quad j=1,2,\cdots,n \quad (11.16)$$

$$u_r^k \geqslant 0, \quad r=1,2,\cdots,s$$
$$v_i^k \geqslant 0, \quad i=1,2,\cdots,m$$
$$w_t^k \geqslant 0, \quad t=1,2,\cdots,l$$
$$u_0^k \text{ 为自由变量}$$

需要注意的是，$\mathrm{DMU}_k (k=1,2,\cdots,n)$ 在评价效率时使用的原始投入产出数据是 DMU_k 的原始投入产出数据，而使用的一般均衡有效前沿面是用模型（11.16）构建的一般均衡有效前沿面。

非线性规划模型（11.16）可以转换为如下线性规划模型（11.17）。

$$\theta_k^{\mathrm{BCC}} = \mathrm{Max} \ \sum_{r=1}^{s} u_r^k y_{rk} + \sum_{t=1}^{l} w_t^k f_{tk} + u_0^k$$

$$\text{s.t.} \ \sum_{r=1}^{s} u_r^k y_{rj} + \sum_{t=1}^{l} w_t^k (f_{tj}+\beta_{tj}^*) - \sum_{i=1}^{m} v_i^k x_{ij} + u_0^k \leqslant 0, \quad j=1,2,\cdots,n$$

$$\sum_{i=1}^{m} v_i^k x_{ik} = 1 \quad (11.17)$$

$$u_r^k \geqslant 0, \quad r=1,2,\cdots,s$$
$$v_i^k \geqslant 0, \quad i=1,2,\cdots,m$$
$$w_t^k \geqslant 0, \quad t=1,2,\cdots,l$$
$$u_0^k \text{ 为自由变量}$$

11.5 模型应用与分析

本节先利用之前文献中的算例来验证 11.3 节提出的一般均衡有效前沿面唯一性方法的有效性，然后利用一个算例具体分析 11.4 节提出的基于不同权重的 GEEFDEA 模型。

11.5.1 一般均衡有效前沿面唯一性算例分析

在本小节，先利用 Fang（2016）中的数据验证其方法所得到的一般均衡有效前沿面的唯一性并不能得到保证，然后利用 11.3 节提出的算法以保证一般均衡有效前沿面的唯一性。

算例包含 6 个 DMUs（$n=6$），每个 DMU 拥有 1 个投入（$m=1$），两个固定产出（$l=2, s=0$）。相关投入产出数据详见表 11.3。

表11.3　投入产出数据

DMUs	投入	固定产出 1	固定产出 2
A	1	3	3
B	1	1	4
C	1	3	1
D	1	5	1
E	1	2	2
F	1	5	2

同 Fang（2016），假设 $u_0=0$。此外，Fang（2016）中权重限制为 $w_1 \geqslant 2w_2$ 并保证了一般均衡有效前沿面的唯一性。如果把权重限制为 $2w_1 \geqslant w_2$，而不是 $w_1 \geqslant 2w_2$，则每个 DMU 的固定产出 1 和固定产出 2 的相应最小和最大调整 ζ_{tj}^{L*}、ζ_{tj}^{U*}、ξ_{tj}^{L*} 和 ξ_{tj}^{U*} 详见表 11.4。

表11.4　固定产出相应调整量（一）

DMUs	固定产出 1	固定产出 2	ζ_{1j}^{L*}	ζ_{1j}^{U*}	ξ_{1j}^{L*}	ξ_{1j}^{U*}	ζ_{2j}^{L*}	ζ_{2j}^{U*}	ξ_{2j}^{L*}	ξ_{2j}^{U*}
A	2.59	2.66	0	0	0	0.82	0	0	0	0.82
B	1.00	4.00	0	0	0	0	0	0	0	0
C	4.16	1.33	1.16	1.16	0	0	0.39	0.39	0	0
D	4.67	0.90	0	0	0.07	0.45	0	0	0	0.39
E	2.76	2.51	0.59	0.77	0	0	0.59	0.77	0	0
F	3.82	1.61	0	0	0.86	1.64	0	0	0	0.77

从表 11.4 可以看出，Fang（2016）中要求的约束 $\zeta_{tj}^{U*} - \zeta_{tj}^{L*} \leq \varepsilon$ 和 $\xi_{tj}^{U*} - \xi_{tj}^{L*} \leq \varepsilon$ 对于一些 DMUs 并不能满足，即当权重限制为 $2w_1 \geq w_2$ 时，均衡有效前沿面的唯一性不能得到保证。因此，基于权重限制，用 11.3 节提出的算法以保证均衡有效前沿面的唯一性，结果呈现在表 11.5。

表11.5　固定产出相应调整量（二）

DMUs	固定产出 t	ψ_{tj}^{-1} (k=1)	ψ_{tj}^{+1} (k=1)	ψ_{tj}^{-2} (k=2)	ψ_{tj}^{+2} (k=2)	ψ_{tj}^{-3} (k=3)	ψ_{tj}^{+3} (k=3)	ψ_{tj}^{-4} (k=4)	ψ_{tj}^{+4} (k=4)
A	1	0	0.138 0	0	0.145 5	0	0.144 0	0	0.122 6
A	2	0	0.134 7	0	0.127 3	0	0.128 8	0	0.150 1
B	1	0	0	0	0	0	0	0	0
B	2	0	0	0	0	0	0	0	0
C	1	0.386 4	0	0.386 4	0	0.386 4	0	0.386 4	0
C	2	0.386 4	0	0.386 4	0	0.386 4	0	0.386 4	0
D	1	0	0.066 1	0	0.064 5	0	0.048 0	0	0.060 9
D	2	0	0.123 9	0	0.131 9	0	0.214 4	0	0.150 2
E	1	0.382 0	0	0.340 9	0	0.340 9	0	0.340 9	0
E	2	0.299 8	0	0.340 9	0	0.340 9	0	0.340 9	0
F	1	0	0.235 7	0	0.216 4	0	0.233 8	0	0.233 8
F	2	0	0.229 0	0	0.277 3	0	0.233 8	0	0.233 8

由于 $u_0 = 0$，模型（11.5）中有 $2n \times l + s + m + l + 1$ 个变量。因此，在算法（11.1）中需要 $n_1 + n_2 + \cdots + n_k + n = n \times l + s + m$，即 $n_1 + n_2 + \cdots + n_k = 7$。从表 11.5 可以得出，算法（11.5）运行了四步以识别模型（11.5）的唯一解。具体地，第一步，算法识别 t 和 j 的组合拥有 $\Phi^{1*} = 0.386\,4$，且相应的两个集合为 $\eta_{11} = \{tj^{-1} = 1C, 2C\}$，$\eta_{12} = \{tj^{+1} = \phi\}$。因为 $n_1 + n = 8 < n \times l + s + m = 13$，则算法进入第二步，并解模型

（11.9）。在第二步，$\Phi^{2*}=0.3409$ 及 $\eta_{21}=\{tj^{-1}=1E,2E\}$，$\eta_{22}=\{tj^{+1}=\phi\}$。并且 $n_1+n_2+n=10<n\times l+s+m$，因此第二步继续，并再解模型（11.9）。第三步，在该次循环中，$\Phi^{3*}=0.2338$ 及 $\eta_{31}=\{tj^{-1}=\phi\}$，$\eta_{32}=\{tj^{+1}=1F,2F\}$，且 $n_1+n_2+n_3+n=12<n\times l+s+m$，因此算法第四步再次继续，并解模型（11.9）。在该次循环计算中，$\Phi^{4*}=0.1502$ 及 $\eta_{31}=\{tj^{-1}=\phi\}$，$\eta_{32}=\{tj^{+1}=2D\}$。此外，$n_1+n_2+n_3+n_4+n=13=n\times l+s+m$，则算法终止且得到均衡有效前沿面的唯一解。

11.5.2　基于不同权重的 GEEFDEA 模型应用与分析

为了更好地展示 11.4 节提出的基于不同权重的 GEEFDEA 模型，本小节应用小算例加以演示。小算例中考虑 4 个 DMUs（记为 A、B、C、D），每个 DMU 考虑单投入和单固定产出。原始数据如表 11.6 所示。

表11.6　投入产出数据

DMUs	投入	产出
A	1	1
B	2	3
C	5	5
D	2	2

首先比较不同模型下[Yang 等（2015）和 Fang（2016）提出的 GEEFDEA 模型，以及 11.4 节提出的基于不同权重的 GEEFDEA 模型]每个 DMU 的固定产出调整量，相应的结果详见表 11.7。

表11.7　固定产出调整量

DMUs	GEEFDEA 模型 β_{1j}^*	基于不同权重的 GEEFDEA 模型 β_{1j}^*
A	0.25	0
B	−0.75	−0.5
C	0.25	0
D	0.25	0.5

从表 11.7 可以看出，基于 GEEFDEA 模型时，所有 DMUs 都必须调整相应的固定产出以实现一般均衡有效前沿面。具体地，DMU_A、DMU_C、DMU_D 都需要增加固定产出 0.25 单位，而 DMU_B 则需要减少固定产出 0.75 单位。相比较，

用本章所提的基于不同权重的 GEEFDEA 模型仅仅需要两个 DMUs 调整相应的固定产出以构成最后的均衡有效前沿面，即 DMU_D 增加固定产出 0.5 单位，而 DMU_B 减少相应的 0.5 单位固定产出，DMU_A 和 DMU_C 则保持原固定产出不变。此外，基于本章所提的基于不同权重的 GEEFDEA 模型总的固定产出调整量为 1 单位，而基于 GEEFDEA 模型总的固定产出调整量则为 1.5 单位。因此，基于不同权重的 GEEFDEA 模型实现了更小的总固定产出调整以实现一般均衡有效前沿面。

为了更直观地比较不同模型，图 11.1 和图 11.2 分别展示 GEEFDEA 模型和基于不同权重的 GEEFDEA 模型下的均衡有效前沿面。

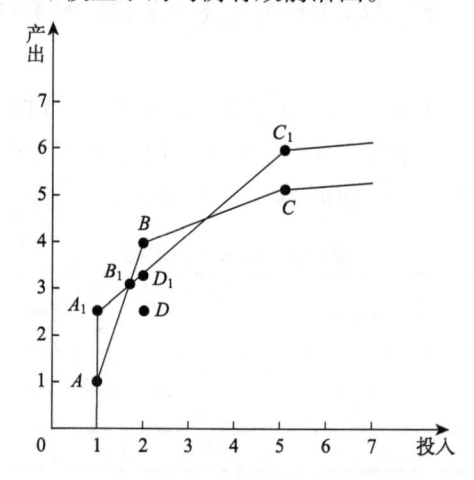

图 11.1　基于 GEEFDEA 模型的一般均衡有效前沿面

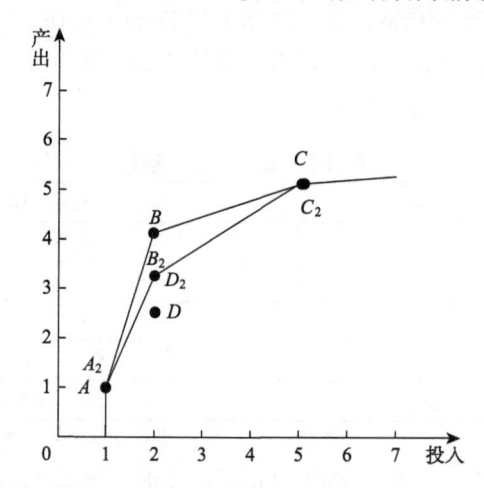

图 11.2　基于不同权重的 GEEFDEA 模型的一般均衡有效前沿面

图 11.1 和图 11.2 中，线段 ABC 表示没有考虑固定产出下的传统有效生产前

沿面，且传统的 DEA 模型用该有效生产前沿面测量所有 DMUs 效率。考虑固定产出时，图 11.1 和图 11.2 中的均衡有效前沿面用于测量所有 DMUs 效率。在图 11.1 中，线段 $A_1B_1D_1C_1$ 是基于 GEEFDEA 模型下的一般均衡有效前沿面。在图 11.2 中，线段 $A_2B_2D_2C_2$ 是基于不同权重的 GEEFDEA 模型下的一般均衡有效前沿面。

11.6 本章小结

传统的 DEA 模型在评价 DMUs 效率时假设每个 DMU 的产出是可以任意增加的，而忽略了产出固定的情形。基于此，越来越多的学者开始关注固定产出下 DMUs 效率评价问题。Yang 等（2015）和 Fang（2016）相继提出了 GEEFDEA 方法，使得所有 DMUs 效率评价都基于一个共同的一般均衡有效前沿面。本章针对一般均衡有效前沿面方法提出两方面的改进和扩展，具体如下。

首先，GEEFDEA 方法不能确保一般均衡有效前沿面唯一性。因此，Fang（2016）提出以最小化最大固定产出变动为第二目标以实现一般均衡有效前沿面的唯一性。但是，本章先通过小算例验证该第二目标方法并不能保证一般均衡有效前沿面的唯一性。然后 11.3 节提出相应算法以确保一般均衡有效前沿面的唯一性，并通过算例加以验证。

其次，GEEFDEA 方法主要基于所有 DMUs 的共同权重构建，而传统的 DEA 模型的思路则是基于不同 DMUs 的不同权重，因此 11.4 节提出基于不同权重的 GEEFDEA 方法构建一般均衡有效前沿面。该方法也进一步减少了总的固定产出调整量。

本章提出的算法能保证一般均衡有效前沿面的唯一性，但该算法仍基于固定产出最优化原则。未来的研究可以继续探讨不同原则或准则以实现一般均衡有效前沿面。此外，考虑环境因素下的固定产出问题也值得更深入研究。

参 考 文 献

Amirteimoori A，Masrouri S，Yang F，et al. 2017. Context-based competition strategy and performance analysis with fixed-sum outputs: an application to banking sector[J]. Journal of the Operational Research Society, 68 (11): 1461-1469.

Banker R D, Charnes A, Cooper W W. 1984. Some models for estimating technical and scale inefficiencies in data envelopment analysis[J]. Management Science, 30 (9): 1078-1092.

Bi G B, Wang P C, Yang F, et al. 2014. Energy and environmental efficiency of China's transportation sector: a multidirectional analysis approach[EB/OL]. https://doi.org/10.1155/2014/539596.

Charnes A, Cooper W W, Rhodes E. 1978. Measuring the efficiency of decision making units[J]. European Journal of Operational Research, 2 (6): 429-444.

Fang L. 2013. A generalized DEA model for centralized resource allocation[J]. European Journal of Operational Research, 228 (2): 405-412.

Fang L. 2015. Centralized resource allocation based on efficiency analysis for step-by-step improvement paths[J]. Omega, 51: 24-28.

Fang L. 2016. A new approach for achievement of the equilibrium efficient frontier with fixed-sum outputs[J]. Journal of the Operational Research Society, 67 (3): 412-420.

Gomes E G, Lins M E. 2008. Modelling undesirable outputs with zero sum gains data envelopment analysis models[J]. Journal of the Operational Research Society, 59 (5): 616-623.

Lins M P E, Gomes E G, de Mello J C C B S, et al. 2003. Olympic ranking based on a zero sum gains DEA model[J]. European Journal of Operational Research, 148 (2): 312-322.

Lozano-Vivas A, Pastor J T, Pastor J M. 2002. An efficiency comparison of European banking systems operating under different environmental conditions[J]. Journal of Productivity Analysis, 18 (1): 59-77.

Singh S, Majumdar S S. 2014. Efficiency improvement strategy under constant sum of inputs[J]. Journal of Mathematical Modelling and Algorithms in Operations Research, 13 (4): 579-596.

Wang Y M, Chin K S, Wang S. 2012. DEA models for minimizing weight disparity in cross-efficiency evaluation[J]. Journal of the Operational Research Society, 63 (8): 1079-1088.

Wu J, An Q X, Yao X, et al. 2014. Environmental efficiency evaluation of industry in China based on a new fixed sum undesirable output data envelopment analysis[J]. Journal of Cleaner Production, 74: 96-104.

Yang F, Wu D D, Liang L, et al. 2011. Competition strategy and efficiency evaluation for decision making units with fixed-sum outputs[J]. European Journal of Operational Research, 212 (3): 560-569.

Yang M, Li Y J, Chen Y, et al. 2014. An equilibrium efficiency frontier data envelopment analysis approach for evaluating decision-making units with fixed-sum outputs[J]. European Journal of Operational Research, 239 (2): 479-489.

Yang M, Li Y J, Liang L. 2015. A generalized equilibrium efficient frontier data envelopment analysis approach for evaluating DMUs with fixed-sum outputs[J]. European Journal of Operational Research, 246 (1): 209-217.

第12章 基于第二目标的DEA理论固定产出效率研究

第11章中，在以最小化最大固定产出变动为第二目标下，通过提出基于不同权重的GEEFDEA模型构建一般均衡有效前沿面。本章在考虑了每个DMU最终效率值的基础上提出一种扩展的第二目标方法来确定唯一的共同均衡有效前沿面。

12.1 引　言

作为一种数据驱动工具，DEA方法（Charnes et al.，1978）已成为一种测量DMUs绩效的成熟方法，因为它不基于关于生产函数形式的任何信息要求（Zeng，1996；Cook and Seiford，2009；Zhu et al.，2016；Shi et al.，2019）。至今，DEA方法已经在许多领域得到广泛应用（Liang et al.，2006；Song et al.，2015；Wu et al.，2016b；Emrouznejad and Yang，2017；Ang et al.，2018；Song et al.，2020a，2020b；Wang et al.，2019；Zhu et al.，2019）。

传统的DEA模型大多基于所有DMUs的总产出可以任意扩展的假设（Yang et al.，2015；Fang，2016；Zhu et al.，2017），即调整一个DMU的产出不会影响其他DMUs。然后，所有DMUs的效率最终由所有有效DMUs形成的有效生产前沿面进行评估。事实上，所有DMUs的总产出是固定不变的情况很多。以奥运会为例，在对于所有参赛国家的效率评估中，金牌、银牌或铜牌的总数总是不变或固定的。也就是说，一个国家奖牌的增加，必须建立在其他国家减少奖牌的基础之上。因此，使用所有有效DMUs构建的有效生产前沿面来评估效率可能不适用于固定产出的情况（Yang et al.，2014）。

因此，一些研究开始关注这个问题，并基于此建立了相应的模型来解决这个问题。例如，Lins 等（2003）提供了一个零和收益（zero sum gains，ZSG）的 DEA 模型来衡量奥运会中参赛国家的效率。ZSG-DEA 模型是一种非线性模型，可能会给一些 DMUs 带来产出为负值的问题（Yang et al.，2015）。此外，Yang 等（2014）指出 ZSG-DEA 模型只关注了固定产出是一维的情况。Gomes 和 Lins（2008）在 ZSG-DEA 模型的基础上，在模型中加入了固定非期望产出。此外，Yang 等（2011）将 ZSG-DEA 模型从一维产出的情况扩展到多维产出的情况，他们提出的 FSODEA 模型试图最小化评估的 DMUs 的固定产出缩减以形成新的有效生产前沿面。但是，每个 DMU 都会选择其有利的有效生产前沿面，故所有 DMUs 将根据不同的有效生产前沿面进行评估（Yang et al.，2014，2015；Fang，2016；Zhu et al.，2017）。因此，Yang 等（2014）首先提供了 EEFDEA 模型。EEFDEA 模型可以根据一个共同均衡有效前沿面，通过对每个 DMU 一一投影来评估所有 DMUs 的效率。为了简化将每个 DMU 一一投影到共同均衡有效前沿面的过程，Fang（2016）、Yang 等（2015）和 Zhu 等（2017）提出了一个简单的线性规划模型来实现共同均衡有效前沿面，该生产前沿面用于评估所有 DMUs 的效率。Amirteimoori 等（2017）开发了一个 DEA 模型来构建多重均衡有效前沿面。Wu 等（2019）提出了一个新模型，通过对不同的 DMUs 使用不同的投入/产出权重来构建共同均衡有效前沿面。

回顾以往的文献，实现共同均衡有效前沿面很容易，但很难保证它的唯一性。Fang（2016）和 Zhu 等（2017）提出的第二目标方法保证了共同均衡有效前沿面的唯一性，但两篇论文都基于最小化每个固定产出的最大相对偏差准则。正如我们所知，共同均衡有效前沿面最终是用来评估每个 DMU 效率的。因此，在选择共同均衡有效前沿面时考虑它们的效率是必要的。在本章中，我们提出一种扩展的第二目标方法来寻找唯一的共同均衡有效前沿面。特别地，我们首先提出一个线性规划模型来衡量在保持共同均衡有效前沿面最小调整策略时每个 DMU 可能的最小和最大无效率值。其次，提出一种基于满意度的非线性最大-最小化目标优化模型，该模型被定义为反映每个 DMU 对实现其最终效率值的满意度。再次，针对非线性最大-最小化目标优化模型，我们进一步提出一种算法来解决它。该算法被验证为是解决非线性规划模型的有效方法。最后，我们应用 Zhu 等（2017）提出的算法实现共同均衡有效前沿面的唯一性。

12.2 第二目标的 DEA 理论固定产出效率模型构建

12.2.1 传统的 DEA 模型

假设有 n 个 DMUs 需要评估。每个 DMU 通过使用 m 个不同的投入产生 s 个不同的产出。x_{ij} 和 y_{rj} 代表 DMU_j（$j=1,2,\cdots,n$）的第 i 个投入和第 r 个产出。

基于产出导向评估 DMU_k（$k=1,2,\cdots,n$）效率的传统 BCC 模型（Banker et al. 1984）在模型（12.1）中给出。之所以选择固定产出的产出导向模型，是因为参考了 Yang 等（2014）的研究。

$$\theta_k^{\text{BCC}} = \text{Max} \quad \frac{\sum_{i=1}^{m} v_i x_{ik} + u_0}{\sum_{r=1}^{s} u_r y_{rk}}$$

$$\text{s.t.} \quad \frac{\sum_{i=1}^{m} v_i x_{ij} + u_0}{\sum_{r=1}^{s} u_r y_{rj}} \geqslant 1, \quad j=1,2,\cdots,n \quad (12.1)$$

$$u_r \geqslant 0, \quad r=1,2,\cdots,s$$

$$v_i \geqslant 0, \quad i=1,2,\cdots,m$$

$$u_0 \text{ 为自由变量}$$

在模型（12.1）中，变量 u_r 和 v_i 分别表示 DMU_k（$k=1,2,\cdots,n$）投入和产出的权重。BCC 模型基于 VRS 假设，这反映在模型（12.1）的变量 u_0^k 中。如果 $u_0=0$，模型（12.1）变成 Charnes 等（1978）提出的规模报酬不变的传统 CCR 模型。目标函数 θ_k^{BCC} 衡量 DMU_k 的无效率程度，其效率值可以定义为 $\phi_k^{\text{BCC}} = \frac{1}{\theta_k^{\text{BCC}}}$。

然而，上述传统的 BCC 模型或 CCR 模型是通过忽略固定产出的条件存在而构建的。因此，有几篇论文通过考虑固定产出的情况来关注这个问题（Yang et al., 2011, 2014, 2015; Fang, 2016; Zhu et al., 2017）。Yang 等（2015）、Fang（2016）和 Zhu 等（2017）首先构建了一个共同均衡有效前沿面的模型，如模型（12.2）所示。

$$\begin{aligned}
\text{Min} \quad & \sum_{k=1}^{n}\sum_{t=1}^{l} w_t |\beta_{tk}| \\
\text{s.t.} \quad & \frac{\sum_{r=1}^{s} u_r y_{rj} + \sum_{t=1}^{l} w_t(f_{tj}+\beta_{tj}) + u_0}{\sum_{i=1}^{m} v_i x_{ij}} = 1, \quad \forall j \\
& \sum_{j=1}^{n} \beta_{tj} = 0 \quad \forall t \\
& 0 \leqslant f_{tj} + \beta_{tj} \quad \forall t,j \\
& u_r \geqslant 0, \quad r = 1,2,\cdots,s \\
& w_t \geqslant 0, \quad t = 1,2,\cdots,l \\
& v_i \geqslant 0, \quad i = 1,2,\cdots,m \\
& \beta_{tj}, u_0 \text{ 为自由变量}
\end{aligned} \quad (12.2)$$

在模型（12.2）中，f_{tk}（$t=1,2,\cdots,l;k=1,2,\cdots,n$）表示 DMU$_k$ 的第 t 个固定产出，w_t（$t=1,2,\cdots,l$）为 DMU$_k$ 固定产出的相应乘子。β_{tj} 为 DMU$_j$ 的第 t 个固定产出需要进行的调整，其符号是自由的，表明当符号为负时 DMU$_j$ 至少需要从其他 DMUs 的第 t 个产出中得到 β_{tj} 的量来达到共同均衡有效前沿面。相反，当符号为正时意味着 DMU$_j$ 需要从第 t 个固定产出中减少 β_{tj} 的量来达到共同均衡有效前沿面。第一个约束表明当每个 DMU 适当调整其固定产出后 DMU$_j$ 的效率为 1。所有 DMUs 调整后用来形成共同均衡有效前沿面。第二个约束保证所有 DMUs 的总调整为零。模型（12.2）的目标是最小化固定产出调整的权重。

12.2.2 提出的模型

Yang 等（2015）、Fang（2016）和 Zhu 等（2017）构建了一个共同均衡有效前沿面，然后用它来评估效率，但是一个主要问题是共同均衡有效前沿面不能保证是唯一的。根据这个主要问题，只有两项研究（Fang，2016；Zhu et al.，2017）提出了一个第二目标来缩小共同均衡有效前沿面的范围。然而，他们的第二目标是基于最小化每个固定产出最大相对偏差的条件。由于最终使用共同均衡有效前沿面来评估每个 DMU 的效率，在使用共同均衡有效前沿面时，最好考虑每个 DMU 的效率。在本小节中，我们提出一个新的第二目标法，即基于共同均衡有效前沿面考虑每个 DMU 的最大和最小效率。

注意到模型（12.2）是非线性规划模型，因此需要转化为线性规划模型。根

据 Yang 等（2015）的研究，我们首先通过设定 $\bar{\beta}_{tj} = \beta_{tj}w_t$，$a_{tj}^- = \frac{1}{2}(|\bar{\beta}_{tj}| + \bar{\beta}_{tj})$ 和 $b_{tj}^+ = \frac{1}{2}(|\bar{\beta}_{tj}| - \bar{\beta}_{tj})$ 将其转换为以下线性规划模型（12.3）。

$$\begin{aligned}
\text{Min} \quad & M = \sum_{j=1}^{n}\sum_{t=1}^{l}(a_{tj}^- + b_{tj}^+) \\
\text{s.t.} \quad & \sum_{r=1}^{s}u_r y_{rj} - \sum_{i=1}^{m}v_i x_{ij} + \sum_{t=1}^{l}w_t f_{tj} + \sum_{t=1}^{l}a_{tj}^- - \sum_{t=1}^{l}b_{tj}^+ + u_0 = 0, \quad \forall j \\
& \sum_{j=1}^{n}a_{tj}^- = \sum_{j=1}^{n}b_{tj}^+, \quad \forall t \\
& -(a_{tj}^- - b_{tj}^+) \leqslant w_t f_{tj}, \quad \forall t, \forall j \\
& 0 \leqslant a_{tj}^-, b_{tj}^+, \quad \forall t, \forall j \\
& u_r \geqslant 0, \quad r = 1,2,\cdots,s \\
& w_t \geqslant 0, \quad t = 1,2,\cdots,l \\
& v_i \geqslant 0, \quad i = 1,2,\cdots,m \\
& u_0 \text{为自由变量}
\end{aligned} \quad (12.3)$$

基于模型（12.3）中实现了所有 DMUs 的最小权重调整量，每个 DMU 的最小和最大无效率值可以通过以下模型（12.4）计算。

$$\begin{aligned}
\underline{\rho}_k(\bar{\rho}_k) = \text{Min(Max)} \quad & \frac{\sum_{i=1}^{m}v_i x_{ik} + u_0}{\sum_{r=1}^{s}u_r y_{rk} + \sum_{t=1}^{l}w_t f_{tk}} \\
\text{s.t.} \quad & \sum_{j=1}^{n}\sum_{t=1}^{l}(a_{tj}^- + b_{tj}^+) = M^*, \\
& \frac{\sum_{i=1}^{m}v_i x_{ij} + u_0}{\sum_{r=1}^{s}u_r y_{rj} + \sum_{t=1}^{l}w_t f_{tj} + \sum_{t=1}^{l}a_{tj}^- - \sum_{t=1}^{l}b_{tj}^+} = 1, \quad \forall j \\
& \sum_{j=1}^{n}a_{tj}^- = \sum_{j=1}^{n}b_{tj}^+, \quad \forall t \\
& -(a_{tj}^- - b_{tj}^+) \leqslant w_t f_{tj}, \quad \forall t, \forall j \\
& 0 \leqslant a_{tj}^-, b_{tj}^+, \quad \forall t, \forall j \\
& u_r, w_t, v_i \geqslant 0, \quad \forall r, \forall t, \forall i \\
& u_0 \text{为自由变量}
\end{aligned} \quad (12.4)$$

这里 M^* 是模型（12.3）的最优值。即在实现固定产出的最小权重调整量后，使用模型（12.4）获得每个 DMU 可能的最小和最大无效率值。第一个约束用于保证模型（12.3）计算出的固定产出权重调整最小。第二个约束表示共同均衡有效前沿面。固定产出的总调整被第三个约束限制为零。增加或减少后的最终固定产出必须不超过第四个约束的零。

模型（12.4）也是一个难以求解的非线性规划模型。因此，我们首先将其转换为线性规划模型。令 $T = \dfrac{1}{\sum_{r=1}^{s} u_r y_{rk} + \sum_{t=1}^{l} w_t f_{tk}}$，$u_r' = T u_r$，$w_t' = T w_t$，$v_i' = T v_i$，$u_0' = T u_0$，$a_{tj}^{-'} = T a_{tj}^{-}$ 并且 $b_{tj}^{+'} = T b_{tj}^{+}$。那么模型（12.4）就变成下面的线性规划模型（12.5）。

$$\underline{\rho_k}(\overline{\rho_k}) = \text{Min(Max)} \quad \sum_{i=1}^{m} v_i' x_{ik} + u_0'$$

$$\text{s.t.} \quad \sum_{j=1}^{n} \left(\sum_{t=1}^{l} a_{tj}^{-'} + b_{tj}^{+'} \right) = TM^*,$$

$$\sum_{r=1}^{s} u_r' y_{rj} - \sum_{i=1}^{m} v_i' x_{ij} + \sum_{t=1}^{l} w_t' f_{tj} + \sum_{t=1}^{l} a_{tj}^{-'} - \sum_{t=1}^{l} b_{tj}^{+'} + u_0' = 0, \quad \forall j$$

$$\sum_{j=1}^{n} a_{tj}^{-'} = \sum_{j=1}^{n} b_{tj}^{+'}, \quad \forall t \qquad (12.5)$$

$$\sum_{r=1}^{s} u_r' y_{rj} + \sum_{t=1}^{l} w_t' f_{tj} = 1,$$

$$-(a_{tj}^{-'} - b_{tj}^{+'}) \leqslant w_t' f_{tj}, \quad \forall t, \forall j$$

$$0 \leqslant a_{tj}^{-'}, b_{tj}^{+'}, \quad \forall t, \forall j$$

$$u_r', w_t', v_i', T \geqslant 0, \quad \forall r, \forall t, \forall i$$

u_0' 为自由变量

基于线性规划模型（12.5），每个 DMU 可以根据固定产出的最小权重调整量所达到的共同均衡有效前沿面来评估自己的最小和最大无效率值。每个 DMU 都可以被视为一个参与者（Parthasarathy and Raghavan，1971），它愿意获得的最小无效率值为 $\underline{\rho_k}^*$（$k=1,2,\cdots,n$），其中上标 * 表示模型（12.4）的一个最优值，并且不愿意获取的最大无效率值为 $\overline{\rho_k}^*$（$k=1,2,\cdots,n$）（Wu et al.，2016a）。但是，因为每个 DMU 都通过使用对自己有利的共同均衡有效前沿面来获得自己的最小无效率值，这对于所有 DMUs 来说都是不同的，所以可能无法使得所有 DMUs 都获取最小无效率值。因此，遵循 Wu 等（2016a）的研究我们定义了一个满意度，它可以反映每个 DMU 对选择共同均衡有效前沿面的满意度。

定义 12.1 当选择一个共同均衡有效前沿面来评价其无效率值时，DMU$_k$（$k=1,2,\cdots,n$）的满意度可以被定义为

$$S_k = \frac{\overline{\rho_k}^* - \dfrac{\sum_{i=1}^{m} v_i x_{ik} + u_0}{\sum_{r=1}^{s} u_r y_{rk} + \sum_{t=1}^{l} w_t f_{tk}}}{\overline{\rho_k}^* - \underline{\rho_k}^*}, \quad k=1,2,\cdots,n \quad (12.6)$$

从模型（12.6）我们知道，每个 DMU 的满意度可以保证在 0 到 1 之间。如果 $S_k=1$，DMU$_j$ 将获得其最小无效率值 $\underline{\rho_k}^*$。如果 $S_k=0$，DMU$_j$ 将达到其最大无效率值 $\overline{\rho_k}^*$。

如上所述，基于共同均衡有效前沿面，每个 DMU 可能无法实现自己的最小无效率值，即对于每个 DMU 而言 $S_k=1$ 是不可能的。因此，每个参与者（DMU）会相互协商以尽量最大化自己的满意度，并且这一协商过程不应在所有 DMUs 之间产生很大的满意度差异。因此，所有参与者都会合作以达到其最大满意度并尽可能缩小整体的满意度。遵循 Wu 等（2016a）的研究我们提出模型（12.7）来确定用于实现最小化最大满意度的共同均衡有效前沿面。

$$\text{Max} \min_{k=1,2,\cdots,n} S_k = \frac{\overline{\rho_k}^* - \dfrac{\sum_{i=1}^{m} v_i x_{ik} + u_0}{\sum_{r=1}^{s} u_r y_{rk} + \sum_{t=1}^{l} w_t f_{tk}}}{\overline{\rho_k}^* - \underline{\rho_k}^*}$$

s.t. $\sum_{j=1}^{n}\sum_{t=1}^{l}(a_{tj}^- + b_{tj}^+) = M^*$

$$\frac{\sum_{i=1}^{m} v_i x_{ij} + u_0}{\sum_{r=1}^{s} u_r y_{rj} + \sum_{t=1}^{l} w_t f_{tj} + \sum_{t=1}^{l} a_{tj}^- - \sum_{t=1}^{l} b_{tj}^+} = 1, \quad \forall j \quad (12.7)$$

$\sum_{j=1}^{n} a_{tj}^- = \sum_{j=1}^{n} b_{tj}^+, \quad \forall t$

$-(a_{tj}^- - b_{tj}^+) \leqslant w_t f_{tj}, \quad \forall t, \forall j$

$0 \leqslant a_{tj}^-, b_{tj}^+, \quad \forall t, \forall j$

$u_r, w_t, v_i \geqslant 0, \quad \forall r, \forall t, \forall i$

u_0 为自由变量

模型（12.7）是一个最大-最小化目标优化模型。首先，我们使用 $\underset{k=1,2,\cdots,n}{\text{Min}} S_k$ 找出所有参与者中满意度最低的参与者。其次，我们使用 $\text{Max} \underset{k=1,2,\cdots,n}{\text{Min}} S_k$ 以最小的满意度来最大化 DMUs 的满意度。

模型（12.7）是一个不容易解决的多目标非线性规划模型。因此，我们首先设定 $S = \underset{k=1,2,\cdots,n}{\text{Min}} S_k$ 并将其转化为以下单目标非线性规划模型（12.8）。

$$\text{Max} \quad S$$

$$\begin{aligned}
\text{s.t.} \quad & S(\overline{\rho_j}^* - \underline{\rho_j}^*) \leqslant \overline{\rho_j}^* - \frac{\sum_{i=1}^{m} v_i x_{ij} + u_0}{\sum_{r=1}^{s} u_r y_{rj} + \sum_{t=1}^{l} w_t f_{tj}}, \quad \forall j \\
& \sum_{j=1}^{n} \sum_{t=1}^{l} (a_{tj}^- + b_{tj}^+) = M^*, \\
& \frac{\sum_{i=1}^{m} v_i x_{ij} + u_0}{\sum_{r=1}^{s} u_r y_{rj} + \sum_{t=1}^{l} w_t f_{tj} + \sum_{t=1}^{l} a_{tj}^- - \sum_{t=1}^{l} b_{tj}^+} = 1, \quad \forall j \\
& \sum_{j=1}^{n} a_{tj}^- = \sum_{j=1}^{n} b_{tj}^+, \quad \forall t \\
& -(a_{tj}^- - b_{tj}^+) \leqslant w_t f_{tj}, \quad \forall t, \forall j \\
& 0 \leqslant a_{tj}^-, b_{tj}^+, \quad \forall t, \forall j \\
& u_r, w_t, v_i \geqslant 0, \quad \forall r, \forall t, \forall i \\
& u_0 \text{ 为自由变量}
\end{aligned} \quad (12.8)$$

12.2.3 解决非线性规划模型（12.8）的算法

注意到模型（12.8）也是一个非线性规划模型，仍然无法轻易解决。在本小节中，我们提供一个算法来解决这个问题。我们首先展示模型（12.9）。

$$\text{Min} \quad \sum_{j=1}^{n} \lambda_j$$

$$\text{s.t.} \quad [S(\overline{\rho_j}^* - \underline{\rho_j}^*) - \overline{\rho_j}^*]\left(\sum_{r=1}^{s} u_r y_{rj} + \sum_{t=1}^{l} w_t f_{tj}\right) + \sum_{i=1}^{m} v_i x_{ij} + u_0 - \gamma_j = 0, \quad \forall j$$

$$\sum_{j=1}^{n}\sum_{t=1}^{l}(a_{tj}^{-}+b_{tj}^{+})=M^{*},$$

$$\sum_{r=1}^{s}u_{r}y_{rj}-\sum_{i=1}^{m}v_{i}x_{ij}+\sum_{t=1}^{l}w_{t}f_{tj}+\sum_{t=1}^{l}a_{tj}^{-}-\sum_{t=1}^{l}b_{tj}^{+}+u_{0}=0,\quad \forall j$$

$$\sum_{j=1}^{n}a_{tj}^{-}=\sum_{j=1}^{n}b_{tj}^{+},\quad \forall t$$

$$\gamma_{j}\leqslant M\times \lambda_{j},\quad \forall j$$

$$-(a_{tj}^{-}-b_{tj}^{+})\leqslant w_{t}f_{tj},\quad \forall t,\forall j$$

$$0\leqslant a_{tj}^{-},b_{tj}^{+},\quad \forall t,\forall j$$

$$\lambda_{j}\in \{0,1\},$$

$$u_{r},w_{t},v_{i}\geqslant 0,\quad \forall r,\forall t,\forall i$$

$$\gamma_{j},u_{0}\text{为自由变量}$$

(12.9)

结合模型（12.8）和模型（12.9），我们有以下定理。

定理 12.1 假设当我们设定 $S=S'\in[0,1]$ 时模型（12.8）的最优目标函数值是 S^{*}，并且模型（12.9）的最优目标函数值是 $\eta^{**}=\sum_{j=1}^{n}\lambda_{j}^{**}$。如果 $\eta^{**}=\sum_{j=1}^{n}\lambda_{j}^{**}=0$，我们得到 $S^{*}\geqslant \eta^{**}$。如果 $\eta^{**}=\sum_{j=1}^{n}\lambda_{j}^{**}>0$，我们得到 $S^{*}<\eta^{**}$。

证明：假设当我们设定 $S=S'\in[0,1]$ 时模型（12.9）的最优解为 $(u_{r}^{**},v_{i}^{**},w_{t}^{**},u_{0}^{**},\lambda_{j}^{**},\gamma_{j}^{**},a_{tj}^{**},b_{tj}^{**})$。由于我们假设模型（12.9）的最优目标函数值为 $\eta^{**}=\sum_{j=1}^{n}\lambda_{j}^{**}=0$，我们从第五个约束中得到 $\gamma_{j}^{**}\leqslant 0\ (j=1,2,\cdots,n)$。然后，从第一个约束我们可以得到 $S(\overline{\rho_{j}^{*}}-\underline{\rho_{j}^{*}})\left(\sum_{r=1}^{s}u_{r}y_{rj}+\sum_{t=1}^{l}w_{t}f_{tj}\right)+\sum_{i=1}^{m}v_{i}x_{ij}+u_{0}-\overline{\rho_{j}^{*}}=\gamma_{j}^{**}\leqslant 0$，$j=1,2,\cdots,n$。因此，我们得到 $S(\overline{\rho_{j}^{*}}-\underline{\rho_{j}^{*}})\leqslant \overline{\rho_{j}^{*}}-\dfrac{\sum_{i=1}^{m}v_{i}x_{ij}+u_{0}}{\sum_{r=1}^{s}u_{r}y_{rj}+\sum_{t=1}^{l}w_{t}f_{tj}}$，$j=1,2,\cdots,n$。

显然，模型（12.9）的最优解 $(u_{r}^{**},v_{i}^{**},w_{t}^{**},u_{0}^{**},\lambda_{j}^{**},\gamma_{j}^{**},a_{tj}^{**},b_{tj}^{**})$ 同样也是模型（12.8）的一个可行解，因此我们得到 $S^{*}\geqslant \eta^{**}$。

进一步，我们得到当 $\eta^{**}=\sum_{j=1}^{n}\lambda_{j}^{**}>0$ 时 $S^{*}<\eta^{**}$。

根据定理 12.1，我们提出以下算法来求解非线性规划模型（12.8）和模型（12.9）。

算法 12.1 ［求解非线性规划模型（12.8）］。

第一步：设置 S^* 的上限是 $\overline{S}=1$，以及 S^* 的下限是 $\underline{S}=-1$。让 $S'=\dfrac{\overline{S}+\underline{S}}{2}$。

第二步：假设模型（12.9）中 $S=S'=\dfrac{\overline{S}+\underline{S}}{2}$ 并且求解得到最优解集 $(u_r^{**},v_i^{**},w_t^{**},u_0^{**},\lambda_j^{**},\gamma_j^{**},a_{tj}^{**},b_{tj}^{**})$。如果模型（12.9）的最优目标函数值是 $\eta^{**}=\sum_{j=1}^{n}\lambda_j^{**}=0$，就让 $\underline{S}=S'$ 并且 $(u_r^*,v_i^*,w_t^*,u_0^*,\lambda_j^*,\gamma_j^*,a_{tj}^*,b_{tj}^*)=(u_r^{**},v_i^{**},w_t^{**},u_0^{**},\lambda_j^{**},\gamma_j^{**},a_{tj}^{**},b_{tj}^{**})$，然后转到第三步。否则，如果我们有 $\eta^{**}=\sum_{j=1}^{n}\lambda_j^{**}>0$，直接进入第三步。

第三步：如果 $\overline{S}-\underline{S}\leqslant\varepsilon\,(\varepsilon>0)$，令 $S^*=S'$ 并停止。否则，令 $\overline{S}=S'$ 并且 $S=S'=\dfrac{\overline{S}+\underline{S}}{2}$，然后转到第二步。

在算法 12.1 中，ε 是一个非常小的正值，称为非算术数。由于算法 12.1 是基于二分法构建的，很容易证明所提方法的合理性。此外，算法 12.1 不会花费很长时间，因为当我们运行它 14 次迭代时，误差不会超过 $\dfrac{1}{2^{14}}$。

算法 12.1 实现了模型（12.8）的线性化。然而，模型获得的解可能仍然是非唯一的。因此，为了保证基于我们所提方法的共同均衡有效前沿面的唯一性，应该使用另一种算法。我们可以使用与 Zhu 等（2017）的研究中类似的算法来实现共同均衡有效前沿面的唯一性。我们在这里省略具体方法，请读者在 Zhu 等（2017）的研究中参考了解有关算法的更多细节。

12.2.4 不同模型的对比

为了展示我们所提模型的优点，我们在表 12.1 中描述了基于固定产出的不同方法适用的不同条件。我们考虑六个条件：①这些方法能达到均衡状态吗？（意味着最终的均衡有效前沿面是否共同的？）②这些方法能否一步达到均衡阶段？（共同均衡有效前沿面是否一步构建？）③一个 DMU 的调整量是否可以有不同的符号？（每个 DMU 固定产出的调整量是否可正可负？）④这些方法是否保证了共同均衡有效前沿面的唯一性？⑤在构建唯一共同均衡有效前沿面时，这些方法是否考虑了每个 DMU 的最终效率值？⑥唯一的共同均衡有效前沿面能否提高所有 DMUs 的效率值？

表12.1 六种条件下不同方法的对比

条件	Lins 等（2003）	Yang 等（2011）	Yang 等（2015）	Zhu 等（2017）和 Fang（2016）	本章所提模型
（1）这些方法能达到均衡状态吗？	否	否	是	是	是
（2）这些方法能否一步达到均衡阶段？	否	否	是	是	是
（3）一个 DMU 的调整量是否可以有不同的符号？	否	否	是	是	是
（4）这些方法是否保证了共同均衡有效前沿面的唯一性？	否	否	否	是	是
（5）在构建唯一共同均衡有效前沿面时，这些方法是否考虑了每个 DMU 的最终效率值？	否	否	否	否	是
（6）唯一的共同均衡有效前沿面能否提高所有 DMUs 的效率值？	否	否	否	否	是

从表 12.1 可以清楚地看出，本章所提模型适用于所有条件，而排名第二的 Zhu 等（2017）和 Fang（2016）提出的方法只适用于四个条件。

12.3 实证分析

在这一部分，我们提供一个在文献（Fang, 2016; Yang et al., 2015; Zhu et al., 2017）中广泛使用的数值案例，来说明本章所提模型。数值案例有 6 个 DMUs（$n=6$），每个消耗一个投入（$m=1$）来产生两个固定产出（$l=2, s=0$）。与之前的研究相同，CCR 模型（如 $u_0=0$）是在计算中假设的。数据展示在表 12.2 中。

表12.2 6个DMUs的投入/固定产出数据

DMUs	投入	固定产出 1	固定产出 2
A	1	3	3
B	1	1	4
C	1	3	1
D	1	5	1
E	1	2	2
F	1	5	2

我们首先应用模型（12.3）来计算固定产出的最小权重调整量以形成共同均衡有效前沿面。一旦完成，我们可以使用模型（12.5）来计算每个 DMU 基于固定产出获得的最小权重调整量的最小和最大无效率值。表 12.3 显示了每个 DMU 的最大可实现效率值及相应固定产出 1 和固定产出 2 的调整量。

表12.3 每个DMU的最大可实现效率值和最小可实现效率值

DMUs	最小可实现无效率值（最大可实现效率值）												最大效率值
	固定产出 1 的调整量						固定产出 2 的调整量						
A	0.254	−0.117	0.010	0.042	0.202	0.829	−0.871	−0.707	−0.363	−0.610	−0.842	−1.892	1.216 2
B	2.029	2.479	2.047	1.986	1.978	1.442	−1.774	−1.972	−1.474	−1.508	−1.786	−0.674	1.243 5
C	−0.056	0.003	0.388	0.774	0.024	1.003	1.262	1.240	0.503	0.073	1.202	−0.171	0.857 1
D	−1.636	−1.901	−1.779	−1.771	−1.639	−1.545	1.082	1.197	1.003	1.054	1.118	0.705	1.271 2
E	0.908	1.360	1.239	0.962	0.956	1.722	0.277	0.081	−0.050	0.534	0.219	−0.722	0.845 1
F	−1.499	−1.824	−1.905	−1.994	−1.520	−3.450	0.023	0.162	0.381	0.456	0.088	2.754	1.382 5

DMUs	最大可实现无效率值（最小可实现效率值）												最小效率值
	固定产出 1 的调整量						固定产出 2 的调整量						
A	0.199	0.527	0.214	1.765	0.189	0.642	−0.910	−2.993	−0.840	−1.153	−0.924	−1.023	1.046 5
B	2.143	2.134	2.864	2.886	2.117	−0.639	−1.779	−1.637	−1.933	−1.977	−1.634	−0.711	0.472 4
C	0.093	0.092	1.045	−2.931	0.106	1.386	1.339	1.612	1.041	1.786	1.409	0.679	0.545 5
D	−1.783	−1.931	−4.358	−2.928	−1.770	−4.834	1.050	1.753	1.527	1.386	0.915	2.367	0.714 3
E	1.090	1.108	1.061	1.540	1.090	3.569	0.346	0.518	0.182	0.092	0.471	−0.794	0.674 2
F	−1.742	−1.930	−0.826	−0.331	−1.732	−0.125	−0.046	0.746	0.023	−0.134	−0.238	−0.517	1.165 0

表 12.3 第 2~13 列显示了固定产出 1 和固定产出 2 的调整量。在最后一列，我们给出了 6 个 DMUs 中每一个的最大和最小效率值。正值表示 DMUs 应增加相应的值以达到均衡状态，而负值表示 DMUs 需要减少该值才能达到均衡状态。从表 12.3 我们知道，基于不同的共同均衡有效前沿面，每个 DMU 会有不同的效率。例如，6 个 DMUs 可实现的最大效率值分别为 1.216 2、1.243 5、0.857 1、1.271 2、0.845 1 和 1.382 5，而可实现的最小效率值分别为 1.046 5、0.472 4、0.545 5、0.714 3、0.674 2 和 1.165 0。关于最大和最小效率，某些 DMUs 存在明显差异。以 DMU_B 为例，其最小效率值为 0.472 4，但其最大效率值可达到 1.243 5。

得到每个 DMU 的最大和最小效率值后，我们可以应用模型（12.8）来最大化最小满意度，以选择一个共同均衡有效前沿面。表 12.4 显示了相应的结果。此外，我们还给出了传统的最小化固定产出最大相对偏差的第二目标方法结果。

表12.4 固定产出的调整量及效率值

DMUs	本章所提的第二目标方法					传统的第二目标方法				
	固定产出1的调整量	固定产出2的调整量	最终的固定产出1	最终的固定产出2	效率值	固定产出1的调整量	固定产出2的调整量	最终的固定产出1	最终的固定产出2	效率值
A	0	−0.667	3.000	2.333	1.125	0.384	0.368	2.616	2.632	1.143
B	0	0.333	1.000	4.333	1.000	0	0	1.000	4.000	1.000
C	1.333	0	4.333	1.000	0.750	−1.159	−0.327	4.159	1.327	0.730
D	−0.667	0	4.333	1.000	1.154	0.266	0.159	4.734	0.841	1.079
E	1.333	0	3.333	2.000	0.750	−0.591	−0.654	2.591	2.654	0.762
F	−2.000	0.333	3.000	2.333	1.313	1.100	0.453	3.900	1.547	1.286

从表12.4可以看出，本章所提的第二目标方法与传统的第二目标方法的固定产出调整量和效率值是不同的。从传统的第二目标方法中，我们知道6个DMUs的最小效率值为0.730，而基于本章扩展的第二目标方法则为0.750。因此，本章所提的方法从全局角度提高了最小效率。此外，基于本章所提的第二目标方法的3个DMUs的效率高于传统的第二目标方法。还有5个DMUs不调整其固定产出1或固定产出2，而传统方法只有1个DMU不改变其固定产出。

12.4 本章小结

传统的DEA方法用于评估DMUs的效率，该方法基于总产出可以任意扩大的假设。然而，在许多实际情况中，存在许多固定产出的情况。因此，在评估效率时考虑固定产出似乎很重要。针对这个问题，一些文献考虑通过最小化所有DMUs固定产出的缩减策略来形成一个共同均衡有效前沿面。一个挑战是不能保证唯一的共同均衡有效前沿面。第二目标方法及算法（Fang，2016；Zhu et al.，2017）已被提出用于解决唯一性问题。然而，这一第二目标方法基于最小化每个固定产出的最大相对偏差。

在本章中，我们提出了一个新的第二目标法来确定唯一的共同均衡有效前沿面。与传统的第二目标方法相比，由于有效生产前沿面最终被用来评估效率，本章所提的方法在实现共同均衡有效前沿面时考虑了每个DMU的最终效率值。特别地，本章首先基于最小化缩减策略构建共同均衡有效前沿面来测量每个 DMU 的最小和最大无效率值。其次，本章提出了一个新的基于满意度的最大-最小化目标优化模型，以反映每个 DMU 对实现其最终效率值的满意度。虽然所提模型是非线性规划模型，但我们进一步提出了一种算法来解决它，该算法在非线性规划模型的解决中得到了有效验证。最后，进一步应用 Zhu 等（2017）提出的算法来保证共同均衡有效前沿面的唯一性。

尽管本章所提的扩展的第二目标方法进一步改进了共同均衡有效前沿面，但它仍然存在一些缺点，可以通过未来的研究加以弥补。首先，之前所有关于固定产出 DEA 模型研究的第一步是获得共同均衡有效前沿面，但它们基于固定产出最小缩减策略的标准。未来的研究可以尝试探索更多的策略来得到共同均衡有效前沿面。此外，本章提出的唯一共同均衡有效前沿面基于每个 DMU 可能的最小和最大效率值，未来的研究可以尝试探索更多的标准。

参 考 文 献

Amirteimoori A，Masrouri S，Yang F，et al. 2017. Context-based competition strategy and performance analysis with fixed-sum outputs：an application to banking sector[J]. Journal of the Operational Research Society，68（11）：1461-1469.

Ang S，Chen M，Yang F. 2018. Group cross-efficiency evaluation in data envelopment analysis：an application to Taiwan hotels[J]. Computers & Industrial Engineering，125：190-199.

Banker R D，Charnes A，Cooper W W. 1984. Some models for estimating technical and scale inefficiencies in data envelopment analysis[J]. Management Science，30（9）：1078-1092.

Charnes A，Cooper W W，Rhodes E. 1978. Measuring the efficiency of decision making units[J]. European Journal of Operational Research，2（6）：429-444.

Cook W D，Seiford L M. 2009. Data envelopment analysis（DEA）–thirty years on[J]. European Journal of Operational Research，192（1）：1-17.

Emrouznejad A，Yang G L. 2017. A survey and analysis of the first 40 years of scholarly literature in DEA：1978–2016[J]. Socio-Economic Planning Sciences，61：4-8.

Fang L 2016. A new approach for achievement of the equilibrium efficient frontier with fixed-sum outputs[J]. Journal of the Operational Research Society，67：412-420.

Gomes E G，Lins M E. 2008. Modelling undesirable outputs with zero sum gains data envelopment analysis models[J]. Journal of the Operational Research Society，59（5）：616-623.

Liang L，Yang F，Cook W D，et al. 2006. DEA models for supply chain efficiency evaluation[J]. Annals of Operations Research，145（1）：35-49.

Lins M P E, Gomes E G, de Mello J C C S, et al. 2003. Olympic ranking based on a zero sum gains DEA model[J]. European Journal of Operational Research, 148（2）: 312-322.

Parthasarathy T, Raghavan T E S. 1971. Some Topics in Two-Person Games[M]. New York: American Elsevier.

Shi H, Wang Y, Chen L. 2019. Neutral cross-efficiency evaluation regarding an ideal frontier and anti-ideal frontier as evaluation criteria[J]. Computers & Industrial Engineering, 132: 385-394.

Song M, Tao J, Wang S. 2015. FDI, technology spillovers and green innovation in China: analysis based on data envelopment analysis[J]. Annals of Operations Research, 228（1）: 47-64.

Song M L, Xie Q J, Wang S H, et al. 2020a. Intensity of environmental regulation and environmentally biased technology in the employment market[J]. Omega, 100: 102201.

Song M L, Zhu S, Wang J L, et al. 2020b. Share green growth: regional evaluation of green output performance in China[J]. International Journal of Production Economics, 219: 152-163.

Wang S H, Xing L, Chen H X. 2019. Impact of marine industrial structure on environmental efficiency[J]. Management of Environmental Quality: An International Journal, 31(1): 111-129.

Wu J, Xia P P, Zhu Q Y, et al. 2019. Measuring environmental efficiency of thermoelectric power plants: a common equilibrium efficient frontier DEA approach with fixed-sum undesirable output[J]. Annals of Operations Research, 275（2）: 731-749.

Wu J, Zhu Q Y, An Q X, et al. 2016c. Resource allocation based on context-dependent data envelopment analysis and a multi-objective linear programming approach[J]. Computers & Industrial Engineering, 101: 81-90.

Wu J, Zhu Q Y, Chu J F, et al. 2016a. A DEA-based approach for allocation of emission reduction tasks[J]. International Journal of Production Research, 54（18）: 5618-5633.

Wu J, Zhu Q Y, Ji X, et al. 2016b. Two-stage network processes with shared resources and resources recovered from undesirable outputs[J]. European Journal of Operational Research, 251（1）: 182-197.

Yang F, Wu D D, Liang L, et al. 2011. Competition strategy and efficiency evaluation for decision making units with fixed-sum outputs[J]. European Journal of Operational Research, 212（3）: 560-569.

Yang M, Li Y J, Chen Y, et al. 2014. An equilibrium efficiency frontier data envelopment analysis approach for evaluating decision-making units with fixed-sum outputs[J]. European Journal of Operational Research, 239（2）: 479-489.

Yang M, Li Y J, Liang L. 2015. A generalized equilibrium efficient frontier data envelopment analysis approach for evaluating DMUs with fixed-sum outputs[J]. European Journal of Operational Research, 246（1）: 209-217.

Zeng G F. 1996. Evaluating the efficiency of vehicle manufacturing with different products[J]. Annals of Operations Research, 66（5）: 297-310.

Zhu Q Y, Li X C, Li F, et al. 2019. The potential for energy saving and carbon emission reduction in China's regional industrial sectors[J]. Science of the Total Environment, 716: 135009.

Zhu Q Y, Wu J, Li X C, et al. 2016. China's regional natural resource allocation and utilization: a

DEA-based approach in a big data environment[J]. Journal of Cleaner Production, 142: 809-818.

Zhu Q Y, Wu J, Song M L, et al. 2017. A unique equilibrium efficient frontier with fixed-sum outputs in data envelopment analysis[J]. Journal of the Operational Research Society, 68 (12): 1483-1490.

第13章 考虑固定能源消耗和污染物排放的交通部门能源环境效率研究

在第12章中，我们在考虑了每个DMU最终效率值的基础上提出了一种扩展的第二目标方法来确定唯一的共同均衡有效前沿面。本章在考虑CO_2排放和能源消耗的情况下，应用DEA模型对能源环境效率（energy environmental efficiency，EEE）进行评价。

13.1 引　　言

全球经济的快速增长加剧了许多问题的出现。其中，环境污染和能源短缺是最严重的问题。许多国家非常关注在保持经济发展的同时在一定程度上减少环境污染和能源消耗（Zhu et al., 2020a; Wang et al., 2019）。因此，如何平衡经济、环境和社会影响是可持续发展的核心问题之一。

近年来，中国经济实现了快速发展，这也导致了能源短缺和环境污染，因此，中国必须关注社会的可持续发展问题（Song et al., 2013; Wu et al., 2016d; Wang et al., 2013a; Li et al., 2018; Song et al., 2020）。交通运输业属于高增长、高耗能、高环境污染行业（Chang et al., 2013; Cui and Li, 2014; Ji et al., 2015），因此，迫切需要对交通运输部门的可持续性进行评估来为各国政府寻求可持续发展提供更多有价值的信息。

Charnes等（1978）提出的DEA方法作为一种数据驱动型方法，已被广泛应用于评价DMUs的相对效率（Zhu, 2004; Cook and Seiford, 2009; Emrouznejad et al., 2016；Fang, 2016b；Wu et al., 2016c；Li et al., 2019)。作为一种非参数技术，DEA 方法在测量效率方面有许多优势(Wu and Olson, 2010；Kuo and Lin, 2012；Emrouznejad, 2014；Sun et al., 2014；Fang and Li, 2015；Emrouznejad and Yang, 2016；Li et al., 2020)。

交通运输系统的 EEE 分析是在已有 DEA 理论的基础上进行的。Chang 等（2013）应用基于松弛变量的 DEA 模型对中国交通运输行业的生态效率进行了评价。Cui 和 Li（2014）用一种新的 DEA 模型来度量交通运输系统的 EEE。Bi 等（2014）采用非径向 DEA 模型测度区域 EEE，并采用分级方法来衡量环境和经济效率。Wu 等（2016a）将运输系统定义为一个平行系统（客运和货运），并应用 DEA 方法来评估考虑 EEE。

通过对现有交通能源效率研究的回顾，我们发现，以往的研究没有考虑能源消耗和环境污染的定额减排目标，但这类目标在现实生活中很常见。例如，在"十一五"规划和"十二五"规划期间，中国政府设定了降低能源消耗的目标(Wu et al., 2015；Zhu et al., 2017a)。此外，中国政府也提出了降低 CO_2 排放浓度的减排任务(Wang et al., 2013b)。因此，在评价交通运输部门的可持续效率时，考虑固定总和的能源消耗和非期望产出具有重要意义。

Lins 等（2003）最先采用非线性 ZSG-DEA 模型并考虑产出固定和来衡量参赛国家的效率。随后，Gomes 和 Lins（2008）将 ZSG-DEA 模型扩展到非期望产出固定和的情况。基于产出固定和最小化缩减的策略，Yang 等（2011）开发了一种 FSODEA 方法来衡量绩效。FSODEA 模型是 Lins 等（2003）从一维向多维的扩展。然而，所有 DMUs 都是由不同的有效生产前沿面来衡量的。Yang 等（2014）提出了一种 EEFDEA 方法，从而实现了用一个共同的均衡有效前沿面评估所有 DMUs 的效率。为了解决 Yang 等（2014）的方法带来的计算负担，Yang 等（2015）、Fang（2016a）和 Zhu 等（2017b）提出了两种基于最小加权和约简策略的等价方法来实现用简单的技术获得广义的均衡有效前沿面。Zhu 等（2020b）提出了一种扩展的次级目标方法来缩小常见均衡有效前沿面的范围。

纵观以上关于产出固定和的研究，我们发现关于固定能源消耗与污染排放的研究很少。现有的研究都是基于固定产出最小约简策略来构建均衡有效前沿面的。本章提出一种基于新的广义 EEFDEA 的产出固定和方法，在考虑能源消耗和污染物排放固定和的情况下，评价交通系统的可持续性 EEE，并通过最大化所有 DMUs 的最小满意度来构造均衡有效前沿面。本章定义了满意度，并考虑了最小和最大调整策略。本章的贡献如下：①首次考虑减少一定数量的能源投入和环境污染，并在评价 EEE 时保持了所需的投入和产出水平。也就是说，可持续性效率评价是基于能源消耗和污染物排放固定和的。②扩展现有的固定和 DEA 理论研究，考虑最小和最大调整策略。③本章所提方法基于所有 DMUs 的最小满意度最大化，尽可能缩小它们之间的差异。

13.2 固定能源消耗和污染物排放的交通部门能源环境效率模型构建

本节的主要目的是建立一种新的基于能源输入和环境污染物输出固定和的 DEA 模型，以评估交通运输系统 EEE 的可持续性。首先，我们简要介绍均衡有效前沿面的基本构建。其次，引入满意度的概念，实现新的广义均衡有效前沿面。最后，利用均衡有效前沿面作为公共平台进行可持续发展效率分析。

13.2.1 均衡有效前沿面的基础构建

在下面的实证研究中，每个 DMU 对应一个省级区域。假设有 n 个工业部门（DMUs），每个部门消耗 p 个不同的能源投入（$z_j = (z_{1j}, z_{2j}, \cdots, z_{pj})^{\mathrm{T}}$）和 m 个不同的非能源投入（$x_j = (x_{1j}, x_{2j}, \cdots, x_{mj})^{\mathrm{T}}$），以产生 s 个不同的期望产出（$y_j = (y_{1j}, y_{2j}, \cdots, y_{sj})^{\mathrm{T}}$）。此外，还会产生 l 种不同的非期望产出（$f_j = (f_{1j}, f_{2j}, \cdots, f_{lj})^{\mathrm{T}}$）。

考虑到能源消耗和污染物排放，我们可以在投入导向和 VRS 假设的基础上构建以下测度 EEE 的 BCC 模型（Banker et al., 1984）。

$$\theta_k^{\mathrm{BCC}} = \mathrm{Max} \ \frac{\sum_{r=1}^{s} u_r y_{rk} - \sum_{t=1}^{l} w_t f_{tk} + u_0}{\sum_{i=1}^{m} v_i x_{ik} + \sum_{d=1}^{p} \eta_d z_{dk}}$$

$$\mathrm{s.t.} \ \frac{\sum_{r=1}^{s} u_r y_{rj} - \sum_{t=1}^{l} w_t f_{tj} + u_0}{\sum_{i=1}^{m} v_i x_{ij} + \sum_{d=1}^{p} \eta_d z_{dj}} \leqslant 1, \quad j = 1, 2, \cdots, n$$

$$u_r \geqslant 0, \quad r = 1, 2, \cdots, s$$
$$w_t \geqslant 0, \quad t = 1, 2, \cdots, l$$

$$v_i \geq 0, \quad i = 1, 2, \cdots, m$$
$$\eta_d \geq 0, \quad d = 1, 2, \cdots, p$$
u_0 为自由变量

(13.1)

模型（13.1）中的变量 u_r、w_t、v_i 和 η_d 是对应的输出变量和输入变量的乘子。VRS 假设通过在分子上增加变量 u_0 来反映。根据其他研究（Golany and Roll，1989；Seiford and Zhu，2002；Shi et al.，2010；Wu et al.，2016d），对非期望产出施加弱可处置性假设。将 θ_k^{BCC} 定义为 DMU_k 的 EEE 得分。

然而，上述措施忽略了当今世界可持续发展需要将能源消耗和污染物排放降低到一定水平的情况。根据 Yang 等（2011）的研究，我们可以通过考虑固定和约束来计算 DMU_k 的最小累计非期望产出和能源投入扩张规模。

$$\begin{aligned}
\text{Min} \quad & \sum_{t=1}^{l} w_t \beta_{tk} + \sum_{d=1}^{p} \eta_d \alpha_{dk} \\
\text{s.t.} \quad & \frac{\sum_{r=1}^{s} u_r y_{rk} - \sum_{t=1}^{l} w_t (f_{tk} - \beta_{tk}) + u_0}{\sum_{i=1}^{m} v_i x_{ik} + \sum_{d=1}^{p} \eta_d (z_{dk} - \alpha_{dk})} = 1, \\
& \frac{\sum_{r=1}^{s} u_r y_{rj} - \sum_{t=1}^{l} w_t (f_{tj} + \beta_{tj}) + u_0}{\sum_{i=1}^{m} v_i x_{ij} + \sum_{d=1}^{p} \eta_d (z_{dj} + \alpha_{dj})} \leq 1, \quad \forall j \neq k \\
& \sum_{j=1, j\neq k}^{n} \beta_{tj} - \beta_{tk} = -\beta_t, \quad \forall t \\
& \sum_{j=1, j\neq k}^{n} \alpha_{dj} - \alpha_{dk} = -\alpha_d, \quad \forall d \\
& 0 \leq \beta_{tk} \leq f_{tk}, 0 \leq \alpha_{dk} \leq z_{dk}, \quad \forall t, d \\
& 0 \leq \beta_{tj}, 0 \leq \alpha_{dj}, \quad \forall t, d, \forall j \neq k \\
& u_r \geq 0, \quad r = 1, 2, \cdots, s \\
& w_t \geq 0, \quad t = 1, 2, \cdots, l \\
& v_i \geq 0, \quad i = 1, 2, \cdots, m \\
& \eta_d \geq 0, \quad d = 1, 2, \cdots, p \\
& u_0 \text{ 为自由变量}
\end{aligned}$$

(13.2)

在模型（13.2）中，β_{tk} ($t = 1, 2, \cdots, l$) 和 α_{dk} ($d = 1, 2, \cdots, p$) 分别为评价的 DMU_k 的非期望产出和能源投入的减少量，β_{tj} ($t = 1, 2, \cdots, l; j = 1, 2, \cdots, n, j \neq k$) 和

α_{dj} ($d=1,2,\cdots,p; j=1,2,\cdots,n, j \neq k$)分别为另一个DMU$_j$ ($j \neq k$)的非期望产出和能源投入的增加量。β_t和α_d表示为保护环境、实现能源可持续消费而确定的非期望产出和能源投入的减少量。因此，它们是我们模型中的外生变量。上述模型试图最小化DMU$_k$的非期望产出和能源投入减少的加权和，如Yang等（2011）所证明的DMU$_k$的效率得分在产出调整后为1，这一结果仍然适用于非期望产出和能源投入固定和的情况。第三个和第四个约束条件确保每个DMU的每个固定的非期望产出和能量投入的总削减量等于预定的削减目标。

基于Yang等（2011）的方法，我们可以构建一种新的DEA模型进行评价。但请注意，使用这种方法，不同的生产前沿面将测量不同的DMUs效率。Yang等（2014，2015）和Fang（2016a）建议在评估所有DMUs效率时，使用一个共同的均衡有效前沿面来替代不同的有效生产前沿面。共同均衡有效前沿面方法的原则是，通过调整其产出固定和使所有的DMUs都变得有效。可能的权重集W构成了本章共同均衡有效前沿面的基础，如式（13.3）所示。

$$W = \left\{ (u_r, w_t, v_i, \eta_d, \beta_{tj}, \alpha_{dj}, u_0) \left| \begin{array}{l} \dfrac{\sum_{r=1}^{s} u_r y_{rj} - \sum_{t=1}^{l} w_t(f_{tj} + \beta_{tj}) + u_0}{\sum_{i=1}^{m} v_i x_{ij} + \sum_{d=1}^{p} \eta_d(z_{dj} + \alpha_{dj})} = 1, \quad \forall j \\ \sum_{j=1}^{n} \beta_{tj} + \beta_t = 0, \quad \forall t \\ \sum_{j=1}^{n} \alpha_{dj} + \alpha_d = 0, \quad \forall d \\ f_{tj} + \beta_{tj} \geq 0, \quad \forall t, j \\ z_{dj} + \alpha_{dj} \geq 0, \quad \forall d, j \\ u_r \geq 0, \quad r=1,2,\cdots,s \\ w_t \geq 0, \quad t=1,2,\cdots,l \\ v_i \geq 0, \quad i=1,2,\cdots,m \\ \eta_d \geq 0, \quad d=1,2,\cdots,p \\ u_0, \beta_{tj}, \alpha_{dj} \text{为自由变量} \end{array} \right. \right\} \quad (13.3)$$

其中，β_{tj}和α_{dj}分别为DMU$_j$的第t种非期望输出和第d种能源投入的调整值。β_{tj}和α_{dj}的符号是自由的，意味着它们可以为正数、负数或0。β_{tj}和α_{dj}等于0表示DMU$_j$已经达到均衡阶段，且不需要任何调整。第一个约束通过调整非期望产出和能源投入来保证所有的DMUs都是有效的。

13.2.2 基于满意度的均衡有效前沿面确定

虽然 Yang 等（2014，2015）和 Fang（2016a）的研究已经提出了相应的模型来建立共同均衡有效前沿面，但他们的目标是最小化产出固定和的加权和。在本小节中，我们提出在考虑每个 DMU 的固定和非期望产出与能源投入的加权和最小化和最大化的情况下，建立共同均衡有效前沿面。

根据模型（13.3）中常见均衡有效前沿面可能的权重集 W，我们可以用下面的模型（13.4）计算出 DMU_k（$k=1,2,\cdots,n$）的固定和非期望产出与能源投入的最大加权和与最小加权和。

$$\bar{f}_k(\underline{f}_k) = \text{Max(Min)} \quad \sum_{t=1}^{l} w_t |\beta_{tk}| + \sum_{d=1}^{p} \eta_d |\alpha_{dk}|$$

$$\text{s.t.} \quad \frac{\sum_{r=1}^{s} u_r y_{rj} - \sum_{t=1}^{l} w_t (f_{tj} + \beta_{tj}) + u_0}{\sum_{i=1}^{m} v_i x_{ij} + \sum_{d=1}^{p} \eta_d (z_{dj} + \alpha_{dj})} = 1, \quad \forall j$$

$$\sum_{j=1}^{n} \beta_{tj} + \beta_t = 0, \quad \forall t$$

$$\sum_{j=1}^{n} \alpha_{dj} + \alpha_d = 0, \quad \forall d \qquad (13.4)$$

$$f_{tj} + \beta_{tj} \geq 0, \quad \forall t,j$$

$$z_{dj} + \alpha_{dj} \geq 0, \quad \forall d,j$$

$$u_r \geq 0, \quad r=1,2,\cdots,s$$

$$w_t \geq 0, \quad t=1,2,\cdots,l$$

$$v_i \geq 0, \quad i=1,2,\cdots,m$$

$$\eta_d \geq 0, \quad d=1,2,\cdots,p$$

$$u_0, \beta_{tj}, \alpha_{dj} \text{ 为自由变量}$$

由于 β_{tj} 和 α_{dj} 的符号是自由的，我们在目标函数中设置 $|\beta_{tk}|$ 和 $|\alpha_{dk}|$ 以最小化和最大化固定和非期望产出和能源投入的加权调整。

将非线性规划模型（13.4）转化为线性规划模型，步骤如下。

步骤 1：令 $\beta'_{tj} = w_t \beta_{tj}$ 和 $\alpha'_{dj} = \eta_d \alpha_{dj}$，则模型（13.4）变成如下模型（13.5）。

第13章 考虑固定能源消耗和污染物排放的交通部门能源环境效率研究

$$\bar{f}_k(\underline{f}_k) = \text{Max(Min)} \quad \sum_{t=1}^{l}|\beta'_{tk}| + \sum_{d=1}^{p}|\alpha'_{dk}|$$

$$\text{s.t.} \quad \frac{\sum_{r=1}^{s}u_r y_{rj} - \sum_{t=1}^{l}w_t f_{tj} - \sum_{t=1}^{l}\beta'_{tj} + u_0}{\sum_{i=1}^{m}v_i x_{ij} + \sum_{d=1}^{p}\eta_d z_{dj} + \sum_{d=1}^{p}\alpha'_{dj}} = 1, \quad \forall j$$

$$\sum_{j=1}^{n}\beta'_{tj} + w_t\beta_t = 0, \quad \forall t$$

$$\sum_{j=1}^{n}\alpha'_{dj} + \eta_d\alpha_d = 0, \quad \forall d \tag{13.5}$$

$$w_t f_{tj} + \beta'_{tj} \geq 0, \quad \forall t,j$$

$$\eta_d z_{dj} + \alpha'_{dj} \geq 0, \quad \forall d,j$$

$$u_r \geq 0, \quad r = 1,2,\cdots,s$$

$$w_t \geq 0, \quad t = 1,2,\cdots,l$$

$$v_i \geq 0, \quad i = 1,2,\cdots,m$$

$$\eta_d \geq 0, \quad d = 1,2,\cdots,p$$

$$u_0, \beta'_{tj}, \alpha'_{dj} \text{ 为自由变量}$$

步骤 2：令 $a_{tj} = \frac{1}{2}(|\beta'_{tj}| + \beta'_{tj})$、$b_{tj} = \frac{1}{2}(|\beta'_{tj}| - \beta'_{tj})$、$g_{dj} = \frac{1}{2}(|\alpha'_{dj}| + \alpha'_{dj})$、$h_{dj} = \frac{1}{2}(|\alpha'_{dj}| - \alpha'_{dj})$（Si et al., 2013; Yang et al., 2015），然后有 $|\beta'_{tj}| = a_{tj} + b_{tj}$、$\beta'_{tj} = a_{tj} - b_{tj}$、$|\alpha'_{dj}| = g_{dj} + h_{dj}$、$\alpha'_{dj} = g_{dj} - h_{dj}$。因此，模型（13.5）变为

$$\bar{f}_k(\underline{f}_k) = \text{Max(Min)} \quad \sum_{t=1}^{l}(a_{tk} + b_{tk}) + \sum_{d=1}^{p}(g_{dk} + h_{dk})$$

$$\text{s.t.} \quad \sum_{r=1}^{s}u_r y_{rj} - \sum_{t=1}^{l}w_t f_{tj} - \sum_{t=1}^{l}(a_{tj} - b_{tj}) + u_0$$

$$-\sum_{i=1}^{m}v_i x_{ij} - \sum_{d=1}^{p}\eta_d z_{dj} - \sum_{d=1}^{p}(g_{dj} - h_{dj}) = 0, \quad \forall j$$

$$\sum_{j=1}^{n}(a_{tj} - b_{tj}) + w_t\beta_t = 0, \quad \forall t$$

$$\sum_{j=1}^{n}(g_{dj} - h_{dj}) + \eta_d\alpha_d = 0, \quad \forall d$$

$$\sum_{i=1}^{m}v_i x_{ij} - \sum_{d=1}^{p}\eta_d z_{dj} - \sum_{d=1}^{p}(g_{dj} - h_{dj}) = C$$

$$w_t f_{tj} + (a_{tj} - b_{tj}) \geq 0, \quad \forall t, j$$
$$\eta_d z_{dj} + (g_{dj} - h_{dj}) \geq 0, \quad \forall d, j$$
$$u_r \geq 0, \quad r = 1, 2, \cdots, s$$
$$w_t \geq 0, \quad t = 1, 2, \cdots, l$$
$$v_i \geq 0, \quad i = 1, 2, \cdots, m$$
$$\eta_d \geq 0, \quad d = 1, 2, \cdots, p$$
$$a_{tj}, b_{tj}, g_{dj}, h_{dj} \geq 0, \quad d = 1, 2, \cdots, p$$
$$u_0 \text{ 为自由变量}$$

(13.6)

根据 Yang 等（2015）的研究，由第四个约束 $\sum_{i=1}^{m} v_i x_{ij} - \sum_{d=1}^{p} \eta_d z_{dj} - \sum_{d=1}^{p} (g_{dj} - h_{dj}) = C$ 来保证值为正数，其中 C 为给定的正常数。此外，通过定理13.1（Yang et al., 2015），我们知道给定的常数 C 对最优调整量 β_{tj} 和 α_{dj} 没有影响，因为 $\beta_{tj} = \dfrac{\beta'_{tj}}{w_t} = \dfrac{a^*_{tj} - b^*_{tj}}{w^*_t}$

$= \dfrac{\dfrac{C'}{C}(a^*_{tj} - b^*_{tj})}{\dfrac{C'}{C} w^*_t}$ 和 $\alpha_{dj} = \dfrac{\alpha'_{dj}}{\eta_d} = \dfrac{g^*_{dj} - h^*_{dj}}{\eta^*_d} = \dfrac{\dfrac{C'}{C}(g^*_{dj} - h^*_{dj})}{\dfrac{C'}{C} \eta^*_d}$。

定理13.1 如果 $(u^*_r, w^*_t, v^*_i, \eta^*_d, a^*_{tj}, b^*_{tj}, g^*_{dj}, h^*_{dj}, u^*_0)$ 是模型（13.6）在给定条件 C 下的最优解，则 $\dfrac{C'}{C}(u^*_r, w^*_t, v^*_i, \eta^*_d, a^*_{tj}, b^*_{tj}, g^*_{dj}, h^*_{dj}, u^*_0)$ 也是模型（13.6）在任意给定条件 C' 下的最优解。

证明： 见本章附录 A。

从模型（13.6）可知，每个 DMU 根据共同均衡有效前沿面可能的权重集 W，都可以获得自己的固定和非期望产出和能源投入的最大加权和与最小加权和。在实践中，每个 DMU 都希望实现其固定和非期望产出和能源投入的最小加权和 $\underline{f}^*_k (k=1, 2, \cdots, n)$。然而，DMUs 不希望实现其固定和非期望产出和能源投入的最大加权和 $\overline{f}^*_k (k=1, 2, \cdots, n)$（Wu et al., 2016b）。因此，通过对满意度的定义，可以反映每个 DMU 对自己固定和非期望产出和能源投入的加权和的满意度，这一概念也在以往的研究中得到了广泛的应用（如 Li et al., 2013; Wu et al., 2016b）。

定义13.1 DMU_j（$j = 1, 2, \cdots, n$）的满意度定义为

$$S_j = \dfrac{\overline{f}^*_j - f_j}{\overline{f}^*_j - \underline{f}^*_j}, \quad j = 1, 2, \cdots, n \tag{13.7}$$

各个 DMU 的满意度可由 $S_j \in [0, 1]$，$j = 1, 2, \cdots, n$ 确定。如果 $S_j = 1$，则 DMU_j

将实现其固定和非期望产出和能源投入的最小加权和 $\underline{f}_j^*$。如果 $S_j = 0$，则 DMU_j 将实现其固定和非期望产出和能量投入的最大加权和 $\overline{f}_j^*$。

每个 DMU 都有可能无法实现 $S_j = 1$，但是每个 DMU 会与其他 DMUs 进行协商，努力使自己的满意度最大化。根据 Wu 等（2016b）的研究，我们还强调了 DMUs 之间的协商不应产生较大的差异。这是因为各 DMU 之间的巨大差异将降低一些 DMUs 参与构建共同均衡有效前沿面的意愿。根据 Bi 等（2011）、Wu 等（2016b）、Li 等（2013）的研究，共同均衡有效前沿面应实现所有 DMUs 的满意度最大化，并尽可能缩小每个 DMU 的满意度差异。因此，模型（13.8）可以用来计算所有 DMUs 的 β_{tj} 和 α_{dj} 的调整。

$$\underset{j=1,2,\cdots,n}{\text{Max Min}} \; S_j = \frac{\overline{f}_j^* - (\sum_{t=1}^{l}|\beta'_{tj}| + \sum_{d=1}^{p}|\alpha'_{dj}|)}{\overline{f}_j^* - \underline{f}_j^*}$$

$$\text{s.t.} \quad \frac{\sum_{r=1}^{s} u_r y_{rj} - \sum_{t=1}^{l} w_t(f_{tj} + \beta_{tj}) + u_0}{\sum_{i=1}^{m} v_i x_{ij} + \sum_{d=1}^{p} \eta_d(z_{dj} + \alpha_{dj})} = 1, \quad \forall j$$

$$\sum_{j=1}^{n} \beta_{tj} + \beta_t = 0, \quad \forall t$$

$$\sum_{j=1}^{n} \alpha_{dj} + \alpha_d = 0, \quad \forall d \qquad (13.8)$$

$$f_{tj} + \beta_{tj} \geqslant 0, \quad \forall t, j$$

$$z_{dj} + \alpha_{dj} \geqslant 0, \quad \forall d, j$$

$$u_r \geqslant 0, \quad r = 1, 2, \cdots, s$$

$$w_t \geqslant 0, \quad t = 1, 2, \cdots, l$$

$$v_i \geqslant 0, \quad i = 1, 2, \cdots, m$$

$$\eta_d \geqslant 0, \quad d = 1, 2, \cdots, p$$

$$u_0, \beta_{tj}, \alpha_{dj} \text{ 为自由变量}$$

在模型（13.8）中，我们将满意度最低的 DMUs 的满意度最大化。模型（13.8）是一个非线性规划模型，需要通过约束 $S = \underset{j \in D(f)}{\text{Min}} S_j$ 并结合上文中两个步骤，将其转换为模型（13.9）。

$$\text{Max} \quad S$$

$$\text{s.t.} \quad \frac{\overline{f}_j^* - \sum_{t=1}^{l}(a_{tj} + b_{tj}) - \sum_{d=1}^{p}(g_{dj} + h_{dj})}{\overline{f}_j^* - \underline{f}_j^*} \geqslant S, \quad \forall j$$

$$\sum_{r=1}^{s} u_r y_{rj} - \sum_{t=1}^{l} w_t f_{tj} - \sum_{t=1}^{l} (a_{tj} - b_{tj}) + u_0$$

$$-\sum_{i=1}^{m} v_i x_{ij} - \sum_{d=1}^{p} \eta_d z_{dj} - \sum_{d=1}^{p} (g_{dj} - h_{dj}) = 0, \quad \forall j$$

$$\sum_{j=1}^{n} (a_{tj} - b_{tj}) + w_t \beta_t = 0, \quad \forall t$$

$$\sum_{j=1}^{n} (g_{dj} - h_{dj}) + \eta_d \alpha_d = 0, \quad \forall d$$

$$\sum_{i=1}^{m} v_i x_{ij} - \sum_{d=1}^{p} \eta_d z_{dj} - \sum_{d=1}^{p} (g_{dj} - h_{dj}) = C$$

$$w_t f_{tj} + (a_{tj} - b_{tj}) \geq 0, \quad \forall t, j$$

$$\eta_d z_{dj} + (g_{dj} - h_{dj}) \geq 0, \quad \forall d, j$$

$$u_r \geq 0, \quad r = 1, 2, \cdots, s$$

$$w_t \geq 0, \quad t = 1, 2, \cdots, l$$

$$v_i \geq 0, \quad i = 1, 2, \cdots, m$$

$$\eta_d \geq 0, \quad d = 1, 2, \cdots, p$$

$$a_{tj}, b_{tj}, g_{dj}, h_{dj} \geq 0, \quad d = 1, 2, \cdots, p$$

u_0 为自由变量

(13.9)

我们将模型（13.9）转化为一个单目标线性规划模型，可以很容易地求解出每个 DMU_j 的非期望产出和能源投入减少量的最优加权和。

定理 13.2 $S_j^* = \dfrac{\overline{f}_j^* - \sum_{t=1}^{l}(a_{tj}^{**} + b_{tj}^{**}) - \sum_{d=1}^{p}(g_{dj}^{**} + h_{dj}^{**})}{\overline{f}_j^* - \underline{f}_j^*}$，$j = 1, 2, \cdots, n$ 表示模型（13.9）中各个 DMU 的最优满意度，上标 $*$ 和 $**$ 分别表示模型（13.6）和模型（13.9）的最优值。然后，我们有 $S_1^* = S_2^* = \cdots = S_n^*$。也就是说，通过我们所提的最大-最小化目标优化模型，每个 DMU 具有相同的最优满意度。

证明：见本章附录 B。

13.2.3　基于均衡有效前沿面的可持续性效率评价

在 13.2.1 小节和 13.2.2 小节中，我们确定了每个 DMU 的最优调整量 β_{tj} 和 α_{dj}

来构建共同均衡有效前沿面。基于这样一个共同均衡有效前沿面，本小节通过模型（13.10）评估 DMU_k（$k=1,2,\cdots,n$）的可持续性效率。

$$\theta_k^{\mathrm{EEF}} = \mathrm{Max}\ \frac{\sum_{r=1}^{s} u_r y_{rk} - \sum_{t=1}^{l} w_t f_{tk} + u_0}{\sum_{i=1}^{m} v_i x_{ik} + \sum_{d=1}^{p} \eta_d z_{dk}}$$

$$\mathrm{s.t.}\ \frac{\sum_{r=1}^{s} u_r y_{rj} - \sum_{t=1}^{l} w_t (f_{tj} + a_{tj}^{**} - b_{tj}^{**}) + u_0}{\sum_{i=1}^{m} v_i x_{ij} + \sum_{d=1}^{p} \eta_d (z_{dj} + g_{dj}^{**} - h_{dj}^{**})} \leqslant 1,\quad j=1,2,\cdots,n \quad (13.10)$$

$$u_r \geqslant 0,\quad r=1,2,\cdots,s$$
$$w_t \geqslant 0,\quad t=1,2,\cdots,l$$
$$v_i \geqslant 0,\quad i=1,2,\cdots,m$$
$$\eta_d \geqslant 0,\quad d=1,2,\cdots,p$$
$$u_0\ \text{为自由变量}$$

其中，上标 ** 表示模型（13.9）的最优值。

模型（13.10）也是一个非线性规划模型，根据 Charnes 和 Cooper（1962）的研究，我们可以将其转化为下面的线性规划模型（13.11）。

$$\theta_k^{\mathrm{EEF}} = \mathrm{Max}\ \sum_{r=1}^{s} u_r y_{rk} - \sum_{t=1}^{l} w_t f_{tk} + u_0$$

$$\mathrm{s.t.}\ \sum_{r=1}^{s} u_r y_{rj} - \sum_{t=1}^{l} w_t (f_{tj} + a_{tj}^{**} - b_{tj}^{**}) + u_0$$
$$-\sum_{i=1}^{m} v_i x_{ij} - \sum_{d=1}^{p} \eta_d (z_{dj} + g_{dj}^{**} - h_{dj}^{**}) \leqslant 0,\quad j=1,2,\cdots,n$$

$$\sum_{i=1}^{m} v_i x_{ik} + \sum_{d=1}^{p} \eta_d z_{dk} = 1 \quad (13.11)$$

$$u_r \geqslant 0,\quad r=1,2,\cdots,s$$
$$w_t \geqslant 0,\quad t=1,2,\cdots,l$$
$$v_i \geqslant 0,\quad i=1,2,\cdots,m$$
$$\eta_d \geqslant 0,\quad d=1,2,\cdots,p$$
$$u_0\ \text{为自由变量}$$

13.3 本章小结

在过去的 30 多年里，中国经济有了快速的发展，但也引发了一些问题。日益紧张的能源消耗和环境污染是影响经济绿色增长和社会可持续发展的两个主要问题。换句话说，当前的发展模式不符合可持续发展的概念。因此，平衡经济关切和环境影响对可持续发展特别重要。中国的交通运输行业带来了一定程度的能源消耗和环境污染。因此，中国的交通运输行业的 EEE 问题值得深入研究。

虽然我们的研究已经实现了基于最小满意度最大化的共同均衡有效前沿面，但也无法保证唯一的均衡有效前沿面，这在其他研究中也有局限性（Yang et al.，2014，2015）。因此，未来的研究可以尝试建立唯一的均衡有效前沿面。此外，未来的研究可以尝试探索更多的标准来建立均衡有效前沿面。

参 考 文 献

Amirteimoori A, Masrouri S, Yang F, et al. 2017. Context-based competition strategy and performance analysis with fixed-sum outputs: an application to banking sector[J]. Journal of the Operational Research Society, 68（11）: 1461-1469.

Banker R D, Charnes A, Cooper W W. 1984. Some models for estimating technical and scale inefficiencies in data envelopment analysis[J]. Management Science, 30（9）: 1078-1092.

Bi G B, Ding J J, Luo Y, et al. 2011. Resource allocation and target setting for parallel production system based on DEA[J]. Applied Mathematical Modelling, 35（9）: 4270-4280.

Bi G B, Wang P C, Yang F, et al. 2014. Energy and environmental efficiency of China's transportation sector: a multidirectional analysis approach[EB/OL]. https://doi.org/10.1155/2014/539596.

Chang Y T, Zhang N, Danao D, et al. 2013. Environmental efficiency analysis of transportation system in China: A non-radial DEA approach[J]. Energy Policy, 58: 277-283.

Charnes A, Cooper W W. 1962. Programming with linear fractional functionals[J]. Naval Research Logistics Quarterly, 9（3/4）: 181-186.

Charnes A, Cooper W W, Rhodes E. 1978. Measuring the efficiency of decision making units[J]. European Journal of Operational Research, 2（6）: 429-444.

Cook W D, Seiford L M. 2009. Data envelopment analysis（DEA）–thirty years on[J]. European

Journal of Operational Research, 192（1）: 1-17.

Cui Q, Li Y. 2014. The evaluation of transportation energy efficiency: an application of three-stage virtual frontier DEA[J]. Transportation Research Part D: Transport and Environment, 29: 1-11.

Egilmez G, Park Y S. 2014. Transportation related carbon, energy and water footprint analysis of US manufacturing: an eco-efficiency assessment[J]. Transportation Research Part D: Transport and Environment, 32: 143-159.

Emrouznejad A. 2014. Advances in data envelopment analysis[J]. Annals of Operations Research, 214（1）: 1-4.

Emrouznejad A, Rostami-Tabar B, Petridis K. 2016. A novel ranking procedure for forecasting approaches using data envelopment analysis[J]. Technological Forecasting and Social Change, 111: 235-243.

Emrouznejad A, Yang G L. 2016. A framework for measuring global Malmquist–Luenberger productivity index with CO_2 emissions on Chinese manufacturing industries[J]. Energy, 115: 840-856.

Fang L. 2016a. A new approach for achievement of the equilibrium efficient frontier with fixed-sum outputs[J]. Journal of the Operational Research Society, 67: 412-420.

Fang L. 2016b. Centralized resource allocation DEA models based on revenue efficiency under limited information[J]. Journal of the Operational Research Society, 67（7）: 945-952.

Fang L, Li H C. 2015. Cost efficiency in data envelopment analysis under the law of one price[J]. European Journal of Operational Research, 240（2）: 488-492.

Feng C P, Chu F, Zhou N, et al. 2019. Performance evaluation and quota allocation for multiple undesirable outputs based on the uniform frontier[J]. Journal of the Operational Research Society, 70（3）: 472-486.

Golany B, Roll Y. 1989. An application procedure for DEA[J]. Omega, 17（3）: 237-250.

Gomes E G, Lins M E. 2008. Modelling undesirable outputs with zero sum gains data envelopment analysis models[J]. Journal of the Operational Research Society, 59（5）: 616-623.

Ji X, Wu J, Zhu Q Y. 2015. Eco-design of transportation in sustainable supply chain management: a DEA-like method[J]. Transportation Research Part D: Transport and Environment, 48: 451-459.

Kuo R J, Lin Y J. 2012. Supplier selection using analytic network process and data envelopment analysis[J]. International Journal Production Research, 50（11）: 2852-2863.

Li F, Yan Z Y, Zhu Q Y, et al. 2020. Allocating a fixed cost across decision making units with explicitly considering efficiency rankings[J]. Journal of the Operational Research Society, 72（6）: 1432-1446.

Li X, Li F, Zhao N, et al. 2018. Measuring environmental sustainability performance of freight transportation seaports in China: a data envelopment analysis approach based on the closest targets[J]. Expert Systems.

Li Y J, Wang L Z, Li F. 2019. A data-driven prediction approach for sports team performance and its application to National Basketball Association[J]. Omega, 98: 102123.

Li Y J, Yang M, Chen Y, et al. 2013. Allocating a fixed cost based on data envelopment analysis and satisfaction degree[J]. Omega, 41（1）: 55-60.

Lins M P E, Gomes E G, de Mello J C C S, et al. 2003. Olympic ranking based on a zero sum gains DEA model[J]. European Journal of Operational Research, 148（2）: 312-322.

Seiford L M, Zhu J. 2002. Modeling undesirable factors in efficiency evaluation[J]. European Journal of Operational Research, 142（1）: 16-20.

Shi G M, Bi J, Wang J N, 2010. Chinese regional industrial energy efficiency evaluation based on a DEA model of fixing non-energy inputs[J]. Energy Policy, 38（10）: 6172-6179.

Si X L, Liang L, Jia G Z, et al. 2013. Proportional sharing and DEA in allocating the fixed cost[J]. Applied Mathematics and Computation, 219（12）: 6580-6590.

Song M, Zhang L, An Q, et al. 2013. Statistical analysis and combination forecasting of environmental efficiency and its influential factors since China entered the WTO: 2002–2010–2012[J]. Journal of Cleaner Production, 42: 42-51.

Song M L, Xie Q J, Wang S H, et al. 2020. Intensity of environmental regulation and environmentally biased technology in the employment market[J]. Omega, 100: 102201.

Sun J S, Wu J, Liang L, et al. 2014. Allocation of emission permits using DEA: centralised and individual points of view[J]. International Journal of Production Research, 52（2）: 419-435.

Wang K, Yu S W, Zhang W. 2013a. China's regional energy and environmental efficiency: a DEA window analysis based dynamic evaluation[J]. Mathematical and Computer Modelling, 58（5）: 1117-1127.

Wang K, Zhang X, Wei Y M, et al. 2013b. Regional allocation of CO_2 emissions allowance over provinces in China by 2020[J]. Energy Policy, 54: 214-229.

Wang S H, Xing L, Chen H X. 2019. Impact of marine industrial structure on environmental efficiency[J]. Management of Environmental Quality: An International Journal, 31(1): 111-129.

Wu D D, Olson D. 2010. Enterprise risk management: a DEA VaR approach in vendor selection[J]. International Journal of Production Research, 48（16）: 4919-4932.

Wu J, Zhu Q Y, Chu J F, et al. 2016a. Measuring energy and environmental efficiency of transportation systems in China based on a parallel DEA approach[J]. Transportation Research Part D: Transport and Environment, 48: 460-472.

Wu J, Zhu Q Y, Chu J F, et al. 2016b. A DEA-based approach for allocation of emission reduction tasks[J]. International Journal of Production Research, 54（18）: 5618-5633.

Wu J, Zhu Q Y, Ji X, et al. 2016c. Two-stage network processes with shared resources and resources recovered from undesirable outputs[J]. European Journal of Operational Research, 251（1）: 182-197.

Wu J, Zhu Q Y, Liang L. 2016d. CO_2 emissions and energy intensity reduction allocation over provincial industrial sectors in China[J]. Applied Energy, 166: 282-291.

Wu J, Zhu Q Y, Yin P, et al. 2015. Measuring energy and environmental performance for regions in China by using DEA-based Malmquist indices[J]. Operational Research, 17（3）: 715-735.

Yang F, Wu D D, Liang L, et al. 2011. Competition strategy and efficiency evaluation for decision making units with fixed-sum outputs[J]. European Journal of Operational Research, 212（3）:

560-569.

Yang M, Li Y J, Chen Y, et al. 2014. An equilibrium efficiency frontier data envelopment analysis approach for evaluating decision-making units with fixed-sum outputs[J]. European Journal of Operational Research, 239（2）: 479-489.

Yang M, Li Y J, Liang L. 2015. A generalized equilibrium efficient frontier data envelopment analysis approach for evaluating DMUs with fixed-sum outputs[J]. European Journal of Operational Research, 246（1）: 209-217.

Zhu J. 2004. Imprecise DEA via standard linear DEA models with a revisit to a Korean mobile telecommunication company[J]. Operations Research, 52（2）: 323-329.

Zhu Q Y, Li X C, Li F, et al. 2020a. The potential for energy saving and carbon emission reduction in China's regional industrial sectors[J]. Science of The Total Environment, 716: 135009.

Zhu Q Y, Song M L, Wu J. 2020b. Extended secondary goal approach for common equilibrium efficient frontier selection in DEA with fixed-sum outputs[J]. Computers & Industrial Engineering, 144: 106483.

Zhu Q Y, Wu J, Li X C, et al. 2017a. China's regional natural resource allocation and utilization: a DEA-based approach in a big data environment[J]. Journal of Cleaner Production, 142: 809-818.

Zhu Q Y, Wu J, Song M L, et al. 2017b. A unique equilibrium efficient frontier with fixed-sum outputs in data envelopment analysis[J]. Journal of the Operational Research Society, 68（12）: 1483-1490.

本 章 附 录

附录 A　定理 13.1 的证明

定理 13.1　如果 $(u_r^*, w_t^*, v_i^*, \eta_d^*, a_{tj}^*, b_{tj}^*, g_{dj}^*, h_{dj}^*, u_0^*)$ 是模型（13.6）在给定条件 C 下的最优解，则 $\frac{C'}{C}(u_r^*, w_t^*, v_i^*, \eta_d^*, a_{tj}^*, b_{tj}^*, g_{dj}^*, h_{dj}^*, u_0^*)$ 也是模型（13.6）在任意给定条件 C' 下的最优解。

证明：当已知在给定 C 下模型（13.6）的最优解为 $(u_r^*, w_t^*, v_i^*, \eta_d^*, a_{tj}^*, b_{tj}^*, g_{dj}^*, h_{dj}^*, u_0^*)$ 时，首先证明考虑极小化问题的模型（13.6）的可行解 $\frac{C'}{C}(u_r^*, w_t^*, v_i^*, \eta_d^*, a_{tj}^*, b_{tj}^*, g_{dj}^*, h_{dj}^*, u_0^*)$。令 $\rho = \frac{C'}{C}$ 并将解集 $\rho(u_r^*, w_t^*, v_i^*, \eta_d^*, a_{tj}^*, b_{tj}^*, g_{dj}^*, h_{dj}^*, u_0^*)$ 加入模型（13.6）的所有约束条件中，即可轻松验证该解 $\rho(u_r^*, w_t^*, v_i^*, \eta_d^*, a_{tj}^*, b_{tj}^*, g_{dj}^*, h_{dj}^*, u_0^*)$ 是模型

（13.6）在任意正数 C' 下的可行解。

其次，我们证明可行解 $\rho(u_r^*, w_t^*, v_i^*, \eta_d^*, a_{tj}^*, b_{tj}^*, g_{dj}^*, h_{dj}^*, u_0^*)$ 是模型（13.6）在给定 C' 下的最优解。假设 $\rho(u_r^*, w_t^*, v_i^*, \eta_d^*, a_{tj}^*, b_{tj}^*, g_{dj}^*, h_{dj}^*, u_0^*)$ 不是最优解，那么我们可以找到给定 C' 下模型（13.6）的至少一个可行解 $\rho(u_r, w_t, v_i, \eta_d, a_{tj}, b_{tj}, g_{dj}, h_{dj}, u_0)$，使 $\sum_{t=1}^{l}(\rho a_{tj} + \rho b_{tj}) + \sum_{d=1}^{p}(\rho g_{dj} + \rho h_{dj}) \leqslant \sum_{t=1}^{l}(\rho a_{tj}^* + \rho b_{tj}^*) + \sum_{d=1}^{p}(\rho g_{dj}^* + \rho h_{dj}^*)$。因此，很容易验证 $(u_r, w_t, v_i, \eta_d, a_{tj}, b_{tj}, g_{dj}, h_{dj}, u_0)$ 也是模型（13.6）在给定 C 下的可行解。

实际上，由模型（13.6）的第四个约束和 $C' = \rho C$ 可以得到：

$$\sum_{t=1}^{l}(\rho a_{tj} + \rho b_{tj}) + \sum_{d=1}^{p}(\rho g_{dj} + \rho h_{dj})$$
$$= C' - \sum_{r=1}^{s}\rho u_r - \sum_{t=1}^{l}\rho w_t - \sum_{i=1}^{m}\rho v_i - \sum_{d=1}^{p}\rho \eta_d - \rho u_0$$
$$= \rho(C - \sum_{r=1}^{s} u_r - \sum_{t=1}^{l} w_t - \sum_{i=1}^{m} v_i - \sum_{d=1}^{p} \eta_d - u_0) \quad \text{（A1）}$$
$$\leqslant \sum_{t=1}^{l}(\rho a_{tj}^* + \rho b_{tj}^*) + \sum_{d=1}^{p}(\rho g_{dj}^* + \rho h_{dj}^*)$$
$$= C' - \sum_{r=1}^{s}\rho u_r^* - \sum_{t=1}^{l}\rho w_t^* - \sum_{i=1}^{m}\rho v_i^* - \sum_{d=1}^{p}\rho \eta_d^* - \rho u_0^*$$
$$= \rho(C - \sum_{r=1}^{s} u_r^* - \sum_{t=1}^{l} w_t^* - \sum_{i=1}^{m} v_i^* - \sum_{d=1}^{p} \eta_d^* - u_0^*)$$

然而，$(u_r^*, w_t^*, v_i^*, \eta_d^*, a_{tj}^*, b_{tj}^*, g_{dj}^*, h_{dj}^*, u_0^*)$ 为模型（13.6）在给定 C 下的最优解，则有

$$\sum_{t=1}^{l}(a_{tj}^* + b_{tj}^*) + \sum_{d=1}^{p}(g_{dj}^* + h_{dj}^*) = C - \sum_{r=1}^{s} u_r^* - \sum_{t=1}^{l} w_t^* - \sum_{i=1}^{m} v_i^* - \sum_{d=1}^{p} \eta_d^* - u_0^*$$
$$\leqslant \sum_{t=1}^{l}(a_{tj} + b_{tj}) + \sum_{d=1}^{p}(g_{dj} + h_{dj})$$
$$= C - \sum_{r=1}^{s} u_r - \sum_{t=1}^{l} w_t - \sum_{i=1}^{m} v_i - \sum_{d=1}^{p} \eta_d - u_0$$

（A2）

这与模型（A1）的约束条件相矛盾。

同样的证明方法也适用于最大化问题。由此证明定理 13.1。

附录 B 定理 13.2 的证明

定理 13.2 $S_j^* = \dfrac{\bar{f}_j^* - \sum_{t=1}^{l}(a_{tj}^{**} + b_{tj}^{**}) - \sum_{d=1}^{p}(g_{dj}^{**} + h_{dj}^{**})}{\bar{f}_j^* - \underline{f}_j^*}$，$j = 1, 2, \cdots, n$ 表示模型（13.9）中各个 DMU 的最优满意度，上标 * 和 ** 分别表示模型（13.6）和模型（13.9）的最优值。然后，我们有 $S_1^* = S_2^* = \cdots = S_n^*$。也就是说，通过我们所提的最大-最小化目标优化模型，每个 DMU 具有相同的最优满意度。

证明： 假设存在一个满意度满足 $S_k^* > S^*$ 的 DMU_k（$k = 1, 2, \cdots, n$），其中 S^* 是模型（13.9）的最优值，也是 DMU_d（$d \neq k$）的满意度。对于 DMU_k 而言，可以通过增加或减少其对非期望产出的调整量 β_{tj} 和能源投入的调整量 α_{dj} 来提高 DMU_d 的满意度。因此，基于我们所提的最大-最小化目标优化模型，所有的 DMUs 必须具有相同的最优满意度。

第14章 考虑固定能源消耗和污染物排放的工业部门效率研究

在第13章中，我们研究了在固定和的能源消耗和污染物排放情况下的交通部门EEE研究，从交通部门的角度出发进行了有益的探讨。在本章中，我们进一步研究中国工业部门在能源消耗和污染物排放固定情况下的EEE，从一个更宏观的角度探讨中国经济的绿色增长与可持续发展。

14.1 引　　言

自1978年以来，中国几乎在所有行业都取得了巨大的成就。从经济层面出发，中国GDP 1978~2013年的年均增长率约为15%（Zhu et al., 2017a；Song et al., 2020）。然而，这种经济发展模式造成了许多问题。此外，化石燃料是中国的主要能源消耗来源，化石能源消耗的总和（如石油、天然气和煤炭）占总能源消耗的比例很高（占90%以上）。直到2016年，煤炭、石油和天然气消耗仍占总能源消耗的很大比例（分别为61.8%、18.3%和6.4%），而非化石能源消耗仅占总能源消耗的13%（Wang et al., 2019）。快速增长的化石能源消耗不可避免地带来了环境污染问题（Song and Wang, 2014；Li et al., 2018；Zhu et al., 2020b）。因此，能源短缺和环境问题已经成为影响中国经济绿色增长和可持续发展最重要的制约因素。

工业部门通常被认为是一个高能源消耗和高环境污染行业。例如，在世界总能源消耗中，工业部门占近40%（IEA, 2009）。此外，中国工业部门的能源消耗使用比例接近71%（Wu et al., 2016b）。工业部门的高能源消耗导致了环境污染问题，温室气体排放总量中，工业部门排放量占85.3%。因此，为了在能源消耗和环境污染方面获取更有价值的信息，分析工业部门的效率就具有重要意义。

迄今为止，中国政府提出了多项能源法规以降低能源消耗。例如，在"十一五"（2006~2010年）和"十二五"（2011~2015年）计划期间，中国政府制定了降低能源消耗的目标：单位GDP能耗分别降低20%和16%（Li et al.，2020b；Wang et al.，2013c；Wu et al.，2015）。因此，衡量工业部门的可持续性可以为政府规划可持续发展路径提供更有价值的信息。

DEA方法是一种有效的测度工具，已被广泛用于评估DMUs的效率（Wu et al.，2014；Song et al.，2018；Li et al.，2020a）。许多研究表明，DEA方法已被广泛应用于医院、大学、城市等实体的绩效评估，甚至扩展到区域和国家的大规模绩效评价（Emrouznejad and Yang，2018；Zhu et al.，2020a，2020c；Li et al.，2021）。

在能源效率方面，Hu和Wang（2006）使用传统的DEA模型来衡量中国的能源效率。Zhou和Ang（2008）提出了几个基于DEA模型的线性规划模型来评估经济合作与发展组织中21个国家的能源效率。Zhang等（2011）利用全要素框架来调查23个发展中国家的能源效率。Zhou等（2012）提出了一种新的DEA模型，从生产效率角度估计能源效率。Wang等（2013d）提出了一种共同前沿DEA技术，通过考虑"技术差距"来评估能源效率。Song等（2013）使用超效率松弛变量模型分析金砖国家的能源效率。在环境效率方面，Zhou等（2007）提出了一种DEA方法来评估经济合作与发展组织国家的环境效率。Zhou等（2008a）提出了基于不同情境的纯测度和基于VRS-DEA技术下的混合测度方法来分析环境效率。Chang等（2013）专注于交通运输部门，利用非径向模型来分析其环境效率。Song和Wang（2014）应用DEA方法测量了环境效率。Yang等（2015b）使用超效率DEA模型来衡量中国的区域环境效率。Chen和Jia（2017）利用SBM-DEA模型分析了中国工业的环境效率。

此外，一些研究使用DEA模型来直接关注生态效率，即EEE。Zhang等（2008）使用DEA模型分析了中国区域工业系统的生态效率。Bian和Yang（2010）利用几个DEA模型分析了中国30个省（区、市）的生态效率。Wang等（2013a）应用RAM[①]-DEA方法评估中国区域综合生态效率。Jia和Liu（2012）提出了一个基于DEA模型的Malmquist指数来动态评估中国各省（区、市）的EEE。Wang等（2013b）提出了一种改进的DEA模型来衡量中国的区域生态效率。Yang等（2015a）应用超效率DEA模型来衡量中国30个省（区、市）的生态效率。Wang和Wei（2014）提出了一种新开发的DEA模型来衡量中国30个城市工业部门的EEE。Wu等（2016a）应用DEA模型来衡量中国交通运输系统的EEE。Song等（2018）改进了DEA模型来评估中国31个省（区、市）的效率。Hu等（2019）使用SBM-DEA模型评估污水处理厂的EEE。有关EEE的更多信息，请参阅Zhou等（2008b）、Song等（2012）和Meng等（2016）的研究。

---

① RAM：range-adjusted measure，范围调整测量。

回顾上述文献，我们发现以往的研究存在一些局限性。首先，只有少数研究试图从中国工业部门 EEE 的角度分析绿色增长和可持续发展。其次，以往的研究主要从中国地区的角度来关注 EEE 的分析，很少有研究尝试分析工业部门。最后，上述模型都基于传统的 DEA 模型，其中总的投入和产出可以任意增减，即一个 DMU 的投入或产出的变化不影响其他 DMUs 的投入或产出。但是，为了实现绿色增长和可持续发展，能源或自然资源的消耗量应该固定或保持在一个不变的范围内，如前面提到的中国政府设定的 20% 和 16% 的能源消耗降低目标。因此，在评估绿色增长和可持续发展时考虑固定能源消耗非常重要。

Lins 等（2003）在 ZSG-DEA 模型中考虑固定产出，首次尝试评估奥运会参赛各国的效率。在 Lins 等（2003）的工作之后，Gomes 和 Lins（2008）通过考虑非期望输出进一步丰富了 ZSG-DEA 模型。Yang 等（2011）研发了一个线性 DEA 模型，以基于所有 DMUs 固定产出的最小化减少来评估 DMUs 效率。基于这项研究，Yang 等（2014）通过将所有 DMUs 投影到一个有效生产前沿面上，提出了一种 EEFDEA 模型。此外，Fang（2016）、Yang 等（2015a）和 Zhu 等（2017b）提出了获得新的共同均衡有效前沿面的简单方法。Sun 等（2018）使用 EEFDEA 模型来衡量基于固定能源的效率。Wu 等（2019b）提出了一种新的 EEFDEA 模型来衡量热电厂的环境效率。

回顾上述关于固定和投入/产出的研究，我们首先注意到很少有研究通过考虑固定和能源消耗来衡量 EEE。其次，所有现有的固定投入/产出研究都是通过对所有 DMUs 的固定产出使用最小缩减策略来构建共同均衡有效前沿面的，而忽略了每个 DMU 对固定投入/产出的调整策略。本章提出了一个新的共同均衡有效前沿面模型来分析中国工业部门的绿色增长和可持续发展。本章提出的新的固定能源投入 DEA 模型通过考虑每个 DMU 针对固定能源投入的单独调整策略来构建共同均衡有效前沿面，这允许 DMUs（在我们的案例中为工业部门）达成更好的协议，以实现绿色增长和可持续发展。

14.2　固定能源消耗和污染物排放的工业部门效率模型构建

14.2.1　传统的 DEA 模型

在以下的模型中，每个工业部门被视为一个 DMU。假设存在 n 个工业部门

(DMUs)，每一个部门都消耗了 p 种不同的能源投入（ $z_j = (z_{1j}, z_{2j}, \cdots, z_{pj})$ ），m 种不同的非能源投入（ $x_j = (x_{1j}, x_{2j}, \cdots, x_{mj})$ ），输出 s 种不同的期望产出（ $y_j = (y_{1j}, y_{2j}, \cdots, y_{sj})$ ）和 l 种不同的非期望产出（环境污染物）（ $f_j = (f_{1j}, f_{2j}, \cdots, f_{lj})$ ）。此外，我们假设 DMUs 的能源投入总和是固定的，即 $\sum_{j=1}^{n} z_{dj} = F_d$ ($d = 1, 2, \cdots, p$)。

传统的 DEA 模型（BCC 模型）忽略了固定能源投入的可能性，用以下的模型（14.1）来测量 DMU_k 的 EEE。

$$\theta_k = \text{Max} \frac{\sum_{r=1}^{s} u_r y_{rk} + u_0}{\sum_{i=1}^{m} v_i x_{ik} + \sum_{t=1}^{l} w_t f_{tk} + \sum_{d=1}^{p} \eta_d z_{dk}}$$

$$\text{s.t.} \quad \frac{\sum_{r=1}^{s} u_r y_{rj} + u_0}{\sum_{i=1}^{m} v_i x_{ij} + \sum_{t=1}^{l} w_t f_{tj} + \sum_{d=1}^{p} \eta_d z_{dj}} \leq 1, \quad j = 1, 2, \cdots, n$$

$$u_r \geq 0, \quad r = 1, 2, \cdots, s$$
$$w_t \geq 0, \quad t = 1, 2, \cdots, l$$
$$v_i \geq 0, \quad i = 1, 2, \cdots, m$$
$$\eta_d \geq 0, \quad d = 1, 2, \cdots, p$$

u_0 为自由变量

（14.1）

其中，变量 u_r、w_t、v_i、η_d 分别为期望产出、非期望产出、非能源投入和能源投入的乘子。在模型（14.1）中，非期望产出被视为投入的一种，这种方法已在以前的研究中被广泛使用。θ_k 代表了 DMU_k 的 EEE 得分，取值在 0 到 1 之间。θ_k 值越大，DMU_k 在节约能源和环境保护方面做得就越好。

正如上文所说，传统的 DEA 模型忽略了所有 DMUs 能源投入总和固定的情况。为了可持续发展，减少化石能源消耗，能源投入总和应该限制在一定的范围内。因此，遵循 Yang 等（2011，2014）提出的最小聚合产出扩张规模的标准，我们可以制定考虑固定能源投入情况的模型（14.2）。

$$\text{Min} \sum_{d=1}^{p} \eta_d \alpha_{dk}$$

$$\text{s.t.} \quad \frac{\sum_{r=1}^{s} u_r y_{rk} + u_0}{\sum_{i=1}^{m} v_i x_{ik} + \sum_{t=1}^{l} w_t f_{tk} + \sum_{d=1}^{p} \eta_d (z_{dk} - \alpha_{dk})} = 1$$

$$\frac{\sum_{r=1}^{s}u_r y_{rj}+u_0}{\sum_{i=1}^{m}v_i x_{ij}+\sum_{t=1}^{l}w_t f_{tj}+\sum_{d=1}^{p}\eta_d(z_{dj}-\alpha_{dj})}\leqslant 1,\quad \forall j\neq k$$

$$\sum_{j=1,j\neq k}^{n}\alpha_{dj}=\alpha_{dk},\quad \forall d$$

$$0\leqslant \alpha_{dk}\leqslant z_{dk},\quad \forall d$$

$$\alpha_{dj}\geqslant 0,\quad \forall d,\forall j\neq k$$

$$u_r\geqslant 0,\quad r=1,2,\cdots,s$$

$$w_t\geqslant 0,\quad t=1,2,\cdots,l$$

$$v_i\geqslant 0,\quad i=1,2,\cdots,m$$

$$\eta_d\geqslant 0,\quad d=1,2,\cdots,p$$

u_0 为自由变量

(14.2)

其中，α_{dk} 为被评价单元 DMU_k 能源投入 $d(d=1,2,\cdots,p)$ 的减少量，$\alpha_{dj}(d=1,2,\cdots,p;j=1,2,\cdots,n,\neq k)$ 是其他 DMU_j（$j\neq k$）能源投入的增加量。对于模型（14.2）的更多解释，可以参考 Yang 等（2011）。Yang 等（2011）的模型和本章所提模型最主要的区别在于模型（14.2）是在固定投入的基础上，而 Yang 等（2011）的模型是在固定产出的基础上。

需要注意的是，模型（14.2）使用不同的有效生产前沿面来测量每个 DMU 的效率。因此，一些研究（Yang et al., 2014；Fang, 2016；Zhu et al., 2017b）利用共同均衡有效前沿面来取代不同的有效前沿，从而在共同的前沿下测量所有 DMUs 的效率。根据这些研究，我们可以建立以下基于共同均衡有效前沿面的模型（14.3）。

$$\text{Min}\sum_{d=1}^{p}\eta_d|\alpha_{dk}|$$

$$\text{s.t.}\quad \frac{\sum_{r=1}^{s}u_r y_{rj}+u_0}{\sum_{i=1}^{m}v_i x_{ij}+\sum_{t=1}^{l}w_t f_{tj}+\sum_{d=1}^{p}\eta_d(z_{dj}+\alpha_{dj})}=1,\quad \forall j$$

$$\sum_{j=1}^{n}\alpha_{dj}=0,\quad \forall d$$

$$z_{dj}+\alpha_{dj}\geqslant 0,\quad \forall d,j$$

$$u_r\geqslant 0,\quad r=1,2,\cdots,s$$

$$w_t \geq 0, \quad t = 1, 2, \cdots, l$$
$$v_i \geq 0, \quad i = 1, 2, \cdots, m$$
$$\eta_d \geq 0, \quad d = 1, 2, \cdots, p$$
$$u_0, \alpha_{dj} \text{为自由变量}$$

(14.3)

先前的研究已经证明所有的 DMUs 都可以在调整固定投入/产出之后达到有效。因此，共同均衡有效前沿面的基础就是通过调整它们的固定产出从而使所有 DMUs 都可以变得有效，这也是第一个约束代表的含义。在模型（14.3）中，α_{dj} 代表了 DMU$_j$ 的能源投入 $d(d=1,2,\cdots,p)$ 的调整量。请注意 α_{dj} 是自由变量，因此它可以是负数、正数或者 0。第三个约束条件用来保证所有 DMUs 的能源投入调整量大于 0。由于 α_{dj} 是自由变量，模型（14.3）目标函数中的 $|\alpha_{dk}|$ 用来最小化固定能源投入的加权调整。

14.2.2 考虑固定能源消耗模型

先前关于构建共同均衡有效前沿面的研究（Yang et al., 2014; Fang, 2016; Zhu et al., 2017b）都是基于固定投入或产出的最小加权和的标准。尽管这些研究已经实现了所有 DMUs 固定投入或产出的最小调整量，但忽略了每个 DMU 自己的调整量。在获得共同均衡有效前沿面的过程中，每个 DMU 都会将其对固定能源投入的调整量与其他 DMUs 进行比较。换句话说，每个 DMU 都试图尽量减少自己的调整量。在与其他 DMUs 共同构建共同均衡有效前沿面时，不应产生在固定能源投入调整方面有很大差异的 DMUs。这是因为 DMUs 之间的巨大差异将降低一些 DMUs 参与构建共同均衡有效前沿面的意愿，尤其是那些分配了相对较大调整量的 DMUs。因此，我们提出模型（14.4）以最小化每个 DMU 的调整量来获得共同均衡有效前沿面。

$$\text{Min} \quad \left| \sum_{d=1}^{p} \eta_d |\alpha_{dk}| - \sum_{d=1}^{p} \eta_d |\alpha_{dq}| \right|, \quad \forall k, q, k \neq q$$

$$\text{s.t.} \quad \frac{\sum_{r=1}^{s} u_r y_{rj} + u_0}{\sum_{i=1}^{m} v_i x_{ij} + \sum_{t=1}^{l} w_t f_{tj} + \sum_{d=1}^{p} \eta_d (z_{dj} + \alpha_{dj})} = 1, \quad \forall j$$

$$\sum_{j=1}^{n} \alpha_{dj} = 0, \quad \forall d$$

$$z_{dj} + \alpha_{dj} \geqslant 0, \quad \forall d, j$$
$$u_r \geqslant 0, \quad r = 1, 2, \cdots, s$$
$$w_t \geqslant 0, \quad t = 1, 2, \cdots, l$$
$$v_i \geqslant 0, \quad i = 1, 2, \cdots, m$$
$$\eta_d \geqslant 0, \quad d = 1, 2, \cdots, p$$
$$u_0, \alpha_{dj} \text{为自由变量}$$

(14.4)

模型（14.4）是多目标线性规划模型，意味着它难以直接求解。因此，我们首先通过最小化任意两个相比其他DMUs在固定能源投入方面调整量差异最大的DMUs的调整差异来提出模型（14.5）。

$$\begin{aligned}
&\min_{\forall k,q,k \neq q} \max \left| \sum_{d=1}^{p} \eta_d |\alpha_{dk}| - \sum_{d=1}^{p} \eta_d |\alpha_{dq}| \right| \\
&\text{s.t.} \quad \frac{\sum_{r=1}^{s} u_r y_{rj} + u_0}{\sum_{i=1}^{m} v_i x_{ij} + \sum_{t=1}^{l} w_t f_{tj} + \sum_{d=1}^{p} \eta_d (z_{dj} + \alpha_{dj})} = 1, \quad \forall j \\
&\sum_{j=1}^{n} \alpha_{dj} = 0, \quad \forall d \\
&z_{dj} + \alpha_{dj} \geqslant 0, \quad \forall d, j \\
&u_r \geqslant 0, \quad r = 1, 2, \cdots, s \\
&w_t \geqslant 0, \quad t = 1, 2, \cdots, l \\
&v_i \geqslant 0, \quad i = 1, 2, \cdots, m \\
&\eta_d \geqslant 0, \quad d = 1, 2, \cdots, p \\
&u_0, \alpha_{dj} \text{为自由变量}
\end{aligned}$$

(14.5)

通过以下步骤可以将非线性规划模型（14.5）转化为线性规划模型。

步骤1：首先，令 $S = \max\limits_{\forall k,q,k \neq q} \left| \sum_{d=1}^{p} \eta_d |\alpha_{dk}| - \sum_{d=1}^{p} \eta_d |\alpha_{dq}| \right|$，模型（14.5）可以转化为模型（14.6）：

$$\min S$$
$$\text{s.t.} \left| \sum_{d=1}^{p} \eta_d |\alpha_{dk}| - \sum_{d=1}^{p} \eta_d |\alpha_{dq}| \right| \leqslant S, \quad \forall k, q$$

$$\frac{\sum_{r=1}^{s}u_{r}y_{rj}+u_{0}}{\sum_{i=1}^{m}v_{i}x_{ij}+\sum_{t=1}^{l}w_{t}f_{tj}+\sum_{d=1}^{p}\eta_{d}(z_{dj}+\alpha_{dj})}=1,\quad \forall j$$

$$\sum_{j=1}^{n}\alpha_{dj}=0,\quad \forall d$$

$$z_{dj}+\alpha_{dj}\geqslant 0,\quad \forall d,j$$

$$u_{r}\geqslant 0,\quad r=1,2,\cdots,s$$

$$w_{t}\geqslant 0,\quad t=1,2,\cdots,l$$

$$v_{i}\geqslant 0,\quad i=1,2,\cdots,m$$

$$\eta_{d}\geqslant 0,\quad d=1,2,\cdots,p$$

$$u_{0},\alpha_{dj}\text{为自由变量}$$

(14.6)

步骤 2：令 $\alpha'_{dj}=\eta_{d}\alpha_{dj},\forall j,d$，模型（14.6）可以转化为模型（14.7）：

Min S

s.t. $\left|\sum_{d=1}^{p}\eta_{d}\left|\alpha'_{dk}\right|-\sum_{d=1}^{p}\eta_{d}\left|\alpha'_{dq}\right|\right|\leqslant S,\quad \forall k,q$

$$\frac{\sum_{r=1}^{s}u_{r}y_{rj}+u_{0}}{\sum_{i=1}^{m}v_{i}x_{ij}+\sum_{t=1}^{l}w_{t}f_{tj}+\sum_{d=1}^{p}\eta_{d}z_{dj}+\sum_{d=1}^{p}\alpha'_{dj}}=1,\quad \forall j$$

$$\sum_{j=1}^{n}\alpha'_{dj}=0,\quad \forall d$$

$$\eta_{d}z_{dj}+\alpha'_{dj}\geqslant 0,\quad \forall d,j$$

$$u_{r}\geqslant 0,\quad r=1,2,\cdots,s$$

$$w_{t}\geqslant 0,\quad t=1,2,\cdots,l$$

$$v_{i}\geqslant 0,\quad i=1,2,\cdots,m$$

$$\eta_{d}\geqslant 0,\quad d=1,2,\cdots,p$$

$$u_{0},\alpha'_{dj}\text{为自由变量}$$

(14.7)

步骤 3：令 $g_{dj}=\frac{1}{2}\left(\left|\alpha'_{dj}\right|+\alpha'_{dj}\right)$，$h_{dj}=\frac{1}{2}\left(\left|\alpha'_{dj}\right|-\alpha'_{dj}\right)$，则 $\left|\alpha'_{dj}\right|=g_{dj}+h_{dj}$，$\alpha'_{dj}=g_{dj}-h_{dj}$。因此模型（14.7）可以转化为模型（14.8）：

Min S

s.t. $\left|\sum_{d=1}^{p}(g_{dk}+h_{dk})-\sum_{d=1}^{p}(g_{dq}+h_{dq})\right|\leqslant S,\quad \forall k,q$

$$\frac{\sum_{r=1}^{s} u_r y_{rj} + u_0}{\sum_{i=1}^{m} v_i x_{ij} + \sum_{t=1}^{l} w_t f_{tj} + \sum_{d=1}^{p} \eta_d z_{dj} + \sum_{d=1}^{p} (g_{dj} - h_{dj})} = 1, \quad \forall j$$

$$\sum_{j=1}^{n}(g_{dj} - h_{dj}) = 0, \quad \forall d$$

$$\eta_d z_{dj} + (g_{dj} - h_{dj}) \geq 0, \quad \forall d, j$$

$$u_r \geq 0, \quad r = 1, 2, \cdots, s$$

$$w_t \geq 0, \quad t = 1, 2, \cdots, l$$

$$v_i \geq 0, \quad i = 1, 2, \cdots, m$$

$$\eta_d \geq 0, \quad d = 1, 2, \cdots, p$$

$$g_{dj}, h_{dj} \geq 0, \quad \forall d, j$$

u_0 为自由变量

（14.8）

步骤 4：模型（14.8）仍然是非线性规划模型，但是通过使用一个约束，它可以很轻易地转化为线性规划模型（14.9）：

$$\text{Min } S$$

$$\text{s.t. } -S \leq \left| \sum_{d=1}^{p}(g_{dk} + h_{dk}) - \sum_{d=1}^{p}(g_{dq} + h_{dq}) \right| \leq S, \quad \forall k, q$$

$$\sum_{r=1}^{s} u_r y_{rj} + u_0 - \left(\sum_{i=1}^{m} v_i x_{ij} + \sum_{t=1}^{l} w_t f_{tj} + \sum_{d=1}^{p} \eta_d z_{dj} + \sum_{d=1}^{p}(g_{dj} - h_{dj}) \right) = 0,$$

$$\sum_{i=1}^{m} v_i x_{ij} + \sum_{t=1}^{l} w_t f_{tj} + \sum_{d=1}^{p} \eta_d z_{dj} + \sum_{d=1}^{p}(g_{dj} - h_{dj}) \geq M, \quad \forall j$$

$$\sum_{j=1}^{n}(g_{dj} - h_{dj}) = 0, \quad \forall d$$

$$\eta_d z_{dj} + (g_{dj} - h_{dj}) \geq 0, \quad \forall d, j$$

$$u_r \geq 0, \quad r = 1, 2, \cdots, s$$

$$w_t \geq 0, \quad t = 1, 2, \cdots, l$$

$$v_i \geq 0, \quad i = 1, 2, \cdots, m$$

$$\eta_d \geq 0, \quad d = 1, 2, \cdots, p$$

$$g_{dj}, h_{dj} \geq 0, \quad \forall d, j$$

u_0 为自由变量

（14.9）

其中，约束 $\sum_{i=1}^{m} v_i x_{ij} + \sum_{t=1}^{l} w_t f_{tj} + \sum_{d=1}^{p} \eta_d z_{dj} + \sum_{d=1}^{p}(g_{dj} - h_{dj}) \geq M$ 用来保证模型（14.8）中

的分母为正,其中 M 为正数。通过以上转化,非线性规划模型(14.5)转变为线性规划模型(14.9),从而可以轻易求解。

至此,我们已经确定了每个 DMU 的固定能源投入最优调整量 $\alpha_{dj}^* = (g_{dj}^* - h_{dj}^*)/\eta_d^*$ 来构建共同均衡有效前沿面,其中上标*表示模型(14.9)中的最优值。基于这样一个共同均衡有效前沿面,每个 DMU_k($k=1,2,\cdots,n$)的 EEE 可以使用模型(14.10)来计算。

$$\theta_k^{\mathrm{EEE}} = \mathrm{Max} \frac{\sum_{r=1}^{s} u_r y_{rk} + u_0}{\sum_{i=1}^{m} v_i x_{ik} + \sum_{t=1}^{l} w_t f_{tk} + \sum_{d=1}^{p} \eta_d z_{dk}}$$

$$\text{s.t.} \quad \frac{\sum_{r=1}^{s} u_r y_{rj} + u_0}{\sum_{i=1}^{m} v_i x_{ij} + \sum_{t=1}^{l} w_t f_{tj} + \sum_{d=1}^{p} \eta_d (z_{dj} + \alpha_{dj}^*)} \leqslant 1, \quad j = 1,2,\cdots,n \quad (14.10)$$

$$u_r \geqslant 0, \quad r = 1,2,\cdots,s$$
$$w_t \geqslant 0, \quad t = 1,2,\cdots,l$$
$$v_i \geqslant 0, \quad i = 1,2,\cdots,m$$
$$\eta_d \geqslant 0, \quad d = 1,2,\cdots,p$$
u_0 为自由变量

可以看到共同均衡有效前沿面是由那些非能源投入 x_{ij},能源投入 $z_{dj} + \alpha_{dj}^*$,期望产出 y_{rj} 和非期望产出 f_{tj} 形成的。也就是说,我们将所有 DMUs 投影到共同均衡有效前沿面来计算 EEE。

根据先前的研究,我们可以将非线性规划模型(14.10)转变为线性规划模型(14.11)。

$$\theta_k^{\mathrm{EEE}} = \mathrm{Max} \sum_{r=1}^{s} u_r y_{rk} + u_0$$

$$\text{s.t.} \sum_{r=1}^{s} u_r y_{rj} + u_0 - \sum_{i=1}^{m} v_i x_{ij} - \sum_{t=1}^{l} w_t f_{tj} - \sum_{d=1}^{p} \eta_d (z_{dj} + \alpha_{dj}^*) \leqslant 0, \quad j = 1,2,\cdots,n$$

$$\sum_{i=1}^{m} v_i x_{ik} + \sum_{t=1}^{l} w_t f_{tk} + \sum_{d=1}^{p} \eta_d z_{dk} = 1 \quad (14.11)$$

$$u_r \geqslant 0, \quad r = 1,2,\cdots,s$$
$$w_t \geqslant 0, \quad t = 1,2,\cdots,l$$
$$v_i \geqslant 0, \quad i = 1,2,\cdots,m$$
$$\eta_d \geqslant 0, \quad d = 1,2,\cdots,p$$
u_0 为自由变量

我们应该注意到，基于共同均衡有效前沿面的 EEE 是有可能大于 1 的，因为一些 DMUs 可能在共同均衡有效前沿面之外。

14.3 区域工业部门能源环境效率实证分析

14.3.1 数据及指标

在本节中，我们使用本章提出的模型来分析 2022 年中国 36 个工业部门在 EEE 方面的绿色增长和可持续发展。考虑到数据可获得性及根据 Wu 等（2019a）的研究，本章选取两种能源投入、两种非能源投入、一种期望产出和两种非期望产出来考虑每个工业部门的生产过程。煤炭和石油都是化石燃料，作为能源投入；劳动力和资本作为非能源投入；工业部门的工业生产总值作为期望产出；作为两种化学污染物的化学需氧量（chemical oxygen demand，COD）和氨氮化合物作为非期望产出。事实上，在 Wu 等（2019a）的研究中，另外两种非期望产出（挥发性羟基苯和氰化物）也被考虑到，但是它们的数据是从 2007~2011 年，近年来《中国统计年鉴》对这两种变量缺乏全面的统计，因此本章仅选择 COD 和氨氮化合物作为非期望产出。中国的 36 个工业部门作为本章具体的 DMUs。投入产出变量见表 14.1。表 14.2 给出了 36 个工业部门的具体名称，从部门 1 到部门 36 分别进行编号。非能源投入、能源投入、非期望产出和期望产出指标的描述性统计见表 14.3。

表14.1 投入产出变量

指标		变量	单位
投入	非能源投入	资本（X_1）	万亿元
		劳动力（X_2）	亿人
	能源投入	煤炭（Z_1）	亿吨
		石油（Z_2）	万吨
产出	非期望产出	COD（F_1）	万吨
		氨氮化合物（F_2）	万吨
	期望产出	工业生产总值（Y_1）	万亿元

表14.2 36个工业部门

DMUs	工业部门
部门 1	煤炭开采和洗选业
部门 2	黑色金属矿采选业
部门 3	有色金属矿采选业
部门 4	非金属矿采选业
部门 5	农副食品加工业
部门 6	食品制造业
部门 7	饮料制造业
部门 8	烟草制品业
部门 9	纺织业
部门 10	纺织服装、鞋、帽制造业
部门 11	皮革、毛皮、羽毛及其制品和制造业
部门 12	木材加工和木、竹、藤、棕、草制品业
部门 13	家具制造业
部门 14	造纸和纸制品业
部门 15	印刷业和记录媒介的复制
部门 16	文教体育用品制造业
部门 17	石油加工、炼焦及核燃料加工业
部门 18	化学原料和化学制品制造业
部门 19	医药制造业
部门 20	化学纤维制造业
部门 21	橡胶制造业
部门 22	塑料制造业
部门 23	非金属矿物制品业
部门 24	黑色金属冶炼及压延加工业
部门 25	有色金属冶炼及压延加工业
部门 26	金属制品业
部门 27	通用设备制造业
部门 28	专用设备制造业
部门 29	交通运输设备制造业
部门 30	电器机械及器材制造业
部门 31	通信设备、计算机及其他电子设备制造业
部门 32	仪器仪表及文化、办公用机械制造业
部门 33	工艺品及其他制造业
部门 34	废弃资源和废旧材料回收加工业

续表

DMUs	工业部门
部门 35	燃气生产和供应业
部门 36	水的生产和供应业

表14.3　36个工业部门投入产出的描述性统计

变量	非能源投入		能源投入		非期望产出		期望产出
	X_1/万亿元	X_2/亿人	Z_1/亿吨	Z_2/万吨	F_1/万吨	F_2/万吨	Y_1/万亿元
均值	1.592	244.5	43.04	1 383	8.781	0.721	2.178
中值	0.898	161.8	4.94	194	2.403	0.15	1.281
标准差	1.517	205.9	90.71	4 017	15.946	1.598	1.985
最大值	5.434	819.5	340.87	23 348	74.167	9.265	6.407
最小值	0.131	15.6	0.13	5	0.077	0.005	0.118

14.3.2　共同均衡有效前沿面分析

在本小节中，我们应用本章所提模型（14.9），基于固定能源消耗（煤炭和石油）的假设来确定共同均衡有效前沿面，以减少能源消耗和防止环境污染。实现共同均衡有效前沿面的关键是解决每个工业部门固定能源消耗的最优调整问题。此外，固定能源消耗的最优调整也可以为每个工业部门实现绿色增长和可持续发展提供重要信息。模型（14.9）确定的各工业部门相应的固定能源消耗调整最优值如表14.4所示。

表14.4　各工业部门相应的固定能源消耗调整最优值

DMUs	α_{1j}^*	α_{2j}^*	DMUs	α_{1j}^*	α_{2j}^*
部门 1	−246.30	−510	部门 13	64.35	1 714
部门 2	65.27	1 546	部门 14	−44.67	−227
部门 3	65.78	1 625	部门 15	66.69	1 714
部门 4	63.35	1 741	部门 16	62.79	1 897
部门 5	−10.78	564	部门 17	−269.75	−5 703
部门 6	36.12	1 314	部门 18	−159.73	−22 738
部门 7	29.47	1 371	部门 19	37.37	1 270
部门 8	71.69	1 516	部门 20	50.54	1 569
部门 9	−22.62	−196	部门 21	60.72	1 587
部门 10	30.54	2 058	部门 22	46.83	1 387
部门 11	41.30	2 033	部门 23	−231.20	−5 190
部门 12	59.76	1 570	部门 24	−270.05	−1 900

续表

DMUs	α_{1j}^*	α_{2j}^*	DMUs	α_{1j}^*	α_{2j}^*
部门 25	−8.22	426	部门 31	−1.64	−644
部门 26	39.15	1 071	部门 32	61.72	1 595
部门 27	18.60	580	部门 33	58.49	1 665
部门 28	31.25	792	部门 34	74.61	1 672
部门 29	−2.34	−1 044	部门 35	58.59	1 383
部门 30	7.70	625	部门 36	64.59	1 866

为了清楚地反映各工业部门为实现共同均衡有效前沿面而进行的煤炭和石油调整，我们还在图 14.1 和图 14.2 中说明了各工业部门的煤炭和石油在能源投入中的调整。

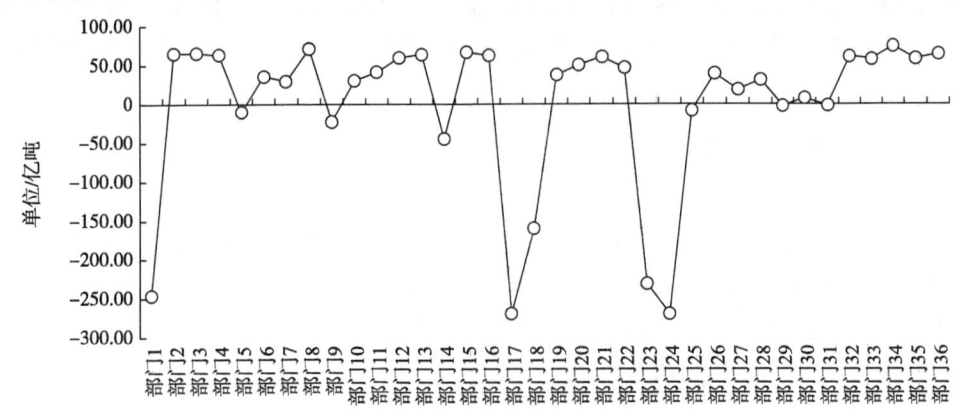

图 14.1　固定煤炭消耗最佳调整量

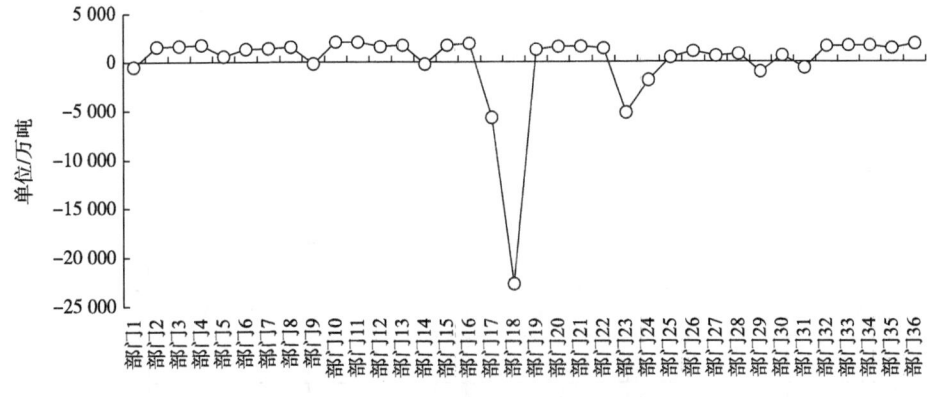

图 14.2　固定石油消耗最佳调整量

从表 14.4 和图 14.1、图 14.2 中，我们得出以下观察结果：①为了实现绿色增长和可持续发展的共同均衡有效前沿面,部分工业部门(如部门2、部门3、部门4、部门6)需要同时增加煤炭和石油的消耗量,部分工业部门(如部门1、部门9、部门14、部门17)需要同时减少煤炭和石油的消耗量,同时其他部门(如部门5、部门25)只需要增加石油(煤炭)消耗和减少煤炭(石油)消耗。需求的变化表明这些工业部门的能源消耗结构不平衡,需要调整各工业部门相应的煤炭和石油消耗量。②在煤炭消耗方面,只有11个工业部门需要减少煤炭消耗,其余25个工业部门可以增加煤炭消耗。煤炭消耗结构不平衡的主要原因是部门1、部门17、部门23、部门24煤炭消耗量较高,需要分别减少煤炭消耗量246.30亿吨、269.75亿吨、231.20亿吨、270.05亿吨。因此,部门1、部门17、部门23、部门24在未来的生产中,煤炭消耗量应该大幅下降。③在石油消耗方面,只有9个工业部门需要减少石油消耗,其余27个工业部门可以增加石油消耗。石油消耗结构不平衡主要是因为部门18的石油消耗量高,需要减少的石油消耗量最多(22 738万吨)。因此,部门18应该大幅调整石油消耗量来平衡未来生产的石油消耗结构。

14.3.3　EEE 分析

在本小节中,我们使用计算出的共同均衡有效前沿面来分析每个工业部门的EEE。应用模型(14.11),36个工业部门的EEE和排名如表14.5所示。为了清楚地反映部门之间的差异,我们在图14.3中说明了每个部门的EEE及36个部门的平均EEE,平均EEE用浅灰色条形表示。

表14.5　36个工业部门的EEE和排名

DMUs	效率	排名	DMUs	效率	排名
部门1	0.821	36	部门10	4.338	16
部门2	9.507	9	部门11	4.538	15
部门3	8.355	10	部门12	8.025	11
部门4	10.461	8	部门13	25.241	2
部门5	1.417	26	部门14	0.932	34
部门6	1.877	24	部门15	13.228	7
部门7	1.691	25	部门16	20.983	3
部门8	20.048	4	部门17	1.000	30
部门9	0.961	33	部门18	0.991	32

第 14 章 考虑固定能源消耗和污染物排放的工业部门效率研究

续表

DMUs	效率	排名	DMUs	效率	排名
部门 19	1.951	22	部门 28	1.952	21
部门 20	3.919	17	部门 29	1.000	28
部门 21	5.216	14	部门 30	1.879	23
部门 22	3.576	18	部门 31	1.000	29
部门 23	0.917	35	部门 32	17.856	6
部门 24	1.000	31	部门 33	7.396	12
部门 25	1.092	27	部门 34	31.285	1
部门 26	2.143	19	部门 35	5.646	13
部门 27	2.071	20	部门 36	18.356	5

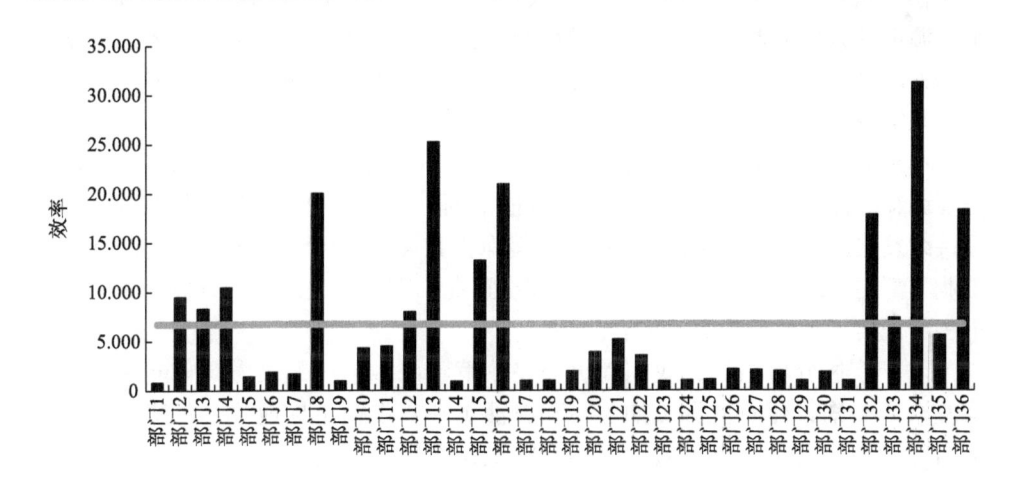

图 14.3　36 个工业部门的 EEE

从表 14.4 和图 14.3 中，我们可以得出几个重要的观察发现：①在 36 个工业部门中，部门 34 在节能和环境保护方面表现最好。这个结果是直观的，因为废弃资源和废旧材料回收加工业是众所周知的能源消耗少、环境污染小的部门。②部门 1 在绿色增长和可持续发展方面表现最差。这也是一个直观的结果，因为煤炭开采和洗选业被认为是一个使用大量能源并产生大量环境污染的部门。③在 36 个工业部门中，有 12 个部门的 EEE 高于平均 EEE，而其余 24 个部门的 EEE 低于平均 EEE。因此，更多的工业部门应该采取措施减少能源消耗和保护环境。

14.4 本章小结

中国经济的快速发展带来了诸多问题。能源消耗趋紧和环境污染问题，是影响经济绿色增长和可持续发展的两大主要问题。由于工业企业造成高能耗和高环境污染问题，需要对中国的工业部门进行深入研究；这样做可以为决策者提供大量有效信息，在经济增长和可持续发展之间找到一个平衡点。

在本章中，我们提出了一种新的 DEA 模型来分析中国 36 个工业部门的 EEE。本章所提模型考虑了固定能源消耗的约束，以反映当前中国的节能减排政策。此外，在建立共同均衡有效前沿面时，我们建议尽可能缩小任何两个工业部门在固定能源消耗方面的调整差异。与传统的确定共同均衡有效前沿面方法不同，本章所提方法是应该进一步激励工业部门通过各自认为更公平的方式调整其能源消耗结构来实现可持续发展。

本章的实证分析表明，中国工业部门的能源消耗结构不佳，所有工业部门都需要调整能源消耗以实现共同均衡有效前沿面。也就是说，能源消耗结构不适合可持续发展。此外，在低能源消耗和环境保护方面，"废弃资源和废旧材料回收加工业"部门表现最好，而"煤炭开采和洗选业"部门表现最差。这些直观的结果进一步证实了本章所提方法的合理性。

基于上述分析结果，我们提出一些政策建议：第一，大力调整能源消耗结构。众所周知，化石能源（如煤炭和石油）一直占据主导地位。为实现我国经济与环境的协调可持续发展，应逐步降低化石能源的比重。与化石能源相比，绿色能源对生态环境友好。应采取更多政策（如可再生能源投资组合标准和绿色能源补贴）促进绿色能源的发展。第二，考虑到 36 个工业部门的 EEE 较低，应采取更多措施。例如，碳税是促进绿色低碳发展的重要市场机制。碳税有利于改善 EEE，因为碳税的实施会增加工业部门的成本。为了降低生产成本，企业将被迫专注于通过技术创新来提高它们的 EEE。此外，能源价格的调整是另外一种改善 EEE 的机制，较低的能源价格导致了中国广泛的能源消耗和污染物排放。第三，为了缓解环境污染问题，应采取更先进的技术（如现代核技术）以减少污染物排放。

本章重点分析中国工业部门的绿色增长和可持续发展。未来的研究可以使用本章介绍的方法来确定创新技术如何有效促进绿色增长和可持续发展。此外，由于可再生能源的发展正处于起步阶段，考虑到其在降低传统能源消耗和保护环境方面的重要性，在分析 EEE 时应将可再生能源纳入其中，并进一步将其与传统能源区分开来。最后，本章仅关注中国工业部门的 EEE，也可以使用本章所提方法进行微小改变来研究其他行业的可持续性发展。

参 考 文 献

Bian Y W, Yang F. 2010. Resource and environment efficiency analysis of provinces in China: a DEA approach based on Shannon's entropy[J]. Energy Policy, 38（4）: 1909-1917.

Chang Y T, Zhang N, Danao D, et al. 2013. Environmental efficiency analysis of transportation system in China: a non-radial DEA approach[J]. Energy Policy, 58: 277-283.

Chen L, Jia G Z. 2017. Environmental efficiency analysis of China's regional industry: a data envelopment analysis (DEA) based approach[J]. Journal of Cleaner Production, 142: 846-853.

Emrouznejad A, Yang G. 2018. A survey and analysis of the first 40 years of scholarly literature in DEA: 1978-2016[J]. Socio-Economic Planning Sciences, 61: 4-8.

Fang L. 2016. A new approach for achievement of the equilibrium efficient frontier with fixed-sum outputs[J]. Journal of the Operational Research Society, 67: 412-420.

Gomes E, Lins M. 2008. Modelling undesirable outputs with zero sum gains data envelopment analysis models[J]. Journal of the Operational Research Society, 59（5）: 616-623.

Hu J L, Wang S C. 2006. Total-factor energy efficiency of regions in China[J]. Energy Policy, 34（17）: 3206-3217.

Hu W Q, Guo Y, Tian J P, et al. 2019. Eco-efficiency of centralized wastewater treatment plants in industrial parks: a slack-based data envelopment analysis[J]. Resources, Conservation & Recycling, 141: 176-186.

International Energy Agency（IEA）. 2009. CO_2 Emissions from fuel combustion highlights 2009[R].

Jia Y P, Liu R Z. 2012. Study of the energy and environmental efficiency of the Chinese economy based on a DEA model[J]. Procedia Environmental Sciences, 13: 2256-2263.

Li F, Yan Z Y, Zhu Q Y, et al. 2020a. Allocating a fixed cost across decision making units with explicitly considering efficiency rankings[J]. Journal of the Operational Research Society, 72（6）: 1432-1446.

Li X C, Li F, Zhao N G, et al. 2020b. Measuring environmental sustainability performance of freight transportation seaports in China: a data envelopment analysis approach based on the closest targets[J]. Expert Systems, 37（4）: 12334.

Li Y J, Li F, Emrouznejad A, et al. 2018. Allocating the fixed cost: an approach based on data envelopment analysis and cooperative game[J]. Annals of Operation Research, 274（1）: 373-394.

Li Y J, Wang L Z, Li F. 2021. A data-driven prediction approach for sports team performance and its application to National Basketball Association[J]. Omega, 98: 102123.

Lins M, Gomes E, de Mello J, et al. 2003. Olympic ranking based on a zero sum gains DEA model[J]. European Journal of Operational Research, 148（2）: 312-322.

Meng F Y, Su B, Thomson E, et al. 2016. Measuring China's regional energy and carbon emission efficiency with DEA models: a survey[J]. Applied Energy, 183: 1-21.

Song M L, An Q, Zhang W, et al. 2012. Environmental efficiency evaluation based on data envelopment analysis: a review[J]. Renewable and Sustainable Energy Reviews, 16（7）: 4465-4469.

Song M L, Peng J, Wang J, et al. 2018. Better resource management: an improved resource and environmental efficiency evaluation approach that considers undesirable outputs[J]. Resources, Conservation & Recycling, 128: 197-205.

Song M L, Wang S. 2014. DEA decomposition of China's environmental efficiency based on search algorithm[J]. Applied Mathematics and Computation, 247: 562-572.

Song M L, Zhang L, Liu W, et al. 2013. Bootstrap-DEA analysis of BRICS' energy efficiency based on small sample data[J]. Applied Energy, 112: 1049-1055.

Song M L, Zhu S, Wang J L, et al. 2020. Share green growth: regional evaluation of green output performance in China[J]. International Journal of Production Economics, 219: 152-163.

Sun J S, Li G, Wang Z H. 2018. Optimizing China's energy consumption structure under energy and carbon constraints[J]. Structural Change and Economic Dynamics, 47: 57-72.

Wang Q. 2010. Effective policies for renewable energy—the example of China's wind power—lessons for China's photovoltaic power[J]. Renewable and Sustainable Energy Reviews, 14（2）: 702-712.

Wang K, Lu B, Wei Y M. 2013a. China's regional energy and environmental efficiency: a range-adjusted measure based analysis[J]. Applied Energy, 112: 1403-1415.

Wang K, Wei Y M. 2014. China's regional industrial energy efficiency and carbon emissions abatement costs[J]. Applied Energy, 130: 617-631.

Wang K, Yu S W, Zhang W. 2013b. China's regional energy and environmental efficiency: a DEA window analysis based dynamic evaluation[J]. Mathematical and Computer Modelling, 58（5/6）: 1117-1127.

Wang K, Zhang X, Wei Y M, et al. 2013c. Regional allocation of CO_2 emissions allowance over provinces in China by 2020[J]. Energy Policy, 54: 214-229.

Wang Q W, Zhao Z Y, Zhou P, et al. 2013d. Energy efficiency and production technology heterogeneity in China: a meta-frontier DEA approach[J]. Economic Modelling, 35: 283-289.

Wang S H, Xing L, Chen H X. 2019. Impact of marine industrial structure on environmental efficiency[J]. Management of Environmental Quality: An International Journal, 31（1）: 111-129.

Wu H Q, Shi Y, Xia Q, et al. 2014. Effectiveness of the policy of circular economy in China: a DEA-based analysis for the period of 11th five-year-plan[J]. Resources, Conservation & Recycling, 83: 163-175.

Wu J, Li M J, Zhu Q Y, et al. 2019a. Energy and environmental efficiency measurement of China's industrial sectors: a DEA model with non-homogeneous inputs and outputs[J]. Energy

Economics, 78: 468-480.

Wu J, Xia P P, Zhu Q Y, et al. 2019b. Measuring environmental efficiency of thermoelectric power plants: a common equilibrium efficient frontier DEA approach with fixed-sum undesirable output[J]. Annals of Operation Research, 275 (2): 731-749.

Wu J, Zhu Q Y, Chu J F, et al. 2015. Two-stage network structures with undesirable intermediate outputs reused: a DEA based approach[J]. Computational Economics, 46 (3): 455-477.

Wu J, Zhu Q Y, Chu J F, et al. 2016a. Measuring energy and environmental efficiency of transportation systems in China based on a parallel DEA approach[J]. Transportation Research Part D: Transport and Environment, 48: 460-472.

Wu J, Zhu Q Y, Liang L. 2016b. CO_2 emissions and energy intensity reduction allocation over provincial industrial sectors in China[J]. Applied Energy, 166: 282-291.

Yang F, Wu D, Liang L, et al. 2011. Competition strategy and efficiency evaluation for decision making units with fixed-sum outputs[J]. European Journal of Operational Research, 212 (3): 560-569.

Yang L, Ouyang H, Fang K N, et al. 2015a. Evaluation of regional environmental efficiencies in China based on super-efficiency-DEA[J]. Ecological Indicators, 51: 13-19.

Yang M, Li Y J, Chen Y, et al. 2014. An equilibrium efficiency frontier data envelopment analysis approach for evaluating decision-making units with fixed-sum outputs[J]. European Journal of Operational Research, 239 (2): 479-489.

Yang M, Li Y J, Liang L. 2015b. A generalized equilibrium efficient frontier data envelopment analysis approach for evaluating DMUs with fixed-sum outputs[J]. European Journal of Operational Research, 246 (1): 209-217.

Zhang B, Bi J, Fan Z Y, et al. 2008. Eco-efficiency analysis of industrial system in China: a data envelopment analysis approach[J]. Ecological Economics, 68 (1/2): 306-316.

Zhang X P, Cheng X M, Yuan J H, et al. 2011. Total-factor energy efficiency in developing countries[J]. Energy Policy, 39 (2): 644-650.

Zhou P, Ang B W. 2008. Linear programming models for measuring economy-wide energy efficiency performance[J]. Energy Policy, 36 (8): 2911-2916.

Zhou P, Ang B W, Poh K L. 2008a. Measuring environmental performance under different environmental DEA technologies[J]. Energy Economics, 30 (1): 1-14.

Zhou P, Ang B W, Poh K L. 2008b. A survey of data envelopment analysis in energy and environmental studies[J]. European Journal of Operational Research, 189 (1): 1-18.

Zhou P, Ang B W, Zhou D Q. 2012. Measuring economy-wide energy efficiency performance: a parametric frontier approach[J]. Applied Energy, 90 (1): 196-200.

Zhou P, Poh K L, Ang B W. 2007. A non-radial DEA approach to measuring environmental performance[J]. European Journal of Operational Research, 178 (1): 1-9.

Zhu Q Y, Li F, Wu J, et al. 2020c. Cross-efficiency evaluation in data envelopment analysis based on the perspective of fairness utility[J]. Computers & Industrial Engineering, 151: 106926.

Zhu Q Y, Li X C, Li F, et al. 2020a. Energy and environmental efficiency of China's transportation sectors under the constraints of energy consumption and environmental pollutions[J]. Energy Economics, 89: 104817.

Zhu Q Y, Li X C, Li F, et al. 2020b. The potential for energy saving and carbon emission reduction in China's regional industrial sectors[J]. Science of the Total Environment, 716: 135009.

Zhu Q Y, Wu J, Li X C, et al. 2017a. China's regional natural resource allocation and utilization: a DEA-based approach in a big data environment[J]. Journal of Cleaner Production, 142: 809-818.

Zhu Q Y, Wu J, Song M L, et al. 2017b. A unique equilibrium efficient frontier with fixed-sum outputs in data envelopment analysis[J]. Journal of the Operational Research Society, 68 (12): 1483-1490.